REVISTA DE DIREITO MERCANTIL
industrial, econômico e financeiro

123

Publicação do
Instituto Brasileiro de Direito Comercial Comparado
e Biblioteca Tullio Ascarelli
do Departamento de Direito Comercial
da Faculdade de Direito da Universidade de São Paulo

Ano XL (Nova Série)
julho-setembro/2001

MALHEIROS
EDITORES

REVISTA DE DIREITO MERCANTIL

industrial, econômico e financeiro

Nova Série — Ano XL — n. 123 — julho-setembro de 2001

REVISTA DE DIREITO MERCANTIL
publicação trimestral de
MALHEIROS EDITORES LTDA.
Rua Paes de Araújo, 29, conjunto 171
CEP: 04531-940
São Paulo, SP - Brasil - Tels. 822-9205
820-9718 - 820-5549 - Fax. 829-2495

Assinaturas e comercialização:
CATAVENTO DISTRIBUIDORA DE
LIVROS S.A.
Rua Conselheiro Ramalho, 928
CEP 01325-000
São Paulo, SP - Brasil
Tel. 289-0811 - Fax. 251-3756

Diretor Responsável: Álvaro Malheiros
Diretora: Suzana Fleury Malheiros

Supervisão Gráfica: Vânia Lúcia Amato
Composição: *Scripta*

SUMÁRIO

DOUTRINA

INTERPRETAÇÃO REALISTA DA ALIENAÇÃO DE CONTROLE DE COMPANHIA ABERTA

— Jorge Lobo 7

AS OPERAÇÕES DE CRÉDITO DOCUMENTÁRIO, AS CARTAS DE CRÉDITO E AS "COMFORT LETTERS"

— Eduardo Salomão Neto 23

REGULAÇÃO E CONCORRÊNCIA NO SISTEMA FINANCEIRO

— Rachel Sztajn e Marcos Paulo de Almeida Salles 41

O ASPECTO DISTRIBUTIVO DO DIREITO DO CONSUMIDOR

— José Reinaldo de Lima Lopes 59

ATUALIDADES

O VALOR PATRIMONIAL DAS QUOTAS DA SOCIEDADE LIMITADA

— Fábio Ulhoa Coelho 69

OS INVESTIMENTOS ANÔNIMOS, AS EMPRESAS "OFFSHORE" E OS PARÂMETROS DA LEGALIDADE. O FIM DAS AÇÕES AO PORTADOR

— João Luiz Coelho da Rocha 77

O TRISTE FIM DAS SOCIEDADES LIMITADAS NO NOVO CÓDIGO CIVIL

— Vera Helena de Mello Franco 81

SOCIEDADES DE PESSOAS — GERÊNCIA E FIRMA

— Newton Silveira 86

ALIENAÇÃO DE BEM IMÓVEL PENDENTE DEMANDA CONTRA O ALIENANTE INSOLVENTE

— Hélio da Silva Nunes 94

PRESSUPOSTO CORPORATIVO DA VENDA DE ATIVOS DE UMA SOCIEDADE COMERCIAL POR QUOTAS DE RESPONSABILIDADE LIMITADA

— Nilson Lautenschleger Jr. e Lara Schwartzmann 111

ASPECTOS SOCIETÁRIOS DO RESGATE DE AÇÕES

— Luís Loria Flaks 120

LEI DE PROPRIEDADE INDUSTRIAL DO BRASIL EM DISCUSSÃO NA OMC

— Priscila Akemi Beltrame 143

DISSOLUÇÃO PARCIAL DE SOCIEDADE ANÔNIMA
— Cristiano Gomes de Brito 147

JURISPRUDÊNCIA COMENTADA

SEGURO DE VIDA — INDENIZAÇÃO — BENEFICIÁRIA QUE OCASIONA A MORTE DO SEGURADO AO TENTAR FRUSTRADAMENTE O SUICÍDIO — VERBA DEVIDA, POIS AUSENTE A INTENÇÃO DE MATAR
— Haroldo Malheiros Duclerc Verçosa 161

PARECERES

IMPOSSIBILIDADE DA REVISÃO DE CONTRATO DE CÂMBIO EM VIRTUDE DA ALTERAÇÃO DA POLÍTICA DE "BANDAS CAMBIAIS"
— Leandro Bittencourt Adiers 167

VALIDADE DE DISPOSIÇÕES DE ACORDO DE ACIONISTAS DE VOTAREM EM BLOCO, ASSEGURANDO A POLÍTICA GERENCIAL ÚNICA E NECESSÁRIA
— Waldirio Bulgarelli 185

CONTRATO DE CÂMBIO — CLASSIFICAÇÃO INCORRETA
— Haroldo Malheiros Duclerc Verçosa 188

COLABORAM NESTE NÚMERO

Cristiano Gomes de Brito

Mestrando em Direito Comercial pela UFMG. Especialista em Direito Processual Civil pela UFU. Advogado em Uberlândia-MG

Eduardo Salomão Neto

Livre-Docente em Direito Comercial pela Faculdade de Direito da Universidade de São Paulo. Advogado em São Paulo

Fábio Ulhoa Coelho

Professor Titular de Direito Comercial da Pontifícia Universidade Católica de São Paulo

Haroldo Malheiros Duclerc Verçosa

Mestre e Doutor em Direito pela Faculdade de Direito da Universidade de São Paulo. Professor de Direito Comercial nos Cursos de Graduação e Pós-Graduação da USP e da UNICID

Hélio da Silva Nunes

Advogado em São Paulo

João Luiz Coelho da Rocha

Professor de Direito Comercial da PUC/RJ. Advogado

Jorge Lobo

Livre-Docente em Direito Comercial pela UERJ. Advogado

José Reinaldo de Lima Lopes

Professor Doutor pela Faculdade de Direito da Universidade de São Paulo

Lara Schwarzmann

Advogada em São Paulo, cursando especialização em Direito Empresarial na PUC/SP

Leandro Bittencourt Adiers

Advogado no Rio Grande do Sul

Luís Loria Flaks

Advogado pela PUC/RJ. Pós-Graduando em Direito Empresarial pelo Instituto Brasileiro de Mercado de Capitais

Marcos Paulo de Almeida Salles

Doutor e Professor de Direito Comercial. Advogado em São Paulo

Newton Silveira

Doutor em Direito Comercial e Mestre em Direito Civil pela Faculdade de Direito da Universidade de São Paulo. Secretário-Geral-Adjunto do Instituto Interamericano de Direito do Autor — IIDA. Procurador junto ao Instituto Nacional de Propriedade Industrial. Advogado

Nilson Lautenschleger Jr.

Mestre em Direito Comercial pela Ludwig-Maximilians-Universität München, Alemanha. Advogado em São Paulo

Priscila Akemi Beltrame

Advogada em São Paulo, com especialidade em Relações Internacionais pela *London School of Economics*, atuando nas áreas de Propriedade Industrial e Direito Internacional

Rachel Sztajn

Professora Associada da Faculdade de Direito da Universidade de São Paulo

Vera Helena de Mello Franco

Professora Assistente Doutora da Faculdade de Direito da USP. Advogada em São Paulo

Waldirio Bulgarelli

Professor Titular de Direito Comercial da Faculdade de Direito da Universidade de São Paulo

Doutrina

INTERPRETAÇÃO REALISTA DA ALIENAÇÃO DE CONTROLE DE COMPANHIA ABERTA*

Jorge Lobo

I — O art. 254 da Lei das S/A. II — A polêmica alienação de controle de companhia aberta. III — Interpretação realista da alienação de controle da companhia aberta.

"Não existe conhecimento sem crítica racional, crítica ao serviço da busca da verdade."[1] (Karl Popper)

I — O art. 254 da Lei das S/A

A) A CDE-14, de 1974, e o II PND

A Exposição de Motivos do Conselho de Desenvolvimento Econômico 14, de 25.6.1974, elaborada pelos Ministros da Fazenda, Mário Henrique Simonsen, e do Planejamento, João Paulo dos Reis Velloso, exortou o legislador, ao debruçar-se sobre a reforma do Decreto-lei 2.627, de 1940, a criar "mecanismos que impeçam que cada ação do majoritário possua um valor potencial muito superior ao de cada ação do minoritário", e o II Plano Nacional de Desenvolvimento, concebido pelo Governo Geisel,[2] ao tratar da revisão da Lei das S/A, proclamou que deveria se "evitar que cada ação dos majoritários possua valor de mercado superior a cada ação do minoritário", diretrizes que refletiam "a preocupação governamental de proteger os minoritários em face dos controladores".[3]

* Palestra proferida na Escola da Magistratura de São Paulo, a convite do Desembargador Paulo Toledo, no Simpósio "A Reforma da Lei das Sociedades Anônimas", realizado em 20.10.2000.

1. "Conhecimento e formação da realidade", in *A Busca de um Mundo Melhor*, 3ª ed., Ed. Fragmentos, p. 33.

2. Lei 6.151, de 4.12.1974

B) O Anteprojeto e o Projeto de Lei das S/A

O Anteprojeto de Lei das S/A, de autoria de Alfredo Lamy Filho e J. L. Bulhões Pedreira, e o Projeto de Lei das S/A, do Poder Executivo, todavia, ignoraram a CDE-14, de 1974, e o II PND, já que, segundo a Exposição de Motivos do Projeto de Lei das S/A, "garantir às ações dos minoritários valor econômico igual ao bloco de controle, seria incoerente, porque aos controladores a lei atribuiu deveres e criou responsabilidades".[4]

3. Modesto Carvalhosa, *Comentários à Lei de Sociedades Anônimas*, v. 4, t. II, SP, Saraiva, 1998, p. 142.

4. Exposição de Motivos do Projeto de Lei das S/A — Mensagem 204, letra *D*.

C) O art. 254 após a "Emenda Lehmann"

Após acirrados debates na Câmara dos Deputados em torno do art. 254 do Projeto, as Emendas 201, 202 e 232, dos Deputados Alberto Hoffman, Herbert Levy e Cunha Bueno, que propugnavam a paridade, foram rejeitadas,[5] havendo, entretanto, o Senado, através de proposta do Senador Otto Lehmann, alterado a redação do art. 254,[6] para cometer à CVM o dever de zelar para que fosse "assegurado tratamento igualitário aos acionistas minoritários" na hipótese de alienação de controle de companhia aberta.

D) A Resolução 401, de 1976, do CMN

A Resolução 401, de 22.12.1976, do Conselho Monetário Nacional, ao cuidar da matéria, obrigou o adquirente, nas operações de alienação de controle, de companhia aberta, a fazer oferta pública de compra das ações com direito de voto dos demais acionistas da companhia, para garantir "tratamento igualitário ao do acionista controlador".[7]

5. Sobre o tema, leia-se a excelente síntese do Prof. Modesto Carvalhosa, ob., v. e t. cits., pp. 143 e ss.

6. Redação do art. 254 após a "Emenda Lehmann": "Art. 254: A alienação do controle da companhia aberta dependerá de prévia autorização da Comissão de Valores Mobiliários. § 1º. A Comissão de Valores Mobiliários deve zelar para que seja assegurado tratamento igualitário aos acionistas minoritários, mediante simultânea oferta pública para aquisição de ações; § 2º. Se o número de ações ofertadas, incluindo as dos controladores ou majoritários, ultrapassar o máximo previsto na oferta, será obrigatório o rateio, na forma prevista no instrumento da oferta pública; § 3º. Compete ao Conselho Monetário Nacional estabelecer normas a serem observadas na oferta pública relativa à alienação de controle de companhia aberta".

7. Redação da Res. CMN 401/76: "I — A alienação do controle de companhia aberta somente poderá ser contratada sob a condição, suspensiva ou resolutiva, de que o adquirente se obrigue a fazer, nos termos desta Resolução, oferta pública de aquisição das ações com direito a voto de propriedade dos demais acionistas da companhia, de modo a lhes assegurar tratamento igualitário ao do acionista controlador".

E) A revogação do art. 254 da Lei das S/A pela Lei 9.457, de 1997

Em 1997, a Lei 9.457, em seu art. 6º, revogou o art. 254, tendo o autor do Projeto de Reforma, Deputado Antonio Kandir, justificado a supressão da oferta pública aos minoritários nestes termos: "Dessa maneira, a obrigatoriedade da oferta pública produz o pior dos mundos. Ao mesmo tempo inibe e dificulta processos de alienação de controle necessários ao saneamento de empresas e produz situação desfavorável aos minoritários, uma vez que o não-saneamento de uma empresa resulta em queda do valor de suas ações, no que se prejudicam, mais que todos, os acionistas minoritários".[8]

F) A "reconstituição, com alterações", do art. 254 pelo Substitutivo, de autoria do Deputado Emerson Kapaz, ao Projeto de Reforma da Lei das S/A

Em 1999, na Comissão de Economia, Indústria e Comércio da Câmara dos Deputados, o Deputado Emerson Kapaz, após examinar os Projetos de Lei ns. 3.115 e 3.519, de 1997, e 1.000, de 1999, sobre a Reforma da Lei das S/A, propôs a "reconstituição, com alterações", do art. 254, numerado 254-A, por considerar o dispositivo essencial para proteger os acionistas minoritários, os quais, em regra, destacou o Parlamentar, são abandonados à sua própria sorte nos processos de alienação de controle, esclarecendo caber à CVM, no exercício do poder de defender a escorreita aplicação da lei, fiscalizar e exigir que a oferta pública se estenda aos minoritários nas mesmas condições oferecidas ao bloco de controle.

G) O Substitutivo do Deputado Antonio Kandir

Em 6.6.2000, o Deputado Antonio Kandir, relator da matéria na Comissão de

8. *Apud* Modesto Carvalhosa, ob., v. e t. cits., p. 148.

Finanças e Tributação, em seu Substitutivo, sugeriu que o 254-A tivesse a seguinte redação:

"Art. 254-A. A alienação do controle de companhia aberta somente poderá ser contratada sob a condição, suspensiva ou resolutiva, de que o adquirente se obrigue a fazer a oferta pública de aquisição das ações com direito a voto de propriedade dos demais acionistas da companhia, de modo a lhes assegurar tratamento igualitário ao do acionista controlador.

"§ 1º. A Comissão de Valores Mobiliários autorizará a alienação de controle de que trata o *caput*, desde que verificado que as condições da oferta pública atendem aos requisitos legais;

"§ 2º. Se o número de ações ofertadas, incluindo as dos controladores ou majoritários, ultrapassar o máximo previsto na oferta, será obrigatório o rateio, na forma prevista no instrumento da oferta pública;

"§ 3º. Compete à Comissão de Valores Mobiliários estabelecer normas a serem observadas na oferta pública de que trata o *caput*.

"§ 4º. As companhias poderão conceder aos seus acionistas sem direito de voto o direito previsto neste artigo em igualdade ou não com as ações com direito a voto, devendo regular no estatuto com precisão e minúcia as condições do exercício deste direito. A posterior modificação do estatuto neste caso obedecerá o disposto no § 1º do art. 136."

H) Redação final do art. 254-A

Após votada na Câmara dos Deputados, a Subemenda Substitutiva às Emendas de Plenário e ao Primeiro Substitutivo ao Projeto de Lei 3.115, de 1997, o art. 254-A passou a ter a seguinte redação:

"Art. 254-A. A alienação, direta ou indireta, do controle de companhia aberta somente poderá ser contratada sob a condição, suspensiva ou resolutiva, de que o adquirente se obrigue a fazer oferta pública de aquisição das ações com direito a voto de propriedade dos demais acionistas da companhia, de modo a lhes assegurar o preço no mínimo igual a 80% (oitenta por cento) do valor pago por ação com direito a voto, integrante do bloco de controle.

"§ 1º. Entende-se como alienação de controle a transferência, de forma direta ou indireta, de ações integrantes do bloco de controle, de ações vinculadas a acordos de acionistas e de valores mobiliários conversíveis em ações com direito a voto, cessão de direitos de subscrição de ações e de outros títulos ou direitos relativos a valores mobiliários conversíveis em ações que venham a resultar na alienação de controle acionário da sociedade.

"§ 2º. A Comissão de Valores Mobiliários autorizará a alienação de controle de que trata o *caput*, desde que verificado que as condições da oferta pública atendem aos requisitos legais.

"§ 3º. Compete à Comissão de Valores Mobiliários estabelecer normas a serem observadas na oferta pública de que trata o *caput*.

"§ 4º. O adquirente do controle acionário de companhia aberta poderá oferecer aos acionistas minoritários a opção de permanecer na companhia, mediante o pagamento de um prêmio equivalente à diferença entre o valor de mercado das ações e o valor pago por ação integrante do bloco de controle.

"§ 5º. As companhias poderão conceder aos seus acionistas sem direito de voto o direito previsto neste artigo em igualdade ou não com as ações com direito a voto, devendo regular no estatuto com precisão e minúcia as condições do exercício deste direito. A posterior modificação do estatuto neste caso obedecerá o disposto no § 1º do art. 136."

II — A polêmica alienação de controle de companhia aberta

A) A controvérsia na doutrina nacional

Ao ser publicado o Anteprojeto de Lei das S/A, Modesto Carvalhosa insurgiu-se, com indignação, e sustentou, com veemência, que o texto em questão deveria "propor medidas concretas de eqüidade entre acionistas controladores e não-controladores quando da venda das ações de controle da sociedade",[9] na linha preconizada pela Exposição de Motivos CDE 14, de 1974, e pelo II PND, advertindo que "não existe precedente, em qualquer país, de um anteprojeto que, no seu preâmbulo, declare taxativamente que os acionistas controladores têm o direito de embolsar o *premium* na venda do controle da companhia, não assistindo aos demais acionistas, que ao longo da vida da sociedade contribuíram para o seu capital, qualquer direito nessa transação".[10]

a. O ágio pertence exclusivamente aos acionistas controladores

Alfredo Lamy Filho e José Luiz Bulhões Pedreira, ao discorrerem sobre o tema, ponderaram: (1º) "(...) toda economia de mercado atribui valor econômico ao controle da companhia, independentemente do valor unitário das ações, que o asseguram"; (2º) "(...) o valor das ações resulta do direito, que confere, de participação nos lucros e no acervo líquido da companhia, enquanto que o controle decorre do poder de determinar e definir suas políticas"; (3º) "(...) o Anteprojeto reconhece a realidade do poder do acionista controlador para atribuir-lhe responsabilidades próprias, de que não participam os acionistas minoritários", e, (4º) "(...) seria, pois, incoerente se pretendesse, para efeitos de transferência desse poder, negar a sua existência e proibir o mercado de lhe atribuir valor econômico".[11]

Fábio Konder Comparato,[12] após admitir que, na cessão onerosa das ações do bloco de controle, a tendência dos países desenvolvidos é garantir aos acionistas de igual categoria tratamento eqüitativo, (1º) atacou a idéia de que o ágio decorrente do poder de controle societário pertence a todos os acionistas; (2º) questionou as causas que permitiriam aos minoritários "pretender essa igualdade de *status* com os titulares do controle, se àqueles não se atribuem, em estrita lógica, os mesmos deveres e responsabilidades inerentes ao exercício do poder de comando na empresa",[13] e, (3º) para neutralizar os malefícios que poderiam atingir os não controladores, sugeriu duas medidas: assegurar-lhes o direito de recesso pelo valor contábil de suas ações e a criação de normas para reprimir o *insider trading* praticado por diretores ou controladores da companhia e pessoas a eles ligadas.[14]

Luiz Leonardo Cantidiano defendeu a concepção de que, "se a alienação implicar apenas novos administradores, não sofreriam, em tese, quaisquer minoritários, algum tipo de prejuízo, descabendo, portanto, a extensão da oferta pública a qualquer deles, ordinários ou preferenciais. Mas, na hipótese de o novo controlador visar à extinção da companhia, aí, sim, a oferta deveria ser estendida para todos os minoritários, pois todos eles estariam em situação na qual poderiam sofrer prejuízos".[15]

Roberta Nioac Prado afirmou que o prêmio de controle cabe apenas aos controladores, pois, "significando a alienação uma

9. *A Nova Lei das Sociedades Anônimas. Seu Modelo Econômico*, RJ, Ed. Paz e Terra, 1976, p. 119.

10. Ob. cit., p. 120.

11. *Fundamentos da Reforma das S/A*, 1ª ed., RJ, AEDE-SBERJ, 1976, pp. 22-23, *apud* Mauro Rodrigues Penteado, "Apontamentos sobre a alienação do controle de companhias abertas", *RDM* 76/17, ano XXVIII, 1989.

12. *O Poder de Controle na Sociedade Anônima*, SP, Ed. RT, 1976, pp. 253-258.

13. Ob. cit., p. 258.

14. Idem, p. 261.

15. *Apud* Roberta Nioac Prado, "Da obrigatoriedade por parte do adquirente do controle de sociedade por ações de capital aberto de fazer simultânea oferta pública, em iguais condições, aos acionistas minoritários — Art. 254 da Lei 6.404/76 e Resolução CMN 401/76 — É efetivo mecanismo de proteção aos minoritários?", *RDM* 106/91, ano XXXVI, 1997, referindo-se a "Alienação e aquisição de controle", *RDM* 59/62, ano XXIV, 1985.

simples mudança de controlador, não entendo que deva haver oferta pública a nenhum acionista, seja ele ordinário ou preferencial. (...), neste caso, o valor que se agrega ao bloco de ações que determinam o controle da empresa diz respeito exclusivamente à possibilidade que esse bloco proporciona àqueles que o detém de alterar a administração, de forma a dinamizá-la e fazer com que a empresa gere maiores lucros", obtemperando, contudo, que deve ser dado tratamento igualitário em caso de posterior encerramento das atividades da sociedade, porquanto, "tratando-se de uma alienação de controle em que os adquirentes intencionem extinguir a companhia em um segundo momento (...), aí, sim, entendo que devam estes estender a oferta a todos os minoritários, inclusive aos preferencialistas sem voto (...), porque, neste caso, no preço pago pelo controle estará embutido não apenas o valor de controlar a empresa, mas principalmente todo o seu ativo. Ativo, este, que muitas vezes não se reflete nem no valor de Bolsa e nem mesmo no patrimonial das ações individualmente consideradas, um dos quais podemos citar como exemplo o valor do intangível da empresa que será agregado na incorporadora".[16]

b. O ágio deve ser partilhado entre controladores e minoritários

Arnoldo Wald ensinou que "a oferta pública prevista no art. 254, embora represente um ônus para o adquirente do controle, pode ser saudável por representar o veículo através do qual o valor do controle é distribuído entre todos os acionistas com direito a voto".[17]

Egberto Lacerda Teixeira e José Alexandre Tavares Guerreiro asseveraram que as "transferências de controle, envolvendo vultosos ágios pagos apenas aos controladores, podem ainda mais desestimular o investimento acionário. Daí entendermos que a solução adotada na lei vale como medida pragmática, tendo em vista as condições do momento histórico e as características peculiares da conjuntura, justificando-se em face da experiência verificada em anos recentes em nosso País".[18]

Guilherme Döring Cunha Pereira dissertou que "o poder de controle é encarado como pertencente à própria sociedade e, indiretamente, à totalidade dos acionistas".[19]

Modesto Carvalhosa alertou "que o acionista minoritário, embora normalmente não tome a iniciativa de promover a capitalização da sociedade, empresta seu esforço para tal mister, (...); ademais, esse tipo de acionista experimenta os efeitos da política de autocapitalização da companhia, usualmente realizada pelo controlador. É, portanto, co-partícipe da valorização patrimonial da empresa, merecendo, portanto, tratamento igualitário, quando da alienação de seu controle".[20]

Waldirio Bulgarelli enfatizou que "o não controlador, que não recebeu dividendos durante muito tempo, pela política imposta pelo controlador de fortalecer a empresa, tem direito a reclamar quando o controlador, aproveitando-se dos resultados dessa mesma política, vende com ágio astronômico as suas ações de controle",[21] acrescentando, ainda, que os especuladores e rendeiros, embora também tivessem contribuído com seus recursos para o autofinanciamento da companhia, mesmo querendo, não poderiam, devido ao princípio majoritário, participar ativamente da vida societária, e, ademais, que, "ao vender o controle (...) com grandes lucros, está-se vendendo, subjacen-

16. Art. cit., p. 105.

17. "A proteção dos acionistas minoritários na alienação do controle de companhias abertas", *Revista da CVM* 4/2, n. 13, 1986, *apud* Mauro Rodrigues Penteado, art. cit., p. 19.

18. *Das Sociedades Anônimas no Direito Brasileiro*, v. 2, 1ª ed., SP, Ed. Bushatsky, 1979, p. 743.

19. *Alienação do Poder de Controle Acionário*, SP, Saraiva, 1995, pp. 164-171.

20. *Apud* Mauro Rodrigues Penteado, art. cit., fazendo referência a *Oferta Pública de Aquisição de Ações*, tese, SP, 1978, pp. 142-143.

21. *Regime Jurídico da Proteção às Minorias nas S/A*, RJ, Renovar, 1998, p. 158.

temente, os intangíveis e mais propriamente o aviamento da empresa",[22] para deduzir que "o certo será a distribuição, ao menos do ágio, entre todos que contribuíram para o fortalecimento da empresa".[23]

c. O ágio pertence a todos os acionistas da companhia aberta

Nélson Cândido Motta advogou que "admitir que as ações preferenciais, porque não votam, tenham menos direitos — salvos os direitos políticos — do que as ações ordinárias equivale a reconhecer que o direito de voto possa ser causa de desigualdade entre acionistas, quer em relação ao patrimônio da sociedade, quer em relação ao tratamento que a lei manda dispensar a todos, indistintamente, nos casos de alienação de controle de companhia aberta (...)".[24]

Leslie Amendolara asseverou que, se os acionistas minoritários têm o direito de participar do "prêmio de controle" porque "haviam contribuído com a formação do capital e investido seus recursos nos negócios",[25] este direito deve ser estendido aos preferencialistas, já que eles também contribuíram para a formação do capital social.

B) A controvérsia na jurisprudência brasileira

No período de vigência do tratamento igualitário, em um processo em que se discutiu se a CVM deveria ser responsabilizada pelo exame e avaliação indevidos em caso de alienação de controle, em virtude de haver considerado o valor total das ações em poder do novo controlador e que representavam todo o bloco de controle e não apenas aquelas efetivamente adquiridas, o que teria ocasionado prejuízos aos acionistas minoritários, já que, na oferta pública, o montante oferecido não lhes garantia um tratamento igualitário, a 1ª Turma do Tribunal Federal de Recursos, ao julgar a apelação cível 140.587-RJ, condenou a CVM a pagar aos minoritários valor equivalente à diferença entre o preço por eles obtido na venda de suas ações e aquele conseguido pelos controladores.[26]

A 1ª Turma do Superior Tribunal de Justiça, ao apreciar o recurso especial 2.276-RJ, que tratava de participação ou não dos preferencialistas no prêmio de controle, entendeu que a oferta pública só alcançava as ações com direito de voto, já que as preferenciais têm garantidas outras vantagens, dispostas na Lei 6.404.[27]

Ainda o Superior Tribunal de Justiça, numa decisão relativa à incorporação do Banco Financial de Mato Grosso, envolvendo oferta pública prévia para aquisição de controle, estendeu-a aos acionistas sem voto, por considerar a natureza da sociedade (que necessitava de autorização) e que a aquisição do controle era uma providência preliminar à incorporação.[28]

C) A controvérsia na legislação, na doutrina e na jurisprudência estrangeiras

a. Direito americano

1. Legislação americana

Conforme acentuou Roberta Nioac Prado, não há norma legal no direito ame-

22. Ob. cit., p. 59.

23. Idem, p. 160.

24. "Alienação de controle de instituições financeiras. Acionistas minoritários. Notas para uma interpretação sistemática da Lei das S/A", *RDM* 46/41, ano XXI, 1982, *apud* Roberta Nioac Prado, art. cit., p. 91.

25. *Os Direitos dos Acionistas Minoritários: com Alterações da Lei 9.457/97*, SP, Ed. STS, 1998, p. 105.

26. Apelação cível 140.587-RJ (registro 8.803.699) rel. Min. Dias Trindade, in Nelson Eizirik, *Sociedades Anônimas: Jurisprudência*, RJ, Renovar, 1996, pp. 743-746.

27. Recurso especial 2.276-RJ (registro 90.0001659-2) rel. Min. Garcia Vieira, in Nelson Eizirik, ob. cit., pp. 367-372.

28. José Edwaldo Tavares Borba, *Direito Societário*, 6ª ed. rev., aum. e atual., RJ, Renovar, 2001, pp. 475-476 (nota de rodapé 1), citando matéria da *Gazeta Mercantil* de 21.10.1993, p. 35.

ricano que torne obrigatória a oferta pública na alienação de controle de uma companhia, sendo a proteção aos minoritários expressa apenas nas noções de *disclosure* e de *insider trading*.[29]

2. Doutrina americana

2.1 O ágio pertence a todos os acionistas da mesma categoria — William D. Andrews,[30] contudo, apregoa que todos os acionistas com ações de espécie e classe iguais devem ter a possibilidade de aliená-las igualmente e de partilhar o *premium* proporcionalmente a sua contribuição ao capital, por ser o poder de controle um bem da companhia.

André Tunc recordou que os redatores dos *Principles of Corporate Governance* pensavam que um acionista dominante não deve, sem autorização dos acionistas desinteressados, tirar mais vantagens de sua situação, proporcionalmente aos acionistas que estão nas mesmas condições.[31]

2.2 O ágio pertence a todos os acionistas da companhia — Berle e Means,[32] a seu turno, foram além, pois, após qualificarem a alienação de controle da empresa como a venda de um bem social, sustentaram que o valor pago como ágio pelo bloco de controle deve ser distribuído a todos os acionistas da companhia.

2.3 O ágio, sob a denominação de prêmio de controle, pertence, exclusivamente, ao controlador. Hoje, nos EUA, prevalece a opinião de que somente o acionista controlador, alienante do controle, faz jus ao prêmio,[33] desde que não haja fraude ou atos de má-fé, acentuando Lewis D. Solomon e Alan R. Palmiter que "a regra geral é a de que os acionistas podem vender suas ações pelo preço que conseguirem, incluído neste o prêmio não disponível aos outros acionistas. Os acionistas controladores não precisam dividir esse prêmio".[34]

Para Easterbrook e Fischel,[35] os minoritários não se oporão à alienação de controle se ela puder levar a uma administração mais eficiente, capaz de tornar a companhia mais rentável e suas ações mais valorizadas.

Steven L. Emanuel afirma que a posição do controlador na companhia tem valor econômico e que o controlador hesitaria na alienação caso não recebesse nenhum prêmio, já que conta com vantagens e privilégios não desfrutados pelos minoritários, advertindo que há exceções ao direito do controlador de vender suas ações livremente,[36] como, *v.g.*: (1) A exceção de pilhagem (*the "looting" exception*), que é a mais importante, pois impede o controlador de transferir suas ações para quem irá pilhar a companhia, se ele tem ciência disso ou tinha como saber; (2) A exceção da venda de voto (*the "sale of vote" exception*) que se verifica quando o bloco de controle é menor que a maioria das ações, mas o vendedor exerce uma influência relevante sobre a diretoria ou quando o contrato de venda expressamente menciona um pagamento adicional se o alienante entregar parte do controle da diretoria, garantindo a eleição de pessoas indicadas pelo comprador; (3) O desvio de uma oportunidade coletiva (*"diversion of collective opportunity"*) aplicável a situações em que, por alguma razão, o prêmio de controle deva pertencer à companhia ou a todos os acionistas, dando-se como principais exemplos situações

29. Art. cit., p. 97.

30. "The stockholder's right to equal opportunity in the sale of shares", *Harvard Law Review* 78/505-563, 1965, *apud* Roberta Nioac Prado, art. cit., p. 98.

31. André Tunc, *Le Droit Américain des Sociétés Anonymes*, Paris, Économica, 1985, pp. 158-159.

32. *Apud* Roberta Nioac Prado, art. cit., p. 98.

33. Robert W. Hamilton, *The Law of Corporations*, St. Paul, Minnesota, 1987, p. 359, *apud* Osmar Brina Corrêa Lima, *O Acionista Minoritário no Direito Brasileiro*, RJ, Forense, 1994, p. 79.

34. *Corporations. Examples and Explanations*, 2ª ed., Aspen Law & Business, 1994, pp. 411-420.

35. *Corporate Control Transactions*, 91 Yale L. J. 737, 1982 *apud* Lewis D. Solomon e Alan R. Palmiter, ob cit., pp. 411-420.

36. Steven L. Emanuel, *Corporations*, 3ª ed., NY, Emanuel Publishing Corp., 1997, pp. 240-249.

em que "a Corte entende que o prêmio de controle representa uma oportunidade de negócios que a companhia poderia ou deveria perseguir como sociedade e quando o comprador inicialmente tentou comprar a maior parte ou todo o ativo da companhia (...), mas foi chamado pelo controlador que lhe ofereceu seu bloco de ações em troca de um prêmio".[37]

3. Jurisprudência americana

William A. Klein e J. Mark Ramseyer, em seu ótimo livro *Business Associations. Agency, Partnerships, and Corporations*,[38] citam diversos casos de alienação de controle analisados pelas Cortes americanas, a saber:

Perlman "v." Feldmann

Feldmann, acionista controlador e principal diretor da companhia de aço Newport Steel Corporation, vendeu suas ações à Wilport Company, uma das destinatárias finais do aço, que visava criar uma fonte certa de fornecimento no mercado, obtendo por suas ações um valor de US$ 20,00 por ação, embora o preço de mercado fosse US$ 12,00, o que levou os minoritários a alegarem que esse preço incluía uma compensação pela venda de um ativo da empresa, consistente no poder de alocar os produtos fabricados pela companhia numa época em que havia maior demanda e pouca oferta de fornecimento, havendo esse poder sido transferido com a venda e beneficiado apenas ao controlador.

Obtemperaram, ainda, que, como diretor e acionista controlador, Feldmann tinha uma relação fiduciária com a companhia e com os minoritários e, que, não obstante, neste caso, não tenha havido fraude, nem mau uso de informações confidenciais, nem saque, ele obtivera proveitos pessoais de uma oportunidade da companhia.[39]

Ao tratar deste julgamento, Osmar Brina Corrêa Lima alerta que, em segunda instância, o Tribunal, para reformar a sentença de primeiro grau, baseou-se no seguinte fundamento: "Nós não pretendemos sugerir que o acionista majoritário não possa dispor do seu bloco de ações de controle a terceiros de fora (*outsiders*) sem ter de prestar contas à companhia de seu proveito, ou mesmo nunca fazer isso impunemente, quando o comprador é cliente interessado, atual ou potencial, no produto da sociedade. Entretanto, quando a venda necessariamente resulta no sacrifício desse elemento dos intangíveis (*goodwill*) e conseqüente inusitado proveito para o fiduciário que causou o sacrifício, ele deve prestar contas de seu ganho. Assim, (...), nós pensamos ser juridicamente correto que o fiduciário não possa apropriar-se sozinho do valor desse prêmio".[40]

Zetlin "v." Hanson Holdings, Inc.

Neste caso, os acionistas controladores venderam suas ações com prêmio, havendo a Corte, ao reconhecer que aquele que investe o capital necessário para adquirir um *status* dominante na companhia tem o direito de controlá-la, decidido que, fora casos de pilhagem no ativo da companhia, usurpação de oportunidade da companhia, burla ou outras condutas de má-fé, o controlador é livre para vender e o comprador é livre para adquirir, pois o prêmio de controle é adicionado pelo investidor que está disposto a pagar pelo privilégio de influir diretamente nos negócios da companhia, não sendo razoável impor, na omissão da lei, que o controle só fosse transferido mediante oferta para todos os acionistas, ressaltando, por fim, que uma mudança tão radical deveria ser realizada pelo Legislativo.[41]

37. Ob. cit., p. 245.
38. *Westbury (New York)*, 3ª ed., The Foundation Press, Inc., 1997, pp. 644 e ss.
39. Ob. cit., pp. 652-656.
40. Pronunciamento da Corte, reproduzido por Osmar Brina Corrêa Lima, ob. cit., pp. 78-79.
41. Klein e Ramseyer, ob. cit., pp. 649-652.

Frandsen "v." Jensen-Sundquist Agency, Inc.

Em 1975, Walter Jensen, único acionista da Jensen-Sundquist Agency, Inc., resolveu desfazer-se de suas ações, alienando 52% para seus familiares, 8% para Dennis Frandsen e o restante para terceiros, ficando estabelecido, entre os novos acionistas, um direito de preferência, que assim pode ser resumido: se os majoritários pusessem suas ações à venda, dever-se-ia dar a Frandsen o direito de adquiri-las; se ele não quisesse comprá-las, os majoritários teriam que se dispor a comprar as ações de Frandsen pelo mesmo preço que havia sido por eles fixado.

Grande parte do ativo da Jensen-Sundquist Agency, Inc. era composta pela maioria das ações do First Bank of Grantsburg, que despertaram o interesse da First Wisconsin Corporation, oferecendo esta US$ 88,00 por ação do banco, constando da proposta, ademais, que cada acionista da Jensen-Sundquist receberia US$ 62,00 por ação, que seria transformada em US$ 88 em ação do banco, e que um documento deveria ser assinado pelos minoritários, renunciando a qualquer direito que eles porventura pudessem ter naquela transação.

Frandsen discordou da proposta, anunciando que exerceria o seu direito de preferência e compraria o bloco majoritário a US$ 62,00 por ação, tendo a companhia decidido, entretanto, alienar suas ações do First Bank of Grantsburg ao First Wisconsin por US$ 88,00 a ação e depois liquidar-se, para que todos os acionistas fizessem jus ao seguro da sociedade.

Frandsen protestou, pois queria ter certeza de que a alienação do bloco majoritário não tornaria desconfortável a situação dos minoritários, adquirindo suas ações por preço menor, afirmando, além disso, que a First Wisconsin era culpada de interferência prejudicial em seus direitos contratuais.

Neste caso, o Tribunal não vislumbrou uma venda de ações, já que a idéia da First Wisconsin não era tornar-se acionista da Jensen-Sundquist, entendendo que Frandsen, na verdade, disputava a aquisição do First Bank of Grantsburg e, por fim, que o First Wisconsin estava apto para concluir sua proposta sem se preocupar com Frandsen, já que não infringira nenhum texto legal (aí incluída a lei antitruste), nem induzira o controlador do First Bank a violar o acordo de acionistas.[42]

Jones "v." H. F. Ahmanson & Company

Embora não tenha havido, neste caso, nenhuma transferência de controle, a Corte de Apelação achou por bem se manifestar sobre o assunto e acabar por confirmar que os acionistas majoritários têm uma responsabilidade fiduciária, para com a minoria e a sociedade, de controlar a companhia de maneira justa e eqüitativa, não podendo utilizar seu poder em seu benefício ou em detrimento da minoria, daí porque qualquer uso que envolva a companhia ou o poder de controlá-la deve beneficiar a todos os acionistas proporcionalmente, não devendo conflitar com a conduta correta dos negócios da sociedade, negando, portanto, acolhida à defesa da maioria que alegou que, no uso de suas próprias ações, não há dever fiduciário.[43]

b. Direito francês

1. Legislação francesa

No direito francês há normas legais e regulamentares que tornam a oferta pública obrigatória nos casos de alienação de controle de companhia aberta.

Em 1973, a "Association Française des Banques" editou "normas determinando que, quando houvesse transferência de controle acionário de uma instituição financeira com alienante identificado, os minoritários deveriam alienar suas ações, obrigato-

42. Idem, pp. 644-649.
43. Ibidem, pp. 657-661.

riamente, junto com o bloco de controle, pelo mesmo preço e condições",[44] e, em 2.8.1989, a Lei 89-531 deu competência ao Conselho das Bolsas de Valores para regular as ofertas públicas e obrigou "aquele que adquirisse mais de 1/3 das ações votantes de uma empresa (...) a fazer oferta pública de compra dos 2/3 restantes pela chamada *garantie de cours*",[45] e, por fim, em maio de 1992, a oferta de compra foi estendida a todas as ações, votantes ou não.[46]

2. Doutrina francesa

André Tunc ensinou que o princípio de que um acionista é livre para vender suas ações pela quantia que lhe for oferecida esbarra, no caso da cessão de controle, em um dever fiduciário, portanto, a venda de ações de um acionista que dirige a sociedade comporta a alienação de uma função ou, pelo menos, do poder de designar quem a exercerá, aduzindo que se a venda for por preço maior que o da bolsa, por compreender a posição de comando, haverá, então, um proveito ilícito, que deve ser restituído à sociedade.[47]

Michel de Juglart e Benjamin Ippolito doutrinam que a cessão de controle permite, de forma mais simples que as ofertas públicas de venda, que se opere a transferência de controle de uma sociedade.[48]

Ripert e Roblot, no entanto, lecionam que a oferta pública, embora intrincada e custosa, é mais vantajosa, por não obrigar o comprador a adquirir todos os títulos que lhe forem oferecidos.[49]

3. Jurisprudência francesa

Num caso de concentração de sociedades, cuja questão era saber se os acionistas minoritários, que se recusaram a ceder suas participações, poderiam opor-se à transferência de controle, que levara praticamente ao desaparecimento da sociedade, invocando a nulidade das decisões do conselho de administração e da deliberação da assembléia geral extraordinária por abuso de direito, a *Cour de Cassation* respondeu que não cabe aos tribunais, mas aos órgãos da sociedade, apreciar a oportunidade de suas decisões, válidas se tomadas regularmente, reafirmando, mais, que os acionistas minoritários podem, se tiverem interesse, se desfazer de seus títulos pelo mesmo preço pago pela cessão do bloco de controle (conforme decisão de 6.3.1973, arts. 91 a 96, regulamento geral da *compagnie des agents de changé préc.*).[50]

Em caso de alienação de controle por operação complexa, em duas etapas (aquisição de ações e posterior subscrição em aumento de capital), o *Tribunal de Grande Instance de Paris*, em sentença de 20.1.1988, decidiu que a oferta pública não era necessária, por considerar que "se a obrigação de manter a cotação deve ser observada quando a compra atinge uma quantidade de títulos suscetível de dar o controle da sociedade emissora, este não é o caso quando o controle é conseguido por uma operação complexa cuja venda dos títulos corresponde apenas a um dos elementos, o outro elemento, ligado ao aumento de capital, excluindo qualquer transferência de ações".[51]

c. Direito inglês

Segundo Guilherme Döring Cunha Pereira, o *City Code on Take and Mergers* inglês deu uma diretriz inovadora às ofer-

44. *Apud* Roberta Nioac Prado, art. cit., p. 102.
45. Idem, p. 103.
46. Ibidem.
47. *Le Droit Américain des Sociétés Anonymes*, Paris, Ed. Économica, 1985, pp. 156-158.
48. Michel de Juglart e Benjamin Ippolito, *Cours de Droit Commercial avec Travaux Dirigés et Sujets d'Examen*, 2º v., 7ª ed., Paris, Éditions Montchrestien, 1983, pp. 843-844.
49. Georges Ripert, *Traité Élémentaire de Droit Commercial*, 10ª ed. por René Roblot, t. II, Paris, LGDJ, 1980, p. 86.
50. Michel de Juglart e Benjamin Ippolito, ob. cit., p. 844.
51. *Revue Trimestrielle de Droit Commercial et de Droit Économique*, Paris, Sirey, 1989, p. 80.

tas públicas para aquisição de controle de uma companhia, fixando como idéia fundamental garantir as mesmas condições oferecidas ao alienante aos acionistas de classes idênticas,[52] acentuando John H. Farrar que "*a principal regra nesse sentido é a que determina que, efetuada a compra de alguma ação da sociedade alvo quando já se pretendia adquirir o controle por meio de uma futura oferta pública de aquisição, essa oferta deve ser feita a todos os acionistas em termos não menos favoráveis que os da compra isolada*".[53]

d. Direito belga

A Comissão Bancária belga, entidade governamental sem poder normativo, prega que o prêmio de controle deve pertencer a todos os acionistas e recomenda a oferta pública de aquisição das demais ações para que haja um tratamento igualitário.[54]

D) Síntese da controvérsia

Portanto, a propósito da alienação de controle de companhia aberta, há:

(a) os que entendem que o preço do bloco de controle é formado pelo valor patrimonial global das ações cedidas e transferidas aos adquirentes e pelo *premium* correspondente ao valor atribuído pelo mercado ao poder de definir e comandar os destinos da companhia aberta, daí não caber falar em ágio ou sobre preço, porém em prêmio de controle, que deve pertencer, única e exclusivamente, aos controladores, e,

(b) os que sustentam que o controle é um bem intangível, um ativo social da companhia, os quais, a sua vez, se dividem em duas correntes, uma pensa que o ágio, que os adquirentes estão dispostos a pagar para deter o controle da companhia aberta, deve ser rateado entre controladores e minoritários; outra, argumentava que, se o controle é um bem social, todos os acionistas, independentemente da espécie de ações que possuam, merecem beneficiar-se com a venda do controle e participar do rateio do ágio.

Anote-se, por fim, que, no Brasil, dissertaram, com proficiência, sobre o tema, sem, todavia, adotar uma posição em favor de determinada tese: Fran Martins,[55] J. A. Tavares Guerreiro,[56] Luiz Gastão Paes de Barros Leães,[57] Mauro Rodrigues Penteado,[58] Nelson Lask Eizirik[59] e Wilson de Souza Campos Batalha.[60]

III — Interpretação realista[61] da alienação de controle da companhia aberta

O ágio é um bem intangível da companhia, que deve ser compartilhado entre

52. John H. Farrar, *Company Law*, Londres, Butterworths, 1985, p. 521, *apud* Guilherme Döring Cunha Pereira, ob. cit. p. 135.

53. *Apud* Guilherme Döring Cunha Pereira, idem.

54. *Apud* Guilherme Döring Cunha Pereira, ob. cit., p. 145.

55. *Comentários à Lei das Sociedades Anônimas: Lei 6.404, de 15 de dezembro de 1976*, v. 3, RJ, Forense, 1978.

56. "Alienação de controle de companhia aberta: o papel das instituições financeiras", in *RDM* 30/115-119, ano XVII, 1978, cabendo ressaltar que, em seu clássico *Das Sociedades Anônimas no Direito Brasileiro*, em co-autoria com Egberto Lacerda Teixeira, o mestre Tavares Guerreiro ensinou que o prêmio de controle deve ser partilhado entre controladores e minoritários.

57. "Alienação de controle de companhia aberta seguida de fechamento de capital" (Parecer), in *RDM* 113/255-264, ano XXXVII, 1999.

58. "Apontamentos sobre a alienação do controle de companhias abertas", in *RDM* 76/15-25, ano XXVIII, 1989.

59. *Reforma das S/A e do Mercado de Capitais*, RJ, Renovar, 1997.

60. *Comentários à Lei das Sociedades Anônimas: Lei 6.404, de 15 de dezembro de 1976*, v. 3, RJ, Forense, 1977.

61. No final do século XIX, Oliver Holmes, juiz da Suprema Corte dos Estados Unidos da América, lançou os fundamentos da Escola de Jurisprudência Sociológica Americana, depois desenvolvidos por Benjamin Cardoso e Roscoe Pound, havendo Pound, de forma lapidar e inovadora, defendido que (a) o Direito "é uma ciência de engenharia so-

controladores, minoritários e, até mesmo, preferencialistas, ou um valor econômico inerente às ações ordinárias nominativas com direito de voto que compõem o bloco de controle, a ele fazendo jus exclusivamente os controladores?

Se pregarmos que o ágio integra o preço do bloco de controle e, portanto, deve pertencer tão-somente aos controladores, ou se advogarmos que o ágio é um sucedâneo da valorização patrimonial da companhia e, por conseguinte, deve ser distribuído entre controladores e minoritários, ou se sustentarmos que o ágio é um bem social e que o seu rateio não pode basear-se no fato de ações da companhia serem de diferentes espécies e terem ou não direito de voto, daí dever a lei assegurar a controladores, minoritários e preferencialistas, indistintamente, o direito à percepção do ágio, estaremos enunciando uma proposição apriorística,[62] porque formulada sem conhecermos mais e melhor as circunstâncias do caso e independentemente das forças que, de fato, devem motivar a aplicação do direito, estaremos emitindo um juízo de valor,[63] sempre ditado "por predileções de ordem pessoal",[64] baseado na razão prática, que, como diz Kant, por ser prática, deixa de ser razão e passa a ser vontade, e, exatamente por ser vontade e não verdade, a questão do ágio, no direito brasileiro, ao ser considerado no II PND e na CDE-14/74, mereceu um tratamento; no Anteprojeto e no Projeto de Lei das S/A, outro; sob o império do art. 254 original, com a redação da Emenda Lehmann, outro; após a Lei 9.457/97, outro; com o Projeto Kapaz-Kandir, outro, e, por fim, na sua definitiva redação, outra, quase se podendo dizer que, no caso do indigitado art. 254 revogado ou 254-A,

cial"; (b) "o Direito deve ser estável e, sem dúvida, não pode permanecer inalterável"; (c) "a tarefa do Direito na resolução dos conflitos de interesses é eminentemente prática, eficaz, executiva"; (d) "a tarefa de engenharia social do Direito é ajustar os interesses em conflito, detectando os de maior prioridade sobre os demais"; (e) para valorar um problema jurídico ou conflito litigioso é necessário captar o sentido e o alcance de fatos abrangidos pelo problema" (*apud* Maria da Conceição Ferreira Magalhães, *A Hermenêutica Jurídica*, RJ, Forense, 1989, pp. 80-84).

Inspirando-se em Holmes, Cardoso e Pound, eminentes juristas americanos criaram a Escola do Realismo Jurídico, que, ultrapassando a Escola Sociológica, afirma ser o direito real, efetivo, concreto, o declarado pelos tribunais, ao julgarem casos concretos, e não produto de um método silogístico-dedutivo, frio e mecânico, puramente lógico-racional.

Enquanto nos Estados Unidos da América as Escolas Sociológica e Realista granjeavam adeptos, na Europa se fortalecia e expandia, por inspiração das idéias do Círculo de Viena, da escola de Upsala e de Cambridge, a Escola do Realismo Empírico, à frente Alf Ross, Lundstedt e o sueco Olivecrona, segundo a qual os juristas não devem pautar-se pelo idealismo metafísico, que prega poder chegar-se ao conhecimento imediatamente através da razão e independente dos sentidos e da experiência (o denominado conhecimento *a priori*), mas pelo realismo científico, que nega ser possível atingir-se o conhecimento apenas exercitando a faculdade da razão, em especial no campo do Direito, em que deve preponderar o estudo, a observação e a verificação dos fatos e fenômenos sociais, aos quais se aplicará o direito positivo pelos tribunais e se tornará eficaz a norma por sua aceitação por parte da consciência jurídica popular.

Ao referirmo-nos a "interpretação realista" da questão do ágio na alienação de controle de companhia aberta, pretendemos, inspirados nos cânones das Escolas de Jurisprudência Sociológica Americana, do Realismo Jurídico e do Realismo Empírico, abordar o tema de forma "eminentemente prática, eficaz, executiva", tendo em conta "o sentido e o alcance dos fatos abrangidos pelo problema", "o Direito real, efetivo, concreto" e não o elaborado de forma apriorística, pois, a nosso ver, no campo do Direito, o que deve preponderar é o estudo, a observação e verificação dos fatos e fenômenos sociais e se a sua aplicação pelos tribunais fará justiça às partes.

62. Para Alf Ross, as proposições distinguem-se em apriorísticas e empíricas. "As proposições apriorísticas são verdadeiras tão-só em virtude de sua forma e, por isso, são tautológicas ou analíticas, pois nada dizem a respeito do mundo (...). As proposições empíricas só possuem valor enquanto possam refletir a realidade dos fatos, devendo, portanto, ser verificadas por meio da experiência" (Alaôr Caffé Alves, Apresentação à edição brasileira da obra *Direito e Justiça*, de Alf Ross, 1ª ed., Edipro, p. 10).

63. Segundo Alaôr Caffé Alves, para Ross, os juízos de valor "são subjetivos, expressões de sentimentos e desejos e não vinculados a propriedades reais do objeto", ob. cit., p. 9.

64. Karl Popper, *A Lógica da Pesquisa Científica*, 2ª ed., Cultrix, p. 39.

a vontade e a razão (teórica ou pura) estão dissociadas, o que inevitavelmente acarretou, na vigência do superado art. 254, e acarretará, na do art. 254-A, quando de sua aplicação, flagrantes injustiças, consoante se constata dos seguintes exemplos, frutos de nossa faculdade especulativa:

1º. Estabelecendo a Lei das S/A que o ágio é uma parcela integrante do preço de venda das ações de controle, dele devendo beneficiar-se apenas o controlador, estar-se-á fazendo justiça a minoritários e preferencialistas:

(a) se o controlador delegar, através de um contrato sigiloso, a uma instituição especializada em administração de grandes fortunas, a gestão de seu *portfolio* de ações e passar a vida como se acionista rendeiro fosse, fazendo-se representar por procurador nas assembléias gerais da companhia para atender aos ditames das alíneas *a* e *b*, do art. 116, da Lei brasileira das S/A?

(b) se o adquirente, após a celebração da compra e venda, realizar um processo de fusão ou incorporação, com perda do valor patrimonial da ação dos minoritários e preferencialistas, embora garantido-lhes o direito de recesso, por enquadrarem-se no art. 136, IV, c/c 137, II, da Lei das S/A?

(c) se o adquirente, controlador de empresa concorrente, comprar o controle e, logo após, dissolver, liqüidar e extinguir a companhia?

(d) se, além da venda de suas ações e da função de comandar os destinos da companhia, o controlador deliberar demitir importantes administradores e eleger pessoas de confiança do futuro adquirente?

(e) se o controlador aproveitar-se de uma oportunidade de negócio, que beneficiaria diretamente à companhia e indiretamente a todos os acionistas?

2º. Dispondo a Lei das S/A que o ágio é um bem intangível, que deve ser compartilhado entre controladores e minoritários ou entre todos os acionistas da companhia, estar-se-á fazendo justiça ao controlador:

(a) se o controlador houver dado mais importância à empresa do que à sua vida pessoal e familiar, a ela se dedicando com abnegação 14 horas por dia, 7 dias por semana, 12 meses por ano, e, sempre que necessário, houver (1) prestado fiança e aval pessoais, para beneficiar a companhia; (2) dado em penhor bens móveis e em hipoteca imóveis próprios, pondo em risco seu patrimônio pessoal, para manter a empresa em funcionamento; (3) acordado com a companhia operação de *lease-back* de bens sociais a juros módicos ou, até mesmo, sem juros, para capitalizar a empresa; (4) concedido empréstimos e financiamentos, inclusive sem cobrar juros por possuir geração de caixa própria e disponibilidade ociosa; (5) participado efetivamente da administração dos negócios sociais, enquanto os minoritários e preferencialistas viviam vida de acionista rendeiro, sem a menor preocupação com os destinos da empresa?

(b) se minoritários e preferencialistas, baseados em informação privilegiada, adquirirem ações em bolsa às vésperas da alienação de controle de uma empresa fundada e desenvolvida pelo controlador há décadas e que a ela se devotou com denodo?

Da realidade fática também podemos reunir provas contundentes que evidenciam ser temerário fixar-se, *a priori*, regra cogente sobre matéria tão intrincada:

(a) durante muitos anos, a Companhia Nacional de Tecidos Nova América, fundada e controlada por imigrantes italianos, foi a maior indústria de tecidos da América Latina. Na década de 70, no propósito de modernizar-se, manter-se competitiva e rentável e continuar a liderar o *ranking*, contratou com o BNDES um empréstimo de dezenas de milhões de dólares, destinados, quase exclusivamente, à aquisição e importação de máquinas e equipamentos ingleses, o que significou o início de sua derrocada, em virtude de duas seguidas maxidesvalorizações da moeda brasileira, que obrigaram os controladores, para honrar os compromissos com o BNDES, a transferir-lhe o controle acionário da companhia, posteriormente vendido em leilão público na Bolsa de Valores do Rio de Janeiro para empresários de São Paulo, que imediatamente fecharam a fábrica, no local hoje funcionando a "Nova América *Outlet Shopping*", o que leva à pergunta: se o BNDES, ao alienar as ações de controle, houvesse se beneficiado do ágio sozinho, ter-se-ia feito Justiça a minoritários e preferencialistas?

(b) o Ponto Frio, empresa constituída, na década de 40, a partir de uma pequena loja no Centro do Rio, é, hoje, a maior rede de eletrodomésticos do país em número de estabelecimentos, com 369 pontos, e a segunda em faturamento. Com a morte de seu controlador, em dezembro de 1999, antiga divergência, segundo noticiaram os principais jornais e revistas do país, entre a viúva e seu filho, titulares de 56% do capital total da companhia, e o presidente do Conselho de Administração, principal executivo e acionista detentor de 12,8% do capital social, a quem se atribui o mérito do sucesso do empreendimento, agravou-se, o que motivou a controladora e seu filho a decidirem alienar o controle acionário e, em conseqüência, no regime da Lei 9.457, de 1997, a perceberem o ágio com exclusividade, o que leva à seguinte indagação: se a controladora e seu filho venderem as ações de controle ("sem nunca terem colocado os pés na empresa", conforme também amplamente divulgado pela mídia), estar-se-á fazendo justiça aos minoritários — inclusive ao principal responsável pelo extraordinário crescimento que experimentou a companhia — e aos preferencialistas?

(c) o Grupo Gerdau, o maior produtor de aços longos da América Latina, é controlado pela "família Gerdau" e dirigido por Jorge Gerdau Johannpeter, que se dedica, consoante se lê nos nossos principais jornais e revistas, a exemplo de vários outros membros da família, diariamente, em tempo integral, ao conglomerado. Para concorrer no mercado externo, foi necessário implementar o "gerenciamento pela qualidade total" e provocar um "choque de qualidade" na empresa, o que a levou a obter excelentes resultados e merecer o seguinte destaque no jornal inglês *Financial Times*:[65] "A bandeira azul e amarela do grupo siderúrgico brasileiro tremula nas fachadas de dez unidades espalhadas pelo Uruguai, Canadá, Chile, Argentina e Estados Unidos. 'Enquanto muitas empresas de controle familiar viram a globalização trazer o mundo para o Brasil, a Gerdau levou seu estilo gerencial e seu conhecimento da industria siderúrgica para o mundo'. Em vez de esperar, de braços cruzados, que os grandes conglomerados internacionais avançassem sobre a siderurgia brasileira, Gerdau levou a companhia familiar sob o seu comando pelo caminho inverso. Para não correr o risco de ser globalizado um dia, preferiu globalizar-se",[66] o que leva à pergunta: numa possível alienação do controle do Grupo Gerdau, far-se-á justiça aos controladores, que, com incrível afinco, se dedicaram ao crescimento e expansão da companhia, se os mesmos tiverem que dividir o prêmio de controle com os demais acionistas, que se limitaram a investir, colher dividendos periódicos e enriquecer com a valorização de suas ações na Bovespa?

(d) criada em 1924, no Rio de Janeiro, pelo comerciante Luiz La Saigne e entregue ao genro, Henrique de Botton, a Mesbla foi, durante décadas, uma potência comercial, chegando a ser avaliada em 500 milhões de dólares e contando com 12.000 empregados e 48 lojas em 18 estados. Durante os anos 80, transferido o controle acionário a André de Botton, filho de Henrique, e após seus quatro irmãos haverem assumido cargos de direção, André implantou um plano de expansão que, ao fracassar, levou a companhia, a partir de 1990, a experimentar vultosas e sucessivas perdas, que se agravaram em 1994, com o Plano Real, ficando a Mesbla sem crédito e com as prateleiras vazias, o que a levou a impe-

65. Nely Caixeta, "Mister Gerdau", Revista *Exame*, 4.10.2000, pp. 165-166.

66. Idem, p. 165.

trar concordata preventiva e, no curso do processo, a fechar as lojas que davam prejuízo e a lograr convencer seus principais credores a se transformarem em acionistas, ficando, ao final de longa negociação, o capital social da Mesbla dividido da seguinte forma: 0,4%, pertencente a De Botton, 16%, ao Banco Pactual e a José Paulo Amaral, e 53%, aos bancos BCN, Unibanco e Pontual, havendo estes três bancos vendido suas ações para Ricardo Mansur, que pretendia uni-la à rede Mappin, por ele recém-adquirida, reerguer a Mesbla e desenvolver ainda mais a Mappin. Quando a situação da Mesbla e do Mappin tornou-se crítica, devido ao insucesso dos planos de reorganização, José Paulo Amaral foi chamado pelos credores para intervir, sanear a empresa e salvá-la da falência, em meio a notícias da presença no Brasil de representantes de gigantescas lojas de departamentos interessadas na aquisição de ambas as companhias. Se José Paulo Amaral tivesse obtido êxito e, recuperadas as sociedades, Mansur decidisse alienar o controle acionário para investidores externos, ter-se-ia feito justiça aos demais acionistas, que, durante anos, amargaram enormes prejuízos, se Mansur desfrutasse sozinho do prêmio de controle?

Como se vê, se o legislador decidir que o ágio deve ser dividido entre controladores e minoritários, segundo corrente doutrinária predominante, muitas vezes, nas multiformes situações fáticas[67] que se apresentam no complexo, intrincado e sofisticado mundo das empresas, estar-se-á premiando os minoritários em detrimento dos controladores e preferencialistas; outras tantas, se o legislador decidir que o ágio é um bem intangível, que deve ser partilhado entre todos os acionistas, consoante ensinam alguns doutos, estar-se-á premiando os minoritários e preferencialistas em prejuízo dos controladores; outras mais, se o legislador decidir que o ágio é uma parcela integrante do preço de venda das ações de controle, dele devendo beneficiar-se apenas os controladores, estar-se-á premiando os controladores esquecendo-se dos minoritários e preferencialistas.

Por isso, pensamos que:

1º. não há resposta extreme de dúvidas, nem mesmo razoavelmente satisfatória, sobre a polêmica de se o ágio é um bem intangível da companhia ou se integra o preço do bloco de controle, mas há resposta certa para esta outra: se, de forma apriorística, determinar-se que (a) o ágio compõe o preço global das ações de controle ou (b) que o ágio é um ativo da companhia, com certeza absoluta estar-se-á criando a possibilidade de o juiz ser compelido a ignorar as condições peculiares e as circunstâncias especiais do caso concreto submetido a seu julgamento e a aplicar uma regra que não fará justiça a controladores, minoritários e preferencialistas, conforme a opinião que se sustente;

2º. a questão do ágio na alienação de controle de companhia aberta deve ser resolvida não pelo Direito *in abstrato*, mas pelo Direito concreto em ação, não por juízos de valor, mas por juízos de realidade, não por proposições apriorísticas, mas por proposições empíricas, com base nos cânones do neoempirismo lógico e, em especial, nos da Escola do Realismo Empírico, que é uma tentativa de superar a alternativa entre o realismo psicológico da Escola de Uppsala e o realismo comportamentista ou sociológico americano, para a qual "constitui princípio elementar da ciência a necessária definição de um objeto de acordo com qualidades objetivas e não de acordo com quaisquer avaliações apriorísticas baseadas em juízos de valor".[68]

67. Situações assaz agravadas pelo fato de que o homem não é *anima* incorporada, como pregou a tradição cartesiana, mas uma unidade psicofísica, uma criatura que vive na corrente da vida, tem desejos e paixões, sente alegrias e tristezas, ama e odeia, consoante ressaltou Wittgenstein (in Wittgenstein, *La Naturaleza Humana*, de P. M. S. Hacker, 1ª ed., trad. espanhola, Editorial Norma).

68. Alf Ross, ob. cit., p. 96. Recorde-se, ademais, por oportuno, que, na multiplicidade das filo-

Destarte, com fundamento nos ensinamentos da Escola do Realismo Empírico, em especial quando enfatiza que, "na ciência jurídica, se deve sustentar que o direito é um fato social, cuja existência e descrição somente podem ser equacionadas em termos puramente fáticos, sensíveis e empíricos, sem necessidade de se recorrer a princípios morais, racionais ou ideológicos",[69] e partindo da premissa de que não se deve, aprioristicamente, formular uma norma legal definindo se o ágio cabe (a) só ao controlador, (b) ao controlador e aos minoritários ou, então, (c) ao controlador, minoritários e preferencialistas, o art. 254-A deveria ter instituído um princípio geral sobre a matéria, cometendo, primeiro, à CVM[70] e à jurisprudência, em segunda e definitiva instância, o exame e a solução de eventuais conflitos de interesses surgidos entre os acionistas de companhia aberta quanto ao direito ao rateio do ágio com apoio em juízos de realidade, na certeza de que o próprio mercado encontrará meios de se proteger e de evitar litígios.[71]

sofias, o ceticismo provocou uma separação metodológica entre os juízos de realidade e os juízos de valor, sendo que os juízos de realidade seriam a expressão de um conhecimento objetivo, empírico e racionalmente fundado, enquanto os juízos de valor, conforme, por todos, ensinou Perelman, por definição são irracionais, não obstante, acentue-se, por indiscutível, que uma análise mais profunda e isenta de paixões, concluirá que os juízos de realidade não são inteiramente independentes dos juízos de valor, daí não poder haver um fosso entre os juízos de realidade e os juízos de valor, mas, por igual, não se poder preferir estes em prejuízo daqueles.

69. Alf Ross, ob. cit., p. 11.

70. Para que não se diga, sem conhecer dados concretos, que é inviável o exame pela CVM de *todos* os casos de alienação de controle da companhia aberta, por ela supostamente não possuir adequada infra-estrutura e corpo técnico em número suficiente para desincumbir-se bem dessa atribuição, cumpre esclarecer que estão registradas na CVM como companhias abertas apenas 998 sociedades (novembro de 2000), sendo que somente 465 companhias (novembro de 2000) têm ações negociadas em bolsa e, ademais, como ressaltado por Modesto Carvalhosa, a CVM sempre lutou para "*dar consistência ao preceito (do art. 254) notadamente quando tratou da matéria da transferência indireta de controle*" (*Comentários à Lei de Sociedades Anônimas*, ob. e v. cits., p. 145), o que é explicitado no Parecer 86/82, objeto de estudo de Luiz Leonardo Cantidiano, publicado em *RDM* 56/59, ano XXXIV, 1985. Por fim, a CVM firmou ainda orientação no sentido de:

(a) o art. 254 só se aplicar na venda ou permuta de ações cujos titulares estejam no efetivo exercício do controle (Parecer CVM-SJU 58/78);

(b) para garantir o pagamento de igual preço aos minoritários, ter competência de verificar o cálculo do preço pago às ações dos controladores (Parecer CVM-SJU 09/83);

(c) mesmo não tendo havido pagamento de ágio na alienação de controle, ser obrigatória a oferta pública aos minoritários, para que exerçam, querendo, o direito de alienação de suas ações pelo preço pago aos controladores (Parecer CVM-SJU 79/83), e

(d) a oferta aos minoritários dever ocorrer simultaneamente à compra das ações dos controladores (Instrução CVM-SHJU 63/83), o que levou o excelente Carvalhosa a concluir que, "*para a Comissão (...), o controle possui um valor econômico inerente*" (ob. cit., p. 146, recomendando-se a leitura e o estudo de todo o capítulo, que esgota a matéria, inclusive com um amplo e atualizado enfoque sobre a orientação jurisprudencial, do qual nos valemos, mais uma vez, pela segurança que nos inspira seu festejado e ínclito autor).

71. Por fim, como ressaltado por Roberta Nioac Prado (art. cit., p. 101), a solução adotada no direito americano foi a de deixar o legislador fundar-se em princípios gerais e, para a doutrina e a jurisprudência, a análise e a decisão casuística, já que o próprio mercado é capaz de regular-se.

AS OPERAÇÕES DE CRÉDITO DOCUMENTÁRIO, AS CARTAS DE CRÉDITO E AS *COMFORT LETTERS**

EDUARDO SALOMÃO NETO

Cobranças documentárias simples. Cartas de crédito. Cartas revogáveis e irrevogáveis, confirmadas ou não. Remuneração do banco emissor e provisão de fundos. Prestação prometida sob a carta de crédito. Pagamento da carta de crédito. Exclusões de responsabilidade. Contrato de abertura de carta de crédito e carta de crédito — Natureza jurídica. Lei aplicável. As "comfort letters".

Este tópico, como tantos outros no Direito Comercial, tem sido infelicitado por excessiva divagação doutrinária, que deixou de perceber sua natureza simples.[1]

Entender a natureza das operações de crédito documentário e das cartas de crédito é entender, em primeiro lugar, a função a que se destinam tais operações, basicamente ligadas ao comércio internacional. O comércio internacional põe em contato partes que freqüentemente não se conhecem e não desenvolveram entre si a confiança gerada por transações comerciais repetidas. Entretanto, oferece transações por bom preço, ou mercadorias necessárias, e os negócios precisam acontecer.

Essa tensão entre necessidade de contratar e possível falta de confiança mútua permite aos bancos o desenvolvimento das chamadas operações de crédito documentário. Em tais operações, os bancos que nelas intervêm substituem a credibilidade das partes pela sua própria, interpondo-se na operação da forma como veremos.[2]

A primeira crise de credibilidade existente em tais operações refere-se à possibilidade de uma das partes efetuar o pagamento, ou fazer sua prestação, sem receber a da outra, seja mercadoria ou dinheiro.

Mesmo que tal risco fosse superado por troca simultânea entre preço e mercadoria, sobraria ainda para o vendedor o risco do arrependimento do comprador após ter tido o vendedor despesas com o embarque e transporte da mercadoria, e eventualmente com a própria produção delas, no caso de bens feitos por encomenda.[3]

* O autor agradece ao Professor Waldirio Bulgarelli pela sugestão do tema relativo às *comfort letters* e pela cessão de parte da bibliografia sobre o assunto e à Dra. Patrícia Neves Pinheiro Machado pela revisão do texto e sugestões.

1. Cabe aqui menção à bem fundamentada crítica de Fábio Konder Comparato à tendência de muitos doutrinadores à complexidade classificatória, a qual, como anota, muitas vezes decorre do desconhecimento de princípios legais básicos ("Aparência de representação: a insustentabilidade de uma teoria", in *RDM* 111/39 e ss., jul.-set. 1998).

2. Para uma exposição clara do crédito documentado e suas funções, veja-se Waldirio Bulgarelli, *Contratos Mercantis*, São Paulo, Atlas, 2000, pp. 236 a 238.

3. Máquinas industriais e outros bens de produção de valor elevado podem situar-se nessa categoria, elevando ainda mais o risco do vendedor, em

Cobranças documentárias simples

O problema básico da desconfiança entre vendedor e comprador é resolvido através do mecanismo da cobrança documentária. De fato, as mercadorias em trânsito internacional são freqüentemente representadas por documentos que evidenciam seu depósito, normalmente junto a transportador (marítimo, aeronáutico etc.).[4] Em vista disso, os bancos oferecem como serviço a atividade de, utilizando-se de sua rede de agências ou correspondentes pelo mundo, coletar os documentos representativos de mercadorias contra pagamento do preço, que terá a eles sido transferido previamente pelo comprador.

Nessa hipótese, o banco intermediário, de confiança do vendedor, fica com a guarda dos documentos representativos da mercadoria e os repassa ao comprador ou a banco que o represente, assim que receba o pagamento por parte deste. Na prática comercial, o banco designado pode indicar um banco cobrador no país do importador, o qual receberá os documentos e os repassará, seguindo as instruções dadas pelos clientes, ao comprador das mercadorias, contra o pagamento devido. Assim, em regra, os documentos seguem o seguinte fluxo: passam do exportador que os originou, em regra ao embarcar a mercadoria, para o banco contratado para a cobrança documentária no próprio país do exportador, e deste para o banco apresentador dos documentos já no país do importador, o qual notificará o importador para que venha receber os documentos e fechar o câmbio para pagamento da importação.

Os documentos cuja apresentação deve ser feita são definidos pelo contrato entre importador e exportador: logicamente entre eles estará sempre documento representativo da mercadoria, além de faturas, e eventualmente exames por amostragem, certificados de qualidade emitidos por órgãos específicos, documentação relativa a seguro da mercadoria ou outros estabelecidos no contrato.

Essa intermediação no pagamento e recebimento é serviço prestado pelos bancos, e seu arcabouço jurídico é, portanto, um contrato de prestação de serviços. No Brasil, tais relações são reguladas pelo Código Civil, que em seus arts. 1.216 a 1.236 trata da locação de serviços, e pelo Código Comercial, que faz o mesmo em seus arts. 226 a 246. As regras de ambos os Códigos são muito genéricas para ter influência sobre as cobranças documentárias. Entretanto, a Câmara de Comércio Internacional[5] consolidou em uma de suas brochuras de regras, a de n. 522, conjunto de normas que sugere para reger as cobranças documentárias. Tal brochura, composta de 26 artigos, descreve basicamente os procedimentos de cobrança contra documentos acima indicados, a forma de avisos a serem emitidos pelas partes na cobrança e as obrigações e responsabilidades dos bancos intervenientes. Neste último aspecto, as regras procuram limitar ao máximo o escopo dos serviços dos bancos intervenientes, excluindo qualquer responsabilidade deles (i) pelas mercadorias objeto da transação de comércio exterior (art. 10), (ii) pela autenticidade, conteúdo, suficiência ou outras

vista do valor normalmente alto envolvido em sua produção.

4. Tais documentos são títulos de crédito causais nos quais se incorpora o direito à própria mercadoria, tornando-se o titular legítimo deles, pelo fato da titularidade, também proprietário da mercadoria. Os conhecimentos de depósito de emissão de armazéns gerais são objeto do Decreto 1.102, de 21 de novembro de 1903, e os conhecimentos de transporte, do Decreto 19.473, de 10 de dezembro de 1930.

5. A Câmara de Comércio Internacional (CCI) é entidade de representação da comunidade empresarial internacional, tendo sido fundada em 1919, agrupando representantes de categorias empresariais de diversos países. Além de suas participação no desenvolvimento de cláusulas e regras uniformes a serem adotados no comércio internacional (cobranças documentárias, cartas de crédito, *incoterms*), destaca-se por seu Tribunal de Arbitragem. A CCI, além de comitês nacionais nos diversos países que dela participam, tem também órgãos de administração centrais que funcionam em Paris.

características intrínsecas ou extrínsecas dos documentos que recebem para apresentar (art. 13), (iii) por eventos de força maior que venham a interromper as atividades dos bancos.

Tais restrições nos parecem justificáveis, porque decorrem de uma limitação do escopo dos serviços prestados pelo banco, à qual deverá corresponder, evidentemente, uma limitação de sua responsabilidade. Assim, por exemplo, se contratualmente não prestam os bancos nenhum serviço relativo à revisão do conteúdo de documentos, não haveria por que recair sobre eles qualquer responsabilidade por deficiências em tal conteúdo.

Outras regras de exclusão de responsabilidade contidas na brochura 522 nos parecem menos justificáveis. São elas a exclusão de responsabilidade dos bancos quanto a atrasos ou perdas em trânsito de quaisquer mensagens, cartas ou documentos, ou pelo atraso, mutilação ou outros erros decorrentes da transmissão de qualquer telecomunicação ou por erros de tradução ou interpretação de termos técnicos (art. 14, letra *a*). Entendemos que, perante o Direito brasileiro, na medida em que os erros ou atrasos sejam imputáveis ao banco, não poderá ele se eximir de responsabilidade, porque o Código de Defesa do Consumidor considera nula e abusiva qualquer cláusula que impossibilite, exonere ou atenue a responsabilidade do fornecedor por vícios dos serviços.[6]

Por razão análoga, não é aceitável a exclusão de responsabilidade dos bancos que se encarregam da cobrança por erros de ou prejuízos causados por correspondentes que venham a apontar para a apresentação dos documentos ao importador, exclusão esta prevista no art. 11 da brochura 522. De fato, se um banco se encarrega de instruir correspondente sobre a apresentação de documentos, sendo por isso remunerado, deve-se responsabilizar por deficiências do correspondente.

Note-se, ainda, que as cláusulas de exclusão de responsabilidade acima indicadas não ficam prestigiadas ou tornam-se válidas pela simples escolha de lei estrangeira para a regência do contrato de prestação de serviços entre o banco e o cliente que o contrata para a cobrança documentária. Isso porque se considera que as normas contidas no Código de Defesa do Consumidor são de ordem pública, caso em que a lei brasileira é sempre aplicável, se a questão chegar a tribunais brasileiros.

Uma questão que merece análise diz respeito à aplicabilidade das normas e princípios contidos na brochura 522 na ausência de previsão contratual expressa, em decorrência de sua possível classificação como costume. Os costumes, como se sabe, são fonte do Direito Comercial, expressamente reconhecidos pelos arts. 130 e 131 do Código de 1850 e pelo art. 4º da Lei de Introdução ao Código Civil brasileiro (Decreto-lei 4.657, de 4 de setembro de 1942). Um corpo de normas que venha a se enquadrar na definição de costume e, conseqüentemente, classificado como fonte do Direito, tornar-se-ia aplicável, automaticamente, a todos os contratos sobre cuja matéria tratasse, sem necessidade de previsão expressa nesse sentido. Nasce daí a indagação se as normas da brochura 522 representariam a cristalização escrita de costumes e se aplicariam automaticamente a qualquer cobrança documentária. A resposta deve ser negativa, na medida em que essas regras são de elaboração recente e de inspiração teórica. De fato, representam concepção ideal da Câmara de Comércio Internacional sobre as regras que deveriam reger as cobranças documentárias, e não são o resultado de uma prática reiterada e espontânea, marcada pela convicção de que tal prática reflete obediência a normas jurídicas, o que se exige para a existência de costume vinculante.[7] Faltam a elas, portan-

6. Art. 51, inc. I da Lei 8.078, de 11 de setembro de 1990.

7. Vicente Ráo, *O Direito e a Vida dos Direitos*, v. 1, 4ª ed., São Paulo, Ed. RT, 1997, pp. 253 a 255.

to, requisitos necessários para a configuração do costume, na sua acepção jurídica. O resultado é que as regras da brochura 522 só valerão se houver convenção expressa nesse sentido entre o banco e seu cliente que o encarrega da cobrança. Aliás, o próprio texto da brochura 522 expressamente consagra esse entendimento, ao dispor em seus arts. 1º e 4º que sua aplicação se condiciona a que o cliente faça menção expressa à brochura nas instruções de cobrança que dá ao banco.[8]

Cartas de crédito

A modalidade de pagamento acima não elimina, entretanto, o risco de desistência da compra por parte do adquirente, o que deixaria o vendedor sujeito à inocorrência de despesas com embarque e transporte das mercadorias, bem como o financiamento de sua produção, entre outras.

Em vista disso, aparece a prática das cartas de crédito, que são na verdade promessas de pagamento emitidas por um banco, de forma incondicional, a favor do vendedor de mercadorias. Alternativamente, as cartas de crédito podem também ser emitidas a favor de outros tipos de credores, e prever quaisquer condições para pagamento.

Normalmente, quando emitidas a favor de credores por operações comerciais, condicionam o pagamento à apresentação dos documentos já mencionados acima quando tratamos da cobrança documentária.[9]

As regras relativas a cartas de crédito e sua emissão são contidas na brochura 500 da Câmara de Comércio Internacional (CCI), a última de sucessivas atualizações do regime.[10] De modo análogo às regras sobre cobrança documentária simples, as regras da brochura 500 não consolidam costumes comerciais, e devem ser objeto de menção expressa no contrato entre um importador e seu banco para ter aplicação à referida relação.[11] Como tal menção normalmente é feita, começaremos nossa análise descrevendo o regime imposto pela prática, e pela própria brochura, às cartas de crédito. Essa explicação nos permitirá conhecer o instituto, e tirar conclusões precisas sobre sua natureza jurídica.

Em primeiro lugar, note-se que a carta de crédito é um instrumento unilateral emitido pelos bancos, sob a forma de promessa de pagamento, sem a interveniência do devedor nesse momento. Tal interveniência se dá no momento anterior, quando o devedor contrata o banco para a emissão da carta. Essa contratação é feita por instrumento independente da carta, o qual de-

8. A jurisprudência reconhece também que as regras oriundas da Câmara de Comércio Internacional sobre cobrança documentária e cartas de crédito não configuram costume, mas sim cláusulas tipo de relações contratuais, cuja aplicação depende de menção expressa. Veja-se, para reprodução da jurisprudência italiana, Aldo Ceccherini e Massimo Genghini, *I Contratti Bancari nel Codice Civile*, Milano, Giuffrè Editore, s/d, pp. 392 a 394.

9. As regras sobre cartas de crédito não excluem as regras anteriormente vistas sobre cobrança documentária. Estas últimas referem-se à relação do credor do preço de uma exportação com o banco que se encarrega de apresentar documentos, e podem valer também em caso de a apresentação de documentos dever ser feita pelo primeiro banco a um outro banco que tenha emitido uma carta de crédito em benefício do vendedor.

10. Alternativamente, cartas de crédito que prevêem pagamento de dívidas não puramente comerciais, como por exemplo as decorrentes de empréstimos, adiantamentos, obrigações de indenizar em caso de eventual não cumprimento de obrigações podem também ser regidas por um outro instrumento normativo internacional, denominado *International Standby Practices* (ISP98), produto de grupo de trabalho formado sob os auspícios do *Institute of International Banking Law and Practice, Inc.* As regras da ISP98, ainda que mais simples do que as da brochura 500, especialmente na parte documental, não diferem substancialmente delas.

11. Art. 1 da brochura 500. Em contrário, veja-se a opinião de Luiz Gastão Paes de Barros Leães, "O uso das cartas de crédito comerciais como instrumento de garantia", *RDM* ns. 15/16 (1974), pp. 57 e 58. Essa visão, em nosso entender, deixa de considerar a realidade contida no próprio texto da brochura, a qual prevê que suas normas apenas se aplicam em caso de previsão contratual expressa.

verá prever (i) as condições em que será emitida, (ii) a remuneração que o banco obterá pela emissão, (iii) a eventual provisão antecipada de fundos, ou concessão de crédito, pelo banco, para a abertura da carta e (iv) a prestação a ser prometida na carta de crédito, incluindo vários aspectos relativos a seu pagamento.

Esses elementos, por sua importância, merecem ser analisados separadamente.

Cartas revogáveis e irrevogáveis, confirmadas ou não

Em primeiro lugar, quanto aos seus termos, poderá a carta de crédito ser revogável ou irrevogável. No primeiro caso, de rara existência, dada a necessidade de segurança creditícia do exportador, pode a carta emitida ser a qualquer momento revogada. Já no segundo caso, não é possível a revogação. Tais modalidades são previstas pela brochura 500 em seu art. 6º, que acrescenta a regra de que, na ausência de especificação, o crédito será irrevogável. Nas raras hipóteses de existência de crédito revogável, poderá o banco emendar a carta de crédito já emitida ou mesmo cancelá-la sem autorização do beneficiário, isto é, normalmente o vendedor da mercadoria, que deve receber o preço. Já no caso de carta irrevogável, o cancelamento ou emenda da carta tem por condição o consentimento do beneficiário.[12]

As cartas de crédito, segundo a brochura 500, podem ser cumpridas pelo banco que as abre diretamente, ou por intermédio de outro banco. Este outro banco pode servir simplesmente como banco notificante, ou seja, que notifica o credor da existência de carta de crédito a seu favor, e efetua o pagamento, desde que tenha recebido provisão do banco que abriu a carta para tanto. A interveniência do banco notificante se faz aconselhável na medida em que o banco que abriu originalmente a carta pode não ter agência na praça onde opera o credor do preço a ser pago.

É possível, entretanto, que o banco notificante, além de sua obrigação de dar a conhecer a existência da carta e eventualmente fazer o pagamento, também confirme uma carta irrevogável.[13] Nessa hipótese, torna-se ele solidariamente obrigado pela prestação prevista na carta de crédito, com o banco emitente da carta, o qual não fica, note-se bem, liberado de suas obrigações.[14]

Remuneração do banco emissor e provisão de fundos

A remuneração do banco emissor para a emissão da carta de crédito também deve ser estar contida no contrato que prevê a mesma emissão. Em caso de haver provisão imediata de fundos para pagamento do valor da carta, estará o banco prestando apenas um serviço, desvinculado da concessão de crédito em termos econômicos. Em tal caso, a remuneração do banco será uma comissão, muitas vezes calculada como uma porcentagem sobre o valor da carta a ser emitida.

Na hipótese de não haver provisão de fundos pela parte que abre a carta antes do

12. Art. 8 da brochura 500.

13. A brochura 500 admite expressamente apenas a possibilidade de cartas irrevogáveis serem confirmadas, mas não há por que excluir as cartas revogáveis da possibilidade de confirmação, ao menos em tese (como admitem Chorley & Smart, *Leading Cases in the Law of Banking*, 6ª ed., Londres, Sweet & Maxwell/The Chartered Institute of Bankers, 1990, p. 248). Nessa hipótese, seria necessário deixar claro, ao menos contratualmente, se a confirmação é dada também em caráter revogável, ou se é irrevogável.

14. As cartas de crédito irrevogáveis e confirmadas são previstas pelo art. 9, letra *b* da brochura 500, assim redigido: "Uma confirmação de um Crédito irrevogável por outro banco (o "Banco Confirmador") por autorização ou solicitação do Banco Emitente, constitui um compromisso firme do Banco Confirmador, adicional ao do Banco Emitente, desde que os documentos estipulados sejam apresentados ao Banco Confirmador ou a qualquer outro Banco Designado e que os termos e condições do Crédito sejam cumpridos (...)".

pagamento ao beneficiário, tal pagamento obviamente terá de ser feito com fundos do próprio banco. Nesse caso, sobre os recursos adiantados correrão também juros a favor do banco, até o pagamento do valor adiantado pelo cliente que abriu a carta.

Note-se que a razão para o diferimento do pagamento da provisão pelo cliente poderá estar ligado à necessidade de venda por ele da mercadoria adquirida, antes de poder pagar o banco.

Prestação prometida sob a carta de crédito

A prestação prometida sob a carta de crédito vincula-se sempre à apresentação de documentos pelo beneficiário, geralmente com vistas ao pagamento do preço de uma operação comercial. Pode, entretanto, a carta de crédito ser assecuratória de uma dívida simplesmente financeira, caso em que deverão ser entregues documentos dela representativos contra a prestação prometida na carta.

A prestação prometida na carta, segundo dispõe o art. 2º, *i* da brochura 500, pode ter uma tripla natureza:

(i) pagamento ao beneficiário;

(ii) aceite de letras de câmbio emitidas pelo beneficiário, as quais após tal aceite bancário poderão ser facilmente descontadas no mercado pelo próprio beneficiário; ou

(iii) aquisição de letras de câmbio emitidas pelo beneficiário.[15]

Em todos os casos, o beneficiário auferirá vantagem econômica. Esta será imediata nas hipóteses mencionadas em (i) e (iii) acima, porque haverá pagamento desde logo. Já o aceite operaria em regra em relação a créditos a prazo, que o banco se comprometeria a honrar ao assinar a letra. Entretanto, como notamos acima, a possibilidade de que o emissor da letra a desconte antecipadamente ao vencimento faz com que também em tal caso a carta de crédito e a prestação nela contida impliquem imediata vantagem para o beneficiário.

Pagamento da carta de crédito

A carta de crédito, uma vez emitida pelo banco, tem uma importante característica: obriga à prestação nela consignada independentemente dos termos de qualquer contrato comercial, financeiro ou de outra natureza que tenha motivado sua abertura. Nesse passo, os termos de tais contratos, sua eficácia, validade ou mesmo existência nenhum efeito têm sobre a carta de crédito: ela deve ser cumprida sempre.

A única obrigação dos bancos é a verificação da documentação apresentada, de forma a determinar se é compatível com a lista de documentos, e com a descrição de tais documentos, prevista tanto no contrato de abertura da carta de crédito quanto na própria carta de crédito. Esta é a regra do art. 3º da brochura 500:

"Art. 3º. Créditos 'vs.' contratos

"*a*) Créditos, por sua natureza, são transações distintas dos contratos de vendas ou de outros contratos nos quais possam estar baseados e os bancos, de nenhum modo, estão vinculados ou obrigados por tais contratos, mesmo que qualquer referência, qualquer que seja, a tais contratos, seja incluída no Crédito. Conseqüentemente, o compromisso de um banco de pagar, de aceitar e pagar Saques ou de negociar e/ou de cumprir qualquer outra obrigação sob o Crédito, não está sujeito a reclamações ou alegações por parte do Tomador decorrentes de seus relacionamentos com o Banco Emitente ou com o Beneficiário.

"*b*) Em nenhuma circunstância pode um Beneficiário prevalecer-se das relações contratuais existentes entre os Bancos ou entre o Tomador e o Banco Emitente."

15. Estas letras provavelmente têm como sacado o importador da mercadoria, ao contrário das do item anterior, em que o sacado é o próprio banco.

A apresentação dos documentos que precede a sua verificação pelo banco, e a própria verificação, são sujeitas a prazos. O prazo de apresentação dos documentos pelo beneficiário, salvo diversa estipulação na carta de crédito, é de 21 dias[16] após a data do embarque da mercadoria objeto da transação, nos termos do art. 43 da brochura 500. Já o prazo para o banco que recebe os documentos verificar a conformidade destes com os termos da carta é de 7 (sete) dias úteis, conforme o art. 13, letra *b* da brochura 500.

A regra da limitação da responsabilidade dos bancos à verificação dos documentos é reforçada pelo art. 15 da brochura, que ressalta que a responsabilidade do banco que abre a carta de crédito limita-se à forma dos documentos, e não a seu conteúdo:

"Art. 15. Isenção de responsabilidade quanto à validade de documentos

"Os bancos não assumem obrigação ou responsabilidade pela forma, suficiência, exatidão, autenticidade, falsificação ou efeito legal de quaisquer documentos, ou pelas condições gerais e/ou particulares estipuladas nos mesmos ou a eles superpostas; tampouco assumem qualquer obrigação ou responsabilidade pela descrição, quantidade, peso, qualidade, estado, embalagem, entrega, valor ou existência das mercadorias representadas por quaisquer documentos, ou pela boa fé ou atos e/ou omissões, solvência, desempenho ou conceito dos consignadores, dos transportadores, dos transitários de carga, dos consignatários ou dos seguradores das mercadorias ou de qualquer outra pessoa, seja quem for."

Tomadas em seu conjunto, é inequívoco o significado de tais regras: só se espera do banco um julgamento objetivo e formal sobre os documentos a ele apresentados. Estando esses conformes à descrição contida na carta de crédito, deve ela ser honrada. Mais do que isso, o banco é obrigado a agir assim, sob pena de, empreendendo análise de conteúdo mais profunda dos documentos, violar direito do beneficiário. Essa revisão superficial não impedirá que alguma cláusula seja violada no contrato subjacente entre a parte que abre a carta e o beneficiário dela: tal violação pode ser grave, mas desde que não se reflita na documentação apresentada, o pagamento deve ser feito. Competirá neste caso à parte que abriu a carta de crédito solicitar o reembolso posterior de qualquer valor indevido que tenha sido despendido em virtude de ter sido honrada a carta de crédito.

A jurisprudência internacional consagra com bastante vigor o entendimento de que a análise dos documentos é apenas formal, e que, se perfeitos, deve a carta ser honrada.[17] Essa é a regra clássica que sofreu, entretanto, algumas qualificações por decisões internacionais. Embora seja muito difícil perceber uma linha de orientação nas várias decisões existentes, esta parece ser a de que eventuais discrepâncias da documentação podem ser aceitas, desde que irrelevantes segundo critério de razoabilidade a ser aplicado pelo banco que faz o pagamento. Um exemplo dessa irrelevância existiria em caso de a documentação de

16. Os dias devem ser interpretados como corridos, embora admissível a prorrogação para o dia posterior ao do vencimento que recaia em sábado, domingo ou feriado (art. 44, a da brochura 500).

17. Uma enunciação clara deste princípio encontra-se no voto de Lord Sumner no caso inglês *Equitable Trust Company of New York "vs." Dawson Partners Ltd.* ((1927) 27 Ll.L.Rep. 49 (trecho extraído de Chorley & Smart, *Leading Cases in the Law of Banking*, cit., p. 259): "It is both common ground and common sense that in such a transaction the accepting bank can only claim indemnity if the conditions on which it is authorized to accept are in the matter of the accompanying documents strictly observed. There is no room for documents which are just the same, or would do just as well (...). The bank's branch abroad, which knows nothing officially of the details of the transaction thus financed, cannot take it upon itself to decide what will do well enough and what will not. If it does as it is told, it is safe; if it declines to do something else, it is safe; if it departs from the conditions laid down, it acts at its own risk".

embarque indicar nome comercial anterior da mesma entidade beneficiária.[18]

Note-se que normalmente se admite uma exceção à obrigação de pagamento por parte do banco: tal obrigação não existiria em caso de fraude por parte do apresentante dos documentos.[19] No âmbito das cartas de crédito, parece evidente que nem todas as formas de fraude podem levar ao não pagamento, mas somente aquelas evidentes a ponto de poderem ser detectadas facilmente pelo banco que examina os documentos mencionados na carta de crédito. Exemplo de tais modalidades de fraude seria a adulteração de documentos para que se apresentassem na conformidade das exigências da carta de crédito. Outro exemplo comumente citado refere-se a pagamentos que violem regras cambiais de países onde tenha sede a parte que abre a carta.[20]

Dito isto, não nos parece que a fraude seja mesmo uma exceção à regra de que os bancos devem pagar sem analisar os documentos. Isso porque é lógico que os pagamentos a serem efetuados devem ser lastreados por documentos que correspondam exatamente aos termos da carta de crédito. Documentos falsificados em sua totalidade, no sentido de não serem provenientes de pessoa cujo nome aparece como signatária, ou cujo conteúdo tenha sido adulterado, não são os exigidos pela carta de crédito, e é só por isso que o pagamento não pode ser feito sobre eles. A única ressalva a isso é a de que não cabe aos bancos fazer análise aprofundada dos documentos ou de seu conteúdo, inclusive por disposição do art. 15 da brochura 500, que transcrevemos acima. Isso liberaria os bancos da responsabilidade por perceber falsificações de documentos que não sejam evidentes. Quanto às falsificações evidentes, dispensar os bancos de detectá-las seria violar dispositivo essencial da brochura 500, o art. 2º, que define o termo Crédito e o próprio significado do negócio tratado como um todo na brochura, frisando que a prestação bancária se efetua "contra documento(s) estipulado(s), desde que os termos e condições do Crédito sejam cumpridos".

Mais ainda, isentar os bancos da obrigação de detectar falsificações grosseiras permitiria que estes aceitassem sem limites claros quaisquer documentos, mesmo que claramente forjados e, portanto, diferentes dos indicados na carta de crédito, o que violaria também o Código do Consumidor (Lei

18. Demonstração de uma tal decisão aparece no caso *Crocker Commercial Services "vs." Countryside Bank*, 538 F. Supp. 1360 (1981), citado por Lígia Maura Costa em *O Crédito Documentário*, São Paulo, Saraiva, 1994, pp. 48 e 49. Note-se, por outro lado, que outra teoria mais liberal autoriza e ao mesmo tempo obriga o banco a fazer o pagamento desde que substancialmente a documentação esteja em ordem, sem o filtro do juízo de razoabilidade. Exemplo disso é a decisão no caso *Banco Espanhol de Crédito "vs." State Street Bank and Trust Co.* (385 F 2d 230 (1967), *apud* Ligia Maura Costa, *O Crédito Documentário*, ob. cit., pp. 45 e 46), em que o correspondente espanhol do State Street Bank pagou carta de crédito cujos termos diziam que o beneficiário deveria apresentar certificado de inspeção de conformidade das mercadorias. O certificado efetivamente apresentado, entretanto, fazia referência a uma amostra de apenas 10% e o State Street Bank se negou a reembolsar o correspondente, o qual propôs então a demanda em questão. Em grau de apelação, o tribunal condenou o State Street Bank ao pagamento, considerando que o certificado apresentado era substancialmente conforme o documento exigido na carta. Esta última tendência tem sido recusada em vários outros julgados, por estender demasiadamente as prerrogativas dos bancos na questão e exigir deles decisão sobre operação subjacente cujos dados não conhecem (Ligia Maura Costa, *O Crédito Documentário*, ob. cit., p. 40, na nota 81, relaciona vários exemplos de decisões mais estritas).

19. O princípio é mais fácil de enunciar do que explicar, na medida em que fraude é um conceito algo nebuloso. Tradicionalmente, seria a fraude equiparada ao dolo, significando ambos a intenção de prejudicar a outrem, de maneira desonesta, que se interponha em um negócio jurídico (para uma fundamentação disso com base em fontes romanas, veja-se V. César da Silveira, *Dicionário de Direito Romano*, 1º v., São Paulo, José Bushatsky Editor, 1957, pp. 272 e 273).

20. Veja-se o caso *United City Merchants (Investments) Ltd. "vs." Royal Bank of Canada and Others* [1983] A. C. 168., *apud* Chorley & Smart, *Leading Cases in the Law of Banking*, ob. cit., pp. 250 e ss.

8.078, de 11 de setembro de 1990). O art. 51, inc. IV, desse Código, considera nulas as cláusulas abusivas, iníquas ou que coloquem o consumidor em desvantagem exagerada. O § 1º do mesmo dispositivo considera exagerada a vantagem do fornecedor que "restringe direitos ou obrigações fundamentais à natureza do contrato, de tal modo a ameaçar o equilíbrio contratual". Seria justamente esse o efeito de uma cláusula que retirasse do banco a obrigação central envolvida no crédito documentário: pagar contra os documentos indicados na carta de crédito, apenas.

Pode ocorrer, por outro lado, a hipótese em que o cumprimento da carta de crédito leve à violação das regras cambiais de um país, pela razão de que aquela remessa cambial não seria normalmente autorizada por tais regras. Em muitas ocasiões têm os tribunais proibido que as cartas sejam honradas nessas hipóteses, o que, novamente, não pode ser considerado uma exceção à regra de que o pagamento pelo banco deve ser feito sempre. Ocorre apenas, nesse caso, que as regras cambiais que restem violadas pelo cumprimento da carta de crédito ganham eficácia também no país do banco que emitiu a carta e deve honrar seu pagamento. Isso se dá em virtude de dispositivo do Tratado de Bretton Woods que declara inexecutáveis obrigações contratuais que violem normas estrangeiras, em todos os países-membros do Tratado.[21] Esse Tratado tem validade como lei interna em muitos países signatários, entre eles o Brasil.[22]

Assim, quando os tribunais negam eficácia a cartas de crédito que violam tais regras cambiais de outros países signatários do Tratado, estão apenas aplicando norma cogente interna relativa à ineficácia de cartas de crédito, por razões cambiais, a qual se sobrepõe aos termos contratuais da brochura 500.

O caso *United City Merchants (Investments) Ltd. "vs." Royal Bank of Canadá and others*[23] ilustra bem o que queremos demonstrar em relação a fraudes da documentação e fraudes cambiais. Nele, uma companhia peruana acertou fraudulentamente com o exportador de mercadorias pagá-lo através da abertura de carta de crédito cujo valor fosse o dobro do efetivamente devido pelas mercadorias. Presumivelmente o exportador se comprometeria a restituir o montante recebido a mais fora do Peru, contornando regras cambiais peruanas que impediam a remessa de capitais ao exterior. Além disso, o banco recusou-se a fazer o pagamento alegando ter informação de que o embarque não ocorrera na data indicada no conhecimento de embarque. Depois de decisões conflitantes nas esferas de grau inferior, finalmente a *House of Lords*[24] chegou a duas decisões:

(i) uma informação externa não contida no documento, como a relativa à data de embarque, não podia ser usada como argumento para impedir o pagamento pelo banco, na medida em que sua obrigação se limitava ao exame de documentos, sem a consideração de fatos externos relativos à relação contratual comercial;[25]

21. O Tratado de Bretton Woods introduziu regras sobre o funcionamento do sistema monetário internacional, após a Segunda Guerra Mundial, e seu art. VIII (2) (b) assim dispunha: "Contratos de câmbio que envolvam a moeda de qualquer membro e que sejam contrários às regras de controle cambial de tal membro mantidas ou impostas de forma compatível com este Tratado serão inexecutáveis no território de qualquer membro". Note-se que este dispositivo refere-se apenas a contratos de câmbio, mas a realidade jurisprudencial mostra que tem sido aplicado por extensão também a cartas de crédito, como veremos na seqüência do texto.

22. O Tratado de Bretton Wood foi aprovado no Brasil pelo Decreto-lei 8.479, de 21 de dezembro de 1945, e promulgado pelo Decreto 21.177, de 27 de maio de 1946.

23. [1983] A. C. 168, parcialmente transcrito em Chorley & Smart, *Leading Cases in the Law of Banking*, ob. cit., pp. 250 e ss.

24. Na Inglaterra, a *House of Lords* tem seção judiciária que funciona como órgão supremo de apelação.

25. Textualmente, assim manifestou-se Lord Wilberforce sobre o assunto: "(...) the seller and the confirming bank, 'deal in documents and not in goods,' as article 8 of the Uniform Customs puts it. If, on their face, the documents presented to the con-

(ii) o pagamento não poderia ser exigido na parte que excedia o valor legítimo da mercadoria, na medida em que isso feria o Acordo de Bretton Woods, aceito na Inglaterra com força de lei interna.[26]

Uma última observação relativa ao assunto é que nos casos extremos em que a fraude é aceita como fundamento para o não pagamento da carta de crédito pelo banco, dado sua evidência, a jurisprudência internacional, não sem certa hesitação, terminou por considerar que é irrelevante que a fraude que marca a documentação seja atribuível ao beneficiário ou a qualquer terceiro.[27]

Exclusões de responsabilidade

De maneira similar ao que faz a brochura 522 em relação aos pagamentos contra documentos, também a brochura 500 contém vários artigos cujo objetivo é a exclusão da responsabilidade dos bancos. Como já vimos, isto se dá pelo art. 15 em relação ao conteúdo e autenticidade dos documentos, mas exclusões também existem em relação à transmissão de mensagens (art. 16[28]) e por ações de terceiros (art. 18[29]), ainda que escolhidos pelo próprio banco.

firming bank by the seller conform to the requirements of the credit as notified to him, by the confirming bank, that bank is under a contractual obligation to the seller to honour the credit, notwithstanding that the bank has knowledge that the seller at the time of the presentation of the conforming documents is alleged by the buyer to have, and in fact has already, committed a breach of his contract with the buyer ... that would have entitled the buyer to treat the contract of sale as rescinded... The whole commercial purpose for which the system of confirmed irrevocable documentary credits has been developed in international trade is to give the seller an assured right to be paid before he parts with control of the goods that does not permit of any dispute with the buyer as to the performance of the contract of sale being used as a ground for non-payment or reduction or deferment of payment" (Chorley & Smart, *Leading Cases in the Law of Banking*, ob. cit., p. 252).

26. Note-se que com maior razão seria também incabível que se deixassem de cumprir regras cambiais do próprio país do banco que paga a carta de crédito. Entretanto, não se deve por causa disso concluir que os bancos tenham, na falta de regulamentação expressa que a eles se aplique, o dever de fiscalizar as operações comerciais que eles ou seus correspondentes pagam através de carta de crédito. Essa última posição aparece violada em recente caso italiano, cuja decisão em nosso entender não deve ser levada em consideração: "Per il divieto imposto alle banche di dare esecuzione ad operazioni che siano in contrasto con la disciplina valutaria, la banca che, nella vendita su documenti com l'estero, si interpone tra i contraenti per assumere per conta del compratore ed in proprio nome l'obbligo di pagare all'estero al venditore non residente il prezzo della compravendita dovuto dal suo cliente, è tenuta a controllare che l'operazione avvenga per adempiere all'obbligo di pagamento di merce importata dall'estero, ed ove non le siano offerte prove documentali circa l'effetiva esistenza dell'importazione, ed in ogni caso la prova che quanto meno la merce sia stata già spedita ad iniziativa del venditore non residente o di chi per esso, deve rifiutare di dar corso all'operazione. (Cass. 8 luglio 1983 n. 4.605, in Foro it. 1983, I, 2789, *apud* Aldo Ceccherini e Massimo Genghini, *I Contratti Bancari nel Códice Civile*, ob. cit., p. 390).

27. Ligia Maura Costa, *O Crédito Documentário*, ob. cit., pp. 128 a 130.

28. Cujo texto é:

"*Artigo 16. Isenção de Responsabilidade quanto à Transmissão de Mensagens*

"Os bancos não assumem obrigação ou responsabilidade pelas conseqüências decorrentes de atraso e/ou perda em trânsito de quaisquer mensagens, cartas ou documentos, ou por atraso, mutilação ou outros erros decorrentes da transmissão de qualquer telecomunicação. Os bancos não assumem obrigação ou responsabilidade por erros na tradução e/ou na interpretação de termos técnicos, e reservam-se o direito de transmitir os termos de Crédito sem traduzi-los."

29. "*Artigo 18. Isenção de Responsabilidade quanto a Atos de Terceiros*

"a. Os bancos que utilizem os serviços de outro ou outros bancos, com o fim de dar andamento às instruções do tomador, fazem-no por conta e risco deste último.

"b. Os bancos não assumem obrigação ou responsabilidade caso as instruções que transmitam não sejam executadas, ainda que eles mesmos tenham tomado a iniciativa da escolha de tal(is) outros(s) banco(s).

"c.i A parte que instrui outra parte a executar serviços será responsável por quaisquer despesas, inclusive comissões, taxas, custos ou gastos incorridos pela parte instruída com relação a suas instruções.

"ii Nos casos em que um Crédito estipule que essas despesas corram por conta de uma parte que não a parte que dá as instruções, e as despesas não

Aplica-se aqui raciocínio idêntico ao que fizemos para a exclusão de responsabilidade nessas matérias contidas na brochura 522: a isenção de responsabilidade pelo conteúdo e autenticidade dos documentos pode ser aceita, porque se trata de uma simples limitação do serviço a ser prestado, que não contempla tal revisão. Já a isenção de responsabilidade por problemas com comunicações ou pela escolha de outros bancos não pode ser aceita, por infringência ao Código de Defesa do Consumidor, como já referimos acima ao tratar das cobranças contra documentos.

Dada a importância das transmissões de funções de banco a banco na província das cartas de crédito, devemos aqui nos aprofundar nas conseqüências da conduta culposa do banco correspondente que confirma carta de crédito ou simplesmente avisa o credor. Parece-nos, nesse ponto, que, após eliminada no direito brasileiro a aplicação das normas da brochura 500, restará a responsabilidade plena do banco que abre a carta por qualquer ação ou erro resultante da ação de seu correspondente, independentemente de culpa ou dolo do banco na escolha do correspondente. Isso porque, perante o comprador da mercadoria, o banco se comprometeu a operar o pagamento da carta, e, segundo tradicional princípio contratual, qualquer delegação de atribuições far-se-á segundo seu próprio risco, não desonerando o contratado de suas obrigações. Diversa será, entretanto, a situação em caso de no próprio contrato de abertura de carta de crédito ter sido prevista a possibilidade de atribuição de funções ao correspondente. Nesse caso, se a identidade do correspondente foi especificamente indicada, nenhuma responsabilidade poderá tocar ao banco que abre a carta, em vista da expressa aceitação pelo cliente da delegação, cujo risco deve suportar. Um grau de responsabilidade intermediário entre os dois anteriores verificar-se-á em caso de ter sido prevista no contrato de abertura da carta a transmissão de funções a banco correspondente a ser escolhido pelo banco que abre a carta. Nesse caso, o banco que abre a carta só responderá por culpa *in eligendo* ou *in vigilando*, e não por qualquer erro atribuível a dolo ou culpa do banco correspondente.[30]

Contrato de abertura de carta de crédito e carta de crédito — Natureza jurídica[31]

Deve-se cogitar nessa sede tanto da natureza jurídica do contrato que prevê a abertura da carta de crédito quanto da própria carta de crédito aberta em decorrência dele.

O contrato de abertura da carta de crédito

O contrato pelo qual se fixa o compromisso de abrir uma carta de crédito tem

podendo ser cobradas, a parte que dá as instruções permanece como responsável final pelo pagamento das mesmas.

"d. O tomador será obrigado e responsável por indenizar os bancos por todas as obrigações e responsabilidades impostas por leis e costumes estrangeiros."

30. A doutrina germânica reconhece isso com toda a lucidez: "Wie ist die Rechtslage, wenn die von der Akkreditivbank ausgewählte Abwicklungsbank Fehler in der Abwicklung begeht? Die Akkreditivbank haftet dem Käufer für die eingeschaltete Abwicklungsbank nach § 278 BGB, was Nr. 3 Abs. 1 AGB-Banken 1993 nochmals festschreibt. Diese Haftung gilt nur, wenn die Abwicklungsbank Erfüllungsgehilfe der Akkreditivbank ist. Ist die Substitution der Akkreditivbank durch eine Abwicklungsbank im Land des Käufers vereinbart oder nach den Umständen des Einzelfalls geboten, so ist der Akkreditivbank in Aufhebung von § 664 BGB die Übertragung des Akkreditivauftrages gestattet. Dann breschränkt sich die Haftung der Akkreditivbank auf jedes Verschulden bei der Übertragung des Akkreditivauftrages, also auf fehlerhafte Auswahl, Unterweisung und Überwachung" (Hans Peter Claussen, *Bank-und Börsenrecht*, München, C. H. Beck'sche Verlagsbuchhandlung, 1996, § 84, p. 162).

31. Para uma visão geral do instituto, veja-se Waldirio Bulgarelli, *Contratos Mercantis*, ob. cit., pp. 240 a 246 e J. X. Carvalho e Mendonça, *Tratado de Direito Comercial Brasileiro*, v. VI, Livro IV, Rio de Janeiro, Freitas Bastos, 1947, pp. 201 a 225 e 229 a 235.

como partes, exclusivamente, a pessoa originalmente obrigada ao pagamento e o banco que se compromete a abrir a carta. O beneficiário não participa de tal contrato, que será oneroso e bilateral, na medida em que a parte interessada na abertura da carta deve dar, como já vimos, compensação ao banco.

Esse contrato e a carta de crédito dele resultante já foram considerados doutrinariamente como modalidades de fiança, mandato para pagamento ou estipulação em favor de terceiros.[32] No nosso entendimento, nenhuma dessas três classificações é aceitável. Para recusá-las, devemos refletir brevemente sobre a essência das obrigações e relações jurídicas envolvidas na emissão de uma carta de crédito.

Como vimos na divisão anterior, não há espaço para discussão do contrato por parte do banco, e nem para a recusa de pagamento a partir de exceções puramente contratuais, como não ter o beneficiário do pagamento cumprido a sua obrigação contratual (art. 1.092 do Código Civil brasileiro). Vale na matéria o princípio de que o pagamento deve ser sempre feito pelo banco e que o beneficiário tem direito a ele apenas pela existência da carta de crédito. Se ao pagamento feito por intermédio da carta não corresponder à contraprestação contratualmente prometida pelo beneficiário da carta, a parte que abriu a carta poderá pedir ao beneficiário dela, com quem tenha contratado a relação subjacente, indenização pelo que tenha gastado com o banco na abertura da carta.[33] O banco, por sua vez, nada terá a haver do beneficiário da carta, porque pagou bem obrigação que realmente tinha para com tal beneficiário, a partir do momento em que expediu a carta de crédito.

Esse tipo de análise permite distinguir uma pluralidade de relações jurídicas independentes na emissão de uma carta de crédito: (i) a relação principal entre credor e devedor, geralmente uma compra e venda de bens, mas podendo ser também de outra natureza, como um empréstimo em moeda;[34] (ii) o contrato pelo qual o devedor do contrato principal abre a carta de crédito, de que são partes o devedor e o banco; (iii) a própria carta de crédito, de que é parte apenas o banco.

Vistas tais características, é fácil entender por que o contrato que prevê a abertura da carta, o segundo dentre os acima mencionados, não pode ter a natureza de mandato ou fiança. Em ambos os negócios, o direito do beneficiário é ligado umbilicalmente à obrigação principal, cuja nulidade, ineficácia ou inexistência impede o pagamento. De fato, a fiança é obrigação acessória a uma dívida principal, e acompanha a sorte dela.[35] Já no mandato, o mandatá-

32. Para explicação dessas teorias mais pormenorizadamente, veja-se Ligia Maura Costa, *O Crédito Documentário*, ob. cit., pp. 136 a 163 e Sergio Carlos Covello, *Contratos Bancários*, São Paulo, Editora Universitária de Direito, 1999, pp. 213 a 221.

33. Valor que por sua vez incluirá a provisão feita ao banco para abertura da carta, ou a dívida para com ele incorrida em caso de o banco ter dado crédito a quem pediu a abertura da carta. Note-se que não se inclui entre os direitos de quem abre a carta pedir que o pagamento da carta não seja feito (exceto em caso de fraude, como já vimos: "Se tuttavia si tratti di contratto autonomo di garanzia e non di fideiussione con clausola *solve et repete*, l'azione di accertamento preventivo del debitore contro il garante e il creditore (esercitata nella fattispecie giudicata) non può ammettersi, perché il garante tenuto al pagamento a prima richiesta non deve essere coinvolto nelle liti tra debitore e creditore" (Aldo Ceccherini e Massimo Genghini, *I Contratti Bancari nel Codice Civile*, ob. cit., p. 384, reproduzindo comentário de Calderare sobre decisão jurisprudencial (Cass. 1 ottobre 1987 n. 7.341).

34. Sobre o uso de cartas de crédito como mecanismos de garantia econômica de empréstimos, Luiz Gastão Paes de Barros Leães, "O uso das cartas de crédito comerciais como instrumento de garantia", *RDM* ns. 15/16 (1974), pp. 51 a 67.

35. Nos termos do art. 1.502 do Código Civil brasileiro, o fiador pode opor ao credor não apenas as exceções pessoais do próprio fiador, mas também as exceções extintivas da obrigação que compitam ao devedor principal, se não provierem apenas de incapacidade pessoal. Além disso, contra ser a fiança a figura subjacente à carta de crédito milita ainda um argumento tópico: o Título XII da Parte Primeira do Código Comercial se intitula "Das Fianças e das

rio só cumpre as obrigações que o mandante tiver contraído e, se essas desaparecem, nada mais existe a cumprir ou pagar. Essas situações são muito diferentes do regime das cartas de crédito, em que o pagamento é feito por obrigação autônoma do banco, e independentemente da existência de dívida pela parte que abriu a carta para com o beneficiário dela.

Essa discussão pode ter importantes conseqüências práticas, especialmente na hipótese de falência do comprador da mercadoria. Caso se tratasse de simples mandato para pagamento, a carta de crédito perderia valor quando da falência, porque o banco agiria em nome do comprador, e porque os contratos se resolvem pela falência (art. 43 do Decreto-lei 7.661, de 21 de junho de 1945). Entretanto, dada a autonomia das cartas de crédito, nos termos definidos pela brochura 500, o pagamento deve ser feito independentemente da situação financeira da parte que abriu a carta. O banco correrá o risco de insolvência do comprador ou da parte que solicitou a abertura da carta, se não solicitou provisão.

Quanto à estipulação em favor de terceiro, note-se que se trata de figura prevista nos arts. 1.098 a 1.100 do Código Civil brasileiro. Basicamente, os direitos do beneficiário da estipulação nascem de contrato do qual não participa. O terceiro pode inclusive exigir o pagamento da obrigação, se a ele for reservado tal direito, nos termos do art. 1.099 do Código Civil brasileiro. Ocorre, entretanto, que o direito do terceiro decorre diretamente do contrato que contém a estipulação: se tal contrato for viciado ou perder o efeito, prejudicada fica a eficácia do direito do terceiro. Isso não ocorre em relação ao contrato que leva à abertura da carta de crédito. Uma vez emitida a carta que é objeto de tal contrato, terá ela autonomia em relação ao contrato original de abertura da carta. Se esse contrato perder eficácia ou a tiver suspensa, por exemplo, devido a não pagamento da contraprestação devida ao banco pela abertura da carta pelo devedor que contratou a abertura, inclusive em razão de falência ou concordata do devedor, nem por isso fica a eficácia da carta prejudicada. Isso é inclusive reconhecido pela própria lei comercial, dispondo o art. 264 do Código Comercial que o comerciante que as escreve fica sem mais responsável até o valor da soma abonada, isto é, indicada na carta.

Note-se, entretanto, que até a abertura da carta de crédito, a simples previsão de sua emissão no contrato entre banco e devedor, em benefício de terceiro, será uma estipulação a favor de terceiro. Nesse sentido, o terceiro poderia, se esse direito lhe for reservado contratualmente nos termos do art. 1.099 do Código Civil, constranger judicialmente o banco a abrir carta de crédito a que se tenha contratualmente comprometido. Esse direito é, entretanto, relativo, porque em caso de inadimplemento no pagamento da remuneração devida ao banco pela parte que solicitou a abertura da carta, inclusive em razão de falência ou concordata, poderá a expedição da carta deixar de ser feita pelo banco. O mesmo ocorreria em caso de falência ou concordata da parte que solicitou a abertura da carta, que comprometa a capacidade de tal parte de restituir ao banco o desembolso feito, ou pagar comissões ainda não vencidas pela abertura da carta. A base disso é o art. 1.092 do Código Civil, que permite a uma das partes suspender a execução do contrato se a outra parte não cumprir a prestação que a esta cumpria fazer antecipadamente, ou se a outra parte sofrer diminuição patrimonial capaz de tornar duvidosa sua capacidade de cumprir a prestação a que se obrigou.

Além das classificações anteriores, também já se aventou que a abertura de cartas de crédito teria a natureza de uma delegação subjetiva passiva. Essa formulação algo barroca designa, como é aliás comum no Direito, coisa simples. A delegação, que não é tratada por norma positiva no Brasil, seria figura conhecida no merca-

Cartas de Crédito", separando as duas figuras em capítulos distintos.

do financeiro como assunção de dívida, em que uma parte é admitida como devedora com expressa anuência do credor, eventualmente sem desvinculação do devedor original. Essa explicação esbarra também na dificuldade de que não há assunção de uma dívida preexistente pelo banco, e nem sujeição dele ou do credor às regras dessa dívida, mas obrigação autônoma.[36] Mesmo que isso não se verificasse, ainda assim seria de escassa utilidade prática o enquadramento do negócio na categoria da delegação, porque a ela não aderem regras de Direito Positivo no Brasil.

A visão mais exata sobre o contrato que tem por objeto a abertura de carta de crédito também é a mais simples. Trata-se de um contrato centrado em uma obrigação de fazer, como tantos outros, a qual inclusive é passível de execução específica nos termos do art. 641 do Código de Processo Civil. Segundo esse dispositivo, o juiz pode suprir por sentença o inadimplemento do devedor, valendo a sentença como substitutiva da declaração de vontade.

36. Eventualmente se tem sustentado que a delegação criaria novo vínculo, abstrato no sentido de independente do débito original, entre delegado e delegatário (o credor original), como faz Luiz Gastão Paes de Barros Leães, "O uso das cartas de crédito comerciais como instrumento de garantia", *RDM* ns. 15/16 (1974), p. 54, item 2/9. Isso nos parece errado, na medida em que o que se pode delegar é dívida que existia nos termos da relação jurídica original, ou seja, qualificada por eventuais vícios ou exceções oponíveis a tal relação jurídica. O entendimento correto tem também o aval de J. X. Carvalho de Mendonça: "Para muitos, o crédito confirmado é a *delegação cumulativa ou imperfeita*. Esta teoria, por mais que se aproxime do crédito confirmado, não pode ser bem acolhida, porque o direito decorrente da abertura de crédito é autônomo a respeito da vontade e da capacidade do dador da ordem e a obrigação contraída pelo banco não tem o mesmo objeto da obrigação do comprador para com o beneficiário. Ela faz surgir na origem o direito irrevogável do vendedor contra o banco no momento em que aquele aceita a delegação, isto é, no momento em que *recebe a carta de crédito*. (...) Sobreleva notar que a figura especial da delegação não foi reconhecida pelo Cód. Civil. Ficou envolta na novação" (*Tratado de Direito Comercial Brasileiro*, v. VI, Livro IV, ob. cit., p. 220).

Mas o que deveria ser feito pelo banco? Justamente a emissão de uma declaração de vontade, denominada carta de crédito e prevista no art. 264 do Código Comercial, que estudaremos a seguir.

A carta de crédito e sua transferência

Assim dispõe o art. 264 do Código Comercial: "Art. 264. As cartas de crédito devem necessariamente contrair-se a pessoa ou pessoas determinadas, com limitação da quantia creditada; o comerciante que as escreve e abre o crédito fica responsável pela quantia que em virtude delas for entregue ao creditado até a concorrência da soma abonada".

Note-se que a autonomia destas cartas em relação à obrigação principal não as equipara a um título de crédito, embora tenham estes a mesma característica de autonomia. Os títulos de crédito se desenvolveram em reação a uma necessidade específica, a de que um bem imaterial como o crédito (posição ativa em uma obrigação) pudesse se transferir com a mesma segurança que marca a transferência das coisas móveis corpóreas.[37] Essa maior segurança da transferência de propriedade das coisas móveis decorre da própria materialidade delas, estando ligada à possibilidade de entrega física com a intenção de transferir a propriedade. A idéia central no desenvolvimento dos títulos de crédito é por isso mesmo a submissão dos créditos a forma de circulação equivalente em segurança e estilo ao das coisas móveis corpóreas. A resposta para o problema foi eliminar as barreiras lógicas para tal transferência: fez-se com que o direito se incorporasse em um documento, tornando-se corpóreo, e admitiu-se que a titularidade sobre esse documento se transferisse da mesma forma que a das demais coisas móveis, pela simples

37. Tullio Ascarelli, *Teoria Geral dos Títulos de Crédito*, 2ª ed., São Paulo, Saraiva, 1969, pp. 4 a 12 e 221.

entrega.[38] É por isso que o regime da circulação é essencial para o entendimento dos títulos de crédito, e mesmo os define.

Ocorre que as cartas de crédito não incorporam os direitos de crédito que prometem conceder e, por decorrência, também não se sujeitam ao regime de circulação dos títulos de crédito. Esse ponto merece explicação. A carta de crédito é apenas uma promessa obrigacional, que vale apenas para quem é feita. A entrega da carta de crédito pelo beneficiário original a um terceiro não leva à transferência a ele da obrigação.

Isso fica bem claro das regras da brochura 500 sobre a transferência da carta de crédito. Essa transferência se dá apenas em sentido impróprio, na medida em que por solicitação do beneficiário, o banco cancela a primeira carta e reemite uma nova, a favor do novo beneficiário, também obrigado à apresentação de documentos.[39] Este será freqüentemente o fornecedor do vendedor em uma compra e venda internacional, que fica assim pago diretamente.

Diferente da transação descrita no parágrafo anterior é a transferência unilateral do direito ao crédito do beneficiário a um terceiro, por via de cessão de crédito. Nesse caso, o cessionário terá direito apenas a receber o crédito no caso de apresentação dos documentos pelo beneficiário original, pois não ocorreu alteração de credor perante o banco.

De toda maneira, essas considerações bastam para demonstrar que não existe propriamente uma circulação das cartas de créditos como documentos que incorporam créditos. Isso exclui inteiramente a possibilidade de classificá-las como títulos de crédito.

A propósito, lembre-se que as obrigações podem também nascer de declarações unilaterais de vontade. O Direito Civil trata de dois casos de obrigações por declaração unilateral de vontade: os títulos ao portador (arts. 1.505 a 1.511) e a promessa de recompensa (arts. 1.512 a 1.517).[40] O Direito Comercial admite mais um caso, justamente as cartas de crédito, que têm em nosso entender nas declarações unilaterais de vontade sua verdadeira natureza. Não são, portanto, contratos, e não se sujeitam às regras destes.

Lei aplicável

Sendo contratos de abertura de carta de crédito e cartas instrumentos freqüentemente usados em conexão com negócios de comércio exterior entre residentes de diferentes países, contando com a atuação também de bancos internacionais e seus correspondentes, necessária se faz uma breve nota sobre a lei a eles aplicável.

Como vimos, são ambos, contrato e carta, geradores de obrigações, não tendo a última natureza contratual.

O art. 9º da Lei de Introdução ao Código Civil brasileiro dispõe:

"Art. 9º. Para qualificar e reger as obrigações, aplicar-se-á a lei do país em que se constituírem.

38. Entrega essa eventualmente qualificada por um requisito, o endosso, em caso de títulos nominativos, matéria que escapa a nosso interesse específico para qualificar as cartas de crédito.

39. A matéria é tratada pelo art. 48 da brochura 500, o qual permite que o crédito aberto como transferível seja transferido uma única vez (o que não impede que para mais de um único beneficiário nessa única vez), se regra diferente não for expressamente estipulada na carta (letra *g*). Tal transferência se faz normalmente em benefício de um fornecedor do beneficiário original, que assim fica pago. Permite também que o beneficiário original mantenha menção a suas próprias faturas como documentos que levam à liberação do valor da carta, e sobre eles saque parte do valor, justamente aquele correspondente a seu lucro sobre o preço do fornecedor na transação comercial (letra *i*). O fornecedor sacará o restante contra a apresentação de seus próprios documentos.

40. Pode-se discutir se a casuística das obrigações por declaração unilateral de vontade é fechada e limitada aos casos da lei, civil e comercial, ou se quaisquer declarações unilaterais podem criar obrigações. A vedação ao enriquecimento sem causa, princípio geral não escrito de Direito, parece aconselhar a solução mais restritiva.

"§ 1º. Destinando-se a obrigação a ser executada no Brasil e dependendo de forma essencial, será esta observada, admitidas as peculiaridades da lei estrangeira quanto aos requisitos extrínsecos do ato.

"§ 2º. A obrigação resultante do contrato reputa-se constituída no lugar em que residir o proponente."

Essas regras se aplicam a cada fonte de obrigação isoladamente.[41] Assim, é teoricamente possível que o contrato de abertura da carta de crédito seja regido por uma lei, e a carta por outra.

Quanto ao contrato, a regra é a aplicação da lei do local de assinatura, porque este é o lugar da constituição. Se o contrato de abertura da carta é assinado em diferentes países, deve-se admitir que o local da constituição é o da última assinatura, porque é claro que um contrato só se constituirá simultaneamente a esta última assinatura.

A questão de quem propôs o negócio é no mais das vezes irrelevante, em que pese o art. 9º, § 2º acima citado. Isso porque tal artigo se refere ao proponente de uma obrigação em termos jurídicos. Enquanto normalmente todos os contratos têm proponente em termos práticos (alguém tem a idéia de contratar e a comunica à outra parte), apenas alguns o têm em termos jurídicos. Isso acontecerá em caso de contratos firmados entre ausentes, sem instrumento único, mas através de proposta e aceitação independentes (por carta, por exemplo) dentro das regras dos arts. 1.080 a 1.084 do Código Civil brasileiro. A residência do proponente do contrato de abertura da carta será relevante apenas na medida em que este contrato tenha sido firmado entre ausentes, por meio de mecanismo de proposta e aceitação dentro do quadro dos arts. 1.080 a 1.084 do Código Civil.

Mais simples são as regras que regem a lei aplicável às próprias cartas de crédito. Como já vimos, não são elas contratos, mas declarações unilaterais de vontade, constituindo obrigações quando firmadas pelo banco emissor. Portanto, a elas se aplicará sempre a regra do *caput* do art. 9º, e serão regidas pela lei do local de assinatura da carta.

As "comfort letters"

O presente estudo não ficaria completo sem a menção a uma forma de promessa assemelhada à carta de crédito, muito encontradiça em transações financeiras internacionais: as *comfort letters*.

Por meio de tais instrumentos uma sociedade faz, geralmente a um credor de sociedade controlada, afirmações que tipicamente são:

(i) conhecer a relação de crédito que onera a sociedade controlada;

(ii) ter o controle societário da controlada e ter a intenção de manter tal controle;

(iii) ser sua política empresarial manter determinados comportamentos em relação à sociedade controlada ou aos credores desta, inclusive a manutenção de nível de capital ou de patrimônio líquido na controlada que permita a ela o cumprimento de suas obrigações;

(iv) ter a intenção de exercer sua influência sobre a controlada para esta que cumpra regularmente suas obrigações, eventualmente acrescentando-se a intenção

41. Sem adentrar em divagações doutrinárias, a possibilidade de escolha da lei aplicável pelas partes não nos parece recomendada pela linguagem assertiva do art. 9º da Lei de Introdução, e provavelmente também não seria uma tendência jurisprudencial, dada a pouca afinidade e mesmo desconfiança dos juízes brasileiros em relação a questões internacionais. Mais do que isso, mesmo nos países em que se admite a autonomia da vontade para a escolha de lei, como aqueles que adotam a Convenção de Roma de 1980, exige-se que a lei escolhida tenha uma conexão relevante com o contrato ou ato a ser por ela regido. Essa conexão existiria normalmente se a lei escolhida for a lei do local onde tem sede a administração da parte que realiza a prestação que tipifica o negócio. Uma bem desenvolvida exposição sobre esse ponto pode ser encontrada em Ligia Maura Costa, *O Crédito Documentário*, ob. cit., pp. 214 a 231.

de não prejudicar a situação financeira da controlada ou a capacidade da controlada de cumprir suas obrigações.[42]

A utilidade das *comfort letters* é induzir terceiros a darem crédito para uma sociedade controlada pela emissora da carta, sem que a emissora deva constituir garantia formal em favor do credor em perspectiva. São usadas como alternativa às garantias formais em razão de um dos seguintes fatos: (i) existência de limite a novas garantias nos atos constitutivos ou acordos de acionistas da emissora da carta; (ii) inconveniência de se discriminar a *comfort letter* no balanço da sociedade que a emite, ou até mesmo em notas explicativas; (iii) tentativa de manter autonomia administrativo-financeira da filial; ou (iv) simples aversão a garantir.

Juridicamente, as *comfort letters* se diferenciam das cartas de crédito previstas no art. 264 do Código Comercial brasileiro, porque estas devem sempre indicar valor certo, enquanto aquelas escapam a tal requisito.

A questão mais importante em relação às *comfort letters* é determinar em que grau são vinculantes para quem as emite, e se criam direitos similares aos de uma garantia para os titulares respectivos. A resposta que deve ser dada, segundo nosso sistema jurídico, é que serão sempre vinculantes, dentro dos termos em que estejam vazadas. Se tais termos levarem à existência de uma obrigação definida, nessa hipótese haverá responsabilidade de realizar o prometido. Cartas contendo garantias de tal tipo são normalmente designadas de *hard comfort letters*, e evidentemente terão efeito vinculante. Um exemplo de uma tal modalidade está nas cartas que prometem de maneira não qualificada que a subsidiária será mantida com nível de capital suficiente para atender suas obrigações. A jurisprudência internacional, farta em matéria em que a nacional é escassa, mostra com clareza que também no Direito Comparado esta é solução a ser adotada. No caso australiano *Banque Brussels Lambert "v." Australian National Industries Ltd.*[43] a *comfort letter* emitida por uma sociedade prometia "(...) to ensure that our affiliate (...) will at all times be in a position to meet its financial obligations (...)" ("assegurar que nossa afiliada estará permanentemente em condições de cumprir suas obrigações financeiras", em vernáculo). Uma tal linguagem foi considerada pela corte firme o bastante para que a emissora da carta fosse condenada a pagar perdas e danos por não ter mantido a subsidiária com recursos suficientes para cumprir suas obrigações. Em outro caso, decidido na França,[44] a *comfort letter* emitida pelo acionista controlador prometia "do everything necessary in order that the subsidiary would have available sufficient assets to permit it to meet its obligations (...)" ("fazer tudo que for necessário para que a subsidiária tenha ativos suficientes para cumprir suas obrigações", em vernáculo). Isso foi novamente considerado como expressão forte o suficiente para criar responsabilidade por perdas e danos na falta de pagamento da dívida pela subsidiária.

Note-se que mesmo tais cartas, entretanto, não podem ser equiparadas a uma fiança. Isso porque a fiança, em sua clássica formulação, implica a integração de um segundo responsável por dívida alheia. Já na *comfort letter*, o emissor da carta é responsável por dívida própria, na medida em que apenas ele se compromete a capitalizar a subsidiária, e que seu compromisso se esgota em tal capitalização, seja ou não paga a dívida, salvo é claro constar outra obrigação dos termos da *letter*.

Um segundo tipo de *comfort letter* não contém promessa fixa de pagamento de

42. Para exposição geral do tema, veja-se Horacio P. Fagorsi, "Letras de patronazgo", in *Derecho Mercantil Contemporâneo*, editada por Ana Isabel Piaggi e Luis Alejandro Estoup, Buenos Aires, La Ley, 2001, pp. 269 a 271, com exposição sobre os tipos de cartas na p. 270.

43. [1989] NSW S. Ct.

44. Corte de Apelação de Paris, Vasseur DS 1979/1980, IR 55.

determinada quantia, mas apenas notifica o credor da subsidiária que a sociedade emitente da carta tem a intenção de manter o controle da subsidiária, ou que tem a intenção de mantê-la em seu grupo societário ou solvável.[45] Tais cartas são chamadas de *soft comfort letters*. Note-se que em tais casos existe apenas a manifestação de uma intenção, e é só pela existência de tal intenção no momento da emissão da carta que responderá o subscritor. Assim, não haverá responsabilidade em caso de a intenção e a conduta dela decorrente se alterarem após a emissão da carta. Haverá, entretanto, responsabilidade, se for evidenciado que no momento da emissão já não existia a intenção de manter uma sociedade no grupo societário, ou de mantê-la solvável. Tal demonstração, a título de exemplo, poderia ser feita mostrando-se que concomitantemente à assinatura da carta, o subscritor dela negociava o controle da subsidiária ou participava da contratação de advogados para requerer a autofalência da subsidiária. Reconhecimento dessa lógica aparece no caso *Re Augustus Barnett & Son Ltd.*,[46] decidido no Reino Unido, em que a sociedade que dá nome ao caso era subsidiária de uma sociedade espanhola que diversas vezes emitiu *comfort letters* afirmando que iria continuar apoiando a subsidiária, a qual entretanto acabou por ser liquidada. Segundo o tribunal, que decidiu em favor da controladora espanhola, esta tinha uma "intenção honesta" de continuar apoiando sua subsidiária no momento da assinatura da carta, embora posteriormente mudasse de política. Assim, a *comfort letter* não era fraudulenta e por isso a controladora não podia ser considerada responsável.

Uma última palavra deve ser dita sobre a lei aplicável às *comfort letters*. Da mesma forma que as cartas de crédito, não são elas contratos, mas declarações unilaterais de vontade. Portanto, a elas se aplicará sempre a regra do *caput* do art. 9º da Lei de Introdução ao Código Civil, e serão regidas pela lei do local de assinatura da carta.

Setembro de 2001

45. Um exemplo de uma tal modalidade vai a seguir:

"Gentlemen: This letter is presented to you in order to confirm our policy in relation to our subsidiaries.

"We refer to the loan agreement between your bank and project entity secured by a mortgage in your favor. Project entity is a wholly-owned subsidiary of our company.

"It is the intention of our company to maintain direct or indirect ownership of project entity. We undertake to inform you prior to any alteration to our direct or indirect ownership of project entity.

"We confirm that it is our business policy that all of our subsidiaries, including project entity, fully repay any indebtedness or borrowed monies incurred by then to companies, financial institutions and other persons and pay all interest in relation thereto. Further, we confirm that it is our policy that project entity is and will remain in the position to fulfill any and all of its commitments.

"While we have no reason to expect that our policy as above set is likely to change, it must be understood that this letter is a statement of intention only and does not constitute a guarantee by us of any obligations or commitments of project entity."

46. BCC 98, 904 (1986).

Doutrina

REGULAÇÃO E CONCORRÊNCIA NO SISTEMA FINANCEIRO[1]

RACHEL SZTAJN e MARCOS PAULO DE ALMEIDA SALLES

Ainda há pouco tempo vêm os organismos administrativos ligados à concorrência entendendo criar uma Superagência de Defesa da Concorrência e de Consumo. Mesmo sem entrar em detalhes macroeconômicos, as críticas foram avassaladoras, pois dita agência estaria recebendo competência para dizer dos movimentos de toda a atividade econômica sob a égide dos mercados, uma vez que estaria apta a aprovar ou desaprovar todos os atos pertencentes à ordem econômica, na medida em que se lhe fosse dado opinar preventiva ou repressivamente sob a plena relação entre a oferta e a procura.

Foram as últimas luzes do século XIX que levaram os americanos à idéia de instituir agências governamentais que correriam pelas mãos do poder executivo sem contaminação política, apenas para exercer função regulatória, no sentido de preservar a boa-fé nos relacionamentos onde devesse predominar a ordem pública, reunindo os fundamentos para autonomia do conhecimento científico que brotou da doutrina positivista.

Ocorre, no entanto, como nos lembra Tércio Sampaio Ferraz[2] que "a livre concorrência de que fala a atual Constituição como um dos princípios da ordem econômica (art. 170, IV) não é a do mercado concorrencial oitocentista de estrutura atomística e fluida, isto é, exigência estrita de pluralidade de agentes e influência isolada e dominadora de um ou uns sobre os outros. Trata-se, modernamente, de um processo comportamental competitivo que admite gradações tanto de pluralidade, quanto de fluidez", tratando-se, portanto, neste campo da incidência das normas reguladoras da concorrência, em setores estritamente administrados por legislação especificamente autorizadora e regulatória, da participação e do funcionamento desse mercado. No caso em tela, aquele que vige sob o Sistema Financeiro Nacional.

Em decorrência do entendimento firmado pelo Supremo Tribunal Federal,[3] de que "no que toca à organização, ao funcionamento e às atribuições do Banco Central, as normas constantes da Lei n. 4.595/64 têm *status* de lei complementar", afastou-se a

1. O presente artigo nasceu da análise feita sobre a operação de associação envolvendo o Banco de Investimentos S/A (Banco FINASA) a Brasmetal Indústria S/A e a Zurich Participação e Representações que, em virtude da participação de instituição financeira, levou à polêmica quanto à competência do CADE para, nos termos do art. 54 da Lei n. 8.884/94, apreciar, aprovar, vetar ou impor restrições à operação visada. A matéria é de seguros privados, não envolve área financeira sob esse aspecto mas, apenas uma carteira da instituição financeira (FINASA), entendendo que é atribuição do CADE examinar todos e quaisquer atos de concentração, incluídos os relacionados com o setor financeiro (bancos) no caso em compartilhamento com o BACEN, em conflito positivo de competências das autarquias.

2. In parecer publicado em *O Estado de S. Paulo*, 1989.

3. Ação direta de inconstitucionalidade 449/96.

eventual revogação do art. 18 da Lei n. 4.595/64 que trata especificamente da concorrência no âmbito das instituições financeiras.

Como lembra Arany Dornelles[4] "pouquíssimas e raras atividades empresariais privadas conhecem tamanhas restrições e controles impostos pelo poder público, como a desenvolvida pelos banqueiros", valendo dizer que os eventuais atos de concentração, que pudessem vir a violar a ordem econômica, para se enquadrar na Lei n. 8.884/94, antes têm que se enquadrar na viabilidade analisada à luz da ordem financeira sujeita ao microssistema normativo denominado Sistema Financeiro Nacional, regramento específico de Direito Econômico encabeçado pela Lei n. 4.595/64.

A dúvida se põe quanto ao conflito entre as disposições das Leis ns. 4.594/64 e 9.447/97 e a Lei n. 8.884/94, particularmente quanto à incidência do art. 54 desta lei, relativo à análise para autorização pelo CADE, de atos de concentração.

Manifestam-se tanto a Advocacia-Geral da União — AGU —, cuja tese é a da competência exclusiva do BACEN, quanto a Procuradoria-Geral da Fazenda Nacional — PGFN — que, com argumentos distintos dos oferecidos no parecer da AGU, chega à mesma conclusão no sentido de que não compete ao CADE manifestar-se, aprovando ou não, atos de concentração de instituições financeiras, ressalvando que deve, porém, ser deles informado.

O plenário do CADE refuta os argumentos do parecer da AGU, porque: a) entende que a Lei n. 4.595/64 não tem *status* de lei complementar, mas tem mesma hierarquia da Lei n. 8.884/94; b) que esta última não prevê imunidades setoriais que excluam da apreciação da autoridade adjudicante atos que possam por em risco a competição; c) que a legislação concorrencial, posterior à setorial revoga o art. 6º da primeira que daria ao BACEN competência para fiscalizar a competição no mercado financeiro; e, por derradeiro, d) que apenas frente à hipótese de risco sistêmico, poderia o CADE deixar da apreciar atos de concentração naquele setor.

Tal como no parecer da PGFN propõem os senhores conselheiros do CADE ajustar a matéria por meio da celebração de convênio entre CADE e BACEN e não, como naquele parecer, que prega alteração ao art. 54 da Lei n. 8.884/94, o que, no entanto, já foi tentado com a assinatura de Convênio de Cooperação entre ambas as autarquias, assinado em 1999.

Há que, inicialmente, distinguir as pretensões do CADE nos processos de concentração de instituições financeiras que se aplicaria tão-só às voluntárias pois que, naquelas originadas da proteção ao risco sistêmico, o CADE desde logo abdica de qualquer pretensão, embora jamais haja voluntárias incondicionais em relação à autorização do BACEN.

Reorganizações voluntárias compreendem a aquisição de participação societária de instituições financeiras em leilões de privatização e a aquelas resultantes de negociação privada entre acionistas, seguido, ou não esse processo, de incorporação ou fusão. Ou seja, embora dependente de aprovação prévia do BACEN, a concentração resulta de decisões que levam ao aumento da participação da instituição adquirente no mercado mediante processo de crescimento externo, ou, à consolidação da posição que já detinha.

A questão da concentração no setor financeiro é tema recorrente na literatura estrangeira, norte-americana e européia, ligada à regulação setorial, notadamente diante da continuada onda de aquisições, fusões e incorporações de instituições pequenas e médias, formando grandes conglomerados, atraindo a atenção de estudiosos de diferentes áreas do conhecimento, sem contudo necessariamente acarretar falhas de mercado.

4. Arany Dornelles da Luz, *Negócios Jurídicos Bancários*, São Paulo, Ed. Juarez de Oliveira, p. 13.

Nos Estados Unidos da América, depois de afastada a restrição aos bancos com presença nacional, na metade da década passada, iniciou-se processo de expansão com a intensa aquisição de bancos regionais na busca de economias de escala, chegando-se à megaconcentração entre o Nations Bank e o Bank of America, em 1998, com o que surgiu o maior banco de varejo dos Estados Unidos da América.

A par dessa gigantesca, muitas outras aquisições e fusões envolvendo instituições de tamanho médio foram constatadas entre 1980 e 2000, pondo em primeiro plano a questão da competição no setor financeiro.

Explicam-se as concentrações na área não apenas pela busca de economias de escala, aumento de eficiência com redução de custos e elevação de receitas por cliente, aperfeiçoamento no acesso ao mercado de capitais. Outras são as possibilidades de oferecer empréstimos de maior vulto, ampliar a linha de "produtos", melhorar a qualidade dos administradores e aproveitar externalidades de rede usando caixas automáticos (ATMs) espalhados por diferentes áreas, produto este da inovação tecnológica.

Estudos feitos nos Estados Unidos da América tendem a indicar que, nada obstante a espantosa redução do número de instituições, não foram constatados prejuízos para consumidores de serviços bancários e que instituições regionais ou locais, de pequeno e médio porte, bem administradas, permanecem no mercado. Explica-se essa situação pelo conhecimento específico que tais instituições detêm, da confiança que merecem dos usuários.

Na Europa, igualmente, e sobretudo após a aprovação da criação de moeda única para a área, ainda antes da entrada em circulação, a tendência ao crescimento hexógeno de instituições financeiras era sensível. A criação do Banco Central Europeu, organização supranacional que deve harmonizar as atuações dos bancos centrais nacionais, tem como função, a estabilidade da moeda na região do Euro e o controle da inflação intrabloco, adotando-se desenho organizacional que o aproxima daquele do *Federal Reserve Board* norte-americano em relação aos bancos centrais regionais.

Há na União Européia preocupação com a manutenção da competição no setor financeiro, principalmente após a ampliação geográfica do mercado pela adoção da moeda única. Discute-se regulação setorial e competição, com a elaboração de estudos sobre o microssistema do mercado de Euros, e propostas para a organização de um sistema em que regulação e concorrência se harmonizem para o que seria criada instituição supranacional e supra-atuais órgãos comunitários, como um comitê de conciliação de interesses.[5]

O processo concentracionista no setor financeiro não é novo no Brasil pois já nas décadas de 1960 e 1970 ofereceram-se estímulos à concentração bancária com renúncia fiscal importante. Visava-se à criação de bancos privados nacionais fortes, aparecendo, nesse período bancos como Bradesco, Itaú, Unibanco, por exemplo. Mais recentemente o processo concentracionista na área financeira é retomado, seja por conta da privatização de instituições financeiras estaduais, seja pelo imperativo de saneamento do sistema após a insolvência de instituições de grande porte como os bancos Nacional, Econômico, Bamerindus, seja pela necessidade de chamamento à participação alienígena.

Com isso o aumento da presença de instituições estrangeiras no mercado, algumas delas atraídas pelo crescimento da economia nacional e as altas taxas de juros, é causa do acirramento da disputa entre os maiores bancos privados nacionais para manterem ou aumentarem sua posição estratégica, levando à nova onda de aquisição de instituições do sistema financeiro pequenas e médias (regionais ou nacionais).

5. Na Itália as normas gerais de regulação da concorrência são aplicadas às instituições financeiras, porém exclusivamente pela autoridade reguladora específica, no caso a Banca D'Itália.

A redução do número de instituições financeiras é significativa e, sem dúvida, os temores de abusos perpetrados contra os clientes ou depositantes deve ser enfrentado com vigor (ou rigor). É nesse quadro que se insere o problema objeto deste texto e que tem várias faces: a econômica, como já se apontou acima, a política que tem que ver tanto com a preservação das instituições nacionais, quanto com a defesa da concorrência e, finalmente, a jurídica, que deve dar o suporte legal para o deslinde da questão.

Certamente que qualquer solução jurídica será incompleta sem que se analisem as funções do Banco Central e o quadro geral da ordem econômica e financeira desenhada pelo legislador constituinte de 1988. Também não será adequada resposta que fuja à hermenêutica jurídica. Por fim, sem que se enquadre no sistema normativo o que se entende por mercado e por regulação, fiscalização e supervisão, o processo estará truncado em suas bases.

Impossível deixar de lado, no que concerne à harmonização das normas setoriais e gerais, as questões econômicas afetas à regulação do setor financeiro, entre as quais as noções de mercado e sua regulação, a intervenção do Estado na economia e a organicidade dos sistemas financeiros. A que propósitos serve essa regulação? Apenas para inibir choques ou riscos sistêmicos mediante a criação de uma rede de segurança tecida para preservar o sistema financeiro? Há regras que obedecem a uma lógica setorial, especial e única, aplicável ao sistema financeiro? A qual dos setores em que se subdivide esse sistema? Essa a discussão em curso nos países em que o sistema financeiro tem passado pelo processo de concentração e esse o enfoque adotado no presente.

Estudo recente de Sandrine Corvoisier e Reint Gropp, intitulado *Bank Concentration and Retail Interest Rates*,[6] trata da concentração do sistema financeiro na Europa por conta de desregulação. Sobre a concentração bancária explicam que há duas vertentes, uma que entende que com a concentração os bancos, em colusão, usarão seu poder de mercado para obter rendas (hipótese em que a estrutura interessa), e a que conclui que a concentração aumenta a eficiência do setor, pelo que instituições mais eficientes crescem mais rapidamente do que as menos eficientes e acabam por absorvê-las.[7]

Outro estudo, *The Political Economy of Branching Restrictions and Deposit Insurance: A Model of Monopolistic Competition Among Small and Large Banks*,[8] sugere razões de política legislativa voltada para a tutela das instituições menores, como motivação de restrição à abertura de filiais pelos grandes bancos. No que se refere a estrutura setorial, Philipp Hartmann, Michele Manna e Andrés Manzanares estudam a microestrutura do mercado de Euros.[9]

Resulta de tais estudos que: a) a concentração bancária pode ter levado à diminuição das alternativas para movimentação de contas correntes em vista da procura por agências mais próximas do consumidor (menor oferta de pontos de captação — agências bancárias); b) ainda como resultado da concentração, aumenta a assimetria informacional que, também, dá aos bancos locais maior poder na escolha dos tomadores de recursos; c) que empresas cujo crédito não é grande têm mais facilidade de acesso a empréstimos em mercados concentrados. A conclusão mais interessante, entretanto, é que se faz mister distinguir classes ou espécies de produtos nas operações ativas e passivas dos bancos,[10] para apre-

6. *Working paper* n. 72, BCE, julho de 2001.

7. Talvez, a aquisição pelo Bradesco do controle acionário do Banco Mercantil de São Paulo, em janeiro de 2002, se enquadre nessa hipótese.

8. Economides, Nicholas, R. Glenn Hubbard e Datrius Palis, *NBER Working paper*, Series, n. 5.210, 1995.

9. *Working paper* n. 80, BCE, outubro de 2001.

10. *ECB Working paper* 72: "the data — are strongly suggestive that it may be important to analyze credit and deposit markets in a more differen-

ender efeitos da concentração em cada segmento.

Assim, é preciso compreender como se conceitua mercado, em que medida a regulação é empregada na sua conformação e como, no sistema pátrio, a Constituição da República trata cada um dos temas.

1. *Mercado*: a palavra mercado, em economia, é empregada de forma heurística, para desenhar uma área de interesse do estudioso que, muitas vezes, é bastante ampla, de sorte que não se dá grande importância à definição do termo mercado, ao contrário do que ocorre no direito concorrencial em que a precisão conceitual é fundamental.

Genericamente pode-se dizer que quando um grupo de bens, substitutos aceitáveis entre si, para ao menos um dos componentes do grupo e que não interagem dessa forma com o restante dos bens da economia, está-se em face da delimitação de um mercado. Imagine-se um grupo de produtos como graxos alimentares, em que um seja bom substituto para os demais e substituto inadequado para bens fora do grupo: óleo, manteiga, margarina e gordura vegetal — para alguns tipos de cocção serve apenas um, para outros, vários. Assim, haverá diferentes mercados conforme o fim a que se destine o produto e a aptidão de outro (ou outros) para substituí-lo para aquele fim.

O conceito econômico de mercado, que se atribui a Adam Smith, é o de local ideal em que se processa a troca econômica que, segundo o economista escocês, seria produto natural[11] das relações econômicas privadas que levaria à melhor distribuição de bens, em que a conduta egoísta dos agentes, a "mão invisível", se justifica pelos resultados produzidos, atender às necessidades de todos. Essa concepção, válida, talvez, para mercados atomizados, tendentes à concorrência perfeita, serve para compor um modelo teórico das relações de troca eficientes.

O Direito não se compadece dessa visão de mercado. Natalino Irti, estudioso da matéria, diz que "(...) il mercato è un organismo artificiale, costruito da una scelta consapevole, da una decisione politica dello Stato. Questa è la 'mano visibile' della legge". E, segundo Irti, mercado é "unità giuridica delle relazioni di scambio, riguardanti un dato bene o date categorie di beni",[12] ou, se quisermos mais amplamente relativo, a uma dada satisfação de necessidade humana.

Observe-se que não há divergência entre essa definição e aquela anteriormente referida e adotada na ciência econômica. A unificação ou a substitutibilidade entre bens serve como elo unificante para compor um mercado. Sem que se encontre o elemento unificador da pluralidade de relações econômicas entre agentes não há pensar em mercado. Mas Irti prossegue para explicar que essa construção de mercado pelo Direito é fruto de uma opção política ou de política legislativa, por isso artificial e criado ou reconhecido pelo legislador.

Relações eficientes de troca econômica têm lugar em mercados uma vez que é neles que um agente dá, enquanto o outro recebe, ambos tendo informações que lhes permitem obter o que, para eles, os satisfaça melhor. Nesse sentido Coase e Irti concordam que sem pluralidade de relações de

tiated fashion Broad statements that banks operate in a more or less competitive environment surely will need to be differentiated. This paper suggests that the ongoing process of consolidation in the banking systems in the euro area countries may substantially reduce competition, especially in product markets where geographic proximity or informational asymmetries are important, while contestability may have substantially increased in others".

11. Natalino Irti, "Persona e Mercato", in *Rivista di Diritto Civile*, cit., entende que é necessário "converter a naturalidade do mercado no artificialismo de um instituto jurídico, uma vez que o mercado não é um *locus naturalis* mas um *locus artificialis*".

12. Natalino Irti, "Concetto Giuridico di Mercato e Dovere di Solidarietà", *Rivista di Diritto Civile*, pp. 185-191, 1997.

troca, sem trocas múltiplas daquele bem, sem circulação jurídica do bem, não há mercados. A circulação ou troca econômica dupla, reproduzida infinitas vezes, caracteriza mercados.

Por isso que a conformação dos mercados, de cada mercado como ambiente satisfativo, parte das normas que o definem, disciplinam, orientam e controlam o comportamento dos agentes que neles atuam. Como a lei busca organizar os mercados pode tanto orientar os agentes no sentido da ampla liberdade de entrada e saída, quanto impor barreiras ou criar reservas, pode tutelar o exercício da autonomia privada ou tutelar certas classes de interesses ou de sujeitos, no exercício da livre iniciativa.

O legislador toma os fatos sociais, escolhe os elementos do comportamento, que considera relevantes ou representativos, e os acolhe no mundo jurídico. A norma atribui juridicidade aos negócios, descrevendo fatos e dispondo sobre os direitos e obrigações dele decorrentes, tipificando condutas socialmente desenhadas.

Razão para se buscar definição para um mercado está ligada ao exercício de poder ou seu abuso, real ou potencial, que permita alterar a oferta ou o preço do bem, daí ser a definição do mercado a pedra de toque do direito concorrencial. Sem definir o mercado, calcular a participação do agente, a forma pela qual age para poder quantificar seu poder, não se garante a livre iniciativa, vez que exercer poder, criando falhas no mercado pode, alterando a competição entre agentes, impedir a entrada de novos agentes.

A definição de mercado, assim como a caracterização de mercado relevante, tem como elemento básico, fundamental, a substituição do bem objeto da investigação por outro, ou outros, de maneira satisfatória, sem danos ou insatisfação para o consumidor em face de variação de preços ou quantidades. O poder do agente ofertante de um dado bem no mercado é limitado pelo efeito cumulativo de possíveis substituições por outros bens, com que o agente do poder demandante.

Havendo concorrência ou competição entre agentes, mais difícil será aumentar preços ou ofertar quantidades menores do que as desejadas pelos consumidores. Assim, há que se analisar a rivalidade entre ofertantes de substitutos próximos, a entrada de novos agentes no mercado, entrada cruzada e mobilidade dos agentes, poder de compra e de oferta. Ademais, ditos mercados podem ser ainda considerados em relação à áreas geográficas, à facilidade, ou não, de acesso aos bens, uma vez que a postura da riqueza não é estática e se dinamiza por meio da circulação ou distribuição de que possa ser alvo.

Se mercado organizado é criação do ordenamento jurídico, seu funcionamento bom ou satisfatório depende da modelagem adotada, do estímulo a certas condutas e inibição ou punição de outras para equilibrar as relações ajustadas nos mercados. Esse equilíbrio pode resultar do estabelecimento de tutelas específicas para setores ou grupos de pessoas. Por isso o controle de monopólios e oligopólios, a inibição ou punição de abuso de posição dominante, igualmente, tem relação com a alteração na concorrência, pois visa manter a liberdade de iniciativa econômica e a liberdade de escolha dos consumidores,[13] especialmente porque a disciplina da concorrência "è condizione necessaria della scelta: concorrenza delle imprese e preferenza dei consumatori sono lati dello stesso fenômeno".

No direito, o legislador escolhe o que regrar e como dispor a respeito da coisa regrada. No caso específico de mercados, o legislador precisa determinar o bem (ou os bens) que pretende ver abrangido pela modelagem e/ou a área geográfica considerada, para delimitar quais relações estarão inseridas naquele determinado conjunto.

13. Natalino Irti, "Persona e Mercato", in *Rivista di Diritto Civile*, v. 41, pp. 289-298, 1995, esp. p. 292.

Cabe-lhe, ainda, dispor quanto à licitude, ou ilicitude, de condutas dos agentes nos mercados, podendo desenhar condutas uniformes, ou não, do que resultarão tutelas distintas, facultando umas condutas e reprimindo outras. Da mesma forma cabe ao ordenamento dispor sobre intervenção, ou não, quando, mesmo condutas lícitas, possam levar a resultados indesejados.

Se mercado é o conjunto de relações jurídico-econômicas unificadas em relação a um bem, ou a uma área geográfica, pensar mercados é, segundo Irti, pensar uma teoria jurídica das economias de mercado. A expressão economia de mercado tem sido entendida como economia capitalista e, por isso, a ênfase na investigação da teoria da concorrência e das relações de consumo.[14]

O princípio jurídico do mercado está na Constituição da República, no art. 170, quando trata da "ordem econômica"; é o que afirma a livre iniciativa no domínio econômico, livre iniciativa que é limitada pela valorização do trabalho humano, como meio de garantir existência digna e justiça social. Mais ainda, a livre iniciativa deve obedecer aos preceitos arrolados nos diferentes incisos desse artigo, entre eles a livre concorrência e a defesa do consumidor. Ou seja, o fluxo de bens e seu consumo de promover a existência digna e fazer justiça social.

Para que se garanta a livre iniciativa, mecanismos de livre acesso ao mercado devem ser previstos e preservados; o direito a nele permanecer, disputar o acesso e a permanência com outros agentes que já lá estejam, ou pretendam nele entrar e contemplar a possibilidade de deixá-lo se ou quando desejar. Afinal, liberdade de iniciativa mantém estreita e indissolúvel conexão com livre concorrência em mercados abertos. Assim, pode-se encarar na livre concorrência uma das formas de organização dos mercados.

Mas o legislador pátrio toma a defesa do consumidor e do meio ambiente como outros elementos ou princípios para modelar mercados. Esses elementos refletem regras sociais de regência da regulação dos mercados. Assim, tanto o controle dos fins perseguidos pelos agentes econômicos, quanto os fins visados pelo legislador, ligando poder econômico a responsabilidades sociais, são mecanismos de disciplina dos mercados.

A disciplina da concorrência é modalidade de regulação da atividade econômica aplicável aos mercados livres, em que a iniciativa dos agentes é ampla, irrestrita. Mas há outras maneiras de conformar mercados além da defesa da concorrência, como, por exemplo, a imposição de restrições à entrada de participantes, limitações à venda de produtos a qualquer pessoa, proibição de comercialização de bens sem prévia aprovação da autoridade administrativa, ou mesmo o controle de preços e quantidades dos bens ofertados. Cada uma das formas de intervenção na atividade econômica atende a determinado objetivo, podendo até mesmo haver combinação entre elas.

Intervenções do Estado restringindo a livre iniciativa em mercados estão previstas no art. 173 da Carta Magna, em que aparecem regras mais específicas que tratam da conformação de mercados. O legislador constituinte de 1988, previu, no § 4º ao art. 173, a repressão ao abuso de poder econômico que visar a dominação de mercados, a eliminar a concorrência ou ao aumento arbitrário de lucros. Essas três hipóteses têm como premissa o abuso de poder econômico exercido em mercados e constitui a base da violação à ordem econômica em que se apóia a Lei n. 8.884/94.

Anote-se que a participação direta do Estado na economia fica restrita a serem elas imperativas para a segurança nacional ou de relevante interesse coletivo definido em lei. Dois marcos distintos: a) segurança nacional tem a ver com o exercício da soberania na defesa do território, de sua população, para limitar-lhe o campo; interes-

14. Natalino Irti, "Teoria Generale del Diritto e Problema del Mercato", *Rivista di Diritto Civile*, pp. 19 e 20, 1999.

se coletivo, que aparece como manifestação da regulação social, depende de definição legal. O Estado reserva para si o papel de agente normativo e regulador da atividade econômica, fiscalizando-a e criando incentivos ao seu desenvolvimento, por meio de políticas públicas na busca das formas de desenho de mercados, concessão de incentivos, barreiras à entrada etc.

A modelagem legal que vem sendo concebida para mercados é variada e depende, sempre, de opção por uma de duas extremadas linhas de pensamento: a liberal, que tem no funcionamento dos mercados seu eixo objetivo, e a socialista, que se interessa pela forma subjetiva como funcionam. Cada uma das vertentes, resultado de opção política do legislador, determina o grau de intervenção do Estado na economia. Quanto mais liberal a política, maior a ênfase dada à disciplina da concorrência, uma vez que a defesa do livre mercado não se faz sem ela, exigindo a restrição ou o controle dos monopólios, oligopólios, cartéis ou qualquer outra forma de coligação ou cooperação que ameace ou restrinja a competição.

Neste caso a pretensão da superagência intervencionista, do CADE na disciplina do consumo e da concorrência, incluindo as instituições financeiras, a par da competência específica que é reconhecida ao BACEN, contraria frontalmente as bases democráticas do "Estado de Direito", uma vez que vai permitir ao "ente" determinar discricionariamente, em um mesmo colegiado, a formação da oferta, da procura e da intermediação financeira.

Impactos da "globalização", decorrentes do avanço tecnológico e da tecnologia da informação, vêm à mente de imediato, tornam palpitante a discussão quando se pretende avaliá-los em vista da importância do setor financeiro, no desenvolvimento. Marco do processo regulatório deve ser a definição dos objetivos visados pelo legislador nas disposições constitucionais da ordem econômica, ao lado de tratados internacionais recepcionados pelo ordenamento, que acabam por condicionar extraterritorialmente a ordem financeira e, conseqüentemente, o específico mercado que dela resulta.

A prevalência do objetivo social dá-se, em geral, no campo dos serviços públicos e/ou da defesa ambiental. Porém, outros interesses podem levar a tutelas menos eficientes mas que atendam a interesses considerados relevantes. No primeiro caso, a discussão se acentua com a maciça privatização de empresas públicas que, com o escopo da busca de lucros, poderiam vir a prejudicar o acesso de usuários aos bens ofertados; ou, ainda, quando houvesse externalidades negativas, tais como os danos decorrentes da emissão de poluentes que, frutos da atividade, atingem a todos indistintamente. Nessa hipótese a internalização dos custos aos agentes é parte do modelo regulatório adotado.

2. *Regulação*: para Calixto Salomão Filho regulação, em sentido lato, corresponde à intervenção do Estado, sob diferentes formas, na organização de atividades econômicas.[15]

Já para Vital Moreira a palavra regulação tem diferentes sentidos, como, por exemplo, o estabelecimento e a implementação de regras, a manutenção ou restabelecimento do funcionamento equilibrado de um sistema, concluindo que as duas idéias são suficientes para a construção de conceito operacional de regulação econômica, que, a seguir, define como "o estabelecimento e a implementação de regras para a actividade econômica destinadas a garantir o seu funcionamento equilibrado, de acordo com determinados objetivos públicos".[16]

Vital Moreira lembra, ainda, que o conceito de regulação pode, em sentido amplo, indicar toda e qualquer forma de intervenção do Estado na economia; em sentido mais limitado, indica essa interven-

15. Calixto Salomão Filho, *Regulação da Atividade Econômica (princípios e fundamentos jurídicos)*, Malheiros Editores, 2001.

16. Vital Moreira, ob. cit., pp. 34 e ss.

ção excluindo o exercício direto da atividade, pelo que, continua o doutrinador, regulação aparece como, "equivalendo, portanto, ao condicionamento, coordenação e disciplina da atividade econômica privada" e, em sentido estrito, significa apenas o condicionamento *normativo* da atividade econômica privada.

Declarando que o conceito mais largamente aceito pela doutrina é o segundo, o de intervenção do Estado na economia visando condicionar, coordenar e disciplinar a atividade econômica privada, Vital Moreira entende que isto se faz mediante: a) aprovação das normas pertinentes; b) implementação concreta das regras; e c) fiscalização do cumprimento e punição das infrações.

Cabe ao regulador estabelecer regras pertinentes ao setor regulado, implantá-las, e, por fim, garantir sejam respeitadas ou, se violadas, punir os responsáveis. Uma das principais funções da regulação, com a intervenção do Estado na economia, é buscar garantir o funcionamento equilibrado da atividade privada procurando assegurá-lo por meio de ofertas competitivas produzidas pelo Estado. Por isso é que regras podem variar segundo o setor econômico considerado, visando atender alternativa ou conjuntamente objetivos públicos econômicos e sociais.

No que concerne à regulação, as diferenças substanciais entre as ciências econômica e jurídica são importantes: para os economistas, do processo regulatório, interessam os resultados atingidos com a intervenção de autoridades administrativas em face do escopo visado; ao operador do direito interessam os procedimentos empregados nessa intervenção, na modelagem das estruturas e nas condutas. À vista dessas distinções, promove-se ou regula-se a competição em um específico mercado, por meio da escolha de instrumentos regulatórios, extra ou metajurídicos.

Em especial, no âmbito do setor financeiro, as intervenções regulatórias que afetam exclusivamente os seus agentes compreendem: *a*) controle das taxas de juros e outras cobradas pelas instituições; *b*) controle do crédito; *c*) barreiras à entrada; *d*) restrições às fusões e incorporações, aquisição de controle; *e*) controle do fluxo de capitais.

A exceção dos atos indicados na alínea *d*, competem à autoridade monetária, sem questionamento, todos os demais indicados que têm relação, ainda, com matéria de reservas e investimentos, exigências de solvência ou solvabilidade, adequação de capital e restrições a ligações com atividades não financeiras. O questionamento àqueles é que passamos a analisar.

Esse o quadro político-econômico-legal em que devem ser harmonizados, em cada mercado e segundo suas leis de regência, os conflitos de competência entre as autoridades reguladoras setoriais e a concorrencial, quanto ao item sob letra *d* acima, tendo em mente o sistema e a interpretação teleológica das normas aplicáveis.

A noção de sistema, quando se pensa em sistema jurídico, se refere ao conteúdo das normas e não há confundi-lo com a de ordenamento. Esta é formal, aquele material. O ordenamento tem na fonte de produção normativa um de seus eixos, o sistema está preso ao conteúdo material das normas. A delimitação do sistema, é modelada pela doutrina, pelo intérprete do Direito e, ainda quando não haja normas específicas, o operador descobre o caminho interpretativo e dele extrai conclusões.

Por isso, embora Direito e Economia não visem os mesmos resultados e os critérios empregados por operadores, em cada uma dessas áreas sejam distintos, é certo que as estruturas de mercados e os resultados delas decorrentes interessam aos dois campos do conhecimento. O cruzamento entre Direito e Economia é estreito no plano da concorrência e da regulação de mercados. Normas jurídicas modelam estruturas de mercado, tendo como substrato informações econômicas e políticas sociais.

Harmonizar a análise das concentrações por diferentes órgãos ou autarquias implica escolher uma das linhas e aplicar as regras de forma a viabilizar a consecução dos fins perseguidos quer pelas autoridades reguladoras quanto pelos agentes econômicos.[17]

Supondo inexistirem normas disciplinadoras do sistema financeiro seria possível encontrar no ordenamento regras que o discriminassem? Se não houvesse disciplina concorrencial, admitir-se-ia que os agentes usassem seu poder econômico para extrair benefícios à custa de outras pessoas? Frente a essas dúvidas é que se pensa sistemicamente o Direito.

O direito privado que girava ao redor dos códigos, tem, hoje, centro no direito constitucional. As normas especiais, interpretadas em relação às normas gerais, ganham maior autonomia com a atomização do Direito. Por isso não é de estranhar que em 1988, o legislador constituinte tenha optado por um ordenamento polissistêmico, criando inúmeros microssistemas como, no que se refere à ordem econômica, o da concorrência, o da defesa do consumidor, o do meio ambiente, por exemplo, de que resultam leis especiais e no que se refere especialmente à ordem financeira, o sistema financeiro nacional (art. 192).

Essas normas, entendidas como excepcionais, não recondutíveis ao sistema geral, são inovadoras, são normas que derrogam princípios gerais e produzem outros, específicos. O mesmo legislador, conscientemente, ou não, quando pensou a ordem econômica, o subdividiu dispondo, no *caput* do art. 170 a regra geral da organização dos mercados e, a seguir, em diferentes capítulos, tratou de mercados e setores específicos como o urbano, agrário, deixando para uma ordem específica o financeiro — bancos e seguradoras.

É indiscutível que o ordenamento jurídico pátrio reconhece não só a pluralidade econômica e jurídica dos mercados, mas, sobretudo, cria regimes normativos especiais, segundo características ou interesses de política (legislativa, fiscal, econômica).

3. *Os microssistemas* legais têm lógica orgânica própria que, como se verifica, vem referida à Constituição da República, impondo nova forma de relação entre ordenamento e sociedade civil, que visa à tutela de grupos ou classes de interesses. Daí manter a legislação especial relação de gênero e espécie não mais com o direito codificado, uma vez que a relação se faz entre normas excepcionais sistemicamente dispostas e a Constituição, originadora da respectiva competência.

A relação dos microssistemas com outras normas se estabelece entre norma especial e normas gerais, que têm caráter residual, isto é, aplicam-se no que compatíveis com o microssistema ou são inaplicáveis, explica a hermenêutica.

Ora, o texto constitucional, no art. 192, define um específico microssistema financeiro-bancário e securitário, determinando, ainda, a finalidade e funções do financeiro, na promoção do desenvolvimento nacional. O legislador separa o sistema financeiro no Capítulo IV do Livro que dispõe sobre a Ordem Econômica e Financeira, extremando este último, portanto, das regras gerais, muito mais do que como faz com as políticas urbana e agrária.

É nesse espaço que se deve iniciar a análise dos textos legais tratando da interpretação teleológica do Título VII da Constituição da República. Quais os objetivos do legislador? Há identidade entre os princípios relacionados no art. 170 e aqueles preconizados especialmente para o sistema financeiro no art. 192? Como interpretá-los?

17. Inclusive é bom ter sempre presente a competência exclusiva outorgada ao BACEN pela Lei n. 6.024/74 "(...) quem pode o mais pode o menos!", portanto, como o CADE pode pretender autuar uma instituição financeira com as penalidades apropriadas ao procedimento anticoncorrencial dos setores produtivos, gravando o patrimônio das instituições financeiras, quando seu equilíbrio é já gravado pelas normas materiais da Lei n. 4.595/64, acrescida das normas adjetivas da Lei n. 6.024/74, cuja aplicação é decorrente de desajustes patrimoniais frente ao risco sistêmico?

Carlos Maximiliano ensina que princípios constitucionais estão apoiados no elemento político de sorte que as instituições hão de ser entendidas e postas em função de modo a corresponderem às necessidades políticas,[18] entre as quais a política econômica. Os princípios que regem a "ordem financeira" aparecem no desenho regulatório setorial,[19] que tem que ver com as funções a serem desempenhadas pelos agentes.

Função do Sistema Financeiro Nacional, para o constituinte de 1988, é a promoção do desenvolvimento equilibrado do País, com clara preocupação social. A tutela setorial visa não, necessariamente, à eficiência econômica mas ao interesse macroeconômico, ao desenvolvimento ordenado, equilibrado, de certas atividades ou regiões.

Em face dessa especificidade indaga-se sobre a aplicação ao sistema financeiro dos mesmos princípios dirigentes da atividade econômica predispostos nos arts. 170 e 173 da Constituição de 1988. Se o sistema financeiro constitui um microssistema normativo, enquanto as regras dos arts. 170 e 173 são gerais, mister harmonizá-las mesmo porque princípios constitucionais, diz J. J. Gomes Canotilho, não são absolutos, comportam restrições. Portanto, a interpretação dos princípios constitucionais segue a regra de interpretação das normas de Direito Público: o fim previsto se superpõe a tudo para que se realize o escopo ou função previsto.

18. *Hermenêutica e Aplicação do Direito*, 19ª ed., Forense, 2001, p. 249.

19. Vital Moreira, *Auto-Regulação Profissional e Administração Pública*, Livraria Almedina, Coimbra, 1997, p. 39. "No seguimento da doutrina americana, é hoje corrente a distinção entre 'regulação económica' e 'regulação social'. A distinção baseia-se no objecto e finalidades da regulação. A *regulação 'económica'* propriamente dita tem por objeto a justificação e regulação dessa actividade em si e por si (entrada na actividade, mercados e preços, quantidade e natureza dos produtos, etc.). A *regulação 'social'* tem finalidades exteriores à actividade económica, como a proteção ambiental, a segurança e outros interesses dos consumidores".

Da ótica da interpretação teleológica, assim como daquele da lógica econômica, o poder regulatório deve ser atribuído a quem tenha a responsabilidade pelos resultados ou efeitos do processo interventivo do Estado na atividade econômica. Considerando-se que a regulação, pois é disso, em resumo, de que se trata nessa matéria de conflito de competências entre autarquias, modernamente entende-se caber ao regulador a definição do escopo da atividade econômica que, no caso das instituições integrantes do sistema financeiro, tem que ver com a responsabilidade na concessão do crédito ou o ônus da inadimplência.

Com os eventos do entreguerras, foi nascendo a figura subjetivamente responsável dos Bancos Centrais, como especiais guardiães da moeda e reguladoras de seu supedâneo, o crédito, de tal modo que o risco sistêmico ou risco de contagiação de todo o sistema financeiro, em última análise, é de sua responsabilidade, a quem, de acordo com a teoria acima exposta, compete a regulação do sistema.

Nem se afirme que essa atribuição se resolve com a regulação prudencial que fixaria os limites da competência privativa do BACEN nos casos de reorganização do sistema financeiro. Responder pela política monetária ultrapassa o regramento de administração prudencial, até porque, a noção de risco sistêmico comporta diferentes sentidos, podendo significar desde a inadimplência geral do sistema financeiro internacional, dadas as ligações entre instituições nacionais transfronteiras, em sucessão de inadimplências, até inadimplências isoladas e limitadas com enfraquecimento de algumas instituições. Nem se alegue que a finalidade da regulação é a redução do risco sistêmico, e que, por isso, a competência do BACEN não alcança disputas por mercados.

Função do sistema financeiro é a transformação macroeconômica de ativos ilíquidos em ativos líquidos, transformação da qualidade dos ativos de longo prazo em curto prazo, o que tem relação com crédito.

Tais funções estão estreitamente ligadas com a moeda e, portanto, sujeitas às regras de política monetária. Razão para que se atribua aos bancos centrais competência que envolve aspectos sócio-políticos e técnicos na regulação e fiscalização do sistema financeiro. A função dos agentes operadores do sistema financeiro é a ação microeconômica nessas transformações, para as quais são especialmente convidadas à participação por meio da autorização específica e submissão à discricionariedade.

Como, no Brasil, a regulação do sistema financeiro tem por escopo o desenvolvimento nacional equilibrado, de admitir que o modelo de concorrência atomizada nem sempre produzirá esse efeito. A concessão de incentivos para certas regiões e/ou atividades, poderia ser feita mediante concentração ou reserva de mercado que limitasse a concorrência, por exemplo.

Ressalte-se porém, que há na doutrina consenso entre privilégio de regras concorrenciais e existência, ou não, de barreiras à entrada. Barreiras à entrada impostas pelo regulador setorial, nada tem que ver com a eficiência dos agentes, mas com exigências administrativas que podem envolver requisitos como tecnologia, recursos financeiros, ou outros, a critério da autoridade administrativa.

Requisitos desse tipo estão previstos nas regras do parágrafo único ao art. 170 e, para instituições financeiros, no inc. I do art. 192, ambos da Constituição da República. A autorização para ingresso no setor compete ao BACEN e, por força dessa disposição legal, a concorrência, no setor, não tem as mesmas características dos mercados de livre acesso, amparados pelos organismos reguladores da concorrência.

Livre iniciativa implica exercício de poder do agente sem restrições legais. A livre concorrência é corolário daquela faculdade individual que inexiste no setor financeiro. Portanto, pretender usar os mesmos critérios desenhados para mercados de livre acesso ao mercado financeiro carece de fundamentação teleológica.

Segundo problema na disciplina da concorrência setorial aparece no fato de ser ela do tipo monopolístico, outra característica própria do setor financeiro. Concorrência monopolista é aquela em que bens, aparentemente fungíveis, se tornam infungíveis por alguma característica: gravatas, acessório masculino, são bens fungíveis quando se as pensa apenas como tiras de pano usadas na composição da indumentária social. Mas, gravatas de "griffe" (Ferragamo, Brioni, Zegna), acessórios de marca, não são substituídas por quaisquer outras, não há concorrência na acepção ampla do termo. Não há competição entre tais marcas e gravatas sem identificação já que apenas o titular da marca ou pessoa por ele autorizada pode apô-la a seus produtos e eles são, dessa forma, distintos de outros assemelhados. É o princípio do monopólio temporário e condicional que o Estado concede aos direitos da propriedade intelectual, de modo a respeitar o crédito (credibilidade) que lhes é atribuído pelo usuário.

Reputação associada à marca deforma o mercado de concorrência perfeita, aproximando-se dos conhecidos monopólios privados e que afetam a competição tal como imaginada pelo modelo atomizado. Esse tipo de competição é básico no setor financeiro. Mesmo existindo grande quantidade de instituições a disputa entre elas tende a não ser equivalente à de mercados modelados segundo a concorrência perfeita.

Fatores como reputação, credibilidade, geram sentimento de segurança a que se agregam proximidade geográfica, carteira de produtos, serviços de caixas automáticos e que determinam escolhas dos clientes ou usuários de serviços bancários. Bancos de expressão, em que reputação e tamanho podem estar associados, têm vantagens sobre os demais, porque clientes associam segurança com baixo risco. Provenha essa percepção do tamanho da instituição, da diversificação das carteiras ou de outros fatores, a competição alheia ao fato da concentração. Factível alterar essa forma de avaliação com restrições aos atos de concentração?

Há evidências de que a assimetria informacional frente à objetivada liquidez sistêmica também constitui forma de restrição à entrada e, nesse caso, bancos locais ou regionais, têm posição mais vantajosa do que aqueles que não têm presença na região. Porém, se não forem bem administrados, em nichos definidos, o risco de insolvência pode se manifestar. E, a reação a rumores sobre a solvência de qualquer instituição financeira desencadeia atitudes de busca de proteção, de garantia dos depósitos e/ou aplicações sob a forma de saques que acabam por levar a instituição à situação de insolvência, pondo em risco todo o sistema. Portanto, nem sempre a concorrência atomizada é benéfica para o sistema.

Na medida em que a responsabilidade dos tesouros nacionais aumenta em relação à moeda que coloca monopolísticamente em circulação,[20] a centralização do poder para defender a moeda, sua utilização como meio de pagamento em todo o território nacional como um dos meios para o exercício da cidadania e a multiplicação indiscriminada desse meio de pagamento por intermédio das compensações interbancárias, passou a ser um poder exclusivo daquele mesmo tesouro que pela moeda responde, a atividade a ser desenvolvida pelos agentes que se predispusessem às operações de bancos e de seguros passou a ser desenvolvida em um mercado monolítico, ainda que parcialmente competitivo, competitividade esta, no entanto, que se pratica em caráter acessório e voltado ao principal interesse do poder concedente, como dissemos monopolista legal da produção e da distribuição do bem objeto do mercado da moeda e do crédito e, por isso mesmo, regulador de seu preço — a taxa de juros, que condiciona a lucratividade dos agentes do setor e, assim também suas planilhas de custo e de receitas extraordinárias, advindas da prestação de serviços complementares, provocados pela manutenção da fidelidade dos clientes depositantes.

O modelo de concorrência perfeita, que produz contestabilidade dos mercados, depende de informação completa sobre produto e quantidade ofertada e demandada. Porém como vimos um dos preços do mercado financeiro, a taxa de juros, resulta de intervenção do Estado (COPON) quando fixa a taxa básica de juros na economia e da confiança dos agentes na solvabilidade do maior tomador de recursos no país, o governo. Para os tomadores privados, à taxa básica somam-se informações cadastrais e a relação risco/ativos da instituição. Portanto, a concorrência se faz sobretudo em relação à redução de custos, já que em relação ao "preço" do crédito, a possibilidade de competição entre instituições é pequena.

Variáveis como tamanho do mercado, relação entre custos fixos e variáveis devem ser utilizados na verificação de competição no setor financeiro. Se predominarem os custos fixos, quanto maior o mercado menor a concorrência, se os variáveis o resultado será o inverso.

Em face do que a literatura tende a admitir a concentração sempre que o risco é uma das variáveis consideradas, como, aliás, está claro nos votos dos conselheiros do CADE que entendem que na presença de risco sistêmico, apenas o BACEN atua.

Lembre-se que concorrência, disputa, entre dois ou mais agentes econômicos por parcelas ou fatias de algum mercado, pode tanto privilegiar o lado econômico — eficiência econômica na troca — quanto o social — tutela de consumidores — mesmo que se prejudique a eficiência na aloca-

20. Ao contrário da situação que se vivenciava ao final do XIX, em que a atividade bancária era efetivamente concorrencial, ainda que fiscalizada, pela possibilidade da relação de confiança — pecúnia *x* fidúcia – que relacionava depósitos com capacidade de emissão individual dos bancos. A concentração da competência para emitir, outorgada ao Estado, cristalizou o monopólio sobre figura do bem objeto do mercado financeiro, assim também de sua corruptela, o crédito, com o nascimento da SUMOC em 1945 e conseqüentemente o microssistema decorrente da Lei n. 4.595/64, em 1.1.1965.

ção dos recursos. Presente o risco de insolvência, individual ou espalhado pelo sistema, o aspecto social prevalece. Essa a tutela que funda a regulação bancária, incluindo-se aí a concorrencial porque a importância das instituições financeiras, indispensáveis para o desenvolvimento nacional, torna-as objeto de especial tutela para evitar ou minimizar os choques produzidos por risco sistêmico ou insatisfação de usuários.

A regulação prudencial, associada à solvência das instituições e/ou do sistema, justifica eventual restrição à concorrência por isso que a criação de barreiras à entrada, de condições de permanência e determinação de saída, organizam o mercado financeiro. Diferente de outros mercados, o financeiro deve servir aos interesses sociais o que se depreende da leitura do art. 192, *caput*. Daí seguem-se parâmetros referentes à sua organização. Reside aí a especificidade do sistema financeiro, fruto de uma ordem financeira, titulada em paralelo à ordem econômica.

A especialidade dada ao mercado financeiro no texto constitucional tem fundamento na estreita ligação com a função político-social que o ordenamento lhe confere. A especificidade estrutural e funcional do setor financeiro demanda um conjunto de regras próprias que aparece sob a forma de regulação das instituições financeiras por isso que as normas que regem a atividade bancária dispõem sobre o poder do BACEN quanto à autorização discricionária para a entrada no mercado, a fiscalização e a supervisão do sistema, além, claro, das barreiras à saída. As restrições decorrem da necessidade de controles para o bom funcionamento do sistema e são, por si mesmas, restritivas da concorrência. O mercado financeiro é territorialmente uno e relevante, portanto, pouco contestável, no qual a posição dominante é definida pelas autorizações específicas do BACEN.

Se o mercado é determinado e especializado, manter seu equilíbrio, evitar o surgimento de poder de mercado, passa ou pela regulação da atividade, mais precisamente pela regulação de setores da atividade econômica, ou pela fiscalização da atuação dos agentes nos mercados, estimulando a disputa. Ora, a Lei n. 4.594/64 atribui ao BACEN, no art. 18, § 2º, competência para regular a concorrência entre instituições financeiras. Trata-se de norma especial, inserida em lei que desenha um microssistema que é regido por normas próprias e portanto não admite competências concorrentes.

Signatário do Tratado da Basiléia, o Brasil se comprometeu a fiscalizar as instituições financeiras, adotando modelo prudencial na tomada de riscos o que se destina a evitar tanto a insolvência de qualquer instituição integrante do sistema, quanto a inibir ou reduzir efeitos de eventual contágio do sistema, isto é, risco sistêmico em que a inadimplência individual se espalha em ondas por todo o sistema, em função da cadeia de relações entre instituições financeiras.

O "efeito dominó" tem, nesse segmento da atividade econômica, impactos maiores do que em outras cadeias produtivas, porque os recursos utilizados pelas instituições financeiras nas operações de crédito pertencem, majoritariamente a terceiros, poupadores depositantes. A iliquidez ou a insolvabilidade de qualquer instituição recai preliminarmente sobre essas pessoas, da sociedade, não apenas especialmente sobre os empresários do setor.

Externalidades de rede que se acentuam com o emprego de tecnologia, a implantação de caixas automáticos, o acesso remoto às contas correntes por intermédio da Internet, também alteram a concorrência. Note-se que o levantamento de restrições, que só permitiam a instalação do equipamento em praças onde a instituição mantivesse agências, aumenta a presença de instituições com domínio da tecnologia e capacidade de investimentos em todo o território nacional. Claro que o crescimento pela "aquisição" de outras instituições torna mais eficiente o processo de expansão. De toda sorte, a concorrência no setor é imperfeita.

O sistema financeiro não segue, no que concerne à entrada no setor e à competição, a regra geral do art. 170 da Constituição da República. O mercado é modelado, como vimos, pelo BACEN (art. 192 da Constituição de 1988), em razão da importância da defesa da moeda e da estabilidade macroeconômica. Com base nesse fundamento constitucional afastam-se as regras gerais da concorrência de modo a permitir concentrações fora das regras previstas na Lei n. 8.884/94, com base no art. 18 da Lei n. 4.595/64.

O pensamento em sentido contrário está na análise do parecer da AGU quanto a ter a Lei n. 4.594/64 sido recepcionada pela Constituição de 1988 como lei complementar, ou como lei ordinária, portanto do mesmo nível hierárquico da Lei n. 8.884/94, enquanto especificidades do sistema financeiro deveriam ser retiradas da Carta Magna.

Considerando que o art. 192 da Constituição da República define um microssistema , há que saber se a ele se aplicam, sem restrições, as regras dos arts. 170 e 173, § 4º, do mesmo diploma legal.

As regras do art. 170 e § 4º ao art. 173 da Constituição da República aplicam-se aos casos em que a livre iniciativa é absoluta, em que não há, salvo as exigências comuns a qualquer atividade econômica, barreiras à entrada. Livre iniciativa inexiste sem livre concorrência. Mas a regra do art. 192, inc. I, não é a da livre iniciativa, inclui-se nas exceções. Ora, se não há livre iniciativa, a livre concorrência há de ser modulada de forma distinta da regra geral.

Alegar que a lei posterior revoga a anterior, aplicando-se o art. 2º da Lei de Introdução ao Código Civil ainda em vigor, que trata do conflito intertemporal de leis, não depende apenas de serem as normas de mesma hierarquia, mas implica, ainda, ter a posterior regulado completa e diversamente a matéria prevista na outra, com revogação implícita ou que a tenha revogado expressamente, assim como em lembrar que a lei geral não revoga a especial. Dois aspectos são de ressaltar no que concerne ao art. 18 da Lei n. 4.595/64: a) não há revogação expressa na Lei n. 8.884/94, e, b) a Lei n. 8.884/94 aplica-se aos casos em que não haja barreiras à entrada. Demais disso, há, na Lei n. 4.595/64, no art. 10, previsão de competência exclusiva do BACEN para aprovar fusões e incorporações de instituições financeiras. Ora, tem-se aqui norma setorial especial que também não foi revogada pela lei geral de defesa da concorrência.

Portanto indiferente, no caso, a recepção constitucional da Lei 4.595/64 se haver dado como lei ordinária ou complementar quando dois artigos, o 10 e o 18 desta Lei especial dão ao BACEN atribuições específicas no que tem relação com reorganizações voluntárias de instituições financeiras. Se o CADE entende que, nas hipóteses de risco sistêmico a intervenção do BACEN é exclusiva quer na liquidação quanto na transferência do controle de qualquer instituição, acredito que seja fácil expandir o entendimento para abranger qualquer reorganização setorial, pois qualquer seja ela, depende de autorização expressa do BACEN à vista do risco sistêmico. Trata-se assim sempre de um ato jurídico condicionado.

Propostas de apreciação conjunta do banco central e da autoridade fiscalizadora da concorrência, na União Européia, passam pela criação de órgão de hierarquia superior a ambas aquelas autoridades o que, no Brasil, significaria subordinar CADE e BACEN a uma outra autoridade, o que parece insustentável diante do ordenamento vigente.

Propostas de que o CADE e o BACEN atuem em conjunto leva a indagar, na hipótese de divergências entre eles, como ajustar as posições, qual delas prevaleceria, a que tem na estabilidade da moeda, (poder de compra), na tutela do investidor seus fundamentos ou a que visa a fomentar a competição e a responsabilidade pelo risco sistêmico.

São duas as grandes questões: a setorial que compreende tanto as funções do BACEN como autoridade monetária, executor de políticas públicas e como isso se manifesta no setor e, a legislativa que se prende à hermenêutica jurídica, que parece ter sido o elemento fundante do parecer da AGU, rejeitado pelo plenário do CADE.

Da interpretação sistemática das normas tem-se a regra geral de que a norma posterior revoga a anterior quando trata do tema de forma completa e que a norma geral não revoga a especial salvo no expressamente previsto. Tratando-se de microssistemas normativos a questão assume outra configuração, não apenas se tem a aplicação da regra de que normas gerais não alteram as especiais mas, como se deixar regular o mesmo ato pela lei geral fora do microssistema e depois a ele retornar.

É pretensão do CADE de que ao microssistema, que tem no art. 192 da Constituição da República sua base, e na pela Lei n. 4.595/64 sua regulação, sejam incorporadas regras da Lei n. 8.884/94, esta geral por conta da previsão constitucional da livre concorrência como princípio geral da Ordem Econômica, quando se está a tratar especificamente da ordem financeira. Lei geral e microssistema parecem inconciliáveis. Indisputado que a livre concorrência é princípio constitucional, que, porém, se compadece com a livre iniciativa como um todo e, não apenas com o desenvolvimento nacional equilibrado, em base à defesa da moeda, com a tutela da poupança e a utilização do crédito.

Independentemente de se poder admitir ou não que a Lei n. 4.595/64 tenha sido recepcionada pelo ordenamento com natureza de lei complementar, é certo que ela regra o microssistema financeiro nacional, mercado especial, regido por normas próprias para que sua função seja efetivamente atingida.

Sobre a especialidade da Lei n. 4.595/64, não pairam dúvidas pois voltada para um setor determinado que organiza de forma a preservar a intermediação na poupança e crédito e a transformação de ativos. A disciplina do mercado financeiro o organiza visando ao desenvolvimento nacional de forma equilibrada, não à competição com prejuízo para a função principal na utilização da moeda, que tem fonte monopolista em sua criação.

Como se trata de mercado preso à moeda, e se o direito conforma mercados, compete ao BACEN a organização da atividade financeira que, desde sua origem, esteve submetida a regras especiais, inclusive discriminando pessoas para seu acesso.

À guisa de finalização, é de se observar que a globalização, a interconectividade entre instituições financeiras, nacionais e estrangeiras, a tecnologia da informação, mostram que a concorrência entre instituições financeiras é sensível a inovações tecnológicas mais do que as mudanças de produtos que são, em geral, facilmente copiados. Portanto, ainda que se reduzissem as exigências para acesso ao setor, salvo, por óbvio, as voltadas para a tutela da poupança e do crédito, a disponibilidade de tecnologia e recursos, a reputação, a segurança que a instituição oferece, não há como fomentar grandes alterações da concorrência mesmo que prossiga a concentração voluntária no setor.

Na disciplina do setor financeiro, quanto à matéria de competição, mesmo na Europa do euro, há propostas para que se harmonizem as responsabilidades dos Bancos Centrais e das autoridades reguladoras de concorrência, prevalecendo, na hipótese de divergências, o parecer das autoridades monetárias, do que se conclui que a preservação da moeda é o valor primordial das economias que tem eixo no mercado.

Como o ordenamento jurídico é um sistema aberto, que se movimenta e sofre modificações na medida em que a sociedade se modifica, mercado, direito e economia não ficam imunes a esses processos e, dependendo da política ou da escolha política das normas aplicáveis, poder-se-á compor as duas competências para aperfeiçoar a competição no campo das instituições a exceção das financeiras, quando no exercício de sua atividade precípua.

Políticas sociais e regulação econômica podem e devem ser harmonizadas, bastando determinar que aspecto é primordial e prevalecerá, pois combinar valores como a eficiência econômica e os benefícios sociais foi opção da legislação, consumerista com a ampliação da responsabilidade objetiva dos fornecedores. Os custos derivados dessa política oneram a todos, na medida em que são repassados aos preços e, por via de conseqüência, afetam a concorrência naqueles setores não financeiros.[21]

Não se discute que a Lei n. 8.884/94 dispõe que cabe ao CADE zelar para que os princípios constitucionais da liberdade de iniciativa, livre concorrência, defesa dos consumidores se efetive e que a repressão ao abuso de poder econômico é um dos meios de garanti-los. Não há, porém, como extrair daí que todas e quaisquer atividades econômicas, sobretudo as que dependem de cálculos específicos e que podem alterar a base monetária, caibam necessariamente dentro do poder regulamentar do CADE, a quem pode não caber regulamentar o setor intermediador da oferta de moeda.

Assim, conclui-se que:

a) No que se refere a risco sistêmico percebe-se que o sistema financeiro não tem as mesmas características de outros setores da economia, pois a ele aplicam-se regras próprias e o BACEN, como autoridade monetária, tem competência exclusiva para fixar as regras que garantam a higidez do sistema. Considerando-se as diferentes acepções da expressão risco sistêmico anteriormente propostas, mesmo em presença de concentrações voluntárias — aquisição de controle, seguida ou não de fusão ou incorporação — cabe ao BACEN manifestar-se isoladamente diante do risco potencial que podem gerar. Como sempre há possibilidade, mesmo remota, de risco sistêmico, a competência do BACEN em relação à concentração de instituições financeiras para a salvaguarda do sistema é absoluta pois essa preservação se sobrepõe a qualquer outra presunção de falhas de mercado.

b) Admitida a premissa de que impedir ou minimizar risco sistêmico setorial é competência do BACEN, a atuação preventiva é necessária e melhor do que a emergencial pois o valor tutelado é o interesse público, e não uma classe ou categoria.

c) Não revogado o art. 10 da Lei n. 4.595/64, compete privativamente ao BACEN autorizar a fusão, incorporação e encampação de instituições financeiras (art. 10, inc. X, *c*, da Lei n. 4.595/64). Autorizada a operação de concentração pelo BACEN, poderia o CADE desaprová-la nos termos do art. 54, §§ 8º, 9º e 10? A resposta é negativa pois a Lei n. 8.884/94 não altera a competência do BACEN; mais, se a regulação da concorrência prevista na Lei n. 8.884/94 tem suporte fático em mercados sem barreiras à entrada, enquanto os arts. 10 e 18 da Lei n. 4.595/64 se aplicam exclusivamente ao mercado financeiro, os escopos regulatórios são diferentes e, portanto, prevalece a regra especial sobre a geral, impedindo qualquer superposição de competência, inclusive sujeitando o organismo genérico CADE, as reparações indenizatórias das lesões que venha a causar em conflito de competência com o regulador especial, BACEN.

d) O mercado financeiro tende a se organizar segundo o modelo de concorrência monopolista, portanto, desde logo, concorrência imperfeita. O avanço tecnológico acentua esse aspecto pois dá às instituições com maiores recursos e acesso à tecnologia posição destacada no setor. Preservar nichos de mercado para instituições regionais

21. Estudiosos de regulação lembram que o acesso universal aos meios de telecomunicação na Inglaterra, em que se impôs à operadora a fixação de tarifas suportáveis pelos usuários de menor poder aquisitivo, fez com que os custos empresariais fossem recuperados em tarifas cobradas de consumidores sob formas que não existiriam em mercados competitivos e acabaram por distorcer o mercado de telecomunicações britânico.

ou especializadas podem eventualmente permitir ao BACEN minorar os efeitos desse tipo de competição monopolista.

e) A proposta da PGFN quanto a vir a ser o CADE informado dos processos de concentração voluntária autorizada pelo BACEN para as instituições financeiras, sem que isso altere a competência do BACEN, dará ao órgão de defesa da concorrência a possibilidade de ter acesso a informações sobre o setor de modo a acompanhar eventuais abusos, em atos de concentração que se verifiquem fora do âmbito da competência específica do BACEN, por eventuais falhas de conduta, porém sem qualquer interferência em sua constituição, apenas do fato dando a conhecer o BACEN e ainda sem qualquer ingerência sobre a competência específica da CVM que, por sua vez, também não diz respeito à competência do BACEN.[22]

Não há concorrência quando o mercado de que se trata condicionar o risco de crédito como restritivo à oferta. Atualmente o risco de crédito qualificado pelo BACEN em relação à determinação das provisões, condiciona o comportamento da oferta. Tanto menor quanto maior for o risco e, conseqüentemente, cria barreiras à competitividade no mercado relevante do dinheiro (moeda e crédito) em todo o território nacional. Assim o sendo, como atribuir ao CADE, uma análise sobre avaliar falhas de mercado com base em premissas condicionadas pelo BACEN. O comportamento dos agentes (*players*) não é livre mas direcionado e controlado em bases discricionárias de risco; o que é livre é apenas a iniciativa postulatória de participar desse mercado financeiro ordenado pelo microssistema jurídico específico a que alude o art. 192 da Constituição Federal.

22. Se verificarmos que o sistema americano de avaliação de fusões e incorporações de instituições financeiras é constituído de apenas duas agências, sendo uma delas o "Departamento de Justiça" (Federal) e outra delas, do Sistema Bancário, dependendo da situação geográfica do mercado em que deverá operar a nova instituição decorrente do ato reorganizatório, compreendemos o porque da dupla amplitude de competência. É certo que quando a nova instituição for um membro *estadual* do sistema federal (FED) é este quem decide; quando a instituição resultante é um banco nacional que o assiste é Escritório Controlador da Moeda (Office of the Comptroller of the Currency) uma vez que a entidade não é membro do FED; finalmente, se a instituição resultante é um banco estadual, sem ser membro do FED, quem aprova o ato é o FBIC (responsável pela aplicação de um seguro federal sobre os depósitos bancários, desde 1930, em razão da crise de 29). Em todos os casos o Departamento de Justiça tem competência para sua manifestação, em decorrência de um mercado bancário, tal como este, estruturado para oferecer condições distintas em duas respectivas áreas de atuação, neste ponto em consonância com as normas protetoras da concorrência interempresarial bancária, advinda da legislação americana que se iniciou no final do século XIX (dados obtidos no Seminário Internacional sobre Regulação e Defesa da Concorrência no Setor Bancário, realizado em Brasília, em 30.3.1999, Anais publicados pelo CADE, Ed. OESP, São Paulo, 2000).

Doutrina

O ASPECTO DISTRIBUTIVO DO DIREITO DO CONSUMIDOR

José Reinaldo de Lima Lopes

1. Em que consiste a distribuição? 2. Diversos institutos da distribuição no direito. 3. A distribuição no direito do consumidor. 4. Conclusão. Bibliografia.

Há tempos as questões distributivas vêm atormentando a mente dos juristas. De modo ligeiro, várias vezes eles deslocam os temas distributivos para outras disciplinas, tratando-os como questões de economia ou de política. Neste texto pretendo mostrar que as questões distributivas não são alheias ao direito. Pelo contrário, há uma longa tradição no trato com elas, ainda que no imaginário dos últimos duzentos anos tenha havido uma tendência a afastar do direito tudo o que não for comutação. Pretendo também, e este é o ponto de partida, dizer que o direito do consumidor só pode ser bem compreendido se explicitarmos que se trata em primeiro lugar de um direito da distribuição.

1. Em que consiste a distribuição?

A distribuição consiste em partilhar algo comum. Distribuir é tomar algo que é um todo e dividi-lo. Distribuir é aplicar a cada parte que compõe um sistema algo que pertence a todo o sistema. Parto, portanto, do princípio de que só se pode pensar em distribuição se houver algo a ser dividido e antes de ser dividido este algo comum é um bem comum, ou um bem indiviso.

Falar de distribuição é necessariamente falar do comum ou do coletivo. Para tanto é preciso definir o que é um "bem comum". Muitos crêem que o "bem comum" é o ideal comum e que em um mundo social e político em que cada um (como indivíduo ou grupo) pode ter legitimamente uma idéia de bem (como fim último de sua vida) é impossível falar-se adequadamente de bem comum. Este é uma idéia simples e de fato equivocada. Pode-se ter uma concepção um pouco mais elaborada e próxima da verdade.

Coisas comuns — tangíveis ou intangíveis — são aquelas (1) que não foram produzidas por ninguém: o mundo é desta natureza. Quem fez o céu e a terra? Ninguém. A rigor para nós eles estão prontos quando nascemos. Por isso, desde sempre eles foram tidos por coisas comuns, bens comuns. Naturalmente podem ter seu uso repartido, ou seja, distribuído, desde que obedecidas certas regras: que permaneçam acessíveis a todos e às gerações futuras, que não os consumamos, que haja alguma razão para a distribuição. Se alguém recebe uma parte do céu e da terra deve explicar a que título o faz. De toda maneira, o que importa ressaltar aqui é que os recursos dados são comuns pelo fato de não terem uma origem privada ou particular. Podem também ser comuns (2) os produtos de ação humana coletiva e que não são produzidos por ninguém em particular: a língua é um exemplo óbvio de artefato comum. Pode ser comum (3) a finalidade de um grupo. Grupos estruturados têm fins comuns: uma aula é um exemplo simples mas adequado do bem comum. Alunos e professores reúnem-se para fazer algo que só podem fazer juntos, embora cada uma faça algo diferente: ter uma aula e, quanto possível, uma boa aula. Para realizar a sua finalidade comum (a educação) precisam ter o mesmo objetivo e partilhar uma estrutura que lhes permita realizar sua tarefa. Deste modo não apenas a finalidade última (a educação, o curso, a aula) mas certas condições necessárias para realizá-las são comuns (uma sala, um teto, material, matrículas etc.) (Finnis, 1980, *passim*).

Os casos acima mencionados são velhos conhecidos da teoria jurídica: os produtos comuns podem ser distribuídos quando se *especificam*, ou seja, a especificação é uma forma reconhecida pelo direito de tirar as coisas comuns da sua comunhão. E a idéia de especificação pode ser positiva ou negativa: um artista, dando forma nova a uma matéria qualquer a especifica. Mas uma empresa poluindo as águas de um rio também as especifica (assim como o mármore bruto deixa de ser o que era, o rio poluído deixa de ser o que era). Se a especificação do artista nos parece em princípio positiva, a especificação do poluidor nos parece negativa. O poluidor ao especificar vai tirar o rio da sua condição natural e darlhe outra condição: degradar é uma forma de especificar, pode-se dizer. Degradar é, portanto, uma forma de apropriar-se privadamente de um recurso comum.

A finalidade de um grupo é também velha conhecida do direito: trata-se do objeto social, que determina (isto é define e dá os limites) de um grupo. Uma sociedade anônima ou uma sociedade comercial qualquer só é o que é porque foi reunida para alguma coisa: seus sócios tornam-se sócios (e não simples comunheiros ou condôminos) quando têm algo em comum para fazer. O *objeto social* é a categoria jurídica que permite saber das ações lícitas ou ilícitas dos administradores ou da própria sociedade. O objeto social torna possível e necessária a *cooperação*. Uma comunhão ou condomínio não tem este fim (bem) comum, não tem objeto social nestes termos.

Uma outra forma de definir os bens comuns vem da linguagem da economia política. Para os economistas a expressão usada é "bem coletivo". Os bens coletivos, segundo eles, são aqueles (1) cujo suprimento é indivisível, ou (2) cujo consumo é não exclusivo (Olson, 1971). O exemplo clássico é o da segurança pública. A segurança é um bem coletivo pois uma vez criada, não se pode excluir adequadamente ninguém de seu desfrute. A segurança particular ou privada, pelo contrário, é justamente feita para um grupo determinado e restrito, ou mesmo para uma só pessoa. Quem a deseja pode comprá-la e pagar por ela. Mas a segurança pública não pode ser comprada por ninguém em particular. Tanto é assim que os resultados da segurança pública são mensuráveis em termos estatísticos, não em termos individuais e singulares. Os economistas chamam nossa atenção para o fato de que o bem coletivo gera um problema conhecido como o comportamento predatório ou "carona". Posto que o bem coletivo é provido de forma indivisa, mesmo quem não paga por ele, mesmo quem não arca com os ônus de sua produção, pode gozar de sua existência — pode ser um "carona", ou um oportunista, ou um "predador". Daí vêm os célebres exemplos da irracionalidade coletiva das razões privadas. Para cada um é melhor que todos cooperem e paguem seus impostos menos ele mesmo. O mundo ideal para um "carona" ou "predador" é aquele em que todos pagam o custo de um bem comum, menos ele.

Mas não são apenas os "bens" que são comuns. Também os ônus são comuns. Impostos distribuem-se, distribuem-se quotas ou quinhões do capital a ser formado e integralizado em sociedades. E se a natureza é um bem comum quando produz frutos para alimentar os seres humanos, ela mesma — e as condições de vida em que se encontram as sociedades — também distribui males comuns, como as epidemias. Assim como o bem comum é de suprimento indivisível, os males comuns são os males que atingem a qualquer um de modo aleatório. O exemplo mais citado de mal comum é justamente a epidemia: é comum não porque todos são simultânea e igualmente atingidos, mas porque pode atingir a qualquer um (distribuição aleatória). Todos correm, potencialmente, um risco.

Distribuir, ou fazer justiça distributiva, é dar a cada um a sua parte no mal comum (distribuição dos ônus) ou no bem comum (distribuição de benefícios). A distribuição distingue-se da troca. A justiça das trocas diz-se justiça *comutativa*, ou *retributiva* ou *corretiva*. Comutar é *trocar*, retribuir é *devolver* e corrigir é *restaurar* ao estado certo (e anterior). Logo, pode-se dizer que há regras para as trocas, há regras para a retribuição e para a correção. Em geral a troca tem regras estabelecidas para relações bilaterais, como no direito dos contratos (exceto os *plurilaterais*) e na responsabilidade civil por ilícito.

A distribuição é o antecedente lógico da comutação. Antes de haver troca é preciso saber o que é que pertence a cada um: e isto só se sabe quando se distribui o comum. A distribuição — e a justiça da distribuição, ou justiça distributiva — é antecedente lógico da comutação. Logo, todo sistema de troca pressupõe um sistema de distribuição. Ao falar do direito do consumidor como um sistema de distribuição quero dizer que as relações de comutação, retribuição ou correção ali contidas pressupõem critérios prévios de distribuição. O direito do consumidor não dá por naturais as circunstâncias existentes: por isso mesmo a comutação tem um papel distributivo, ou seja, ela faz sentido dentro de regras de distribuição.

Para isto é preciso que se considere, como o próprio Código de Defesa do Consumidor faz em diversos dispositivos, que há bens e males comuns no mercado de consumo e que por razões de princípio em alguns casos, e por razões de conveniência em outros, há uma distribuição a ser feita. Os ônus e os benefícios do mercado — esta circunstância ou coisa comum que faz todos os cidadãos serem consumidores — são bens e males comuns a serem distribuídos. E a disciplina dos contratos e da responsabilidade civil, por exemplo, só fazem sentido pleno se houver anteriormente (do ponto de vista lógico) alguma distribuição.

A teoria dos jogos fala, nos casos de distribuição, em *jogos de soma não zero*. E nos casos de comutação ou retribuição fala dos *jogos de soma zero*. *Jogo de soma zero* é aquele em que *o resultado pertence integralmente a um vencedor*. A decisão dos conflitos de soma zero tem um caráter binário: certo-errado, lícito-ilícito, culpado-inocente, credor-devedor. Na antiga teoria contratual falava-se dos contratos *separatórios*, cujo maior exemplo era a compra e venda. Nele os interessados (as partes) do contrato têm interesses opostos e se encontram apenas para imediatamente se separar e cada um ir para o seu caminho: trocam a coisa pelo preço e cada um sai com aquilo que é o contrário do que o outro queria. O resultado da interação é zero: um ficou com a coisa, outro ficou com o preço, nada foi acrescido.

O *jogo de soma não zero* é aquele cujo *resultado é uma forma de participação*: o ganhador tem mais, mas não pode excluir o perdedor. Há sempre uma igualdade proporcional e o que está em jogo não é algo que será levado por alguém, mas um produto que será criado por todos. Os jogos de soma não zero dizem respeito a situação de cooperação. Seu caráter é plurilateral e não binário. Na antiga teoria contratual estas relações definiam-se como *contratos comunicatórios* (Lopes, 2000). As partes todas querem a mesma coisa e por isso juntam-se. O exemplo mais evidente é o da sociedade. Sócios juntam-se e querem simultaneamente a mesma coisa: realizar lucros por meio de certa atividade. Todos os sócios são simultaneamente devedores da mesma coisa (o capital, o esforço) e simultaneamente credores da mesma coisa (o lucro, o dividendo). O jogo é de soma não zero, pois a cooperação criará algo a ser dividido (pode ser o lucro e pode ser o prejuízo).

2. *Diversos institutos da distribuição no direito*

Há diversos dispositivos de direito posto que se referem a casos de distribuição antes que de comutação, retribuição ou troca. Proponho-me a iniciar pela definição de *coisas indivisíveis* constantes no Código Civil, para seguir pelo tema do condomínio e do seguro mútuo. No âmbito do direito comercial são conhecidos os casos de relações societárias e de falências. Finalmente, no campo do direito administrativo há evidentes regras de distribuição em vários procedimentos.

Se o importante para a justiça distributiva é partir de alguma coisa comum, deveria chamar a atenção de todos o conceito de coisa indivisível constante no art. 53 do Código Civil de 1916 (arts. 87 e 88 do Código Civil de 2002). É ali, de fato, que vamos ter idéia do que é algo comum que goze das características essenciais do todo ou do agregado que seja mais do que a soma de partes distintas. O art. 53 define como indivisíveis as coisas (bens) que não podem ser partidos "sem alteração de sua substância" e os que "se consideram indivisíveis por força de lei, ou por vontade das partes". Os problemas mais atuais do direito do meio ambiente, por exemplo, dizem respeito justamente a algo que não se pode dividir sem alteração de sua substância. O ar que respiramos é um exemplo acabado disto: quando poluído muda substancialmente, pois a composição química se altera. O uso poluidor que se faz do ar é uma forma perversa de distribuir ou repartir: alguém usa o ar de modo que se apropria do ar limpo e deixa para os outros um ar irrespirável. O uso — ou consumo — fez uma alteração de substância no ar, assim como pode fazê-la na água. Ao poluir, o poluidor "partiu" uma coisa: em outras palavras, cumpriu uma espécie de "especificação negativa" (arts. 611 e ss. do Código Civil de 1916, arts. 1.269 e ss. do Código Civil de 2002).

O *fundo comum* que os sócios criam para dar inícios às atividades sociais, o assim *chamado capital*, é tratado em direito como algo indivisível pela vontade das partes e pela própria lei. Tanto é assim que o capital embora possa empiricamente ser dividido e apropriado por A, B ou C, uma vez constatada a sua diminuição os sócios ficam obrigados ou a reduzir o capital, alterando o contrato social, ou, no caso oposto de lucros ou contribuições, acrescê-lo pela incorporação de reservas. De todo modo, as reservas e os lucros são incorporados ao fundo comum e mudam de natureza legal ao integrarem o capital. Já não podem ser usados da mesma forma anterior à sua incorporação.

A *massa falida* — ou seja o patrimônio do falido — é uma coisa universal que é indivisível. Sua apropriação individual, durante a liquidação, é regrada de modo particular, pois é regrada segundo a lógica da distribuição e não da retribuição. E o valor da "moeda da massa" só se pode calcular tratando o montante apurado ou estimado como uma coisa só, comum e indivisível.

É curioso que Clóvis Bevilaqua, comentando o Código Civil de 1916, valorize muito mais o tema da divisibilidade e da indivisibilidade do que a distinção das coisas entre singulares e coletivas. Esta última distinção, diz ele, havia sido deixada de lado pelo projeto primitivo por "falta de interesse prático, e por seu caráter artificial" (Bevilaqua, 1953, 229). No entanto, quanto às coisas indivisíveis ele destaca sua importância: "a divisibilidade ou a indivisibilidade das coisas entra em consideração em muitas relações de direito. No condomínio (arts. 623 e ss. do Código Civil de 1916, arts. 1.314 e ss. do Código Civil de 2002), a indivisão tende a desaparecer. Os imóveis, que constituem uma unidade econômica ou industrial, e que perdem a sua entidade e o seu valor, quando desintegrados, como uma fábrica, são coisas indivisíveis" (Bevilaqua, 1953, 227). Pontes de Miranda tenta esclarecer alguma confusão em que incorrem os intérpretes e nisto ajuda a compreender o que é a indivisibilidade: "Se há condomínio há indivisão; na comunhão *pro diviso*, não há condomínio, salvo do solo, mas há comunhão. A divisibilidade da coisa não a faz desde logo dividida. O relator do acórdão confundiu divisão e divisibilidade, que apenas é a possibilidade de divisão" (Pontes de Miranda, 1970, 39). Existem, portanto, situações de indivisão das coisas, reconhecidas pelo direito e nelas o que se deve fazer é aplicar regras de distribuição.

Os arts. 623 e ss. do Código Civil (arts. 1.320 e ss. Código Civil de 2002) mostra como são as regras de distribuição nas coisas comuns. Em primeiro lugar, há direitos comuns a todos: usar da coisa, reivindicá-la, alhear ou gravar sua parte. Mas tudo isto só pode ser feito de modo a permitir o exercício simultâneo de todos os direitos por todos os condôminos. O direito de um não pode diminuir o direito do outro, de modo que em caso de conflito haverá regras (regras de distribuição): horários para o uso, rodízios etc. Ao mesmo tempo, a contribuição de cada um é feita *proporcionalmente*. Eles não concorrem de maneira igual, a menos que as respectivas partes sejam iguais. As relações não são de uma para com o outro, mas de todos para com todos, mediadas pela coisa. E não havendo acordo, a solução dada pelo art. 624 é a divisão da coisa: desfaz-se a comunhão. Em outros termos, se for impossível que todos se submetam à distribuição proporcional, a divisão terá de ser feita. E se a coisa for indivisível, a solução é vendê-la (art. 632) ou adjudicá-la a um, que pagará o preço dos quinhões respectivos a todos os outros. Quando se judicializa uma questão de condomínio a solução não é a mesma de um caso de acidente (responsabilidade civil) ou de contrato bilateral. A solução possível passa a ser: a submissão do recalcitrante às regras já existentes (na lei, na convenção), a expulsão do recalcitrante (pagando-se sua parte) mas dando por finda sua participação, ou a venda da coisa (o fim da comunhão). Estas soluções constrangem o julgador: ele pode dizer que tal ou qual atitude é lícita ou ilícita, mas ao assim fazer ele não está arbitrando um conflito entre partes diferentes (condômino e terceiro), mas entre partes iguais (condôminos).

Outro exemplo bastante significativo de coisas comuns sujeitas a distribuição é o *seguro mútuo* previsto nos arts. 1.466 e ss. do Código Civil. Há algo que é comum aos segurados que se unem: o risco. A expressão da lei é bastante feliz: o seguro mútuo pretende por "em comum" o prejuízo que "a qualquer deles (segurados) advenha", e prejuízo resultante de "risco por todos corrido". Assim o risco é comum, não o dano. O risco comum é um mal comum. O seguro transforma o dano (que pode atingir aleatoriamente qualquer um do grupo) em algo comum. E para cobrir este dano comum, os segurados constituem um fundo comum. Os segurados criam uma pessoa jurídica que será a seguradora. Mas como a pessoa do segurador se confunde com a dos segurados, diz o Código (art. 1.467) que não há "prêmio" mas "quotas". E se em última análise os segurados quiserem fixar um prêmio, este será suplementado caso o prejuízo seja maior do que o esperado, ou distribuído na forma de dividendo, caso o prejuízo seja menor. A fixação das cotas pode ser proporcional (art. 1.470).

No direito comercial, toda a *disciplina das sociedades* é uma grande aplicação da justiça distributiva. Embora as ações, no caso das anônimas, e as quotas, no caso das limitadas, pareçam estabelecer entre sociedade e sócio (acionista) uma relação bilateral, o fato é que elas estabelecem relações plurilaterais (como dizia Ascarelli) ou distributivas entre todos os sócios. Elas não representam mais do que quinhões ou partes proporcionais que todos têm nos direitos e deveres comuns (proporcionalmente iguais e simultâneos). Por isso a integralização do capital é um dever exigível de todos os acionistas, independente de sua proporção. Deixando de cumprir a integralização, perde a parcela que já deu e em última instância a sociedade é obrigada a reduzir o capital social, redistribuindo as participações entre os remanescentes. A saída de um a todos prejudica ou beneficia. A operação de reembolso (art. 45 da Lei n. 6.404/76) é outro grande exemplo de distribuição entre acionistas. E esta distribuição tem como fundamento o fato de o capital ser o fundo comum.

Finalmente, para lembrar, *a falência é um instituto concursal e distributivo*. A massa é tratada como um fundo ao qual devem ter acesso todos os credores do falido (DL 7.661/45, art. 23). Uma vez definido o universo dos credores e arrecadados os bens, passa-se à liquidação e ao pagamento. O pagamento, como em toda distribuição, é feito obedecendo-se a preferências (daí a divisão dos credores em classes) e dentro de cada classe utiliza-se o critério proporcional (rateio). As regras de publicidade, prazos comuns, impugnações recíprocas e abertas a todos são definidoras do sistema concursal. O princípio é o de igualdade de oportunidades para todos.

Em sentido semelhante, diversas regras do direito administrativo têm a mesma função distributiva. Tratam a todos os cidadãos como iguais e pertencentes a um só grupo: o grupo dos cidadãos. Entre eles repartem-se encargos e benefícios. Assim *as regras de um concurso público* têm nitidamente caráter distributivo. A Administração deve fixá-las de tal modo a não criar preferências irrelevantes, porque todos os participantes do concurso disputam uma só e mesma coisa: a vaga ou o cargo. Mesmo que haja vários cargos, enquanto não houver um cargo para cada concorrente existe uma concorrência. Os cargos, em seu conjunto, são o bem disputado pela massa dos candidatos. A mudança das regras — mesmo que judicialmente feita — pode afetar a todos os concorrentes simultaneamente. O concorrente que escapa da regra comum é como o predador, carona ou "fura-fila". Para evitar isto, as regras devem ser simultaneamente aplicadas a todos. Aplicar apenas a alguns uma das regras significa romper com a comunhão que há na disputa da vaga ou do cargo.

3. *A distribuição no direito do consumidor*

Para falar de distribuição no direito do consumidor é necessário saber o que há de comum, de indivisível ou indiviso nas relações de consumo ou no mercado de consumo. Eu diria que todo o sistema do direito do consumidor assume que há custos do mercado de consumo que podem e devem ser comuns. Esta é a mesma idéia que se abriga no direito do trabalho. Gustavo Ghidini diz mesmo que o direito do consumidor equivale ao direito do trabalhador fora da fábrica. Ele não quer dizer que só os trabalhadores são consumidores: pretende dizer que assim como o trabalhador não tem como definir a produção, pois isto é da esfera da empresa, do capital ou da classe capitalista, assim também o consumidor não tem sobre o mercado de consumo nenhum poder diretivo. Desta forma, o consumidor está para os bens de consumo como o trabalhador está para os bens de produção. No mercado de consumo um alto executivo, o tipo paradigmático do representante do capital, é tão vulnerável — pelo menos em alguns aspectos — aos riscos criados por determinados bens quanto um consumidor da mais humilde condição social. Um alto executivo, viajando em primeira classe, é uma vítima tão potencial de um defeito de fabricação de um avião quanto o mais humilde aposentado que vai na mesma viagem em classe econômica para visitar a terra de seus pais, tendo para isto juntado durante anos a sua pequena poupança.

É preciso postular que há algo comum a ser distribuído. Postulo, neste sentido, que o que há de comum a ser distribuído são os agregados dos ônus e dos benefícios do consumo. Se a produção em massa gerou benefícios que durante quase dois séculos foram concentrados e centralizados nas unidades produtivas — com o beneplácito do ordenamento jurídico e de seus intérpretes — o direito do consumidor pretende interferir nesta tendência.

O caso mais exemplar de todos está no âmbito da responsabilidade civil por acidente de consumo ou por defeito de produtos e serviços. Os arts. 12 e 14 do Código de Defesa do Consumidor redefinem as regras de responsabilidade assumindo explicitamente, creio eu, a perspectiva do risco e do risco comum para atribuir aos fornecedores uma responsabilidade objetiva, sem culpa. O risco dos acidentes deve ser internalizado pelos fornecedores. A moralidade que se adota não é a da culpa, da psicologia subjetiva, que as unidades de produção não têm. A moralidade que se aceita é a da solidariedade social. Ao impor aos fornecedores uma responsabilidade mais estrita, o que o CDC faz é obrigá-los a internalizar os custos dos acidentes. Ao internalizá-los as unidades produtivas são capazes de distribuí-los entre todos os seus consumidores. O custo do acidente não será pago apenas pelo infeliz que sofreu o acidente. Como ele será — deverá ser — totalmente indenizado pelo fornecedor, o preço desta indenização será incorporado aos custos da produção e, pelo preço de venda, será pago por todos os consumidores daquele produto. É certo, portanto, que há a possibilidade — consciente — de ocorrer um acréscimo de preço. Mas este preço mais elevado apenas demonstra e deixa claro que não será um só dos consumidores daquele produto que vai arcara — infeliz e aleatoriamente — com um custo inevitável.

Neste mesmo sentido, é bom ver que a distribuição se dá entre grupos: todos os consumidores de certo serviço ou produto, não necessariamente todos os consumidores de todos os produtos (o que equivaleria a onerar não o "mercado" específico, mas a "cidadania" em geral). Há pois, uma comunhão criada pela lei entre os consumidores dos produtos defeituosos. O risco dos acidentes é inevitável. Não há produção em massa que possa ocorrer sem defeitos, e o mesmo controle de qualidade que pretende reduzir a zero os defeitos é um custo que deve ser incorporado ao produto e redistribuído aos consumidores daquele produto ou serviço. O CDC, creio eu, pressupõe que não há almoço grátis. Alguém vai pagar este custo: pode ser a infeliz e isolada vítima, ou pode ser a comunidade mais ampla dos consumidores. A opção por uma ou outra solução jurídica é uma opção entre quem vai pagar a conta do "progresso".

Isto é a continuação de uma linha de desenvolvimento do direito que tem início com o direito do trabalho e com o direito social. Como diz Ewald (1986) o *direito social* é um direito do risco. O risco é o perigo calculável e previsível (não necessariamente evitável). O risco é de todos e entre todos deve ser repartido. E o risco de que falamos não é um risco da natureza, lembra Ewald: é o risco criado pela vida coletiva, pela produção social e pela regularidade da produção.

A disciplina da responsabilidade civil no CDC é semelhante, no que diz respeito a sua criação, ao sistema de *acidentes do trabalho*. Depois de um início claudicante, a classe trabalhadora conseguiu que os acidentes de trabalho não dependessem de apuração de culpa de quem quer que seja. Foram considerados um custo social a ser repartido por todos. Impôs-se ao capital a responsabilidade, mas em seguida estipulou-se o seguro obrigatório. No sistema brasileiro, o art. 94 do DL 7.036/44 impôs o seguro a ser feito pelo empregador indicando como beneficiários todos os seus empregados.

O caráter distributivo pode ainda ser visto em outros pontos do CDC e perceber que se está diante de uma situação de conflito distributivo ajuda muito a interpretar as situações. O art. 81 do CDC define três categorias de direitos ou interesses dos consumidores que podem ter um tratamento coletivo. Os incisos I e II do art. 81 referem-se a conflitos distributivos. Com bastante adequação eles definem duas classes de direitos ou interesses *indivisíveis*: os *difusos*, cuja indivisibilidade vem de situação *de fato*, e os coletivos, cuja *indivisibilidade* vem de situações de *direito*. São de fato indivisíveis os direitos dos consumidores afetados por publicidade abusiva ou enganosa. São de direito indivisíveis os interesses de consumidores ligados entre si num grupo de consórcio. Mas já não são indivisíveis, e, portanto, são apenas direitos individuais homogêneos, os direitos dos consumidores que mantêm relação com um mesmo fornecedor sem manterem relações de fato ou de direito entre si (categoria definida no art. 81, III). Sendo de caráter distributivo, os efeitos do conflito (efeitos da sentença, da coisa julgada etc.) serão distintos conforme o caso.

Outros bons exemplos de conflitos distributivos — ou seja conflitos em torno de coisas indivisíveis — podem ser dados pelo art. 29 e pelo art. 36 do CDC. No primeiro fala-se de todos os atingidos pela prática abusiva. A rigor fala-se de "qualquer um" que possa ser atingido por uma mesma prática (ainda que por vários atos ou atividade). Mas o consumidor ali é tratado de forma geral, pois o efeito da prática é um só e expõe a todos. Assim como o risco que é um só mas atinge diferentemente os diferentes indivíduos da comunidade, a prática abusiva pode ter efeitos distintos sobre os distintos consumidores ou vítimas potenciais. O mesmo raciocínio vale para a publicidade: diferentes consumidores serão atraídos diferentemente, sofrerão diferentes danos e serão vítimas de diferentes degradações. Mas esta diferença é convertida pela lei em um interesse difuso, ou seja indivisível. A ilegitimidade da publicidade discriminatória quer não apenas proteger alguns, mas todo o grupo discriminado, independentemente do quanto cada um sofre de discriminação. E mais ainda, pretende defender um espaço público não discriminatório. Se as discriminações podem ser feitas no âmbito privado, onde cada um estabelece relações como quer, com quem quer, no espaço do mercado (que é espaço público) e no âmbito da comunicação em geral, o interesse em jogo é a coesão republicana e democrática, que não pode conviver com a discriminação.

No âmbito da própria teoria contratual, embora a rigor se possa dizer que aqui estamos no reino privilegiado da justiça comutativa, esta só se realiza se inserida em um campo maior de distribuição. Isto fica evidente quando o CDC acolhe uma teoria contratual que subordina a liberdade de contratar a regras de caráter distributivo, como a alocação da responsabilidade sobre os fornecedores (proibindo nos contratos toda a transferência de responsabilidade para o consumidor), na distribuição das variações de mercado (permitindo que as cláusulas que se provem excessivamente onerosas para o consumidor venham a ser renegociadas) e na distribuição do poder de negociar (impedindo alterações unilaterais dos termos contratados).

Disse inicialmente que a justiça distributiva e suas regras são um antecedente lógico da justiça retributiva ou comutativa. Isto vale também para o direito do consumidor. Acima do CDC encontram-se na Constituição Federal regras de distribuição das quais o direito do consumidor procede. Além das determinações do art. 1º, definindo entre os objetivos da república a construção de uma sociedade justa e solidária e a redução das desigualdades sociais e regionais, e do art. 5º, XXXII, mencionando a proteção ao consumidor como poder do Estado, a disciplina da ordem econômica é claramente um problema de justiça distributiva. Diz o art. 170 que é finalidade da ordem econômica promover uma existência digna para todos, segundo princípios da justiça social tendo por princípio a defesa dos consumidores (inc. V) e a redução das desigualdades sociais e regionais (inc. VII).

Ora, dizer que a ordem econômica tem uma finalidade é reconhecer que a ordem econômica é a estrutura de um grupo social. O corpo político (corpo eleitoral) e o corpo econômico (mercado, se quisermos) estruturam-se com finalidades. E este grupo que se estrutura sob a forma de ordem econômica é a totalidade da sociedade brasileira. E se estrutura, segundo a constituição, para — entre outras coisas — fazer justiça social, defender consumidores e reduzir desigualdades. O mercado por si só não é um sistema de distribuição eficiente: embora tenha reconhecida eficiência alocativa, a dinâmica do capital não produz por si mesma distribuição que incorpore a todos da sociedade. O direito do consumidor, portanto, é um elemento determinador de justiça social e existência digna e para isto deve ser usado.

4. Conclusão

O modesto objetivo deste texto é dizer que as questões de distribuição ou de justiça distributiva estão em toda parte e que, a despeito do que parece, são da tradição jurídica. Para isto, é preciso recuperar algumas categorias que se acham encobertas por grossa camada de esquecimento histórico e ideológico. O direito do consumidor à sua maneira permite que recuperemos estas coisas. Comecei falando da indivisibilidade e da postulação de um bem comum como ponto de partida de qualquer raciocínio sobre responsabilidade do fornecedor. Lembrei que os economistas têm uma categoria (bens coletivos) que se tornou esclarecedora, mas lembrei também, na segunda seção, que os juristas podem tratar destes assuntos e já o fizeram em diversos campos. Finalmente mostrei que a lógica da distribuição e das coisas indivisíveis se encontra um pouco em toda parte no Código de Defesa do Consumidor. Seria possível, e necessário, tratar do mesmo tema sob a luz do princípio constitucional da isonomia, que não significa outra coisa senão uma regra — a primeira — da justiça distributiva.

Bibliografia

BEVILAQUA, Clovis. (1953) *Código Civil dos Estados Unidos do Brasil comentado*. V. 1. 10ª ed. Rio de Janeiro: Francisco Alves.

EWALD, François. (1986) *L'État providence*. Paris: Grasset.

FINNIS, John. (1980) *Natural law and natural rights*. Oxford: Oxford Univ. Press (Clarendon Series).

GUIDINI, Gustavo. (1977) *Per i consumatori*. Bologna: Zanichelli.

LOPES, José Reinaldo de Lima. (2000) *O Direito na história*. São Paulo: Max Limonad.

OLSON, Mancur. (1971) *The Logic of collective action*. Cambridge (Ma): Harvard Univ. Press.

PONTES DE MIRANDA. (1970) *Tratado de direito privado*. T II. 3ª ed. Rio de Janeiro: Borsói.

WILHELMSSON, Thomas. (1996) *Twelve essays on consumer law and policy*. Helsinki: Univ. of Helsinki.

Atualidades

O VALOR PATRIMONIAL DAS QUOTAS DA SOCIEDADE LIMITADA

FÁBIO ULHOA COELHO

1. Avaliação das quotas. 2. Valor negociado e valor imputado. 3.O valor patrimonial. 4. Valor patrimonial contábil. 5. Valor patrimonial contábil em data presente. 6. Valor patrimonial real. 7. Conclusão.

1. Avaliação das quotas

As quotas da sociedade limitada têm, a exemplo das ações de sociedades anônimas e da generalidade dos bens (móveis ou imóveis, tangíveis ou intangíveis), *valores diferentes* de acordo com os objetivos da avaliação. Pelo menos quatro valores podem ser-lhes atribuídos, em contextos diversos.

Primeiro. As participações societárias em sociedades limitadas têm valor *nominal*, resultante da divisão do capital social pelo número de quotas. Trata-se de valor referido no contrato de sociedade, geralmente na cláusula pertinente ao capital social e cuja função é mensurar a responsabilidade de cada quotista na capitalização da sociedade. Se um sócio subscreve 1.000 quotas no valor (nominal) de R$ 1,00 cada, ele é responsável por aportar na sociedade, no ato de constituição ou aumento do capital, à vista ou nos prazos contratados, o montante de R$ 1.000,00.

Segundo. A quota possui valor de negociação, que corresponde àquele que, de um lado, o cessionário (ou comprador) está disposto a pagar para a titularizar e, de outro, o cedente (ou vendedor) concorda em receber para a disponibilizar. Este valor é definido exclusivamente em função do *acordo de vontade* desses sujeitos de direito — cedente e cessionário.

Terceiro. A quota pode ser avaliada por especialistas em avaliação de ativos empresariais (bancos de investimentos, contabilistas etc.) com o objetivo de mensurar o valor que seria *racional* alguém pagar para tornar-se seu titular. É chamado de *valor econômico* o derivado desta mensuração, feita por modelos de múltiplos ou de fluxo de caixa descontado.[1] Note-se que este valor é calculado pelos *experts* para nortear negociações. Comprador e vendedor, contudo, sabem de suas necessidades e objetivos e normalmente atribuem às quotas um valor de negociação diferente do econômico.[2]

1. Aswath Damodaran, *Investment Valuation — Tools and techniques for determining the value of any asset*, John Wiley & Sons, Inc., 1996, pp. 11-21.

2. Adverte Jean–François Delenda: "L'important tient à la remarque suivante: la valeur d'estimation peut être différente de la valeur de transaction; la première dite d'expertise s'appuiera sur des calculs objectifs et des méthodes usuelles sinon universelles; la seconde est le point d'equilibre d'une offre et d'une

Quarto. A quota tem, por fim, valor patrimonial, que é a divisão do patrimônio líquido da sociedade pelo número de quotas. O valor patrimonial, por sua vez, desdobra-se em três categorias, dependendo da natureza do balanço que mensura o valor do patrimônio líquido da sociedade: (a) valor patrimonial contábil (*balanço periódico*); (b) valor patrimonial contábil em data presente (*balanço especial*); (c) valor patrimonial real (*balanço de determinação*).

O objetivo deste pequeno artigo é o de conceituar e distinguir as categorias do *valor patrimonial.* Antes, porém, cabem algumas considerações sobre sua utilização, na imputação de valor às quotas da sociedade limitada, em momentos como o do exercício do direito de dissidência. Para esta finalidade, será útil comparar-se o valor patrimonial com o de negociação.

2. *Valor negociado e valor imputado*

A quota vale, quando negociada, o que os contratantes estão interessados em pagar ou receber por elas. Em regimes econômicos de livre iniciativa, como o brasileiro (Constituição Federal, art. 170), a regra é a da liberdade dos preços. As partes, em princípio, livremente definem se querem ou não trocar dinheiro por bens ou direitos, e qual a quantidade de dinheiro que concordam despender ou aceitar na troca. Essa liberdade de atribuição de valor às quotas, no entanto, apenas têm pertinência quando as trocas se estabelecem por vontade dos proprietários. O sujeito que adquire quotas de uma sociedade (troca *dinheiro* por *participação societária*), o faz exclusivamente por sua vontade; a seu turno, o que as aliena (troca *participação societária* por *dinheiro*) também o faz exclusivamente porque quer; inexiste obrigação legal a forçá-los à prática do ato negocial. Nesse caso, a equivalência entre uma quantia de dinheiro e o bem ou direito dado em contrapartida é resultante do quanto cada proprietário (o do dinheiro e o do bem ou direito) está disposto a aceitar.

Há, contudo, situações em que a lei determina que um pagamento se realize independentemente da vontade dos sujeitos. Nestes casos, a lei define senão especificamente o *quantum* a ser desembolsado, pelo menos os critérios para a sua fixação. Na imposição tributária e na responsabilização por atos ilícitos, por exemplo, os valores que pertencem a uma pessoa e devem ser transferidos a outra, em obediência a mandamento legal, serão definidos segundo critérios determinados pela ordem jurídica. Em função da existência de tais critérios normativos, é irrelevante a vontade ou a expectativa dos sujeitos envolvidos.

Em suma, quando as pessoas são livres para realizarem negócio jurídico (compra e venda, locação, mútuo ou qualquer outro), o valor dos bens que permutam (dinheiro por quota de sociedade limitada, por exemplo) depende exclusivamente do quanto cada um está disposto a dar ou receber. Mas, quando o pagamento é imposição da ordem jurídica (como a responsabilização por ato ilícito referida no art. 159 do CC, por exemplo), e não resulta de ato volitivo, o valor do desembolso a ser feito também não deriva da vontade das partes, mas da realização de critérios estabelecidos pela própria ordem jurídica (no mesmo exemplo, "o que efetivamente se perdeu e razoavelmente se deixou de lucrar", conforme o art. 1.059 do CC).

Em determinadas oportunidades, a lei estabelece que a quota de uma sociedade limitada será trocada por dinheiro, e fixa os critérios para o cálculo do seu valor. Na liquidação da sociedade, por exemplo, após o pagamento do passivo, proceder-se-á a distribuição do patrimônio líquido entre os quotistas de acordo com as respectivas participações percentuais. O que cada um receberá, em princípio, em troca das quotas que titularizavam é o *valor patrimonial* correspondente. Caso fosse pago aos quotistas

demande; de pure convenance, elle peut contenir des éléments subjectifs non négligeables" (*Achat et Vente d'Entreprises*, Paris, Delmas, 1994, p. 66).

valor inferior ao patrimonial, restaria, após o pagamento de todos, dinheiro em nome da sociedade dissolvida, que se deveria novamente reverter aos mesmos quotistas. No final, cada um receberia o valor patrimonial, de qualquer jeito. Se, por outro lado, se pretendesse pagar aos quotistas, na liquidação, valor de quota superior ao patrimonial, não teria a sociedade liquidanda recursos suficientes para isso. Está, assim, definido na lei que haverá a troca (a quota da sociedade dissolvida pelo valor correspondente à partilha) e os critérios de fixação do valor de troca (a parcela no ativo remanescente).

No exercício do direito de retirada, também está preceituado que o quotista terá direito ao reembolso (ou seja, haverá a troca da quota do retirante por dinheiro pago pela sociedade) e que esse será definido tomando-se por parâmetro a dissolução total,[3] isto é, em função do patrimônio líquido da sociedade limitada.

Pode-se, então, distinguir o *valor negociado* do *valor imputado* às quotas da sociedade limitada. No primeiro caso, resulta do encontro de vontade dos interessados em negociá-las (cedente e cessionário); no segundo, da observância de critérios gerais independentes da vontade dos envolvidos (sociedade e ex-sócio). Em outros termos, enquanto o valor de negociação da quota é fruto da convergência do entendimento de alienante e adquirente — ambos valorando a ação como lhes convêm —, o valor patrimonial imputado será calculado com aplicação de critérios legal, judicial ou contratualmente estabelecidos. Em geral, não coincidem.

3. O valor patrimonial

Os sócios podem, ao imputarem valor às quotas da sociedade limitada, valer-se de qualquer critério de avaliação. Quando o contrato social define, por exemplo, que no recesso prevalecerá o valor econômico, é este o critério que os sócios contrataram e ele prevalecerá em qualquer hipótese. Se o contrato social é omisso, contudo, imputa-se às quotas o valor patrimonial, sempre que verificada causa de dissolução parcial da sociedade (morte, expulsão ou exercício do direito de retirada).

O valor patrimonial de uma quota é sempre o resultado da divisão do patrimônio líquido da sociedade limitada pelo número de quotas em que se fraciona o capital social desta. Em fórmula:

$$\text{Valor Patrimonial da Quota} = \frac{\text{Patrimônio Líquido da Sociedade}}{\text{Número de Quotas}}$$

Mas esta expressão — *valor patrimonial* —, nem ao menos quando referenciada a participações societárias, não encerra conceito unívoco. Pelo contrário, a *pessoa*, *julgado* ou *contrato* que a utiliza podem ter em mira diferentes critérios de avaliação da participação societária. Na verdade, como o *divisor* da operação de cálculo do valor patrimonial é o número de quotas em que se divide o capital social de uma limitada, e este é sempre definido no contrato social de modo inequívoco, varia o montante considerado *dividendo*, isto é, o valor do patrimônio líquido da sociedade.

E varia em função dos critérios adotados na elaboração da demonstração contábil específica de que o patrimônio líquido é uma conta: o *balanço*. Sobre o balanço patrimonial, convém ter-se presente a séria advertência de Fábio Konder Comparato, no sentido da impossibilidade de nele se retratar sempre com absoluta fidelidade o que poderia ser chamado de situação real do patrimônio da sociedade.[4] Há, necessa-

3. Na jurisprudência predomina o entendimento de que a apuração de haveres, na retirada, deve assegurar ao sócio que se desliga o mesmo valor que receberia em caso de dissolução total da sociedade (confira-se: *RDM* 49/88 e *RJTJESP* 130/373). Como na dissolução total, cada sócio recebe o valor patrimonial de suas quotas (patrimônio líquido dividido pelo número de quotas), conclui-se que é este também o devido na apuração de haveres subseqüente ao exercício do direito de retirada.

4. "Vulgarmente (...) o balanço é concebido como mera reprodução da realidade econômica da

riamente, *subjetivismo* no levantamento do balanço de qualquer sociedade comercial. Por esta razão, dependendo dos critérios de avaliação e apropriação das muitas rubricas em que se desdobra o balanço, *mesmo observando-se os padrões de contabilidade geralmente aceitos*, há sempre uma margem para variações.

Os profissionais do direito sabem bem o que significa tais variações. Sobre uma mesma e única lei, e ainda que adotados apenas os métodos de interpretação admitidos pela hermenêutica jurídica, juízes igualmente cultos podem chegar — e, muitas vezes, chegam — a resultados díspares, porventura opostos ou conflitantes. E porque é resultado de interpretação valorativa de uma realidade econômica, o balanço patrimonial, dependendo das finalidades para as quais é elaborado, pode ostentar valores diferentes para o patrimônio líquido de uma mesma e única sociedade limitada.

O patrimônio líquido é uma conta do balanço da sociedade, e corresponde ao resultado da operação matemática de subtração, em que o passivo e *subtraendo* do ativo. No aspecto exclusivamente matemático, qualquer divergência é facilmente superada, com o cálculo retificador. Mas no tocante às finalidades da elaboração do balanço, e dos critérios utilizados na avaliação e apropriação dos itens componentes do ativo e do passivo, as divergências não se superam por nenhum tipo de cálculo matemático.

Essas divergências — as oriundas da diversidade de objetivos e de critérios de avaliação e apropriação — resolvem-se por composição amigável ou decisão judicial.

Postas estas premissas, cabe registrar que se distinguem, em função da variação no *dividendo* (isto é, na mensuração do patrimônio líquido da sociedade), pelo menos três categorias de *valor patrimonial* da quota: (a) contábil, (b) contábil em data presente e (c) real. Cada espécie de valor patrimonial é função da espécie do balanço que serve de base ao cômputo do patrimônio líquido.

4. Valor patrimonial contábil

Em primeiro lugar, cabe examinar o valor patrimonial resultante da previsão, como *dividendo*, do patrimônio líquido constante do balanço *periódico* da sociedade. Este é o balanço que a sociedade limitada está obrigada a levantar em cumprimento ao art. 10, n. 4, do Código Comercial: o balanço periódico é obrigatório para todos os comerciantes, inclusive as sociedades limitadas, não só em razão do transcrito dispositivo do Código Comercial, que vigora desde 1850, mas também em decorrência de obrigações acessórias impostas pela legislação tributária. Este é o balanço *oficial* da sociedade, por assim dizer; o balanço que procura retratar a situação patrimonial da empresa na data de encerramento do exercício social.

Destaque-se que, na elaboração do balanço periódico (também chamado de "ordinário"), o melhor critério de avaliação dos

empresa, ou como espelho de uma situação patrimonial no dizer de um autor (Francesco Messineo, *Studi di Diritto delle Società*, Milão, 1958, p. 132). A não ser na hipótese de lançamentos falsos ou errôneos, o leigo não entende como se possa retocar essa fotografia do patrimônio. Tal concepção, no entanto, é totalmente imprópria. O balanço, como de resto toda a contabilidade, não pode jamais ser um simples reflexo dos fatos econômicos, porque se trata de uma interpretação simbólica e, portanto, convencional da realidade. Os fatos econômicos não passam para os livros contábeis no estado bruto, mas são traduzidos, simbolicamente, em conceitos e valores; ou seja, são previamente estimados e valorados, segundo um critério determinado e em função de uma finalidade específica. A exatidão matemática dos balanços, que o vulgo contempla admirativamente, é mera coerência interna e recíproca de lançamentos em partidas dobradas, simples exatidão formal. Mas entre a realidade econômica e a sua tradução contábil interfere, necessariamente, um juízo de valor, uma estimativa axiológica, cuja imprecisão e contestabilidade jamais poderão ser suprimidas, porque inerentes ao próprio processo de conhecimento. A verdade contábil é, pois, simplesmente relativa" (*Ensaios e pareceres de direito empresarial*, Rio de Janeiro, Forense, 1978, pp. 32-33).

bens imobilizados do ativo é o "custo de aquisição". Em outros termos, recomenda a boa técnica contábil a adoção do *valor de entrada* desses bens, na sua contabilização (com a diminuição decorrente de depreciação, amortização ou exaustão). A reavaliação periódica dos bens imobilizados para apropriá-los pelo valor de mercado é uma mera faculdade legal, e exige a devida constituição de reserva.[5]

A prevalência da avaliação dos bens do ativo pelo *valor de entrada*, sobre outros critérios valorativos que buscam apropriá-los por um hipotético *valor de saída*, é amplamente aceita pela contabilidade.[6] De fato, a avaliação dos bens do ativo pelo valor de entrada ("custo de aquisição") resulta da observância de um dos princípios básicos geralmente aceitos pela Contabilidade, o do "*custo como base de valor*".[7]

5. *Valor patrimonial contábil em data presente*

O balanço periódico ou ordinário, levantado em atendimento ao art. 10, n. 4, do Código Comercial e à legislação tributária, procura retratar a situação patrimonial da sociedade na data do encerramento do exercício social (geralmente, o dia 31 de dezembro de cada ano). É claro que, passado um dia útil que seja do exercício subseqüente, esse balanço não retrata mais a situação patrimonial da mesma sociedade. Fatos contábeis (tais como os derivados de celebração de contratos, venda de mercadorias, ampliação ou redução do quadro funcional etc.) verificam-se diariamente, numa empresa em atividade. A escrituração mercantil — que é a base de qualquer balanço — registra-os, à medida em que ocorrem.[8]

No transcorrer do exercício social, contudo, pode ser necessário dimensionar, pelas mais variadas razões, a situação patrimonial da sociedade. Desde razões gerenciais até complexas negociações de empresas justificam, muitas vezes, o levantamento de balanço que procure retratar o patrimônio da sociedade numa data diferente da do encerramento do exercício. Elabora-se, então, um *balanço especial*.

Note-se que o balanço especial *não* é a simples correção monetária dos valores apropriados no balanço periódico. Trata-se, ao contrário, de uma atualização dos valores do ativo e do passivo da sociedade em razão dos *fatos contábeis* verificados *no decorrer* de um exercício social. Deste modo, se entre 31 de dezembro de 2000 (encerramento do exercício social) e 30 de junho de 2001, reduziu-se ou ampliou-se o volume dos negócios da sociedade, é claro que tais movimentos geram fatos contábeis que repercutem no patrimônio líquido da sociedade, que estará apropriado no balanço especial em montante diverso do apresentado pelo balanço ordinário. Outra hipótese, se a atividade econômica explorada pela sociedade é sazonal e o significativo de sua receita é obtida em determinados meses do ano, o levantamento de balanço

5. Esclarece José Edwaldo Tavares Borba: "a *reserva de reavaliação* (art. 182, § 3º) representa a diferença de valor atribuída aos bens do ativo em virtude de uma nova avaliação. Essa reserva não se confunde com a de correção monetária, pois não objetiva a mera atualização do valor em virtude da inflação, mas, em vez disso, a apuração da efetiva valorização do bem, face ao mercado" (*Direito Societário*, 5ª ed., Rio de Janeiro, Renovar, 1999, p. 415).

6. Sérgio de Iudícibus leciona: "Considera-se que os valores de entrada são mais adequados do que os valores de saída com base geral de avaliação do ativo, pois podem representar o valor máximo para a empresa ou porque muitas vezes não existe um mercado para valores de venda. Considera-se também que os valores são mais 'objetivos' e não permitem o reconhecimento de receita antes que seja 'realizada'. Na verdade, as abordagens reais à avaliação são muitas vezes ecléticas, misturando valores de entrada e de saída, embora *predominem*, de fato, os de entrada na prática atual" (*Teoria da Contabilidade*, 6ª ed., São Paulo, Atlas, 2000, pp. 138-139).

7. Sérgio de Iudícibus e outros, *Contabilidade introdutória*, 7ª ed., São Paulo, Atlas, 1988, p. 107. De se registrar, inclusive, que a adoção de critério diverso na avaliação do ativo pode eventualmente ensejar repercussões tributárias.

8. No livro "Diário", de escrituração obrigatória para a generalidade das sociedades comerciais (Decreto-lei n. 486/69, art. 5º).

especial no encerramento desses meses retratará uma situação bem diversa da expressa no balanço periódico, ordinário.

Para cumprir seu objetivo, o *balanço especial* deve seguir, rigorosamente, os mesmos critérios contábeis de avaliação e apropriação dos elementos do ativo e do passivo adotados no balanço periódico ou ordinário.[9] Caso se afaste desses critérios, adotando outros, o balanço especial perderá em consistência, porque não permitirá uma análise da *evolução* da situação patrimonial entre a data do encerramento do exercício anterior e a data de referência do seu levantamento. Por esta razão, também no balanço especial os elementos do ativo devem ser, pela melhor técnica contábil, avaliados por seu valor de entrada ("custo de aquisição"), não cabendo reavaliações para contabilizá-los a valor de saída ("valor de mercado").

6. Valor patrimonial real

Como já referido, a jurisprudência acerca da apuração de haveres predominantemente determina que esta se faça da forma mais próxima à dissolução total. Os instrumentos contábeis exigidos por lei, contudo, não são aptos a retratarem essa situação patrimonial (a "próxima" da dissolução total da sociedade), porque, como visto, adotam, na melhor técnica contábil, o critério da avaliação pelo "valor de entrada" dos bens do ativo.

Quando é cabível a apuração de haveres nesses termos — isto é, quando *não há previsão contratual* estabelecendo outro modo de calcular o reembolso do sócio que exerce o direito de retirada —, faz-se necessário *simular* a dissolução total da sociedade numa demonstração contábil específica. Levanta-se, então, um *balanço de determinação.*

Num exercício de classificação, pode-se dizer que os balanços patrimoniais são *ordinários* ou *extraordinários.* O balanço ordinário é o levantado no término do exercício social, para atender à legislação comercial e, por vezes, também a tributária. Os balanços extraordinários são levantados durante o exercício social e se dividem em duas espécies: *especial* e *de determinação.*[10] A diferença entre as espécies de balanços extraordinários está no seguinte: no balanço especial, preservam-se os mesmos critérios de avaliação dos bens do ativo e passivo adotados no balanço ordinário; no balanço de determinação, alteram-se esses critérios.

Em outros termos, no balanço especial, procede-se à simples atualização para a data de referência no *transcorrer do exercício*, através da apropriação dos fatos contábeis verificados desde o encerramento do último exercício, do mesmo retrato patrimonial expresso pelo balanço periódico. Adota-se, por esta razão, rigorosamente os mesmos critérios de avaliação e apropriação do balanço periódico. Já no balanço de determinação, além da atualização dos fatos contábeis verificados entre a data do encerramento do último exercício e a data do seu le-

9. Hélio de Paula Leite, examinando o instrumento principal da administração financeira (a análise de balanços), afirma: "a análise financeira resume-se na interpretação das alterações estruturais ocorridas em balanços consecutivos de uma empresa. (...) Não há condições de se realizar uma análise financeira a partir de um único balanço. O julgamento a ser realizado pelo analista envolve duas dimensões bem claras: 1. em primeiro lugar, há uma dimensão temporal, ou seja, é essencial que se examine uma série de demonstrativos financeiros consecutivos a fim de se avaliar a magnitude das alterações ocorridas ao longo de um período definido. 2. em segundo lugar, embora nem sempre seja possível, o ideal seria contratar o comportamento financeiro da empresa neste período com o comportamento financeiro médio do setor onde ela opera no mesmo período. (...)" (*Introdução à Administração Financeira*, 2ª ed., São Paulo, Atlas, 1994, p. 27).

10. Neste exercício classificatório, estão-se desconsiderando outros tipos de balanços extraordinários, sem interesse para os objetivos do presente artigo, como por exemplo, o balanço de cessão e o de liquidação. Sobre essas categorias, ver Hernani Estrella, *Apuração dos Haveres de Sócio*, 2ª ed., Rio de Janeiro, Forense, 1992, pp. 188-194.

vantamento, *alteram-se* os critérios de avaliação e apropriação dos bens do ativo e passivo, de sorte a contabilizá-los a valor de saída ("valor de mercado").

Em suma, no balanço de determinação, é feita urna *simulação* da *realização de todos os bens do ativo* e da *satisfação do passivo social*, para mensurar quanto seria o acervo líquido da sociedade, *caso ela fosse totalmente dissolvida e liquidada naquela data.* A simulação da realização do ativo e da satisfação do passivo pressupõe afastar-se o princípio do "custo como base de valor", consagrado pelas boas técnicas de contabilidade, e reavaliarem-se os elementos do ativo para os apropriar pelo "valor de saída" (valor de mercado).

O balanço de determinação é, bem vistas as coisas, um instrumento contábil desenvolvido exclusivamente para atender à jurisprudência dominante sobre apuração de haveres.[11] Não tem outra serventia senão dar cumprimento às decisões judiciais que decretam a dissolução parcial de sociedade limitada, em que o contrato social é omisso relativamente ao cálculo do reembolso. A própria expressão — balanço de determinação — é criação da doutrina jurídica, e não da teoria da contabilidade.[12]

7. Conclusão

Concluindo, pode-se conceituar cada espécie de valor patrimonial em função do tipo de balanço que serve de base para definição do *dividendo* da operação matemática de divisão, em que se calcula o reembolso: (a) se o patrimônio líquido é o constante do balanço periódico (ordinário ou obrigatório), o resultado é o *valor patrimonial contábil*; (b) se o patrimônio líquido é o apurado em balanço especial, o resultado é o *valor patrimonial contábil em data presente*; (c) se, enfim, o patrimônio líquido é o reavaliado num balanço de determinação, o resultado é o *valor patrimonial real.*

Para arremate, cabe uma síntese elucidativa num quadro:

BALANÇO	**ORDINÁRIO**	**EXTRAORDINÁRIO**	
	Periódico	**Especial**	**De Determinação**
Data	Fim do exercício	Durante o exercício	Durante o exercício
Avaliação do ativo	Valor de entrada (aquisição)	Valor de entrada (aquisição)	Valor de saída (mercado)
Valor Patrimonial	*Contábil*	*Contábil em data presente*	*Real*

11. Em interessantíssima tese de doutorado, aprovada pela Faculdade de Economia e Administração da Universidade de São Paulo, Martinho Maurício Gomes de Ornelas desenvolve um modelo contábil próprio para a confecção do "balanço de determinação", partindo da jurisprudência predominante sobre apuração de haveres. Na definição de Ornelas, "O *balanço de determinação*, denominação cunhada por Osmida Inoccente (jurista italiano), tem por finalidade determinar o valor das quotas a ser reembolsado ao sócio desligado ou aos herdeiros do sócio pré-morto. Pela elaboração dessa demonstração contábil, o perito em contabilidade busca a situação patrimonial da sociedade a valores de mercado em determinado momento da vida societária, caracterizado pela dissidência, exclusão ou morte de um dos sócios" (*Avaliação de sociedades — Apuração de haveres em processos judiciais*, São Paulo, Atlas, 2001, p. 120).

12. Ensina Hernani Estrella: "tomando essa peça contábil (*balanço periódico*) como expressão do estado econômico da empresa, sem outra qualquer explicação adminicular, os sócios, conscientemente, estarão pelo que dele constar. Eliminadas ficam as possibilidades de um novo e especial balanço, e assim também a retificação, para mais ou menos, de valores atribuídos aos componentes ativos. Pode bem suceder que, por motivos vários, o valor assim apurado, para reembolso do sócio, seja inferior ou superior ao valor real. *É um risco a que sabidamente ficaram expostos, ele e a sociedade e ao qual nenhum dos contraentes é dado subtrair-se*" (ob. cit., p. 179).

Ao se interpretar o contrato social, a lei ou mesmo o dispositivo de sentenças e Acórdãos, cabe atentar para o tipo de *valor patrimonial* imputado às quotas da sociedade limitada. Nem sempre a designação coincidirá com a utilizada aqui, neste artigo: pouco importa. O que interessa é saber se a base para a apuração de haveres — contratada entre os sócios, determinada na lei ou reconhecida na decisão judicial — deve ser o balanço *ordinário*, referente ao fim do último exercício; o *especial*, que retrata os fatos contábeis verificados desde então, sem reavaliar nenhum bem ou passivo (mantendo o mesmo critério do balanço ordinário); ou o *de determinação*, que considera também tais fatos contábeis mas reavalia os bens e passivos (mudando os critérios do balanço ordinário). Somente após a clarificação da base de cálculo do valor patrimonial, a partir dos lineamentos indicados (isto é, fim do exercício ou durante o exercício; manutenção ou revisão dos critérios de apropriação), pode-se dizer que valor patrimonial imputou-se à quota da limitada.

OS INVESTIMENTOS ANÔNIMOS, AS EMPRESAS *OFF-SHORE* E OS PARÂMETROS DA LEGALIDADE

O Fim das Ações ao Portador

JOÃO LUIZ COELHO DA ROCHA

As sociedades "off shore". Conclusão.

Na última década do século XX assentou-se na ordem jurídica brasileira (Lei 8.021/90) a proibição de participações acionárias do portador, assim como vedados também acabaram os títulos ao portador de empréstimo "no mercado aberto" próprios das S/A, as debêntures (art. 50 da Lei 6.404, em sua nova redação), e até as quase defuntas partes beneficiárias, títulos de participação em resultados, mas estranhos ao capital social, não podem mais ser emitidos ao portador.

Cercou-se assim as sociedades anônimas, aquelas unidades jurídicas empresariais agregadoras por excelência, de amarras legais que impedissem que seu controle, assim como seu endividamento no mercado aberto pudessem ter titularidade ativa desconhecida, e assim de um modo tão cerrado, tão estrito, que até o modo de transferência pelo endosso na cártula houve por ser interditado.

Pela sua própria natureza jurídica as sociedades de pessoas (de capital e indústria, comandita simples etc.) nunca admitiram cotas de capital que não fossem nominativas, o mesmo se dizendo da espécie "híbrida" das sociedades por quotas.

Com o cerco aos títulos das companhias temos hoje então no país uma impossibilidade jurídica completa de alguém deter parcelas de capital de uma sociedade sem que seja identificado como seu titular.

Mesmo formas societárias não personalizadas, como o consórcio, falam de uma agregação de empresas — haja aí ou não necessariamente uma sociedade anônima — nominadas, as quais, por sua vez, qualquer que seja sua forma, indicarão sócios nominativos em seus quadros.

Restaria, a rigor, a sociedade em conta de participação, esse ramo todo particular de ajuntamento empresarial, pois que à parte o sócio aparente, sempre visível e nominativo, a pessoa jurídica e mesmo física pode se juntar ao empenho empresarial como sócio oculto, o que não deixa de ser um título "ao portador" no projeto, mas ainda aí teremos a identificação do sócio pessoa jurídica pela sua forma regular, que inadmite sequer a titularidade à ordem, e o contrato de sociedade, ainda que não registrável, é compulsoriamente constante dos livros fiscais do sócio aparente, para controle distinto da tributação, desaparecendo, então, de certa forma, o anonimato.

O que se pode concluir daí é que nas estruturas jurídicas societárias da ordem brasileira não há hoje o cabimento para participações anônimas, e devemos observar no fenômeno, em termos de valores abraçados pelo ordenamento, uma persecução de nitidez da movimentação de capitais, no sentido de se evitar os níveis altos de sonegação tributária.

Mas nem só para o escape a enquadramentos fiscais eram usados os títulos ao portador, e seria injusto supor-se que a criação das parcelas societárias anônimas tenha sido um mero artifício formal para a irresponsabilização tributária.

Basta se conhecer que sistemas jurídicos tão severos e constritos no trato das obrigações tributárias, como o paradigmático sistema norte-americano, continuam permitindo as ações e outros títulos mobiliários ao portador.

Há interesses comerciais de natureza privada, há questões patrimoniais familiares, há tantas outras considerações de estímulo não-fiscal que muitas vezes recomendam a opção por quotas de capital e de empréstimo inidentificadas a que possam circular à ordem, por endosso, ou mesmo por tradição manual.

As sociedades "off shore"

As sociedades *off-shore* são um fenômeno criado pela prática comercial, estimulado por sistemas jurídicos de certas nações, que propulsionam a procura de investimentos "anominizados" através do assentamento formal de empresas em seu território sob as vantagens de (a) anonimato em suas parcelas de capital (b) inincidência de tributos ou incidência bem reduzida, e (c) facilidades registrais.

Seja, algumas ordens jurídicas tratam as sociedades ali sediadas de modo fiscalmente beneficiado, bem facilitado, e reduzem os trâmites e custos do registro comercial a um mínimo, além de não estabelecerem necessidade de registro de capitais estrangeiros, e ainda admitirem as ações ou quotas ao portador.

É por esta senda que enveredam nos últimos tempos muitos dos que decidem por manter um controle anônimo sobre seus investimentos em países como o Brasil, onde, como se vê, não há saída legal para ações ou quotas declaradamente ao portador.

Ora, se essas entidades criadas ou adquiridas no exterior servem de escoramento formal para dinheiro advindo de sonegação fiscal, de produto de atividades ilícitas, é claro que deverão ser desconsideradas, para os efeitos legais cabíveis, desde que haja a evidência incontrastável de tais desvios.

Mas, nem sempre o uso de uma sociedade *off-shore*, ainda que sediada nesses "paraísos fiscais" bem caracterizados significa um veículo de "lavagem de dinheiro", ou de regularização aparente de dinheiro sonegado.

Muitas vezes a escolha da empresa ali situada é uma opção legítima, legal, cabível, de um investidor que pretende se manter anônimo no Brasil, manobra que encontra uma sustentação jurídica clara, por isso que as ações ou quotas ou debêntures que aqui no Brasil forem emitidas, e por ele compradas, serão títulos nominativos, a favor de sua empresa *off-shore*, e esta, como empresa estrangeira, qualquer delas, não está submetida às regras da lei brasileira sobre suas frações de capital.

É claro que o regime legal brasileiro é, ainda hoje, o de registro legal do investimento estrangeiro para ser tratado como tal (Lei 4.131/64). Neste passo a *off-shore* terá que diligenciar o registro no Banco Central de seu investimento, de risco ou de empréstimo, no país, para que possa haver de retorno em moeda forte os dividendos e/ou juros cabíveis, pagando no último caso (dividendos hoje são isentos) o imposto de renda de remessa ao exterior, e ainda tendo o direito ao retorno, intributado, do principal em moeda forte investido.

Ainda há as hipóteses de inocorrer o registro legal do valor em moeda forte no Banco Central. E aí nem por isto se coloca a *off-shore* em situação de ilegalidade. O seu investimento será intocável se houver a realização e a prova da operação de câmbio em instituição autorizada.

Isso porque não é compulsório, para validade jurídica do investimento estrangeiro, o seu registro no Banco Central. A ausência dessa formalidade só retira do ato a qualidade do investimento estrangeiro regularizado, com as vantagens acima nomeadas quanto à remessa ao exterior de seus produtos (juros, dividendos) e do próprio principal vertido.

Sem a aquiescência da autarquia bancária federal o investimento da *off-shore*, tal como a de qualquer residente no exterior passa a ser tido como um investimento brasileiro, de um residente no país.

Isto equivale a dizer que os juros e dividendos creditados a tal investidor estrangeiro serão tratados como se pagos a um residente no país e, assim, formalmente tributados. (Não há imposto na fonte sobre dividendos, mas a empresa *off-shore* terá que apresentar declaração de renda incluindo tais rendimentos — os dividendos só para controle, pois que já tributados dentro da empresa brasileira.)

Também isto equivale a dizer que o investimento principal não vai poder retornar a seu país de origem como tal.

Mas é legal e adequado à ordem jurídica brasileira que estrangeiros, inclusive empresas *off-shore*, detenham valores em Reais no Brasil e mesmo transfiram para cá moeda nacional como o prevê a Circular 2.677/96 do Banco Central.

Isto porque até aqui continua livre a saída e entrada de moeda brasileira, nos termos do Decreto 42.280/57, sendo necessário, somente, a comprovação documental do tráfego da moeda de ou para a conta brasileira se o valor for superior a R$ 10.000,00 (dez mil reais) (Circular 2.677/96).

O controle tributário pelos diversos meios que hoje a Fazenda dispõe pode-se fazer sentir, é claro, em face do advento de uma *off-shore* trazendo recursos ao país, se e quando houver os robustos indicadores de brasileiros usando recursos sonegados — sejam ou não de origem criminosa — por trás dessas empresas. Caso contrário, será uma operação comercial internacional como outra qualquer, e a sua legalidade indiscutível.

Pondera-se a respeito de um brasileiro (empresa ou pessoa física), que tenha recursos lícitos, já resultantes de valores devidamente tributados, e que no exterior os converta em quotas ao portador de uma *off-shore* e assim depois traga tais valores ao Brasil sob investimento daquela.

Aí o investimento continuará lícito e sua ilação tributária mais severa será a omissão eventual na declaração de bens do brasileiro, não havendo a conseqüente evasão fiscal do imposto sobre renda auferida pela pessoa física ou jurídica, pois que lucros e dividendos hoje no país só são tributados na empresa geradora, podendo se cogitar sim de sonegação das contribuições de COFINS e PIS na eventual pessoa jurídica brasileira sócia da *off-shore*, justamente por não ter acusado receitas suas derivadas desses lucros havidos como sócia da *off-shore*.

Conclusão

É assim que diante desse entrelaçamento econômico internacional, dessa meritória (porque propulsionadora de atividades) banalização dos laços de investimento entre residente de um e outro país, podemos ter em linha de conta na ordem jurídica brasileira que:

- o uso de uma *off-shore* com suas vantagens notórias não envolve ilegalidade alguma, se não há evidências de sonegação fiscal ou de origem escusa de recursos;
- a utilização daquele tipo de empresa como titular do investimento proporciona

uma "anominização" da titularidade do investimento, que não é afrontosa à lei brasileira;

• a entrada dos recursos, para que como capital estrangeiro sejam tratados, há de ter seu registro no Banco Central;

• a falta de registro no Banco, desde que haja operação legal de conversão de moeda estrangeira em reais, transforma o investimento em brasileiro, tendo o tratamento fiscal aplicável ao investidor residente no país.

Atualidades

O TRISTE FIM DAS SOCIEDADES LIMITADAS NO NOVO CÓDIGO CIVIL

VERA HELENA DE MELLO FRANCO

O novo Código Civil dedica o Capítulo IV do Livro II, Subtítulo II (arts. 1.052-1.087) à regulamentação da nossa sociedade por quotas de responsabilidade limitada, doravante, salutarmente, ao menos por economia, denominada tão-somente *limitada*.

Até aí nenhum pecado. Tampouco há desídia ou defeito na redação do disposto na norma do seu art. 1.052 quando menciona a limitação da responsabilidade ao valor da quota subscrita e a solidariedade pelo que faltar para completar o capital social, eliminando a descabida sanção de que, no silêncio do contrato, todos os sócios respondam solidariamente pelos débitos sociais.

A postura de santidade, todavia, cessa perante o teor do consubstanciado na norma que se segue (art. 1.053) quando estabelece sejam, as omissões da disciplina estabelecida neste capítulo, reguladas pelas normas da sociedade simples. O mesmo diga-se quando reserva a regência supletiva das normas acionárias ao poder dispositivo das partes.

Qual a razão do inconformismo que agora se proclama?

O fundamento da rejeição está na impropriedade do modelo acolhido perante a estrutura particular das sociedades limitadas. Isto quer se tenha em vista o modelo adotado pelo Código Federal Suíço das Obrigações; quer aquele acatado pelo legislador italiano de 1942.

No modelo suíço, a sociedade simples surge, conforme a lição de Méier-Hayoz e Forstmoser,[1] como uma estrutura aberta, uma forma subsidiária ou melhor dizendo uma moldura, adequada ao exercício de atividades econômicas que não a empresa comercial.

Confira-se a definição da doutrina: "A sociedade simples é uma união jurídica de pessoas, a qual — sem conduzir uma empresa comercial — persegue um fim econômico ou não econômico e cujos participantes obrigam-se com a totalidade de seu patrimônio, solidária e ilimitadamente, pelas dívidas da sociedade. Note-se, que esta responsabilidade não é em nenhum momento subsidiária. A sociedade simples é, tendo em vista todo o âmbito do direito societário, uma forma básica e subjacente (...)".[2]

A finalidade visada pelo legislador, quando da sua criação, foi a de obter uma forma aberta, aplicável quando impossível enquadrar a finalidade colimada em qual-

1. Arthur Méier-Hayoz e Peter Forstmoser, *Grundgriss des scheizerischen Gesellschaftesrechts*, Verlag Stämpfli + Cie AG, Berna, 1993, a p. 195.

2. Idem, aut., ob. e loc. cits. Confira-se: "Die einfache Gesellschaft is eine personenbezogene Rechtsgemeinschaft, die — ohne ein kaufmännisches Unternehmen betreiben zu dürfen — wirtschaftliche oder nichtwirtschaftliche Zwecke verfolgt un deren Teilhaber mit ihren ganzen Vermögen primär, unbeschränkt und solidarisch für die Verbindlichkeiten der Gesellschaft haften. Die einfache Gesellschaft is für den Gesamtberich des Gesellschaftsrechts als Grund- und subsidiärform ausgestaltet (...)" (trad. nossa).

quer das outras formas societárias existentes.[3] Neste momento ressaltou-se, com todas as letras, a impropriedade da sua utilização para a empresa comercial.

Estruturalmente apresenta-se como uma sociedade de pessoas, contratual, à qual se nega personalidade jurídica e capacidade para atuar em juízo, razão pela qual a legitimidade ativa ou passiva processual permanece na pessoa dos sócios.[4]

Vista sobre este angulo, aproxima-se muito mais da nossa sociedade civil, como mera relação obrigacional entre os sócios, comunheiros na obtenção de um fim comum, que de qualquer das formas societárias comerciais de pessoas, às quais, inclusive na sua forma mais solidária (a sociedade em nome coletivo), pelo menos se reconhece uma autonomia patrimonial relativa, autorizando a excussão por primeiro do patrimônio social.

O *modelito* da sociedade simples, obra do legislador italiano de 1942, também não se adequa à finalidade que se lhe assinala no novo Código Civil.

Invoca-se aqui a lição de Ferri, quando esclarece ter sido este modelo criado, justamente, "para o exercício de uma atividade econômica que não seja qualificada pela lei como comercial (...)",[5] frisando ser intenção do legislador de 1942, a sua aplicação específica no campo da economia agrária, embora admissível possa ser utilizada fora deste âmbito.

É necessário lembrar que a sociedade simples do modelo italiano somente não pode ser reconduzida à *societas* do Código Civil, em sua pureza, pelo fato de ter-se transfundido, em sua estrutura, como preconiza Brunetti,[6] regras da sociedade em nome coletivo, de molde a dotá-la de certa autonomia patrimonial (relativa). No seu âmago vigorava a idéia original do caráter não comercial da atividade econômica visada.[7]

Em síntese, o fundamento da criação da sociedade simples no modelo de 1942 residiu, pura e simplesmente, na necessidade de criar uma sociedade civil[8] apta ao exercício de atividades econômicas, posto que impedida de se valer das formas societárias comerciais chamadas de pessoas, dada a correlação entre forma e objeto (necessariamente comercial).

Ora, embora a sociedade por quotas de responsabilidade apareça na Alemanha de 1892 como um modelo intencionalmente intermediário, entre os extremos — sociedade em nome coletivo e sociedade anônima — é certo que, dentre os projetos apresentados, o vencedor (dos deputados Hammacher e Meyer) foi aquele construído à sombra da sociedade por ações.[9]

E, destarte, conforme o modelo preponderantemente acolhido, surgiu com es-

3. Ibidem, aut., ob. e loc. cits.: "Diese Zielsetzungen konnte dadurch erreicht werden, dass die gesetzliche Ordnung möglicht neutral ausgestaltet, dass sie nicht auf ein bestimmtes Lietbild him ausgerichtet wurde. Die rechtlichen Anforderungen sollten so eifach wie möglich sein, Formerfordenisse Konnten keine verlangt werden, und für die innere Organisation war nur eine dispositive Ordnung aufzustellen, die es den Beteiligten ermöglichten sollte, eine Regelung nach den eignen Bedurfnissen zu treffen".

4. Méier–Hayoz e Forstmoser, ob. cit., a p. 197: "a) Die einfache Gesellchaft hat keine eigene Rechtspersönlichkeit; es fehlen ihr aber nicht nur die Rechts-und Parteifähigeit, sondern die Handlungs-, Process- und Betreibungsfähigkeit. Eine Klage kann daher nicht im Namen der Gesellschaft oder gegen die Gesellschaft eigereicht werden".

5. Giuseppe Ferri, *Trattato di Diritto Civile Italiano*, v. 10, t. 3º, *Le Società*, Utet, Turim, 1971, a p. 64.

6. Antonio Brunetti, *Tratado del Derecho de las Sociedades*, v. I, trad. Felipe Solá Cañizares, Uteha, Buenos Aires, 1960, a p. 395.

7. Ferri, ob. cit., a p. 66 (trad. nossa).

8. Cf. Brunetti, ob. cit., a p. 395, "La *Relación Ministerial* número 931 dice que es el tipo más elemental de sociedad. Pero, incluso sobre esto, es necesario formular alguna reserva porque la falta de forma no debilita su estrutura (artículo 2.251), ni hace más agil su función. En sustancia, *se ha creado una colectiva civil sin escritura constitutiva y sin publicidade*, lo que hace más compleja su disciplina (...)".

9. Cf. Joaquim Rodriguez y Rodriguez, *Tratado de Sociedade Mercantiles*, México, Porrua, 1971, p. 349.

trutura corporativa, sociedade empresarial[10] dotada de órgãos com funções específicas (assembléia geral e administração) e, inclusive, submetida ao princípio do *Drittorganschaft* (o administrador é órgão da sociedade e daí a possibilidade da administração por terceiro não sócio),[11] para atender, exatamente, aos reclamos do comércio e da indústria. Por tal razão é que, no direito alemão é comercial pela forma.[12]

E foi este modelo, justamente, o acolhido pelo legislador português de 1901, para daí inspirar o nosso Decreto 3.708/19,[13] em que pese a ênfase personalista em direção contrária ao do modelo original.

Se assim é, há de aproveitar-se a oportunidade da reedição legal de molde a reconduzir a sociedade à sua fonte original, escoimando-a dos defeitos traduzidos no Decreto de 1919.

E não é isto o que se faz, quando se ordena que no silêncio da regulação específica seja a sociedade regulada pelo disposto para as sociedades simples.

Mas não só.

A par de não ser verdadeiro que a sociedade limitada somente se presta à pequena e média empresa o que restringiria sua sobrevivência a um modelo societário preponderantemente contratual e personalista, a orientação esposada surge anacrônica e imprópria ao contexto do mundo que se globaliza.

Tem-se em vista aqui as diretivas emanadas da União Européia que ordenaram a reformulação da disciplina destas sociedades dentro dos vários Estados-membros.

Exemplo do acatamento da orientação ali esposada está representada pela moderna Lei espanhola n. 2, de 23 de março de 1995, a qual em 129 artigos (fora as disposições transitórias e de adaptação) adapta a maravilhosa flexibilidade desta sociedade às exigências da economia moderna.

E, pano de fundo inspirador desta Lei, não é a ênfase ao caráter personalista da híbrida limitada, mas sim àquela estrutura corporativa, básica para a atribuição da personalidade jurídica, que nela não advém somente por atribuição legal.

Esta nova lei, a par de regular o funcionamento dos órgãos sociais, as situações de transformação cisão, fusão, dissolução e liquidação, regula de modo preciso a sociedade unipessoal de responsabilidade limitada, reservando um capítulo a parte para a disciplina das obrigações acessórias e para as prestações suplementares.

As demonstrações financeiras foram igualmente reguladas, não se deixando de disciplinar o aumento e a redução de capital.

Com esta minudencia apresenta um modelo moderno, maleável, adequado a exercer seu papel quer como pequeno e médio empreendimento, quer na estrutura macro, isto sem deixar de lado a sua atuação preponderante no âmbito dos grupos de sociedades como sociedade *spitze* ou de comando.

Com toda certeza estes reclamos não serão atendidos pela disciplina estabelecida para as sociedades simples nas normas dos arts. 996-1.038 do novo Código Civil, a par de ser terrível denominar-se administradores aos gerentes das sociedades contratuais ou de pessoas, tal como ali se faz.

Mas, não só.

10. Cf. C. F. Kübler, *Gessellchaftsrecht*, C. F. Müller Verlag, Heidelberg-Karlsruhe, 1981, a p. 220, "a) Die GMBH ist konzipiert als Unternehmensgesellschaft: in Regelfall betreibt si ein selbständiges Gewerbe (...)".

11. Götz Hueck, *Gesellschaftsrecht*, Verlag C. H. Beck, München, 18ª ed., 1983, a p. 305, "Zwar gilt rechtlich das Prinzip der Drittorganschaft, doch sind die als Organs bestellten. Geschäftsführer nicht selten mit den Gesellschaftern identisch, so dass de facto Selbstorgnschaft besteht (...)".

12. V. art. 13, § 3 GmbHG: *Die Gesellschaft gilt als Handelsgesellschaft im Sinne des Handelsgesetzbuchs.*

13. Esta Lei portuguesa foi o modelo acatado no projeto de Código Comercial de Inglez de Souza, de onde influenciou o projeto de Lei de Joaquim Luiz Osório de 10.9.1918, o qual transmudou-se no nosso atual Decreto 3.708/19. Por maiores detalhes consulte-se a Fran Martins, *Sociedades por Quotas no Direito Estrangeiro e Brasileiro*, v. I, São Paulo, Saraiva, 1960, pp. 19-20.

O novo Código deixa passar em branco a possibilidade da introdução da sociedade limitada unipessoal em descompasso flagrante com as leis modernas, sem explicar o porquê da postura rançosa.

Outros descompassos, tendo em vista o modelo, tal como originalmente criado, seguem-se.

Destarte, no art. 1.060, único, proclama com todas as letras que o direito à administração não se estende de pleno direito aos sócios posteriores, o que não se coaduna com o perfil "de pessoas" da sociedade simples que lhe está na base, se é bem verdadeiro que nas sociedades de pessoas o dever de gerir não é apenas um direito, mas um dever de todos os sócios.

Em paralelo, escolhe como *quorum* a unanimidade para a eleição de administrador, terceiro estranho ao contrato social, enquanto as quotas não forem integralizadas e, assim fazendo, afasta-se frontalmente das sociedades de capitais que ordenam a deliberação majoritária (art. 1.061).

Paradoxalmente, neste mesmo artigo, em detrimento deste mesmo perfil contratual ou de pessoas que parece enaltecer, atreve-se a fixar qual o *quorum* necessário para a eleição dos administradores, da instalação (art. 1.074) e o deliberativo (art. 1.075) da assembléia dos sócios. Assim atuando esquece o peso da autonomia da vontade nas sociedades contratuais, engessando o contrato ao modelo das sociedades de capitais de que é paradigma a sociedade anônima. O mesmo comportamento revela-se quando disciplina, nas normas dos seus arts. 1.071 e 1.071, a competência deliberativa da reunião (ou assembléia *ex vi* o disposto no seu art. 1.073 e ss.) dos sócios.

Com isto, contradiz o perfil personalista que se supõe presente quando remete para o modelo das sociedades simples. A contradição, aliás, se mantém, quando na norma do seu art. 1.066, reporta-se "aos demais órgãos da sociedade", afirmando a indelegabilidade de poderes entre eles (art. 1.070).

Bom seria que se decidisse. Ou o modelo de base é contratual (e os gerentes nada mais são do que mandatários dos sócios) ou é orgânico, situação em que o respeito à estrutura corporativa é de rigor, suprindo-se as lacunas do regulamento específico pelo recurso às sociedades anônimas.

A mesma dissonância revela-se na redação do disposto na norma do seu art. 1.066, ocasião em que olvidando os poderes específicos de cada órgão, permite que o contrato "sem prejuízo dos poderes da assembléia dos sócios" institua um *conselho fiscal*. Fosse *conselho de administração*, e a expressão faria sentido. Tal como está, parece pressupor que o conselho fiscal tenha poderes deliberativos, ameaçando por qualquer meio aqueles que são próprios da assembléia geral.

Em síntese, a estrutura do modelo acolhido, tal como ali disciplinada, não se coaduna com a regência subsidiária da disciplina estabelecida para as sociedades simples. A coerência ordenava que se fizesse, a exemplo do anteprojeto do Professor Jorge Lobo (art. 49), a remessa supletiva para a lei acionária tendo em vista a estrutura orgânica apresentada. Tal como está, não se pode vislumbrar qual o perfil preponderante no modelo brasileiro, acentuando aquele caráter híbrido que se acusa provedor de confusões e desacertos nas soluções jurisprudenciais. Se assim é, desnecessária seria a elaboração de nova regulamentação, posto que a remessa expressa do disposto na norma do art. 18 do Decreto 3.708/19, em que pesem os desacertos, ao menos facultava a modernização das sociedades por quotas de responsabilidade limitada via modelo acionário. E isto, note-se, sem subtrair-lhe a flexibilidade própria das sociedades contratuais.

Todavia, não é nossa intenção propugnar pela construção de nossa limitada como uma pequena irmã da sociedade anônima. Se censurarmos a incoerência da remessa supletiva à sociedade simples para preencher as lacunas de um modelo que se apresenta mais a molde de sociedade de capital do que contratual, censuramos, igualmente, a intromissão legislativa que, por excessiva regulação, rouba à nossa limitada a flexibilidade que lhe era própria.

Vale dizer, se é correto acatar-se a estrutura orgânica tal como se fez, a excessiva regulação estabelecendo o *quorum* deliberativo, aqui e ali, o que sequer ocorre na sociedade anônima fechada, a par de outros *que tais*, abala aquela autonomia da vontade característica das sociedades contratuais.

Tenta-se, destarte, servir dois amos e isto com resultados duvidosos para ambos.

Acredito, s.m.j., ser necessário reiniciar a construção do zero fazendo a disciplina legal refletir a prática e os perfis identificados pela jurisprudência, com uma dupla regulação destinada a disciplinar as sociedades limitadas, preponderantemente "de pessoas" ou contratuais, circunstância em que a disciplina supletiva da sociedade simples seria aceitável e aquelas, por assim dizer, "de capitais", ordenando-se, então, coerentemente a aplicação subsidiária da lei acionária. Note-se que estes perfis surgem perfeitamente claros conforme a redação dada a cada contrato no caso concreto,[14] em que pese o repúdio da doutrina nacional ao critério de classificação das sociedades em "de pessoas" e "de capitais".[15]

E nem se diga estarmos aqui com fantasias. Já a Quarta Diretiva do Conselho da Comunidade Européia (atual União Européia), de 25 de julho de 1978 (78/660/CEE), estabeleceu um tratamento diferenciado para as demonstrações financeiras da *grande* e *pequena* limitada.

Outrossim, nada há de terrível em admitir-se a possibilidade de subtipos, o que de qualquer forma terá de ser feito quando, por inexorável, se aceite a figura da limitada unipessoal.

Aliás, é isto, *mutatis mutandis*, o que o Código Civil faz ao identificar uma sociedade limitada simples e uma limitada empresarial. A diferenciação, todavia, perde sua função quando estabelece uma regulação única que não satisfaz nenhuma e nem outra.

Este, ademais, é o critério da nossa Lei 6.404/76 que reconhecendo a erronia do mesmo tratamento legislativo perante realidades diferentes, estabeleceu uma disciplina diferenciada para as companhias abertas e fechadas, a par daquela destinada à sociedade anônima de capital autorizado e à de economia mista.

Negar o perfil oscilante e maleável das limitadas, engessando-as sob o manto da lei acionária, não é o desejável. Mas também não é correto que, após ditar-lhe uma estrutura orgânica ao molde da sociedade anônima, pretenda-se abrandar a supressão da autonomia da vontade (própria das sociedades contratuais) levada a cabo, mediante o recurso à sociedade simples.

Esta, em princípio, a primeira queixa sem adentrar no mérito da regulação ali esposada, o que se fará oportunamente quando findas todas as emendas.

14. Remetemos, neste ponto, à leitura do nosso *Manual de Direito Comercial*, v. 1, São Paulo, Ed. RT, 2001, pp. 186-187 e 189-190.

15. A visão da estrutura e da origem de um e de outro modelo acionário, todavia, ordena que se mantenha a distinção.

SOCIEDADES DE PESSOAS — GERÊNCIA E FIRMA*

NEWTON SILVEIRA

Mantendo-se, ainda, a tradicional dicotomia do direito privado, temos, de um lado, as sociedades civis e, de outro, as sociedades comerciais.

No campo civil encontramos a sociedade civil estrita, regulada nos arts. 1.365 e ss. do Código Civil, as sociedades civis com forma comercial e as associações, sem fins lucrativos.

Conforme o disposto no art. 1.364 do Código Civil, "quando as sociedades civis revestirem as formas estabelecidas nas leis comerciais (...) obedecerão aos respectivos preceitos, em que não contrariem os deste Código; mas senão inscritas no registro civil, e será civil o seu foro". Entre estas, não se inclui a sociedade anônima, que é sempre comercial, por força do § 1º do art. 2º da Lei das Sociedades por Ações, n. 6.404, de 1976.

As associações civis, sem fins lucrativos, receberam vagas menções no Código Civil, nos arts. 16, I, e 22, de forma que sua construção é complementada pela Lei de Registros Públicos e pela doutrina. Destaque-se que tanto o Código Civil quanto o Comercial usam indistintamente os termos sociedade e associação, sócio e associado, de modo que devemos compreender que a associação em sentido estrito é uma espécie de sociedade, em sentido amplo. Importante lembrar, também, que a associação civil, de intuitos não econômicos, tem estrutura muito semelhante à da sociedade anônima, a mais capitalista das sociedades, como a assembléia de fundação, estatuto e livre circulação de membros, podendo ambas classificarem-se como *institucionais*. Os arts. 22 e 23 do Código Civil fazem expressa distinção entre *associação de intuitos não econômicos* e *sociedade de fins econômicos*, antecipando a divisão das sociedades em *empresárias* e *não empresárias*.

Sem querer esgotar o quadro das sociedades civis, devemos, ainda, fazer menção às sociedades de advogados, previstas no art. 15 do Estatuto da OAB, cujo § 1º dispõe que "a sociedade de advogados adquire personalidade jurídica com o registro (...) dos seus atos constitutivos no Conselho Seccional da OAB (...)".

Desde o advento do Código Civil de 1916, generalizou-se a personificação das sociedades em decorrência da "inscrição dos seus contratos, atos constitutivos, estatutos ou compromissos no seu registro peculiar" (art. 18). Os registros peculiares são o Registro Civil das Pessoas Jurídicas, a Junta Comercial e, até, o Conselho Seccional da OAB ...

Quanto ao *nome* das sociedades e associações, o Código Civil faz menção às suas *denominações* no art. 19, I.

Para encerrar esta remissão ao Código Civil, devemos assinalar que a definição de *sociedade* do art. 1.363 aplica-se tanto às civis, quanto às comerciais, visto que o Código Comercial não as define: "Art. 1.363. Celebram contrato de socie-

* Palestra proferida no Instituto dos Advogados de São Paulo, no dia 16.10.2001.

dade as pessoas, que mutuamente se obrigam a combinar seus esforços ou recursos, para lograr fins comuns".

Adentrando ao Código Comercial de 1850, vamos nele encontrar as sociedades comerciais ditas *de pessoas*, já que o Capítulo II, arts. 295 a 299, relativo às *companhias de comércio ou sociedades anônimas*, foi revogado pelas subseqüentes leis de sociedades anônimas que culminaram na atual Lei de Sociedades por Ações, n. 6.404, de 1976.

Quanto às sociedades que remanesceram no Código Comercial, a definição do art. 1.363 do Código Civil deve ser emendada para afirmar que os sócios mutuamente se obrigam a combinar seus esforços *e* recursos para lograr fins comuns, com exceção da sociedade de capital e indústria, na qual o sócio de indústria só entra com seus esforços, e da comandita, na qual o sócio capitalista (comanditário) só entra com seus recursos.

São cinco os tipos societários regulados no Código Comercial: a sociedade de fato/irregular (arts. 304/305), a sociedade em nome coletivo, também chamada de sociedade com firma (arts. 315-316), a sociedade em comandita simples (arts. 311-314), a sociedade de capital e indústria (arts. 317-324) e a sociedade em conta de participação (arts. 325-327). A primeira e a última não são sociedades personificadas.

Concentrando-nos nas sociedades dotadas de personalidade jurídica (após o advento do Código Civil), os sócios solidários combinam seus esforços e recursos para lograr fins comuns. São sócios solidários: todos os sócios da sociedade em nome coletivo, os sócios comanditados da sociedade em comandita e o sócio capitalista da sociedade de capital e indústria.

Estas sociedades são chamadas de sociedades de pessoas, não obstante sejam de pessoas e capitais, porque o elemento predominante é o pessoal. Nestas, os sócios solidários podem exibir seus nomes na firma ou razão social e gerir a sociedade. Essas faculdades, de constar da firma social e praticar a gerência, são exclusivas dos sócios solidários.

Tanto é assim que o parágrafo único do art. 8º do Decreto 916, de 1890, dispõe que "a pessoa que emprestar o nome como sócio, ainda que não tenha interesse nos lucros sociais, será responsável por todas as obrigações da mesma sociedade, que forem contraídas sob a firma social".

Além dos cinco tipos de sociedades comerciais regulados no Código Comercial de 1850, temos, ainda, completando o quadro das sociedades comerciais, a sociedade por quotas de responsabilidade limitada, objeto do Decreto 3.708, de 1919, a sociedade em comandita por ações e a sociedade anônima, ambas reguladas pela Lei 6.404, de 1976, a comandita por ações nos arts. 280 a 284.

Esses são os oito tipos disponíveis de sociedades comerciais, que se constituem em *numerus clausus*, já que qualquer variante ou mistura de tipos consistiria em uma sociedade irregular, sem personalidade jurídica.

A comandita simples e a comandita por ações são tipos mistos de sociedades de pessoas e de capitais, sendo a gerência e a firma compostas exclusivamente por sócios comanditados. Mesmo que a comandita por ações adote denominação e não firma, "apenas o sócio ou acionista tem qualidade para administrar ou gerir a sociedade e, como diretor ou gerente, responder subsidiária, mas ilimitada e solidariamente, pelas obrigações sociais" (art. 282).

Não obstante, tanto a comandita por ações, quanto a anônima, são regidas por *estatuto* e não por *contrato social*, como as demais.

Já a sociedade anônima, sociedade de capitais por excelência, atua exclusivamente sob *denominação* (art. 3º da Lei 6.404/76) e seus diretores não estão sujeitos ao requisito de serem acionistas, sendo, até, desejável que não o sejam, pois o que importa é a sua capacitação técnica como administradores.

Foi nesse ambiente que surgiu, em 1919, o último tipo societário criado pelo direito brasileiro, por inspiração da lei portuguesa e da alemã.

Esse tipo, chamado de híbrido (e não de misto, como as comanditas), serve de receptáculo tanto de típicas sociedades de pessoas, quanto de sociedades de capitais, ao alvedrio de seus sócios ao criarem as cláusulas contratuais. O próprio texto legal confere essa alternativa, ao estabelecer, no art. 2º, que "o título constitutivo regular-se-á pelas disposições dos arts. 300 a 302 e seus números do Código Comercial", e, no art. 18, que "serão observadas quanto às sociedades por quotas, de responsabilidade limitada, no que não for regulado no estatuto social, e na parte aplicável, as disposições da lei das sociedades anônimas".

Por essa mesma razão, as sociedades por quotas podem adotar, alternativamente, firma ou denominação. Embora, a exemplo das sociedades em nome coletivo, todos os sócios da limitada tenham o mesmo *status*, podendo qualquer deles (ou todos) ostentar seus nomes na firma social e gerir a sociedade, a opção pelo emprego de firma ou razão social não implica em qualquer acréscimo na responsabilidade solidária dos sócios que aparecem no nome comercial, exceto se omitida a declaração *limitada* (art. 3º, § 2º).

No que se refere à gerência das sociedades por quotas, estabelece o art. 13 do Decreto 3.708 que "o uso da firma cabe aos sócios-gerentes", mantendo a regra de que, nas sociedades de pessoas, a gerência cabe aos sócios. Porém, indo além, declara o mesmo art. 13 ser lícito aos gerentes *delegar o uso da firma*.

Comentando o mencionado art. 13, Egberto Lacerda Teixeira (in *Sociedades Limitadas e Anônimas no Direito Brasileiro*, Saraiva, 1987, pp. 10-11) esclarece: "Baseadas nesse texto, a delegação alcançou extraordinária projeção jurídica, permitindo que a 'gerência' seja exercida por pessoas jurídicas (que indicam seus delegados) e por terceiros não sócios. Vai-se além, instituindo-se, nas limitadas, verdadeiras diretorias, com atribuição específica de poderes aos diretores. Os diretores ou gerentes delegados, pessoas físicas, devem ser residentes no Brasil. Não se compreenderia que os delegados, com poderes executivos, pudessem ser não residentes. Aliás, esse entendimento é corroborado pela norma ampla do art. 146 da Lei 6.404/76, que exige dos membros dos órgãos de administração das sociedades anônimas a qualidade de residentes no país".

Esse tratamento das limitadas como sociedades de capitais, espelhadas nas sociedades anônimas, pode ser exemplificado com o caso do art. 298 da Lei 6.404, que permitiu a transformação de sociedades anônimas em sociedades por quotas no prazo de um ano, por deliberação de dois terços do capital, devendo o seu contrato assegurar "aos sócios a livre transferência das quotas, entre si ou para terceiros" (inc. II).

Finalmente, quanto à tutela das firmas e das denominações, formas do nome comercial ou de empresa, tomo a liberdade de transcrever alguns tópicos da palestra que proferi neste mesmo Instituto em outubro de 1999:

"No caso do empresário, o nome ou sinal pelo qual é conhecido no comércio (não só pela clientela, mas pela generalidade dos agentes que atuam no comércio, como fornecedores, instituições de crédito, distribuidores etc.) integra seu aviamento subjetivo, diretamente ligado à pessoa (natural ou jurídica), ao qual se agrega o conceito público de que desfrute.

"Na primeira hipótese, temos o nome comercial subjetivo, definido no art. 2º do Decreto 916, de 1890 (firma ou razão comercial é o nome sob o qual o comerciante ou sociedade exerce o comércio e assina-se nos atos a ele referentes), a que se devem acrescentar as denominações das sociedades por quotas e por ações, tais como constam do contrato ou do estatuto e no Registro do Comércio. Sob este aspecto, o nome comercial constitui obrigação do empresário e seu uso em forma incorreta pode ocasionar a responsabilidade solidária dos sócios a que, normalmente, não estariam obrigados.

"No sentido de nome comercial subjetivo, a firma (e a denominação social) constitui dever do empresário (embora lhe seja lícito alterá-la desde que inscreva a alteração no Registro do Comércio), devendo distinguir-se de outra inscrita no registro do lugar (Decreto 916, art. 6º), não sendo alienável a não ser conjuntamente com o estabelecimento (devendo nesse caso ser usada antecedida da declaração sucessor de — cf. art. 7º).

"Tratam-se, no caso, de preceitos de ordem pública, não derrogáveis por vontade das partes.

"Diferentemente, o nome comercial objetivo constitui direito exclusivo de seu titular, podendo ser formado não só pelo nome comercial subjetivo (firma ou denominação social), como por outros nomes ou sinais pelos quais o público identifique o comerciante, independentemente de registro, tal como preceitua o art. 8º da Convenção de Paris. Nesse sentido, equiparam-se ao nome comercial as denominações das sociedades civis e das fundações (Decreto-lei 7.903, de 1945, art. 104, parágrafo único).

"Por sua natureza, o nome comercial é direito exclusivo absoluto, não limitado ao ramo de atividade, de modo que, ao menos quanto às denominações, não podem coexistir no território nacional duas idênticas. No caso de firmas, o princípio se atenua, em face do dever de veracidade na sua formação. Os ramos de atividades e a localização só serão levados em conta em casos de imitação, a fim de se determinar a possibilidade de confusão.

"Destaque-se que a proteção ao nome comercial independe de registro, consoante o disposto no art. 8º da Convenção de Paris.

"A denominação da sociedade anônima goza da exclusividade prevista na Constituição, já que consagrada pela lei específica (art. 3º, § 2º, da Lei 6.404, de 1976). Essa exclusividade opera em todo o território nacional, já que a lei não a limita, nem condiciona seu exercício a qualquer formalidade de caráter estadual ou nacional. O mesmo se aplica às sociedades por quotas, em virtude da expressa remessa do art. 18 do Decreto 3.708, de 1919, à Lei das Sociedades por Ações.

"E outro não podia ser o tratamento dispensado às denominações das pessoas jurídicas, visto sua própria existência dever ser reconhecida em todo o país em face do art. 18 do Código Civil, sendo o nome o aspecto exterior dessa existência. O mesmo deve ser observado quanto às firmas, princípio esse somente atenuado quanto à existência dos homônimos, quando se aplica a regra dos §§ 1º e 2º do art. 6º do Decreto 916, de 1890 (destaque-se que mesmo esse antigo Decreto somente previa a possibilidade da homonímia para o caso das firmas, não se aplicando a restrição territorial do art. 6º às denominações das companhias anônimas, reguladas no art. 4º).

"Se a identidade de nomes comerciais (no sentido amplo acima indicado) deve ser coibida em todo o território nacional, a mesma regra deve ser aplicada quanto aos nomes semelhantes. É preciso, todavia, haver um critério para se estabelecer qual a semelhança vedada (a Lei das Sociedades por Ações se refere no § 2º do art. 3º a denominações idênticas ou semelhantes, nada esclarecendo a respeito). Quando se tratarem de denominações arbitrariamente escolhidas, o critério deve ser mais rígido, especialmente se tais denominações contiverem palavra ou expressão de fantasia, pelas quais seja a pessoa jurídica conhecida. Nessa hipótese, tal nome ou expressão passa a constituir o próprio nome comercial, devendo receber a mesma tutela conferida ao nome completo. A semelhança vedada é aquela que possa estabelecer confusão a todos aqueles que venham a se relacionar com os titulares dos nomes (e não apenas à clientela, pelo que tais nomes ou expressões não se acham sujeitos ao princípio da especialidade, que se aplica às marcas). Na prática, os tribunais levam em conta o local da sede, o ramo de atividade e eventuais dessemelhanças na denominação completa, não porque a proteção ao nome comercial seja local ou limitada ao ramo de atividade, mas porque esses elementos de fato podem conduzir à conclusão da impossibilidade de confusão.

"Antes de mais nada, foi repristinado o Decreto 916, de 1890, que criou, na República, o registro de firmas ou razões sociais. Quando notei, no início dos anos 90, sua supressão nas edições do Código Comercial da Saraiva, telefonei ao Juarez de Oliveira reclamando do fato. Nas edições posteriores ele reapareceu, com a seguinte nota de rodapé:

"'Este Decreto chegou a ser expressamente revogado pelo Decreto 11, de 18 de janeiro de 1991. Chegamos a retirá-lo de algumas edições. Posteriormente, retornou por solicitação de muitos profissionais do Direito que não concordaram com sua revogação. Alegavam que através de Decreto (ato administrativo) não poderia ter sido revogado o Decreto com força de Lei. Com efeito, o Decreto 1.780, de 10 de janeiro de 1996, veio revigorar o diploma'.

"Dessa forma, revogado ou não, o Decreto 916 está 'revigorado' e consta das atuais edições do Código Comercial e legislação complementar.

"O Decreto cuida das firmas e não das denominações e seu art. 6º estabelece a seguinte regra: 'Art. 6º. Toda firma nova deverá se distinguir de qualquer outra que exista inscrita no registro do lugar. § 1º. Se o comerciante tiver nome idêntico ao de outro já inscrito, deverá acrescentar designação que o distinga'.

"Acrescenta seu art. 10: 'Art. 10. O emprego ou uso ilegal de firma registrada ou inscrita dará direito ao dono de exigir a proibição desse uso e a indenização por perdas e danos, além da ação criminal que no caso couber. (...) § 3º. Também será sumária e processada no juízo comercial a ação para obrigar o concorrente, que tenha direito a firma idêntica, a modificá-la por forma que seja impossível erro ou confusão'.

"Assim, no regime instituído pelo Decreto 916, o direito à firma era local e admitia-se a semelhança entre firmas, mas não sua identidade, resolvida pelo acréscimo de designação distintiva, dado o fato da possível homonímia das pessoas físicas sócias de uma e outra.

"Já as denominações das sociedades anônimas não são objeto daquele Decreto, que expressamente dispõe: 'Art. 13. Não serão inscritas as companhias anônimas. (...) Art. 15. Este Decreto não se refere ao nome comercial ou industrial, continuando em todo o vigor os Decretos 3.346, de 14 de outubro de 1887, e 9.818, de 31 de dezembro do mesmo ano'.

"A tutela das denominações vem disposta na Lei das Sociedades por Ações 6.404, de 1976, que repete o que já constava no Decreto 2.627, com os mesmos números de artigo e parágrafo: 'Art. 3º. A sociedade será designada por denominação acompanhada das expressões *companhia* ou *sociedade anônima*, expressas por extenso ou abreviadamente mas vedada a utilização da primeira ao final. (...) § 2º. Se a denominação for idêntica ou semelhante a de companhia já existente, assistirá à prejudicada o direito de requerer a modificação, por via administrativa (art. 97) ou em juízo, e demandar as perdas e danos resultantes'.

"Quanto às denominações das sociedades por quotas, que tenham optado por essa forma de nome comercial, aplica-se a mesma regra, por expressa remessa do art. 18 do Decreto 3.708, de 1919: 'Art. 18. Serão observadas quanto às sociedades por quotas de responsabilidade limitada, no que não for regulado no estatuto social, e na parte aplicável, as disposições da lei das sociedades anônimas'.

"Além disso, esse direito é reconhecido, independentemente de registro ou depósito, nos termos da Convenção da União de Paris para a Proteção de Propriedade Industrial, de 20.3.1883, promulgada, no Brasil, pelo Decreto 1.263, de 10.10.1994: 'Art. 8º. O nome comercial será protegido em todos os países da União sem obrigação de depósito ou de registro, quer faça ou não parte de uma marca de fábrica ou de comércio'.

"Já o art. 195, V, da Lei 9.279/96 (nova Lei de Propriedade Industrial), define, com toda a clareza, como crime, a violação de nome comercial pertencente a outrem: 'Art. 195. Comete crime de concorrência desleal quem: (...) V — usa, indevidamente, nome comercial, titulo de estabelecimento ou insígnia alheios ou vende, expõe ou oferece à venda ou tem em estoque produto com essas referências; (...)'.

"A proteção ao nome comercial não é restrita ao ramo de atividade de seu titular, visto que a lei não limita essa proteção, não sendo lícito ao intérprete criar limitações não previstas pelo legislador. Aliás, tratando-se de denominações, a doutrina é unânime a respeito, podendo-se citar a lição de Tullio Ascarelli, que durante tantos anos pontificou no meio jurídico brasileiro: 'Es decidir, puede cuestionarse si la denominación social no deberia diferenciar-se de la de cualquer otra persona jurídica o colectividad y si, a su vez, no deberia protegerse en todo el territorio nacional y, por tanto, más allá del ámbito de la actividad desarrollada y de su esfera territorial, contra la possibilidad de confusión con la denominación de otra persona jurídica o colectividad. De otro modo, en efecto, la tutela de la denominación no comprende el possible perjuicio que también ocasionar (por ejemplo, a efectos del crédito bancario) una denominación similar para actividades diversas; esta consecuencia, admisible en el nombre comercial e inevitable en el nombre civil, por la lícita existencia de homónimos, está lejos de ser necessaria para la denominación, libremente elegida, de la persona jurídica o de la colectividad organizada' (*Teoria de la Concurrencia y de los Bienes Inmateriales*, Barcelona, 1970, p. 379).

"Nem se exige, segundo os princípios, que se trate de conflito onomástico entre pessoas físicas ou jurídicas que exercitem atividades comerciais idênticas, semelhantes, relativas ou afins, reconhecem-no a doutrina (cf. Gama Cerqueira, *Tratado da Propriedade Industrial*, v. I, p. 493, n. 194, e v. II, t. II, parte III, pp. 320 e ss., RJ, Forense, 1976; Trajano Miranda Valverde, *Sociedade por Ações*, v. I, p. 52, n. 39, RJ, Forense, 1941; Waldemar Ferreira, *Tratado de Direito Mercantil*, v. II, pp. 89-90, n. 68, inc. IV, RJ-SP, Freitas Bastos, 1939; Carvalho de Mendonça, *Tratado de Direito Comercial*, v. II, n. 175, RJ, Freitas Bastos, 1934; Tullio Ascarelli, in *Revista dos Tribunais* 159/21) e a jurisprudência (cf. Decisões sobre os nomes comerciais Vidrobrás, Quimetal, Philips, Esso e JB, citadas por Luiz Leonardos, "A proteção ao nome comercial do Direito brasileiro", in *Revista dos Tribunais* 450/31 e notas; ap. cível 115.008, 6ª CC do TJSP, *apud* P. R. Tavares Paes, *Propriedade Industrial*, SP, Saraiva, 1982, p. 346; *RT* 525/62-66, 450/261-263, e *Revista de Jurisprudência do Tribunal de Justiça do Estado de São Paulo* 58/134-136).

"E razão é que assim seja, porque, visando a lei a discernir, uma das outras, as firmas e denominações comerciais, a fim de evitar confusão, o princípio 'tem inteira aplicação, ainda que diversifique o gênero de atividade das sociedades, porque a proteção das denominações sociais não pressupõe necessariamente o elemento *concorrência*, circunstância que apenas influi para agravar a possibilidade de confusão' (Gama Cerqueira, no parecer in *RT* 249/37). Este é o substrato da interdição das homonímias (homografias e homofonias), cujas conseqüências danosas transitam da possibilidade imediata de estorvos no relacionamento mercantil até aos riscos prováveis de desvio de clientela e de grave promiscuidade dos conceitos públicos.

"Todos esses princípios, albergados pela doutrina, constam do lúcido e brilhante acórdão proferido, pela 2ª Câmara Civil do TJSP na apelação cível 78.942-1 da Comarca de São Paulo, relatado pelo eminente Desembargador Cezar Peluzo.

"No que tange à localidade das sociedades, não é outro o entendimento senão o de que a exclusividade de utilização do nome empresarial não está restrita ao âmbito estadual, conforme a localização da empresa. Tal questão já foi objeto de profunda análise na apelação cível 4.163, TJRJ (publicado na *RT* 512/246 e *RDM* 31/94) que concluiu: 'No mérito, correta é a conclusão alcançada pelo digno Juiz Eduardo Mayr, na erudita sentença de fls... A Constituição Federal inscreve entre os direitos individuais o de uso do nome comercial. E fá-lo em termos que não admitem restrições ao garantir ao seu titular exclusividade desse uso (art. 153, § 24). Somente uma interpretação destoante de todos os princípios de interpretação teleológica e finalística poderá restringir essa exclusividade ao âmbito estadual, conforme a localização da sede da empresa. A ampliação crescente dos meios de comunicação, o vertiginoso desenvolvimento das relações comerciais e industriais estão a apontar a necessidade de estender-se a proteção do nome comercial a âmbito nacional'.

"Teria o advento da Lei 8.934, de 1994, que dispõe sobre o Registro Público de Empresas Mercantis e Atividades Afins modificado esse panorama?

"Segundo essa Lei, 'a proteção ao nome empresarial decorre automaticamente do arquivamento dos atos constitutivos de firma individual e de sociedades, ou de suas alterações' (art. 33). Os parágrafos desse artigo, que foram vetados pelo então Presidente Itamar Franco, declaravam expressamente que essa proteção tinha caráter nacional. A justificativa do veto era o fato de que nem todas as empresas tinham atuação de âmbito nacional, não devendo a Lei generalizar a proteção nacional a todas elas, indiscriminadamente.

"Mas o regulamento da Lei, pelo Decreto 1.800, de 1996, foi além da justificativa do veto, dispondo: 'Art. 61. A proteção ao nome empresarial, a cargo da Juntas Comerciais, decorre, automaticamente, do arquivamento da declaração de firma mercantil individual, do ato constitutivo de sociedade mercantil ou de alterações desses atos que impliquem mudança de nome. § 1º. A proteção ao nome empresarial circunscreve-se à unidade federativa de jurisdição da Junta Comercial que procedeu ao arquivamento de que trata o *caput* deste artigo. § 2º. A proteção ao nome empresarial poderá ser estendida a outras unidades da federação, a requerimento da empresa interessada, observada instrução normativa do Departamento Nacional de Registro do Comércio — DNRC. Art. 62. O nome empresarial atenderá aos princípios da veracidade e da novidade e identificará, quando assim o exigir a lei, o tipo jurídico da sociedade. (...) § 2º. Não poderá haver colidência por identidade ou semelhança do nome empresarial com outro já protegido. § 3º. O departamento Nacional de Registro do Comércio — DNRC, através de instruções normativas, disciplinará a composição do nome empresarial e estabelecerá critérios para verificação da existência de identidade ou semelhança entre nomes empresariais'.

"Finalmente, a Instrução Normativa DNRC 53, de 6 de março de 1996, estabeleceu no parágrafo único do art. 7º: 'Se a firma ou razão social for idêntica a de outra empresa já registrada, deverá ser modificada ou acrescida de designação que a distinga'.

"E no art. 10: 'Ficam estabelecidos os seguintes critérios para a análise de identidade e semelhança dos nomes empresariais, pelos integrantes do Sistema Nacional de Registro de Empresas Mercantis — SINREM: I — entre firmas ou razões sociais, consideram-se os nomes por inteiro, havendo identidade se homógrafos e semelhança se homófonos; II — entre denominações sociais: a) consideram-se os nomes por inteiro, quando compostos por expressões comuns, de fantasia, de uso generalizado ou vulgar ocorrendo identidade se homógrafos e semelhança se homófonos; b) quando contiverem expressões de fantasia incomuns, serão elas analisadas isoladamente, ocorrendo identidade se homógrafas e semelhança se homófonas'.

"A meu ver, as normas do Decreto 1.800 e da Instrução Normativa 53 não passam de normas procedimentais para as Juntas Comerciais, não elidindo a proteção ampla aos nomes de empresas em termos territoriais ou de ramos de atividade conforme reiterada jurisprudência de nossos tribunais. A respeito do tema, não posso deixar de mencionar excelente trabalho publicado por Karin Grau-Kuntz, sob o título *Do Nome das Pessoas Jurídicas* (Malheiros Editores, 1998), que praticamente esgota o assunto."

Cumpre acrescentar que o novo Código Civil, a entrar em vigor, ratifica o disposto no Decreto 1.800, de 1996, estabelecendo:

• no art. 1.163 que "o nome de empresário deve distinguir-se de qualquer outro já inscrito *no mesmo registro*", e

• constitutivos "das pessoas jurídicas (...) no registro próprio, asseguram o uso exclusivo do nome *nos limites do respectivo Estado*",

• cujo parágrafo único acrescenta: "O uso previsto neste artigo estender-se-á a todo o território nacional, se registrado na forma da lei especial".

Essas normas contradizem o disposto no art. 8º da Convenção de Paris. Além do mais, criarão um novo problema se partirmos do princípio, assentado na jurisprudência, de que a proteção ao nome empresarial das sociedades já existentes não está restrita ao território dos Estados.

A lei nova não poderá atingir direitos adquiridos e as novas sociedades pretenderão a aplicação da isonomia.

Isso porque ao menos as sociedades existentes até a vigência do Código da Propriedade Industrial instituído pelo Decreto-lei 1.005, de 1969, adquiriram, inegavelmente, direito à proteção nacional, por força de seu art. 166: "A proteção ao nome comercial ou de empresa, em todo o território nacional, é adquirida através do arquivamento ou registro dos atos constitutivos da firma ou sociedade no Registro do Comércio ou no Registro Civil das pessoas jurídicas, conforme o caso".

Atualidades

ALIENAÇÃO DE BEM IMÓVEL PENDENTE DEMANDA CONTRA O ALIENANTE INSOLVENTE

HÉLIO DA SILVA NUNES

1. Introdução. 2. Fraude à execução — Caracterização — Pressupostos: 2.1 Pendência da ação — Propositura da demanda; 2.2 Ciência da demanda — Citação; 2.3 Tipo de demanda pendente; 2.4 Insolvência — Prova; 2.5 A boa-fé do adquirente. 3. Ineficácia. 4. Penhora: 4.1 Penhora sem registro; 4.2 Penhora registrada. 5. Conclusão. Bibliografia.

1. Introdução

Poderíamos ter intitulado o presente comentário de *Fraude de Execução*, tão simplesmente. E não o fizemos porque pretendemos ater-nos à figura do inc. II do art. 593, do Código de Processo Civil, de maior ocorrência nos foros. Também, por outra banda, vai a nossa pretensão de colaborar para que se afaste da mente do operador do direito, especialmente aqueles da área da advocacia, o tormento que sempre ocorre, com a multiplicidade de entendimentos divergentes que se nota entre os comentadores, quando não a superficialidade como são expostas as opiniões sobre a fraude de execução e que acabam por mais confundir do que esclarecer. Nossa orientação foi aqui, neste comentário, abrir as entranhas da figura jurídica da fraude à execução e examinar cada uma das suas partes, sempre trazendo exposta as opiniões da doutrina e da jurisprudência, confrontando-as, quando possível, para, afinal, na conclusão, sintetizarmos a inteligência da norma do art. 593, II, do Código de Processo Civil, conforme a vemos, na atualidade, especialmente após a edição da Lei 8.953/94.

Cingimo-nos à fraude prevista no inc. II do art. 593, porque a espécie prevista no inc. I do referido artigo é de fácil compreensão, uma vez que o que se está a tutelar, nessa norma, é o direito de seqüela do bem. E esse primeiro inciso encontra-se em correlação com o inc. I do art. 592 do Código de Processo Civil, o qual cuida da ineficácia da alienação ocorrida após a sentença proferida na ação real; enquanto que a norma do art. 593, inc. I, antecipa a proteção à seqüela, fazendo a ineficácia atingir as alienações ocorridas antes do julgamento da causa.[1]

E quanto à fraude a credores, e aquela especificada no segmento falimentar iremos analisar quando do exame da ineficácia como defeito do ato jurídico.

2. Fraude à execução — Caracterização — Pressupostos

2.1 Pendência da ação — Propositura da demanda

Na fria letra do inc. II do art. 593 de nosso Código adjetivo, a caracterização da fraude ocorreria tão-só com a alienação do

1. Humberto Theodoro Jr., *Processo de Execução*, p. 119.

bem, correndo demanda capaz de reduzir o executado à insolvência e, para correr a demanda, basta a propositura dela em Juízo. Nenhuma referência ao terceiro adquirente e à boa-fé deste. A expressão dessa norma faz-nos crer que qualquer alienação ou oneração, quando já tendo sido proposta demanda contra o devedor-alienante, é fraudulenta. Haveria, aí, uma presunção, embora relativa, em favor do exeqüente.[2]

Conquanto seja uma estreita visão da norma jurídica, houve inúmeros pronunciamentos jurisprudenciais e doutrinários a expressá-la:[3] "Pendente demanda que poderá levar o Réu à insolvência, reputa-se em fraude a alienação, pelo devedor, de bens de seu patrimônio, podendo a ineficácia da alienação, face ao exeqüente, ser declarada independentemente de ação e, até, de oficio, no próprio processo".[4]

Invocam-se, para tal entendimento, as normas dos arts. 263 e 617 do Código de Processo Civil, chegando Ronaldo Bretas C. Dias,[5] contrapondo-se aos que proclamavam a indispensabilidade da citação, a afirmar que "o momento da propositura da ação está assinalado nos arts. 263 e 617 do Código de Processo Civil, a caracterizarem a existência da demanda pendente a partir do instante em que a relação processual está criada tão logo a petição inicial seja distribuída ou despachada", completando Pedro dos Santos Barcelos que "já a partir daí existe uma ação em andamento correndo contra o devedor, e, por isto, os atos de venda ou oneração por ele, devedor, praticados, são considerados em fraude de execução".[6] Também na jurisprudência ocorreram diversas manifestações aceitando-se a ocorrência da fraude à execução, independentemente da citação do devedor.[7]

No âmbito das execuções fiscais, face à presunção de fraude existente no art. 185 do CTN, a "inscrição do débito como dívida ativa em fase de execução" já é o suficiente, uma vez que o simples ajuizamento (distribuição e despacho vestibular) já configura a "fase de execução" prevista na norma legal, independendo da citação do executado.[8]

2.2 *Ciência da demanda — Citação*

Enquanto alguns comentadores e parte da jurisprudência entendiam já estar correndo demanda contra o devedor "tanto que a petição inicial seja despachada pelo Juiz, ou simplesmente distribuída onde houver mais de uma vara" (art. 263 do CPC), a doutrina, em sua maioria, e com a aceitação jurisprudencial, passou a proclamar que a pendência da ação só ocorre com a litispendência e esta, nos termos do art. 219 do mesmo CPC, nasce com a citação válida, embora já antes da citação esteja presente a relação jurídica processual, embora meramente bilateral (autor e Estado-Juiz), mas "uma coisa é sua existência, outra a produ-

2. REsp 2.314-SP, *DJU* 30.4.1990, p. 3.526.

3. REsp 7.712-RS, rel. Dias Trindade, *DJU* 27.5.1991, p. 6.962.

4. RE 108.911-3-RS, Carlos Madeira: "Não há cuidar, na espécie, de boa ou má-fé do adquirente do bem do devedor, para figurar a fraude. Basta a certeza de que, ao tempo da alienação já corria demanda capaz de alterar-lhe o patrimônio reduzindo-o à insolvência" (*DJU* 22.8.1986, p. 14.524); RE 103.328-2-MG, Néri da Silveira: "para que se configure fraude de execução, basta a existência de demanda pendente, quando a alienação do bem se consumou, não dispondo o executado de outros bens penhoráveis" (in *JB* 164/ 224); e, na doutrina, Pedro dos Santos Barcelos, em *RT* 658/46: "ao ingressar em Juízo com uma demanda capaz de reduzir o devedor ao estado de insolvência, mesmo antes de citado este, não poderá mais dispor de seu patrimônio, tornando-se insolvente, sem que pratique fraude à execução, nos termos do inc. II do art. 593, do Código de Processo Civil: É por demais vexatório e desacreditante para o Estado jurisdicional ter consigo uma demanda e deixar com que a garantia de sua eficácia jurisdicional seja desfeita. É por isso que deve prevalecer para os fins da fraude à execução, o momento em que for proposta a ação em Juízo e não após a citação do Réu com o fim de tornar a coisa litigiosa".

5. *RJ* 259/6.

6. *RT* 658/45.

7. *RT* 613/118; 601/125; 609/107; *JTJ-Lex* 140/62; *RJE* 3/6.

8. *RJTJESP* 118/140; REsp 59.659.9-RS, *DJU* 22.5.1995, p. 14.371 e *DJU* 5.2.1987, p. 961/2.

ção de efeitos sobre o demandado. E tanto a relação jurídica existe antes da citação (ação já proposta, nos termos do art. 263 do CPC) que ela pode ser extinta (art. 267, inc. I) e, no caso de indeferimento da petição inicial, terá o demandante o poder de recorrer, que é tipicamente processual e, portanto, inerente a um processo pendente".[9]

Além de induzir a litispendência, a citação torna litigiosa a coisa; litigiosidade essa que é indiscutível quando houver a penhora do bem, uma vez que a penhora significa a especificação pelo Estado do bem do devedor, que irá responder pela dívida do demandado. Mas antes da penhora já se pode ver na litigiosidade decorrente da citação não uma litigiosidade específica sobre determinado bem do patrimônio do devedor, mas uma litigiosidade em torno de todo o patrimônio do executado, face à presunção, embora relativa, da insolvência que a alienação ou oneração de bem do devedor, correndo demanda, faz surgir, fato este bem apreendido por Mário Aguiar Moura.[10]

Se na doutrina, em sua maioria, só a ciência inequívoca da demanda, seja pela citação ou por qualquer outro meio próprio, caracteriza a demanda pendente, na jurisprudência, nos dias atuais, há, quase que uma unanimidade (Paulo H. Santos Luca, "Fraude à execução", *Revista Síntese de Direito Civil e Direito Processual Civil* 5/132, rodapé). É o que se vê no REsp 111.490-SP, rel. Min. Carlos Madeira; RE 107.692-5-SP, Min. Sidney Sanches, *DJU* 28.4.1989, p. 6.298, e ainda em *RTJ* 79/621; 116/1.012; 116/356; 172/800, e em *RTJ* 89/903 por v. acórdão relatado pelo Ministro Moreira Alves, no qual se deixou expresso que "para que ocorra a fraude à execução, na hipótese prevista no inc. II do art. 593 do CPC, mister se faz que, antes da alienação, já corresse contra o devedor demanda capaz de reduzi-lo à insolvência. Ora, para a demanda correr não basta o ajuizamento da ação, é mister a citação válida, pois a partir de então é que há a litispendência (ou seja, a pendência da lide, da demanda). Por isso, acentua Pontes de Miranda que, no tocante ao citado inc. II, a insolvência não basta para que se componha a figura da fraude à execução. Outro pressuposto é o de existir a litispendência".

No Superior Tribunal de Justiça, outra não é a orientação como a que vem exposta no v. acórdão relatado pelo Ministro Moreira Alves.[11]

Mesmo em execuções fiscais já se delineia também a necessidade da citação, não bastando a "inscrição da dívida ativa em fase de execução, mas sendo necessária a citação".[12] A citação já é também indispensável para configurar a existência da demanda nos demais Tribunais do país.[13]

2.3 Tipo de demanda pendente

Ocorrente demanda capaz de reduzir o demandado à insolvência, temos, em princípio, configurada a figura jurídica do art. 593, inc. II, do Código de Processo Civil. Mas dessa demanda deve estar ciente o demandado, seja em mera ação de conhecimento de efeito condenatório ou até em ação cautelar ou de natureza criminal de que possa resultar responsabilidade na órbita cível. Efetivada a alienação ou oneração do bem, pelo devedor, e estando ele já ciente dessas ações, e se essa alienação ou oneração for capaz de levá-lo à insolvência ou mesmo agravá-la, ficará configurada a frau-

9. Cândido R. Dinamarco, *Fundamentos do Processo Civil Moderno*, p. 121.

10. *RT* 509/302.

11. REsp 53.575-1-SP, Nilson Naves; REsp 3092-0-MT, Costa Leite; REsp 2.429-SP(10), Barros Monteiro, in *RSTJ* 12/385; Nancy Audrighi, com ressalva, em *RSTJ* 133/155; REsp 8.548-SP, Eduardo Ribeiro em *JSTJ* 29/216 e *RT* 669/186; REsp 256.071-SP, R. Aguiar, *DJU* 18.9.2000, p. 136; REsp 9.789-SP, A. Carneiro, *DJU* 3.8.1992, p. 11.321.

12. REsp 191.185-SP, Min. Francisco Peçanha Martins, *DJU* 4.6.2000, p. 89.

13. *JTAC-RT* 122/21 e 23; *RJE* 4, n. 8/95, p. 23; *RT* 610/224; *JTAC-RT* 123/18.

de de execução, quando iniciada a execução, uma vez que essa fraude só é alegável no próprio processo de execução. Antes, pode até existir a fraude a credores, para a qual apropriada é a ação pauliana. Proposta, em seqüência à ação de conhecimento de caráter condenatório, ação de execução, pode o exeqüente alegar a existência da fraude do inc. II do art. 593 do CPC. Não proposta a ação de execução ou dela desistindo o credor, a fraude a alegar-se será a fraude a credores, no âmbito e nos termos da Lei Civil comum, na qual o *consilium fraudis* é um dos pressupostos, salvo ocorrência de um novo estado de fraude à execução. "Tratando-se de título judicial, não se faz mister, para configurar a fraude à execução, que se tenha consumado após iniciada a fase de execução, isto é, mais precisamente depois da citação válida para o processo de execução. Basta a citação válida para o processo de conhecimento para que adquirente e alienante estejam cientes de que a demanda poderá alterar o patrimônio deste último, reduzindo-o à insolvência (Juiz Ferraz Nogueira, em *RT* 687/105). Do mesmo sentir a r. decisão da 10ª CDPrivado do TJSP.[14] Na doutrina, bastante incisiva é a assertiva de Belmiro P. Welter, confirmatória dessa diversidade de processo: "Em decorrência, se ao tempo da alienação ou oneração de bens, pedia contra o devedor (ou avalista ou denunciado) demanda cível ou criminal — seja de conhecimento (declaratória, constitutiva, condenatória, executiva real ou mandamental) cautelar ou execução, está perfectibilizada a fraude à execução (em sentido amplo) com o que o ato de oneração ou alienação é ineficaz perante o credor (embora eficaz entre devedor e terceiro) o que pode ser declarado, de ofício, nos próprios autos, independentemente de ação própria".[15]

A demanda pendente, quando da alienação ou oneração do bem do demandado, não precisa ser necessariamente a ação de execução: pode sê-lo em qualquer ação de conhecimento de caráter condenatório.

2.4 Insolvência — Prova

A fraude é um dos vícios em que a repressão mais se faz sentir. O ato jurídico ou negócio jurídico não pode estar eivado de má-fé sob pena de sua nulidade ou de supressão de seus efeitos. O que deve informar a ação humana é a boa-fé que, nos tempos modernos, já não é tão-somente a boa-fé subjetiva, mas também a boa-fé objetiva.

Vezes sem conta o ser humano procura subtrair de seu patrimônio a responsabilidade por suas dívidas. Com essa ação, pode causar danos a seus credores pela ocorrência, em virtude desse ato, da incapacidade de seu patrimônio de satisfazer as obrigações que ele contraiu, tornando-se, em conseqüência, um devedor insolvável ou agravando a insolvabilidade existente, e até insolvente por não solver obrigação.

Pelo art. 748 do CPC, que é mais apropriadamente um conceito de insolvabilidade, nossa lei adjetiva caracterizou a insolvência como o estado patrimonial do devedor em que as dívidas excedem os bens. Bem de ver que aí está definida a insolvência real. Mas ela também pode ser indicada por presunção conforme expresso no art. 750 do mesmo Código.

A insolvência do devedor é um pressuposto indispensável à fraude à execução, ou na dicção de José Sebastião de Oliveira: "O estado de insolvência do devedor é ponto fundamental para a configuração da fraude à execução, nos termos do art. 593, II, do CPC. Oportuno é o ensinamento de Amílcar de Castro quando exige para caracterização da fraude à execução a existência do dano. Verifica-se o primeiro pela inexistência ou insuficiência de bens patrimoniais do devedor para satisfazer suas dívidas. Já a fraude é o conhecimento ou previsão do dano causado. Portanto, se não fi-

14. *JTJ-Lex* (13) 173/57, Des. Paulo Franco.
15. Belmiro P. Welter, *Fraude à Execução*, p. 50.

car configurado o estado de insolvência do devedor não há que falar em fraude à execução pois o *eventus damni*, que a fraude acarreta ao credor, está justamente em provocar a insolvabilidade do devedor".[16]

A insolvência, o dano, é, pois, pressuposto inarredável do instituto previsto no art. 593, II do CPC, e deve existir no momento mesmo da alienação ou oneração do bem do devedor; sua ocorrência se afere naquele momento da alienação ou oneração. É nesse momento que se apura a existência ou não da insolvência. Só nessa ocasião e não naquela em que, em juízo, é argüida.[17]

A prova da insolvência incumbe ao credor exeqüente que dela fica dispensado quando se tratar de alienação a título gratuito ou, então, alienação ou oneração de bem constrito, esteja ou não a penhora, o arresto ou o seqüestro registrados no ofício imobiliário. Na alienação a título gratuito, a ineficacização do ato não traz dano ao beneficiário, o que já não ocorre nas alienações a título oneroso.

No respeitante ao pressuposto da insolvência e a sua prova, voltaremos a falar mais adiante.

2.5 A boa-fé do adquirente

A boa-fé está na base da ciência do direito, especialmente no aspecto informador e de interpretação do Direito. O princípio da boa-fé é de grande importância na sua função de informador do ordenamento jurídico e bem por isso, por seu variado emprego nesse ordenamento, é difícil a formulação de um conceito geral da boa-fé. Em nosso sistema, a todo passo há referência à boa-fé como um instituto indispensável nos negócios jurídicos. E já agora, modernamente, as referências se bipartem: boa-fé subjetiva e a boa-fé objetiva. Ainda que inexistente em nosso Código Civil uma norma como a do § 242 do BGB, que consagra a boa-fé objetiva no direito alemão, não obsta a sua vigência em nosso direito das obrigações, pois se trata de proposição jurídica com significado de regra de conduta.[18]

Em relação à fraude à execução, o que está em causa é a boa-fé subjetiva do adquirente: aquele estado psicológico que faz o indivíduo ver como realidade algo que é meramente uma aparência ou, como dito por Judith M. Costa, a boa-fé subjetiva denota, portanto, primariamente a idéia de ignorância, de crença errônea, ainda que escusável, acerca da existência de uma situação regular, crença (e ignorância escusável) que repousam seja no próprio estado (subjetivo) da ignorância, seja na errônea aparência de certo ato.[19]

2.5.1 O instituto do art. 593, II do CPC conforma-se com a alienação ou oneração do bem, pendente ação (de que o demandado tem ciência) capaz de reduzir à insolvência o devedor ou agravá-la se já existente.

A alienação ou oneração, como negócio jurídico, reclama a presença de um terceiro na operação. E este terceiro pode integrar a relação, ignorando ou conhecendo a existência de demanda contra o alienante, de que o demandado já estava ciente, inclusive do estado de insolvência que lhe advirá do ato traslativo.

Na segunda hipótese, resultante a insolvência, estando ou não penhorado o objeto da transação, mesmo ainda não registrada a penhora, estará configurada a fraude à execução com a decorrente ineficácia do ato de alienação ou oneração.

A boa-fé do adquirente é elemento capaz de desconstituir a fraude à execução, mesmo existente a insolvência. É que a fraude à execução exige a ocorrência, em concomitância, destes dois pressupostos: insolvência e má-fé do adquirente ou, mais amplamente, o *consilium fraudis*.

16. José Sebastião de Oliveira, *Fraude à Execução*, p. 71.
17. REsp 61.448-1-SP, W. Zveiter.
18. Judith M. Costa, *A Boa-Fé no Direito Privado*, p. 446, citando Clóvis do Couto e Silva.
19. Ob. cit., p. 411.

A norma do art. 593, II do CPC traz ínsita uma presunção, embora também aqui relativa, de má-fé do alienante. Não quanto ao terceiro adquirente que tem contra si, em matéria de presunção, apenas aquela, absoluta, que ressai do § 4º do art. 659 do CPC (Lei 8.953/94). A boa-fé que importa para o instituto da fraude à execução é aquela convicção que se origina de erro escusável, quando o interessado procura conhecer os fatos e, não obstante esse esforço, concebeu diferentemente da realidade. O erro escusável produz efeitos positivos. Um ato que normalmente haveria de ser negativo torna-se positivo e adquire eficácia jurídica.[20]

Tratando-se de alienação a título gratuito, não se indaga mais da insolvência; é ela declaradamente presumida, como presumida, também neste caso, é a má-fé do beneficiário. Aliás, na espécie, basta a má-fé do alienante, que não perde nada do que antes tinha, declarada a ineficácia do ato. Diferente é a hipótese das alienações a título oneroso, em que pode ocorrer efetivo prejuízo ao adquirente. Neste tipo de alienação, "a fraude deve ser recíproca, a fim de que adquirente, partícipe da fraude, sofra o prejuízo em lugar do credor".[21]

A boa-fé, vale repetir, está na base de nosso ordenamento jurídico. E já não é tão-somente a boa-fé subjetiva, mas também a boa-fé objetiva, quando se tratar de direito das obrigações, condicionado que foi o contrato aos parâmetros sociais, é não mais e tão-só, no âmbito da autonomia da vontade dos participantes. Não é outra a orientação do Ministro Sálvio de Figueiredo quando afirma que "o interesse geral representado pelo anseio de infundir segurança nos negócios jurídicos, impõe que se reforce o princípio da publicidade e se prestigie a boa-fé, que é elemento que informa, estrutura e vivifica todas as relações, e sobre a qual repousa nosso direito".[22] No mesmo sentido a orientação de Humberto Theodoro Júnior.[23] De Décio Antonio Arpen colhe-se esta advertência: "o povo não que um terceiro de boa-fé, ignorando a existência de um processo, a que não foi dada publicidade, lhe subtraia a propriedade adquirida por meio de negócio formalmente perfeito, mormente através de singelo e perfunctório despacho nos autos da execução e onde sequer o adquirente tem ensejo de demonstrar o seu direito. Para ele, eficácia e validade se equivalem; o certo é que seu patrimônio está na iminência de lhe ser retirado".[24]

A boa-fé do adquirente, presumida ou demonstrada, é elemento suficiente a desconstituir o instituto da fraude à execução. Assim, aos pressupostos antes enumerados: existência de demanda em curso, de que ciente estava o executado; alienação ou oneração de bem do demandado capaz de reduzir o alienante à insolvência, é mister acrescer o fato de o adquirente ter ciência da existência da demanda, seja por constar no álbum imobiliário o registro daquela circunstância ou porque, por outros meios, ficou comprovada a ciência (pelo adquirente) daquele fato.

Cabe acrescentar, por derradeiro, que a existência da demanda ou oneração deve anteceder a alienação ou oneração, mas a redução do alienante à insolvência ou o agravamento desta e a ciência do adquirente

20. Octávio M. Guimarães, *Da Boa-fé no Direito Civil Brasileiro*, p. 30.

21. Amílcar de Castro, *Comentários ao Código de Processo Civil*, v. 8, p. 119.

22. *RSTJ* 58/204.

23. "Há muito doutrina já citada por Amílcar de Castro já alertava para relevante aspecto não só jurídico, mas acima de tudo de eqüidade e justiça. Advertia que deixar de tutelar a boa-fé do terceiro, que onerosamente adquire bem sem qualquer comércio ou conhecimento de ação pendente seria transferir o eventual prejuízo do credor-exeqüente para o adquirente embargante, o que não seria justo, nem jurídico, já que este pagou o preço devido pelo imóvel e agiu de boa-fé. Por isso ensina o mestre que em igualdade de condições, não haverá razão de direito para remover o dano do credor para o terceiro adquirente", in *Revista Síntese de Direito Civil e Direito Processual Civil* 5/155.

24. "A fraude à execução e a publicidade registral", in *RT* 577/27.

quanto à existência da ação e da insolvência do alienante devem ocorrer concomitantemente. Alienações anteriores à existência de demanda podem configurar a fraude a credores; não, porém, a fraude à execução; também a alienação que não impede o patrimônio do alienante de satisfazer as demais obrigações naquele momento; tampouco a insolvência que venha ocorrer posteriormente à alienação indigitada pode configurar qualquer dos pressupostos da fraude à execução.

Como bem salientado por Humberto Theodoro Júnior: "a tese que prevalece atualmente, nos Tribunais, especialmente no STJ, é a que reclama para a alienação onerosa em fraude à execução o mesmo elemento subjetivo da fraude comum contra credores, além do elemento objetivo representado pelo dano suportado pelo credor em razão da insolvência provocada ou agravada pelo ato de disposição, é necessário que o terceiro adquirente tenha concorrido conscientemente para o ato danoso. Incumbe, portanto, àquele que invoca o art. 593 do CPC demonstrar ambos os elementos da fraude, de maneira que estando o terceiro de boa-fé, não haverá como sujeitá-lo à responsabilidade executiva pelo débito do alienante. É necessário sempre que o terceiro tenha ciência efetiva ou presumida da existência da demanda contra o alienante e do seu estado de insolvência. Do contrário, o que prevalece é a boa-fé como dado suficiente impedir a configuração de fraude".[25]

3. *Ineficácia*

3.1 O nosso legislador optou por excluir do negócio em fraude à execução o fator eficácia. E a ineficácia, como concebido, pode atingir o ato ou o negócio jurídico em seu todo ou apenas em relação a certas circunstâncias ou pessoas. Ocorre, nessa hipótese, a ineficácia relativa, por que, no caso, a ineficácia é especificamente do ato jurídico, uma vez que o negócio alienação ou oneração ocorre no campo do direito privado e é válido entre as partes contratantes, inexistente apenas o valor da eficácia frente ao credor exeqüente, por força de norma processual que a exclui. A fraude, na espécie, não atinge diretamente o processo como direito público e por isso não é o processo que se torna ineficaz, mas o negócio jurídico de alienação ou oneração. Se houvesse infração ao interesse público, o negócio jurídico seria nulo e não ineficaz.[26]

Por não atingir relação jurídica de ordem pública, mas interesses particulares, a ineficácia do ato só ocorre frente ao credor exeqüente; não assim, porém, em relação às partes contratantes que continuam afetadas pelo negócio jurídico. Daí a relatividade da ineficácia que se pronuncia no processo executivo em relação à fraude à execução ocorrida. E isso importa em que, sanado o vício da fraude, persiste a relação obrigacional das partes contratantes.

3.2 A mesma supressão do valor da eficácia a atos ou negócios jurídicos, vamos encontrar na lei falimentar — art. 52 do Decreto-lei 7.661/45 —, em que explicitamente se declara não produzirem efeitos relativamente à massa falida os atos enumerados naquela norma jurídica, apresentando, entretanto, como especificidade, a necessidade de ser proposta ação própria — a revocatória (declaratória de ineficácia) — que terá rito ordinário (art. 56). Contrariamente, a fraude à execução pode ser declarada incidentalmente, no mesmo processo de execução e penhorado o bem alienado ou onerado (art. 592, IV, do CPC).

Na hipótese do art. 52 da lei falimentária, apesar da disposição expressa do art. 56, *caput*, da lei falimentar, não se impede que a ineficácia do ato possa ser oposta como defesa em atos de execução (art. 57 da Lei de Falências). Este fato, porém, não desmerece a norma do art. 56, pois o fulcro central da norma está na necessidade de

25. *RT* 776/30.

26. Gelson Amaro de Souza, in *Revista Jurídica* 260/32.

conceder-se a necessária oportunidade de defesa ao terceiro atingido, objetivo esse que também se alcança com a norma do art. 57: instauração de processo de conhecimento. Em ambos os casos, a declaração judicial da ineficácia deve ser antecedida do devido processo legal.

Também vale lembrar a ineficácia que ocorre nos casos de desconsideração da personalidade jurídica, instituto este que entrou em nosso direito positivo através do Código de Defesa do Consumidor e que o direito pretoriano vem aplicando também em matéria não consumerista, especialmente no direito societário.

Neste aspecto, entretanto, a jurisprudência rara com exceção vem confundindo inúmeros institutos jurídicos (conforme nosso artigo em *RDM* 12/22-39). Mas o principal equívoco que se pratica no uso deste instituto não está na confusão que se faz entre ele, e os institutos da falência, da extensão da falência e da extensão dos efeitos da falência, mas na supressão ao direito de defesa do atingido pelos efeitos da desconsideração.

Já vimos decisão coletiva judicial em que se justificou a falta de oportunidade de defesa com a invocação da ineficácia que ocorre em matéria de fraude à execução.

Laborou em equívoco referida decisão uma vez que as situações jurídicas são diferentes. Na fraude à execução, como vimos, não há, inicialmente, a privação do bem; não há a perda do bem pelo terceiro e sua amplitude de defesa pode, perfeitamente, ser exercida nos embargos de terceiro, previstos em lei. Na desconsideração da personalidade jurídica há uma decisão judicial em que se introduz uma responsabilidade solidária ao terceiro — sócio da empresa — e nesta há uma transformação da natureza societária: a sociedade deixa de ser uma sociedade de responsabilidade limitada, transformando-se numa sociedade solidária, quer quanto a um determinado negócio; quer quanto a um tempo, ou então desde que foi constituída que é o que se vê corriqueiramente nas manifestações judiciais que se limitam a desconsiderar a personalidade jurídica de uma sociedade, *tout court*, sem qualquer limitação. Determinada a desconsideração, é mister que os prejudicados recorram dessa decisão sob pena de ela vir a precluir. Ora, recorrer não é o mesmo que estabelecer o contraditório e a ampla defesa, direito pessoal assegurado constitucionalmente. Na espécie, não pode valer-se o prejudicado dos embargos de terceiro, tão-somente: é que, preclusa a r. decisão que determinou a desconsideração da personalidade jurídica, estará definida a sorte do terceiro: responder, solidariamente pelas dívidas da sociedade de que faz parte. E já estando deferida a sua responsabilidade solidária, já não há mais falar em embargos de terceiro. Não há mais o terceiro, mas o responsável solidário pelas dívidas da sociedade.

Assim, antes de pronunciar sua decisão, deve o juiz conceder prazo para a defesa, que deve ser ampla, ao terceiro que vai ser atingido: a sociedade e seus sócios componentes. Não é o que está ocorrendo, no mundo judicial, especialmente nas instâncias inferiores. Mas essas decisões, que não proporcionam a ampla defesa, estão eivadas de inconstitucionalidades.

3.3 A norma do inc. LIV do art. 5º da Constituição Federal de 1988 dispôs expressamente que ninguém será privado de seus bens sem o devido processo legal. Por outro lado, a norma do inc. LV do art. 5º da referida Constituição Federal exige que sejam assegurados aos litigantes o contraditório e a ampla defesa. É de clareza que a privação de bens das pessoas só deve ocorrer após a instauração do devido processo legal, com ampla defesa e contraditório. E em se tratando de norma constitucional, tem total prevalência sobre as normas infraconstitucionais.

Nossa lei processual, com a aprovação da quase unanimidade da jurisprudência e da doutrina, permite declaração incidental da ineficácia do ato jurídico, a penhora do bem já em nome do terceiro adquirente e o cancelamento do registro imobiliário.[27] E o art. 1.046 do CPC indica como meio de defesa, nas hipóteses ali previstas, os embargos de terceiro, para aquele que — não sendo parte — vier a sofrer turbação ou esbulho, processo esse autônomo em relação ao da execução, uma vez que (dentro no processo executivo) a fase de conhecimento já se encontra superada.

Essas normas processuais e os entendimentos pretorianos e doutrinários que daí resultavam estavam em perfeita consonância, mas agora, face ao novo § 4º do art. 659 do CPC (Lei 8.953/94) que se lhe deu, acabaram por criar uma contradição em matéria de provas (art. 333, I, do CPC), especialmente frente às decisões das instâncias superiores.

3.4 Com a edição da Lei 8.953/94, que alterou o § 4º do art. 659 do CPC, e face a seus termos, houve alguns desencontros de opiniões entre os vários comentadores, harmonizando-se, atualmente, o entendimento no sentido de que o registro não é formalidade essencial a penhora, mas apenas um ato complementar. Para esse clareamento muito contribuiu Cândido Dinamarco.[28]

O registro tornou-se, na lição da doutrina e da jurisprudência, a única fonte de presunção absoluta da existência da fraude à execução. O terceiro adquirente já não poderá alegar boa-fé, se a alienação ou oneração vier a ocorrer após o registro. Para Rodrigo Matheus, "a obrigatoriedade do registro está ligada somente ao plano da eficácia do ato da penhora que se considera perfeito e acabado com a apreensão e depósito do bem, emanando daí todos seus efeitos em relação ao exeqüente e ao demandado. Perante terceiros, porém, a eficácia do ato de penhora fica condicionada ao registro".[29]

Não é outra a clara observação de Santos Lucon, citando Mendonça Lima: "Diante da inscrição da penhora, nenhum terceiro poderá ignorar a situação do imóvel. A fraude decorrerá, assim, de presunção *juris et de jure*. Se, porém, a inscrição não for feita, a posição se alterará completamente em detrimento ao autor credor: a ele caberá provar, então, pelos meios admitidos, que houve fraude; que o terceiro tinha ciência da ação. A negligência do exeqüente poderá ser-lhe fatal, pois a presunção absoluta não estará mais a seu favor".[30]

Nos Pretórios, o entendimento não discrepa daquele manifestado pela doutrina. No Superior Tribunal de Justiça, há manifestações expressas como a do Min. Aldir Passarinho Jr., afirmando que face aos novos termos do art. 659 do CPC, a inscrição (*rectius* — registro) da penhora no Registro Imobiliário é necessária para que possa ocorrer o efeito *erga omnes* e, nessa ocorrência, torne-se eficaz para impedir a venda a terceiros, caracterizando a fraude à execução. E, inexistente o registro, a alienação, ainda que posterior à citação na ação de execução e da intimação da penhora, é eficaz, autorizando o uso de embargos de terceiros em defesa da titularidade e posse sobre o imóvel pelos adquirentes.[31] Com relatoria do Ministro Ruy R. Aguiar ("Para caracterização da fraude de execução, na hipótese do art. 593, II, do CPC, é preciso que a alienação tenha ocorrido depois da citação válida, estando este ato devidamente

27. *RT* 639/119; *RT* 697/82; *RePro* 63/184.

28. "Dada sua clara finalidade em relação a terceiros, essa exigência não pode ser interpretada como formalidade essencial à existência do ato jurídico penhora. Sem seu cumprimento, a penhora existe e será válida sem que atenda às demais exigências formuladas pela lei, só poderá não ser eficaz em relação a terceiros. Aí está a grande importância da inovação trazida nesse novo parágrafo: sem ter feito o registro aquele que adquiriu o bem presume-se não ter conhecimento da pendência de processo capaz de conduzir o devedor à insolvência. A publicidade dos atos processuais passa a ser insuficiente como regra presuntiva de conhecimento", in *A Reforma do Código de Processo Civil*, p. 247.

29. "Registro da penhora e fraude à execução", in *Revista de Processo* 92/140.

30. *Revista Síntese de Direito Civil* 5/140.

31. REsp 243.497-MS, j. 19.4.2001, *DJU* 25.6.2001, p. 186.

inscrito no Registro, ou , na falta de tal providência, havendo prova de que o adquirente sabia da existência da ação")[32] e também com relatoria do Min. Ari Pargendler ("o registro da penhora é imprescindível à caracterização da fraude à execução, salvo aquele, que alega a existência da fraude comprovar que o terceiro adquiriu o imóvel ciente da constrição, mormente se o comprador não adquiriu o bem diretamente do executado"),[33] inúmeras outras novas manifestações jurisprudenciais existem sedimentando a nova inteligência da norma no sentido de que somente pelo registro do ato ou negócio é que o credor exeqüente terá a seu favor a presunção absoluta da ocorrência da fraude à execução. Inexistente o registro, a alienação ou oneração do bem, mesmo após a citação e até mesmo após a penhora, tem a seu favor a presunção de boa-fé do adquirente.

3.5 Antes da nova inteligência da norma, decorrente do atual parágrafo do art. 659 do CPC, existente a alienação ou oneração após a litispendência, a presunção, embora relativa, militava a favor do credor exeqüente contra não só o réu, mas também contra o próprio favorecido, daí o perfunctório exame judicial para determinar a penhora do bem, embora já em nome do terceiro adquirente. Nos moldes atuais, o ônus da prova está invertido, caso não haja a anotação no álbum imobiliário. É ao autor exeqüente, inexistente o registro, o ônus de provar ambos os pressupostos da fraude à execução: insolvência do devedor e ciência do terceiro adquirente ("A tese que prevalece, atualmente, nos Tribunais, é a que reclama, para a alienação onerosa em fraude à execução, os mesmos elementos subjetivos da fraude comum contra os credores. Além do elemento objetivo representado pelo dano suportado pelo credor em razão da insolvência provocada ou agravada pelo ato de disposição, é necessário que o terceiro adquirente tenha concorrido conscientemente para o ato danoso. Incumbe, portanto, àquele que invoca o art. 593 do CPC, demonstrar ambos os elementos da fraude, de maneira que, estando o terceiro de boa-fé, não haverá como sujeitá-lo à responsabilidade executiva pelo débito do alienante. É necessário sempre que o terceiro tenha ciência efetiva ou presumida da existência da demanda contra o alienante e do seu estado de insolvência. Do contrário, o que prevalece é a boa-fé como dado suficiente para impedir a configuração da fraude").[34]

3.6 Por já sedimentado o entendimento de que somente com o registro pode estar o autor exeqüente dispensado do ônus da prova de ambos os pressupostos da fraude à execução — ciência e insolvência — alguns autores proclamam que somente as alienações ou onerações após o registro da penhora, arresto, registro ou citação podem configurar a fraude à execução. Dorival Renato Pavan e outra assim se manifestam: "o que se deduz da doutrina e por força da norma contida no art. 659, § 4º do CPC, então é que, em princípio, há de se promover o registro da penhora, se o credor quiser evitar a venda pelo devedor a terceiro que, diante da ausência do registro, poderá ser considerado terceiro de boa-fé. Com isso, não mais ocorrendo a fraude à execução, eventual desfazimento do ato não mais poderá se dar no bojo do próprio processo de execução, por simples despacho, mas através da ação respectiva intitulada pauliana, onde o credor deverá demonstrar a ocorrência de seus requisitos, notadamente o do *consilium fraudis* como forma de poder obter o desfazimento do ato jurídico em face do terceiro adquirente".[35]

3.7 Há um profundo sentido de razão na lição de Dorival Pavan. Face à norma do art. 592, V, do CPC, pode o juiz, incidentalmente ao processo de execução, e

32. REsp 256.071–SP, *DJU* 18.9.2000, p. 136.
33. REsp 249.328–SP, *DJU* 9.10.2000, p. 144.

34. Humberto Theodoro Júnior, *RJ* 279/16.
35. Dorival Renato Pavan, "Da necessidade do registro da penhora para se operar à fraude à execução", in *Revista do Processo* 88/94.

deixando expresso a existência de fraude à execução, determinar a penhora do bem que o demandado alienou a terceiro, embora já registrado no nome deste. Há, aí, um perfunctório exame dos fatos. A defesa do terceiro ocorrerá via embargos de terceiros, mas, por uma especificidade processual, vai ocorrer uma inversão no ônus da prova. Se a alienação é posterior ao registro, não há o que discutir: a fraude existe e está comprovada. Se não houve o registro, ainda que tenha ocorrido a constrição e se houve a penhora do bem alienado, a defesa se exerce via embargos de terceiros, em que, nada obstante a relativa presunção existente a favor do adquirente, na sua defesa é mister fazer a prova de que inexiste a insolvência e de sua boa-fé na transação imobiliária. Ao credor exeqüente, o ônus da prova da ciência que teria o terceiro da ação de execução e a insolvência decorrente do ato translatício ou oneratício, de que deverá se desencumbir a contento, porque ainda aí estará presente em favor do embargante-adquirente a presunção da boa-fé.

E enquanto forem apenas e tão-só ordenados a penhora do bem alienado e o registro desta penhora, ainda não ocorre a perda do bem do terceiro adquirente, de maneira que não há a incidência da norma constitucional do inc. LIV do art. 5º, bem por isso que o cancelamento do registro, em nome do terceiro, só pode ocorrer ao final do processo executório com a arrematação ou adjudicação. Mas, em obediência à norma constitucional do inc. LIV, o terceiro deve ser cientificado da penhora ocorrente em bem de seu domínio, e deve, especialmente, ser intimado da praça que se designar para alienação do bem, se não houver interposto os embargos de terceiros.

O reconhecimento, incidentalmente, da fraude à execução não pode implicar no imediato cancelamento do registro imobiliário em nome do terceiro adquirente, uma vez que a ineficácia que se reconhece (na espécie) é de natureza relativa entre o réu-alienante e o terceiro adquirente. De natureza absoluta, a ineficácia somente ocorre na relação entre autor-exeqüente e réu-alienante. E pode ocorrer que o crédito do autor seja solvido de outra forma que não a do praceamento do bem. Nessa hipótese, extinto o processo executivo, volta a viger — e eficazmente — a relação jurídica entre vendedor e adquirente.

Embora o exame judicial que se faz no processo de execução quando alegada a ocorrência da fraude do art. 593, II, do CPC seja apenas perfunctório, não vemos como introduzir no processo um terceiro e lhe conceder, aí, a ampla defesa e o contraditório, fato este já propugnado em v. acórdão do Tribunal de Justiça de Minas Gerais.[36]

Ao terceiro se haverá de assegurar os recursos próprios do terceiro prejudicado, inclusive o mandado de segurança e os embargos apropriados, sempre, evidentemente, fazendo-o previamente ciente da constrição sobre o imóvel por ele adquirido do demandado. O que não deverá ocorrer é o cancelamento do registro do bem em nome do terceiro antes da adjudicação ou arrematação, porque (na hipótese) estaria o terceiro privado de seu bem sem o devido processo legal, uma vez que a norma constitucional estatui que a privação só pode ocorrer com o devido processo legal estabelecido.

4. Penhora

4.1 Penhora sem registro

A alienação ou oneração do bem do devedor demandado pode ocorrer antes da

36. "Considera-se em fraude à execução a venda de imóvel penhorado em execução fiscal. Para declarar a ineficácia do negócio em relação ao credor, é necessária a intimação do adquirente para fazer parte do processo. E acrescenta: Não vejo como possa o juiz sem a prévia prova de fraude dizer que ela existiu, porque é possível a boa-fé do terceiro adquirente. Daí porque necessária sua ouvida. Em aresto do TRF–1ª R., observou-se a seguinte orientação: 'Considera-se em fraude à execução a venda de imóvel penhorado em execução fiscal. Para declarar a ineficácia do negócio em relação do credor é necessária a intimação do adquirente para fazer parte do processo'" (*RT* 769/326).

constrição ou posteriormente à penhora, arresto ou seqüestro. E as conseqüências daí decorrentes para o negócio jurídico diferem substancialmente, face ao entendimento pretoriano e doutrinal, hoje totalmente majoritário, no sentido de que somente com o registro se configura a presunção *juris et de jure* da ocorrência da fraude à execução. Inexistente o registro da constrição, o autor-exeqüente tem de provar os necessários pressupostos da fraude à execução: ciência do terceiro adquirente quanto à existência da ação e a insolvência ocorrente ou agravada da alienação.

A penhora é um ato de *imperium* do juízo da execução, ato oficial por meio do qual o Estado desencadeia o procedimento de expropriação executiva.[37] Com a penhora, perde o demandado a posse direta do bem: não assim a propriedade, o que só virá a ocorrer na arrematação ou adjudicação, ato final do processo executivo. Com a penhora, o Estado-Juiz especifica o bem do devedor que irá fazer face ao débito do executado, passando referido bem a ficar afetado ao débito exeqüendo, na relação entre demandante e demandado. Mas, ainda que assim seja, a penhora não retira do devedor o poder de alienação do bem constrito. E o ato praticado pelo devedor, embora afrontante de uma norma de interesse público, na relação autor, réu e Estado-Juiz, se efetua na órbita do direito comum envolvendo alienante e adquirente, não ingressando no campo das nulidades absolutas. O negócio jurídico alienação não atinge diretamente o processo, não havendo nele predominância do interesse público. Exatamente porque a norma do art. 593, II, do CPC está dirigida diretamente ao negócio jurídico, de natureza privada, é que não se fala (na espécie) em nulidade do ato, mas em ineficácia do negócio. Não é o ato processual, o processo, que é ineficaz, mas o negócio jurídico. O ato de fraude à execução nos casos de alienação ou oneração de bens não tem a natureza de direito público, pois não fere diretamente interesse público e sim interesse predominantemente privado do credor. Tem a natureza de direito privado e como tal deve ser tratada a ineficácia pretendida; deve ser buscada através das vias próprias previstas e utilizadas para anulação ou desfazimento dos atos ou negócios jurídicos em geral, confirma Gelson Amaro de Souza.[38]

4.1.1 Fazendo o demandado uso de sua faculdade de alienação do bem, embora já penhorado, vai surgir no âmbito jurídico um novo personagem: o terceiro adquirente. E este novo personagem pode ter participado da relação jurídica, ignorando todos os antecedentes do alienante. Na espécie, vamos estar frente a um terceiro de boa-fé. E no confronto entre o direito do terceiro de boa-fé e o direito do exeqüente haverá a predominância daquele direito. Em igualdade de condições, não há razão de direito para remover o dano do credor para o terceiro adquirente.[39] E nos tempos modernos há, indiscutivelmente, uma incoercível tendência, no dizer de Ovídio Batista da Silva, de proteção jurídica da aparência, e não seria possível, por exemplo, ignorar a legitimidade de tutela de quem, de boa-fé, houvesse adquirido o imóvel penhorado. Por tudo isso, não é admissível o entendimento de o ato de alienação ou oneração ocorrer após a penhora, sem maiores questionamentos. A falta de registro do gravame impossibilita que o adquirente tenha informações seguras a respeito do desembaraço do imóvel.[40]

4.1.2 Nos seus estritos termos, deflui da norma jurídica do art. 593, II, do CPC que a alienação ou oneração de bem do devedor ocorrente quando contra ele pende demanda capaz de reduzi-lo a um estado de insolvência, configura a fraude à exe-

37. Ronaldo Bretas C. Dias, *Fraude no Processo Civil*, p. 132.

38. *RJ* 260, p. 32.

39. Humberto Theodoro Jr., in *Revista Síntese de Direito Civil e Direito Processual Civil* 5/155.

40. *Revista Síntese de Direito Civil e Direito Processual Civil* 5/140.

cução. *Prima facie*, aí está a figura da fraude à execução. Todavia, essa figura jurídica pode não se constituir ou pode desconstituir-se com o aparecimento nesse teatro jurídico da figura do adquirente de boa-fé. A boa-fé é elemento eficaz contra a fraude à execução. Não existirá a figura da boa-fé (e por isso será inalegável) quando a aquisição feita por esse terceiro ocorreu quando já registrada a constrição do bem, registro este que traz em si a presunção absoluta da inexistência do fator boa-fé. Porém, consumada que esteja a transação negocial antes do registro, haverá em prol do adquirente apenas uma presunção de boa-fé; ao credor para fazer valer seus direitos cabe a prova de que o terceiro tinha ciência da penhora sobre o bem objeto do negócio e, portanto, que o terceiro tinha ciência da existência da ação. Havendo a alienação após o ato da penhora, embora sem registro, a prova a ser exigida do credor-exeqüente será aquela da ciência do adquirente.

Como antes salientado, após a vigência do novo § 4º do art. 659 do CPC, a única presunção existente a favor do credor exeqüente é aquela que ressai do registro imobiliário antecedente da alienação ou oneração. Assim, em todas as outras fases a presunção, embora relativa, beneficia o terceiro adquirente. Não se verificando a presunção *juris et de jure* do registro, a prova da má-fé do adquirente e da insolvência compete ao credor exeqüente. E, a esse respeito, excelente é a observação de Humberto Theodoro Júnior.[41]

4.2 Penhora registrada

Antes da nova regra sobre o registro da penhora, permeava entre comentadores e jurisprudência a idéia de que a publicidade decorrente dos processos era suficiente para levar aos interessados o conhecimento da existência de demanda contra o devedor executado. Mais robusteceu aquele entendimento a Lei 7.433/85, que impôs determinados requisitos aos tabeliães para a lavratura de escrituras públicas, obrigados a especificar no termo as certidões de distribuição de feitos em nome do alienante-outorgante.

Para alguns comentadores, dentre eles Ronaldo Britos C. Dias, a mera existência da ação, mesmo sem registro do ato citatório, já oferece a publicidade necessária para que terceiros possam aquilatar a situação dos envolvidos, cumprindo a todos tomar a indispensável cautela na consecução de qualquer negócio, de obter certidões negativas de distribuição de ações em nome do partícipe do ato, já que a possibilidade de acoimar um ato de alienação como fraudulenta, tornando-o ineficaz, serve de alerta geral a todos que pretendem contrair negócios.[42]

Partidário do registro, para Décio A. Erpen, os atos processuais somente levam a carga de publicidade — para efeito de cognoscibilidade generalizada — após sua inclusão nos órgãos específicos e estatuídos em lei. Como decorrência, pode-se concluir que o que foi noticiado no processo só o é para as partes litigantes, isso se forem intimados de sua prática.[43]

Para Sálvio de Figueiredo, a publicidade do processo torna viável apenas o

41. "Fácil é observar que, no estágio atual do direito brasileiro, há uma proteção dispensada ao terceiro que negocia com o litigante fraudador da execução. O fundamento para aludida proteção está em que a lei já franqueia ao credor o acesso a instrumentos que visam a tutela de seu crédito, todos com eficácia *erga omnes*, tais como o registro das ações reais imobiliárias e das penhoras, de modo que havendo registro, haverá impossibilidade de que terceiros venham alegar sua boa-fé, pois, *in casus* a má-fé gozará de presunção absoluta. Todavia, se o credor não se mostrar diligente no sentido de divulgação da existência da ação, o resultado será exatamente a atribuição do ônus de comprovar estar o terceiro adquirente obrando de má-fé. Sem o registro o que há é a presunção de boa-fé do terceiro que deverá ser eludida pelo credor para o fim de lograr o reconhecimento da fraude à execução e, por conseguinte, a decretação da ineficácia do ato da alienação" (*Revista Síntese de Direito Civil e Direito Processual Civil* 5/154).

42. In *Fraude no Processo Civil*, p. 105.

43. *RT* 577/22.

acesso, aos interessados, às peças do processo, sem gerar a presunção de ciência por terceiro do que nele se contém.[44]

A publicidade oriunda do processo não oferece a necessária proteção aos interesses dos terceiros de boa-fé, principalmente nas penhoras realizadas através de carta (art. 658 do CPC), uma vez que o ato não deixa vestígios na Comarca onde situado o bem constrito.

4.2.1 Para maior segurança aos negócios jurídicos foi editada a Lei 8.953/94 que impôs no § 4º do art. 659 do CPC o registro da penhora, e o fez via uma redação não muito clara de que decorreram interpretações conflitantes à inteligência daquela norma jurídica. Para determinados analistas, o registro da penhora seria da essência do ato judicial; para outros (a grande maioria, porém) o ato registral foi havido como mero ato complementar. Para Cândido Dinamarco, face à clara finalidade para que editada aquela norma, não há possibilidade de interpretar o registro da essência do ato processual. A finalidade da norma é a prevenção de futuras demandas com fraudes à execução. O caráter da norma é presuntivamente probatório, estando aí a grande importância da inovação trazida: sem ter sido feito o registro, aquele que adquiriu o bem presume-se não ter conhecimento da pendência de processo capaz de conduzir o devedor à insolvência.[45]

Consolidou-se, atualmente, o entendimento de que o registro traz para o processo uma presunção *juris et de jure* da ciência do terceiro, em relação à existência da demanda capaz de reduzir o devedor à insolvência. A presunção — na espécie — é de natureza absoluta e quando se diz que a presunção — aí — é absoluta, não se faz, concomitantemente, a afirmação de que os efeitos dos atos levados a registro também sejam absolutos. O sistema brasileiro adota a presunção absoluta somente em relação ao conhecimento que do registro sobressai, mas não quanto à validade do ato que é de natureza meramente relativa, como se depreende do art. 216 da Lei 6.015/73.[46]

4.2.2 Com a atual inteligência da norma do § 4º do art. 659 do CPC (Lei 8.953/94), a presunção absoluta da fraude à execução só ocorre quando a alienação ou oneração se verifica estando já registrada a penhora. Somente nesta hipótese, não mais pode o terceiro adquirente alegar boa-fé. Entretanto, como bem salientado por Amílcar de Castro, o fato de não ter sido registrada a penhora, o seqüestro, o arresto, a citação, não está o exeqüente impedido de fazer a alegação da fraude a credores, presentes que estejam os pressupostos daquela figura jurídica. Essa falta vem a significar apenas que o credor deverá fazer a prova de que o adquirente tinha conhecimento de estar pendente contra o alienante demanda capaz de reduzi-la à insolvência. Feitos os registros, as alienações posteriores serão desenganadamente consideradas em fraude de execução. Além do caráter de publicidade, vale o registro como prova presumida, absoluta, de conhecimento da ocorrência dos pressupostos da fraude de execução pelo terceiro adquirente.[47]

4.2.3 Alienações sucessivas

O terceiro adquirente, se adquiriu antes do registro da penhora, é um terceiro de boa-fé. Titular do domínio, poderá alienar outrossim o bem adquirido. Nesta nova alie-

44. "Apresenta-se inadmissível o entendimento de que seria dispensável o registro nos apontados casos de citação e gravame judicial em face de ser o processo regido pela publicidade. A publicidade que orna o processo, um dos princípios ligados à ciência processual pela revolução francesa de 1789 destina-se a tornar viável, com ressalvas legais o acesso dos interessados às peças da causa, não tendo o condão de gerar presunção de ciência por terceiro, do que nele se contém" (*RT* 609/11).

45. *A Reforma do Código de Processo Civil*, p. 247.

46. Decio A. Arpeu, "Fraude à execução e a publicidade registral", in *RT* 577/22.

47. *Comentários do Código de Processo Civil*, v. 8, ed. 1974, *RT* 125/87.

nação, duas hipóteses podem ocorrer: ou alienou o bem, igualmente antes do registro ou o fez após ter ocorrido a penhora do bem, embora registrado em seu nome. Na primeira hipótese, o novo adquirente também é um terceiro de boa-fé, salvo a mesma hipótese de haver, por outros meios, a prova de que conhecia o impedimento. Na segunda hipótese, o novo adquirente não seria um terceiro de boa-fé porque sua aquisição seria de um bem litigioso, que também pode configurar a fraude à execução.

5. Conclusão

5.1 A fraude a credores se configura com a alienação ou oneração do bem do executado, pendente que esteja uma demanda capaz de reduzir o alienante à insolvência, face à norma do art. 593, II, do CPC. E a demanda só se haverá de considerar como pendente com a citação do réu, momento em que ocorre a litispendência. A citação representa o conhecimento da demanda pelo demandado. E o que se vai exigir, nesta hipótese, é a prova inconcussa dessa ciência. A demanda pendente não exige, necessariamente, que seja uma ação de execução. Pode ocorrer, também, com a existência de uma ação de conhecimento de natureza condenatória; de uma ação cautelar, e mesmo de uma ação criminal que tenha conseqüências na órbita civil.

5.2 A fraude à execução tem como pressuposto a alienação pendente demanda e a insolvência que essa alienação ou oneração é capaz de produzir. Embora existentes os necessários pressupostos, pode a fraude à execução ser desconstituída, presente que esteja na relação negocial um terceiro de boa-fé, isto é, aquele adquirente que não obstante seus esforços concebeu diferentemente da realidade ("a boa-fé se caracteriza somente pelo estado de ignorância do sujeito, ou pela crença e opinião de que o direito é aquele que sua compreensão representa. Nesta ordem de idéias, a boa-fé deve ser considerada como ausência de intento de ferir o direito alheio. Só erra escusadamente quem se atem ao fato e o examina e perquire; quem procede com diligência e cuidado. Quem, por leviandade ou precipitação ou, em suma, por culpa, erra sem escusa: e o ato que daí ressair não tem apoio da lei ou não produz efeito jurídico" — Octávio Moura Guimarães, *Da Boa-Fé no Direito Civil Brasileiro*, p. 30).

O ônus da prova da ciência do terceiro adquirente cabe ao exeqüente. É o credor-exeqüente que deve provar a falta de boa-fé do adquirente ou, mais expressamente, cabe ao credor exeqüente a prova de que o terceiro tinha ciência da existência da demanda pendente e de que aquela aquisição era capaz de reduzir o alienante à insolvência.

5.3 A fraude à execução tem como conseqüência a ineficácia do ato ou negócio jurídico, ineficácia essa que pode ser declarada nos próprios autos do processo executivo. Com o reconhecimento da fraude à execução, pode o bem alienado ser penhorado, ainda que já constando em nome do terceiro adquirente, no registro imobiliário (art. 592, *r*, II do CPC). Determinada a penhora, cabe ao terceiro, que deve ser cientificado do ato, embargos de terceiro (art. 1.046 do CPC). Embora reconhecida a fraude de execução, o mandamento judicial deve ser tão-somente de registrar o ato judicial à margem da matrícula em nome do adquirente; não, porém, do cancelamento do registro do terceiro. A ineficácia ocorrente na espécie é meramente relativa entre alienante e adquirente, podendo ela, conforme as circunstâncias, ser desconstituída, tornando eficaz o negócio jurídico. Ainda por um outro motivo jurídico não deve haver, inicialmente, o cancelamento do registro face ao perfunctório exame, que na espécie faz o juiz: haverá a privação do bem do terceiro sem que se tenha estabelecido o devido processo legal estatuído pela norma constitucional do art. 5º, inc. LV. Ocorrente a penhora do bem já alienado ao terceiro, alienação anterior ao registro de penhora, seqüestro, arresto ou citação, deve ele ser cientificado tanto do fato para fins de embargos de terceiros quanto para a praça que se designar do bem penhorado. O cancelamento do registro imobiliário do terceiro só deve ocorrer após a arrematação ou adjudicação do bem, não antes, eis que a ineficácia não atinge a propriedade, o domínio do bem ("a decisão que declara a fraude à execução sujeita à penhora o imóvel alienado, sem atingir a transmissão da propriedade, cujo negócio jurídico é tão-só ineficaz em relação ao credor; o meio de impedir volte o bem a ser alienado, é o registro da penhora e não o cancelamento do registro da propriedade no ofício imobiliário").[48]

A presunção em favor do terceiro é relativa, na espécie.

Na hipótese de a alienação se verificar após a constrição do bem, é mister examinar-se o momento da alienação: se, embora constrito o bem, já se tinha verificado o registro dela no álbum imobiliário ou se ainda tal fato não ocorrera.

Alienado o bem já penhorado, mas ainda não registrado o ato judicial, a situação jurídica do terceiro adquirente continua igual à daquele que adquiriu antes da penhora do bem transferido: o terceiro adquirente, salvo prova contrária, continua a ser terceiro de boa-fé e, como tal, favorecido no confronto com o direito do exeqüente. O contrário ocorrerá, entretanto, se o registro imobiliário da constrição anteceder o negócio jurídico. Regerá a espécie o art. 240 da Lei dos Registros Públicos (n. 6.015/73), que declara fazer prova contra fraude de qualquer transação.

A Lei 8.953/94 fez inserir no art. 659 do CPC o § 4º, criando para o exeqüente o dever de levar a registro o ato judicial. O registro, ao contrário do que entenderam inicialmente os comentadores, não é da essência do ato da penhora, mas um dever complementar ao credor, dever esse que, não cumprido, poderá inutilizar juridicamente a constituição ocorrida, como vimos antes.

5.4 Como já salientado por Humberto Theodoro Júnior, fixaram-se pretoriamente três requisitos para que se configure a alienação em fraude à execução, de que trata o inc. II do art. 593 do CPC. É necessária a presença, concomitantemente, dos seguintes elementos: a) que a ação já tenha sido aforada; b) que o adquirente saiba da existência da ação (ou por constar do cadastro imobiliário dando conta de sua existência ou porque o exeqüente, por outros meios, provou que do aforamento da ação o adquirente tinha ciência); c) que a alienação ou oneração dos bens seja capaz de reduzir o devedor à insolvência.[49]

5.5 Para muitos comentadores, a alienação de bem objeto de constrição judicial (penhora, arresto, seqüestro, apreensão) não configura a fraude à execução dos incs. I e II do art. 593 do CPC. Também nesta hipótese ocorre a ineficácia do ato, mas em função do vínculo judicial que especializa o bem para atender à satisfação do crédito do exeqüente.

Dentro desse tipo de entendimento, "o direito do executado sobre a coisa coexiste, intacto, com o vínculo público processual que o ato da penhora impôs. E qualquer forma de exercício desse direito do executado é permitida enquanto, praticamente possível mas não altera este vínculo". É o que afirma, por exemplo, Teori A. Zavascki, citando Liebman.[50]

Parece-nos, entretanto, que ainda quando a alienação ou oneração ocorrer já existente a penhora, registrada ou não registrada, estaremos frente à fraude de execução. E mesmo neste caso, a boa-fé do terceiro deve ser preservada. É a opinião dominante na jurisprudência conforme se vê no REsp 9.789-SP (A. Carneiro: "a penhora do bem imóvel, antes de registrada,

48. REsp 38.369-SP, STJ, rel. Ary Pargendler, *RSTJ* 124/264.

49. *Revista Síntese de Direito Civil e Direito Processual Civil* 5/156.

50. *Do Processo de Execução*, v. 8, cit., p. 278.

vale e é eficaz perante o executado, mas só é eficaz perante terceiro provando-se que este conhecia ou devia conhecer a constrição judicial", *DJU* 3.8.1992, p. 11.321 e *RT* 691/190); no REsp 249.328-SP (Ari Pargendler: "o registro da penhora é imprescindível à caracterização da fraude à execução, salvo se aquele que alega a existência da fraude comprovar que o terceiro adquiriu o imóvel ciente da constrição", *DJU* 9.10.2000, p. 144).

Deve ainda aqui ser preservada a boa-fé do terceiro e no confronto entre o direito do exeqüente, a prevalência deve ser do direito do terceiro de boa-fé, desconstituindo-se a constrição.

Bibliografia

ASSIS, Araken de. *Manual do Processo de Execução*, 2ª ed., São Paulo, Ed. RT.

AZEVEDO, Antonio Junqueira de. *Negócio Jurídico. Existência, Validade, Eficácia*, São Paulo, Saraiva, 1974.

AZEVEDO, Luiz Carlos de. *Da Penhora*, São Paulo, Resenha Tributária, 1994.

AZEVEDO, Noé e VIDAL, Bento. *A Fraude Derroga Todas as Regras*, São Paulo, Ed. RT, 1928.

CAETANO, Marcelo e outros. *Estudos de Direito Civil Brasileiro e Português*, São Paulo, Ed. RT, 1980.

CASTRO, Amílcar de. *Comentários ao Código de Processo Civil*, v. VIII, arts. 566 a 747, São Paulo, Ed. RT, 1974.

CASTRO, José Antonio de. *Fraude no Processo Civil*, Belo Horizonte, Del Rey, 1998.

__________. *Execução no Código de Processo Civil*, São Paulo, Saraiva, 1983.

CORREA, Luiz Fabiano. *A Proteção da Boa-Fé nas Aquisições Patrimoniais*, 1ª ed., São Paulo, Lex, 2001.

COSTA, Judith Martins. *A Boa-Fé no Direito Privado*, São Paulo, Ed. RT, 1999.

COUTO E SILVA, Clóvis do. *A Obrigação como Processo*, Rio de Janeiro, José Bushatsky, 1976.

DIAS, Ronaldo Bretas de Carvalho. *A Representação da Fraude no Processo Civil Brasileiro*, São Paulo, Leud, 1989.

DINAMARCO, Cândido R. *Execução Civil*, São Paulo, Ed. RT.

__________. *Fundamentos do Processo Civil Moderno*, vs. I e II, São Paulo, Ed. RT, 1986.

__________. *A Reforma do Código de Processo Civil*, São Paulo, Malheiros Editores, 1995.

GRECO, Leonardo. *O Processo de Execução*, v. 2, Rio de Janeiro, Renovar, 2001.

GUIMARÃES, Octávio M. *Da Boa-fé no Processo Civil Brasileiro*, São Paulo, Saraiva, 1953.

LORENZETTI, Ricardo Luiz. *Fundamentos do Direito Privado*, São Paulo, Ed. RT, 1998.

MARMIT, Arnaldo. *A Penhora*, Rio de Janeiro, Aide, 1986.

NEGREIROS, Teresa. *Fundamentos para uma Interpretação Constitucional do Princípio da Boa-Fé*, Rio de Janeiro, Renovar, 1998.

OLIVEIRA, José Sebastião. *Fraude à Execução*, São Paulo, Saraiva, 1986.

SOUZA, Orlando de. *Processo de Execução*, São Paulo, Saraiva, 1976.

TEIXEIRA, Sálvio (coord.). *Reforma do Código de Processo Civil*, São Paulo, Saraiva, 1996.

THEODORO JÚNIOR, Humberto. *Execução*, v. 3, Rio de Janeiro, Aide, 1991.

__________. *Processo de Execução*, São Paulo, Leud, 1975.

WELTER, Belmiro Pedro. *Fraude de Execução*, Porto Alegre, Síntese, 1997.

ZAVASCKI, Teori Albino. *Comentários ao Código do Processo Civil*, v. 8, arts. 566 a 645, São Paulo, Ed. RT.

PRESSUPOSTO CORPORATIVO DA VENDA DE ATIVOS DE UMA SOCIEDADE COMERCIAL POR QUOTAS DE RESPONSABILIDADE LIMITADA

NILSON LAUTENSCHLEGER JR.
LARA SCHWARTZMANN

1. Natureza jurídica das sociedades por quotas de responsabilidade limitada. 2. O problema da venda da totalidade ou parte substancial dos ativos de sociedades comerciais por quotas de responsabilidade limitada. 3. Teoria "ultra vires societatis" e sua aplicação. 4. Limitação de poderes do sócio-gerente e sua interpretação jurisprudencial. 5. Venda da totalidade dos ativos e dissolução da sociedade. 6. Conclusões.

O presente trabalho tem por objeto perquirir dentro do Direito Brasileiro as razões e os limites do poder de decisão nas sociedades por quotas de responsabilidade limitada por meio da indagação da natureza jurídica deste tipo de sociedade, tendo o Direito Comparado – aqui, em especial o Direito Alemão – como base crítica. Referido questionamento surge na prática, por exemplo, por ocasião da decisão de venda da totalidade ou parte substancial dos ativos da sociedade por quotas de responsabilidade limitada, onde a resposta ao conflito entre o sócio-quotista minoritário e o sócio-quotista majoritário, este gerente da sociedade, coloca em discussão a própria natureza jurídica da sociedade. Concluem os autores com base na natureza jurídica deste tipo de sociedade no Direito Brasileiro pela necessidade de decisão unânime dos sócios-quotistas para as questões que não estejam relacionadas diretamente com o próprio objeto da sociedade, e em especial para a venda da totalidade dos ativos da sociedade ou de parcela substancial dos mesmos.

1. Natureza jurídica das sociedades por quotas de responsabilidade limitada

Concebida no século XIX para resolver o problema dos empresários europeus que, por um lado, embora não podendo lançar mão da estrutura cara e complexa das sociedades por ações, precisavam, por outro lado, limitar os riscos do negócio, vez que as tradicionais sociedades comerciais, já existentes na maior parte dos sistemas de Direito Continental, não correspondiam a tal necessidade de matematização dos riscos inerentes aos novos empreendimentos. Coube, assim, à sociedade por quotas de responsabilidade limitada conciliar as facilidades e a simplicidade formal relativa à organização e administração das tradicionais sociedades de pessoas, com o benefício da limitação de responsabilidade das sociedades anônimas, o qual permitia a matematização dos riscos do empreendimento.

Tal razão de existência legal e fática marcou, pois, de forma indelével as diversas conformações e estruturas encontradas para tal tipo de sociedade nos diversos países e os daí decorrentes problemas de identificação da sua exata natureza, mesmo nos países onde nasceu a sociedade com responsabilidade limitada sem estruturação legal e como resultado direto da própria necessidade fática, tal como na Inglaterra logo após a edição em 1862 do *Companies Act* e na Espanha com a edição do Regulamento do Registro do Comércio em 1919.[1]

Não encontra ainda hoje a sociedade de responsabilidade limitada uma classificação uníssona no Brasil[2] e nas próprias legislações estrangeiras, dentro da tradicional dicotomia entre as sociedades de pessoas, representadas pelas tradicionais sociedades comerciais, e as sociedades de capital, representadas pelas sociedades anônimas.[3] Tal dificuldade e controvérsia na literatura jurídica brasileira se expressam no próprio texto da norma que introduziu tal tipo de sociedade no Brasil – Decreto 3.708/1919 –, quando, por um lado, seu art. 1º prescreve que, além "das sociedades a que se referem os arts. 295, 311, 315 e 317 do Código Comercial, poderão constituir-se sociedades por quotas de responsabilidade limitada". Por outro lado, porém, seu art. 18 prescreve que serão "observadas quanto às sociedades por quotas de responsabilidade limitada, no que não for regulado no *estatuto social*, e na parte aplicável, as disposições da Lei das Sociedades Anônimas" (grifamos).[4]

Fica evidente, pois, não ser inusitado o fato de que nos diversos ordenamentos jurídicos encontramos a sociedade por quotas de responsabilidade limitada organizada ora como uma modalidade das sociedades de pessoas, tal como o paradigma francês, e ora como modalidade de uma sociedade de capital, tal como o paradigma alemão, os quais tornaram-se no passado ícones de tal dicotomia.[5] Tornou-se, assim, a sociedade de responsabilidade limitada um tipo claudicante de sociedade, de caráter intermediário,[6] na medida em que apresenta movimento pendular, sempre de acordo com as regras relativas à sua constituição, forma e administração, entre uma típica sociedade de capital, a sociedade por ações, e uma típica sociedade de pessoas.

Ressalte-se, ainda, que a classificação da sociedade por quotas de responsabilidade limitada como de pessoas, ou não, dependerá dos próprios elementos de caracterização das sociedades de capital, os quais podem variar de ordenamento para ordenamento. Como exemplo ilustrativo, vale lembrar que enquanto na Alemanha a personalidade jurídica situa-se como indicador valorativo da natureza das sociedades de

1. Fran Martins, *Sociedades por Quotas no Direito Estrangeiro e Brasileiro*, Rio de Janeiro, Forense, 1960, pp. 26 e 28.

2. Martins, *Sociedades por Quotas* ..., p. 235. Sobre as posições divergentes na doutrina brasileira e apontando Waldemar Ferreira como representante da tese do caráter pessoal destas sociedades, p. 335. Fran Martins elucida, ainda, com clareza, que existem, "desse modo, no mesmo diploma legal, normas pertencentes tanto às sociedades chamadas de pessoas como às de capital. E se bem que das últimas haja maior número, não se deve ver nisso supremacia, pois os princípios de ambas são essenciais, repelindo uma subordinação. A Constituição, segundo as regras dos arts. 300 e 302 do Código Comercial, acrescidas da solidariedade dos sócios até o total do capital, com suas principais conseqüências – o que não difere da lei alemã neste porém –, a gerência da sociedade apenas por sócios e a modificação do contrato com a retirada de qualquer sócio, é tão característica de sociedade de pessoa como a limitação da responsabilidade dos sócios o é de uma sociedade de capital. Fazer prevalecer apenas uma dessas normas nos parece injustificável" (pp. 336-337).

3. Martins, *Sociedades por Quotas* ..., p. 31.

4. Nota-se que o próprio legislador teve dificuldade com a terminologia adequada para designar até mesmo o instrumento de constituição da limitada, vez que não aplicou aqui a expressão "contrato social", mas sim "estatuto social".

5. Martins, *Sociedades por Quotas* ..., pp. 32 e 37. Observe-se, porém, que tal classificação tem tom meramente didático, pois na maioria dos casos torna-se praticamente impossível estabelecer uma clara distinção, eis que os sistemas atuais têm, mais e mais, adotado princípios tanto de uma como de outra.

6. Martins, *Sociedades por Quotas* ..., p. 237. Interessante comparação entre o Direito Francês e Alemão em Hübner/Constantinesco, *Einführung in das französiche Recht*, Munique, 1994, p. 220.

capital – vez que, à exceção de algumas sociedades comerciais, como a sociedade comercial aberta (*Öffene Handelsgesellschaft* ou *OHG*) ou a sociedade em comandita (*Kommanditgesellschaft* ou *KG*), as quais possuem certa independência na forma do § 124 do Código Comercial Alemão (*Handelsgesetzbuch*) –, tal critério não tem o mesmo valor na França ou mesmo no Brasil, uma vez que as tradicionais sociedades comerciais também possuem personalidade jurídica.

Embora parte da doutrina entenda deverem ser as sociedades por quotas de responsabilidade limitada classificadas como sociedades de capital,[7] bem como parte da doutrina entenda serem elas sociedades híbridas ou, ainda, não suscetíveis à classificação segundo este critério, entendemos que, de acordo com a legislação brasileira, referidas sociedades são fruto de uma relação pessoal entre os quotistas – e, portanto, em *princípio*, sociedades de pessoas.

Referida conclusão torna-se clara quando se tem como referência o Direito Comparado, em especial o Direito Alemão,[8] no qual teve origem esta modalidade societária, onde, porém, tem natureza inquestionável de sociedade de capital (*Kapitalgesellschaft*).[9] Neste sentido, observa-se que a sociedade por quotas de responsabilidade limitada brasileira apresenta um distintivo com relação à sociedade desta modalidade regulada pelo Direito Alemão – ou mesmo no moderno direito das sociedades de responsabilidade limitada francês –, que consiste na necessidade de o seu gerente ser sócio, o qual exercerá as funções de gerência pessoalmente ou através da delegação de poderes a pessoa(s) física(s) residente(s) no país.[10] Como já ressaltado na literatura comparada,[11] a própria expressão da lei brasileira – "sócio-gerente" – é delatora da natureza desta sociedade.

Desconhece, assim, o Direito Brasileiro para as sociedades de responsabilidade limitada o princípio da administração ou gerência por terceiros (*Fremdorganschaft*), comum às sociedades de capital.[12] O prin-

7. Martins, *Sociedades por Quotas* ..., p. 335. Mais recentemente, como de capital, Romano Cristiano, *Personificação da Empresa*, São Paulo, Ed. RT, 1982, p. 4.

8. Hein Kötz, o qual ilustra o ensinamento de Bacon, segundo o qual o jurista deve livrar-se do "vínculo" do seu ordenamento nacional "para exatamente reconhecer o valor do seu próprio Direito: o objeto de análise (o Direito Nacional) não pode prover simultaneamente a medida de sua análise" (trad. livre do Alemão) (*Einführung in die Rechtsvergleichung*, 3ª ed., Tübingen, Mohr Siebeck, 1996, p. 48).

9. Sobre o desenvolvimento das limitadas no mundo: Marcus Lutter, "Die Entwicklung der GmbH in Europa und in der Welt", in *Festschrift 100 Jahre GmbH – Gesetz*, Köln, 1992; contrário: Oliveira e Silva, *Da Sociedade por Quotas de Responsabilidade Limitada*, Rio de Janeiro, Freitas Bastos, 1956, p. 11. Erroneamente em contrário, pois, como bem explica Fran Martins, não fosse o fato de que as *private companies* inglesas não possuem personalidade jurídica e serem, na realidade, uma forma de sociedade por ações e simplificação de requisitos formais de constituição e transferência das ações, não possuíam personalidade jurídica. Também, o reconhecimento legal de tal forma de sociedade só ocorreria com o *Companies Act* de 1900 (Fran Martins, *Sociedades por Quotas* ..., p. 18); *apud* Rubens Requião, *Curso de Direito Comercial*, São Paulo, Saraiva, 1993, p. 331.

10. Conforme disposto no art. 13 do Decreto 3.708/1919, o "uso da firma cabe aos *sócios-gerentes*; se, porém, for omisso o contrato, todos os sócios dela poderão usar. É lícito aos gerentes *delegar* o uso da firma somente quando o contrato não contiver cláusula que se oponha a essa delegação. *Tal delegação, contra disposição do contrato, dá ao sócio que a fizer pessoalmente a responsabilidade das obrigações contraídas pelo substituto, sem que possa reclamar da sociedade mais do que a sua parte das vantagens auferidas do negócio*" (grifamos). Por outro lado, determina a lei alemã – art. 6º da lei que rege as sociedades por quotas de responsabilidade limitada (*GmbHG*) – simplesmente que a sociedade será administrada por um gerente pessoa física dotado de capacidade jurídica, não havendo qualquer remissão à necessidade de ser sócio.

11. Lutter, in *Festschrift* ..., p. 70.

12. A sociedade limitada alemã submete-se, portanto, como sociedade de capital, ao princípio da administração por terceiros, podendo, como visto, o gerente ser um terceiro. É interessante destacar que na prática brasileira não se admite, quando da constituição de usufruto, a outorga dos poderes de sócio-

cípio da auto-administração (*Selbstorganschaft*) não pode ser, obviamente, utilizado como critério único de distinção, mas confere certamente caráter mais pessoal à sociedade limitada brasileira, pois em muitos países – como na Alemanha – é utilizado como principal elemento de diferenciação entre as sociedades de pessoas e as sociedades de capital.[13]

Portanto, não obstante os sócios possam abdicar da inserção de cláusulas no contrato social que limitem, por exemplo, a transferência de quotas à observância do direito de preferência dos demais sócios, condicionem a aprovação de matérias de interesse social à manifestação favorável da totalidade dos quotistas e, ainda, que estabeleçam a dissolução da sociedade por força da morte ou incapacidade de qualquer um dos sócios, a legislação brasileira impõe caráter pessoal às sociedades por quotas de responsabilidade limitada quando atrela a figura do sócio à do seu gerente.

Desta forma, a relação de confiança entre os quotistas (*affectio societatis*) nas sociedades por quotas de responsabilidade limitada brasileiras abrange também o âmbito da gerência, representando característica essencial desta modalidade de organização societária. Destarte, devem os sócios (inclusive os sócios-gerentes e gerentes-delegados) ater-se aos termos do contrato social, sob pena de quebra da *affectio societatis* e até mesmo da configuração da impossibilidade de continuação da sociedade da forma como organizada ou de sua dissolução por descumprimento das obrigações sociais.[14]

2. *O problema da venda da totalidade ou parte substancial dos ativos de sociedades comerciais por quotas de responsabilidade limitada*

Seguindo nossas breves considerações sobre a natureza das sociedades por quotas de responsabilidade limitada, importante para situar o tema que se pretende explorar, cumpre adentrar com mais profundidade a questão relativa à venda da totalidade ou parte substancial de seus ativos.

A referida venda é um ato que nunca se encontra incluído no objeto social, pois contraria o próprio conceito de sociedade, descaracterizando a comunhão de esforços ou recursos para lograr fins comuns,[15] vez que, realizada tal venda, a sociedade não poderá mais operar, no sentido de cumprir com seu objeto, ou, quando muito, de forma extremamente debilitada. Tal ato não se coaduna, portanto, com o caráter – aqui pessoal – da sociedade, pois viola de forma frontal a própria relação interna dos sócios.

Tendo em vista a relação de confiança existente entre os quotistas, bem como o caráter extraordinário do evento, para a realização de tal ato deve ser obtida, conseqüentemente, a aprovação de quotistas da

gerente ao usufrutuário quando este não é quotista da sociedade, evidenciando, vez mais, o caráter personalístico da sociedade limitada (Parecer 015/89 da Procuradoria Regional da Junta Comercial do Estado de São Paulo).

13. O grande comercialista alemão Karsten Schmidt esclarece, a respeito, que, enquanto a administração de terceiros é o traço marcante nas sociedades de capital, contrariamente, "stehen die Geschäftsführungs - und Vertretungsbefugnisse bei Personnengesellschaften den Gesellschaftern selbst zu (vgl. §§ 709ff. BGB, 114, 125 HGB), und zwar, wie sich aus §§ 164, 170 HGB ergibt, nur den unbeschränkt haftenden Gesellschaftern" (*Gesellschaftsrecht*, Colônia/Berlim/Bonn/Munique, Carl Heymanns Verlag, 1997, § 14 II 1 (a), p. 416). Trad. livre do trecho citado: "nas sociedades de pessoas competem aos próprios sócios a gerência e os poderes de representação (cf. §§ 709 e ss. do Código Civil Alemão e 114 e 125 do Código Comercial Alemão) e, na realidade, como se depreende dos §§ 164, 170 HGB, somente aos sócios com responsabilidade ilimitada".

14. Conforme a seguir exposto, a quebra do *affectio societatis* pode levar à dissolução total ou parcial da sociedade por quotas de responsabilidade limitada, sob a alegação de impossibilidade de consecução do fim social em razão de discórdia entre os sócios. A dissolução será total se a discórdia abranger todos os sócios; e parcial, se se verificar somente com relação a parte deles.

15. Código Civil Brasileiro, art. 1.363. O denominado *Verbandzweck* da doutrina alemã.

sociedade representando significativa parcela do capital social, se definida no contrato social, ou a sua totalidade,[16] uma vez que o ato de venda dos ativos não se encontra incluído nos poderes de gerência da sociedade.[17] Ressalte-se que a própria necessidade de previsão contratual demonstra o imperativo de concordância – neste caso, prévia – para tais atos. Também, não cabe aqui a aplicação do tão discutido princípio da deliberação majoritária,[18] já aceito pela alta Corte do país como aplicável às sociedades por quotas de responsabilidade limitada,[19] pois tal decisão de venda refere-se a ato que extrapola a normal condução dos negócios e afeta de forma frontal sua participação na sociedade, na medida em que torna a consecução de seu objeto no mínimo duvidosa, quando não impossível. Ressalte-se, ainda, com efeito, que tal princípio não é absoluto e há decisões entendendo poder ser sua aplicação limitada,[20] de forma que a violação do contrato e da própria *affectio societatis* torna-se evidente.

Realizada, porém, a venda de ativos sem a concordância dos sócios e à revelia de tais princípios, impõe-se a pergunta a respeito da validade do ato perante terceiros ou perante o próprio comprador. Como resposta à indagação, devemos ressaltar que o ato configuraria violação ou desobediência do contrato social da sociedade, uma vez que ultrapassa os limites do objeto social e não incluído nos poderes de gerência. Desta forma, deve ser considerado prejudicial aos quotistas e aos credores da sociedade e, em último caso, nulo e *ultra vires* (além das atividades normais da sociedade).

Cabe, portanto, como seqüência de análise, voltarmos momentaneamente nossa investigação para o desenvolvimento da teoria *ultra vires* no Brasil, já que no Direito Comparado, em contraposição – ao menos, segundo parte da doutrina[21] – ao Direito Brasileiro, encontramos inúmeros exemplos, especialmente na Alemanha com a figura do *Geschäftsführer*, onde nas suas relações externas o gerente tem poderes amplos e a limitação prevista em contrato somente afeta os sócios em suas relações internas.[22] Ressalte-se, porém, que aqui não há que se falar somente em validade perante terceiros de cláusula contratual limitativa, que, embora aceita com muitas restrições no Direito Brasileiro e até mesmo no Projeto de Código Civil, não se refere aos limites legais do poder de gerência, mas sim aos seus *limites contratuais*. Por outras palavras, indaga-se, aqui, também a respeito dos limites que a lei impõe ao poder de decisão do sócio-gerente, independentemente das restrições contidas no contrato social.

16. Art. 331 do Código Comercial Brasileiro.

17. Nélson Abrão, *Sociedade por Quotas de Responsabilidade Limitada*, São Paulo, Saraiva, 2000, p. 132, o qual cita a lição de Carvalho de Mendonça – cujos princípios foram reproduzidos no Projeto de Código Civil, em seu art. 1.020 –, segundo o qual é vedado aos gerentes: "a) entrar em operações diversas das estabelecidas no contrato institucional da sociedade, salvo com o consentimento unânime dos outros sócios; b) aplicar os fundos ou bens da sociedade em negócio ou uso de conta própria ou de terceiro, sem o consentimento dos demais sócios (Código Comercial, art. 333); c) *alienar os bens sociais não destinados à venda*; d) doar bens sociais" (grifamos).

18. Abrão, *Sociedade por Quotas* ..., p. 159.

19. RE 76.710, *RTJ* 70/777, *apud* Abrão, *Sociedade por Quotas* ..., p. 159.

20. Ementa do TJSP, *BA* 1.772: "Direito comercial. A Lei das Sociedades Anônimas não é supletiva do Decreto 3.708/1919, mas do contrato social das sociedades por quotas de responsabilidade limitada. Apesar de consagrado o princípio da maioria, esta não pode, *entre outras hipóteses* (grifamos), transformar o objeto, nem o tipo da sociedade, sem o consenso de todos os sócios, pois isto implica a modificação da sua responsabilidade e da sociedade, entre si e perante terceiros" (*apud* Fábio Ulhoa Coelho, *Código Comercial e Legislação Complementar Anotados*, São Paulo, Saraiva, 2000, p. 130).

21. Abrão, *Sociedade por Quotas* ..., p. 137, o qual indica o professor Waldemar Ferreira como o mais agudo defensor da teoria da validade das limitações estatutárias.

22. Schmidt, *Gesellschaftsrecht*, pp. 1.075-1.076; Baumbach/Hueck, *Aktiengesetz*, Munique, C. H. Beck Verlag, 1996, pp. 484 e ss.; Abrão, *Sociedade por Quotas* ..., p. 136.

3. *Teoria "ultra vires societatis" e sua aplicação*

Não obstante o fato de que sua aplicação venha sendo mitigada, a teoria dos atos *ultra vires societatis* possui grande importância para o presente tema, visto que traz elementos para a averiguação da responsabilidade da sociedade pelos atos de gerência praticados em desrespeito ao disposto no contrato social.

Referida teoria possui como pressuposto básico o fato de que as sociedades perduram somente em função da consecução das atividades compreendidas em seu objeto social, de forma que deve este último determinar a abrangência da capacidade dos administradores de obrigar a sociedade em razão dos atos por eles praticados. Desta forma, a definição do objeto social é, para esta teoria, de enorme importância, devendo seu enunciado, estabelecido no contrato social, ser preciso, abrangendo tão-somente os atos necessários para a consecução dos fins sociais. Todavia, isto não ocorre com freqüência na prática, em face da intenção de se evitar a necessidade de qualquer alteração do contrato social para permitir que a sociedade desenvolva novas atividades ou até mesmo atividades intimamente conexas com o objeto da sociedade, vez que referida alteração contratual, se não dependente da aprovação unânime dos sócios por força de convenção expressa, resultará no direito de retirada de eventual sócio dissidente.[23]

Com o objetivo, assim, de proteger o objeto social, zelar pelo seu cumprimento e, conseqüentemente, proteger os interesses dos sócios, a teoria *ultra vires societatis* determina serem nulos todos os atos de administração que ultrapassam os limites do objeto social – e, portanto, que violam o contrato social.

Importante se faz reconhecer, entretanto, que a teoria *ultra vires societatis* é alvo de críticas, muitas vezes fundamentadas na boa-fé do terceiro que contrata com a sociedade. Conforme aponta Carvalho de Mendonça, a sociedade deve ser considerada obrigada ainda que o ato do gerente-delegado ultrapasse ou viole os limites impostos pelo contrato social e pelo próprio objeto da sociedade.[24] Contrariamente ao que afirma Waldemar Ferreira,[25] para os partidários deste entendimento não se pode esperar, em um contexto onde as relações, especialmente mercantis, são cada vez mais dinâmicas, que terceiros, ao contratarem com a sociedade, tenham condições de verificar a autoridade do gerente para a prática do ato, ainda que arquivado o contrato social no órgão competente. Segundo este raciocínio, a sociedade considerar-se-á obrigada, ressaltando-se que, em virtude do abuso da firma social por parte do sócio-gerente ou gerente-delegado, podem os demais sócios pleitear perdas e danos.[26]

Não obstante deva ser reconhecido o entendimento acima, verifica-se que o mesmo não se aplica ao tema sob análise. Ora, qual terceiro poderá legitimamente acreditar que o desfalque do patrimônio social, através da venda da totalidade ou de parcela substancial de seus ativos, se encontra autorizado no contrato social e em consonância com o objeto da sociedade? Dado o extremismo do ato, não há como a presunção de boa-fé do terceiro contratante lograr-se sustentável. Ressalte-se, porém, que os quotistas podem superar esta limitação agindo em conjunto, de forma que fique claro e assegurado que aprovaram e se consideraram protegidos de potenciais conseqüências prejudiciais decorrentes da venda da totalidade dos ativos.

Portanto, também nas relações externas com terceiros o ato há de ser conside-

23. Waldirio Bulgarelli, *Questões de Direito Societário*, São Paulo, Ed. RT, 1983, p. 3.

24. *Tratado de Direito Comercial* Brasileiro, 5ª ed., v. III, Rio de Janeiro, Freitas Bastos, 1958, Livro II, Parte III, pp. 162-164.

25. *Sociedades por Quotas*, 5ª ed., São Paulo, Monteiro Lobato, 1925.

26. Art. 16 do Decreto 3.708/1919.

rado nulo e a proteção da boa-fé não terá qualquer guarida, haja vista o extremismo do ato.

4. Limitação de poderes do sócio-gerente e sua interpretação jurisprudencial

Tal entendimento é também baseado em alguns precedentes da jurisprudência brasileira que buscam proteger os quotistas de maneira a não se sujeitarem a eventos sociais extraordinários por eles não aprovados. Como exemplo tem-se o acórdão datado de 18 de março de 1970 do Supremo Tribunal Federal, reunido em sessão plena, proferido em apelação cível.[27] Referido acórdão, julgado pela mais alta Corte do Poder Judiciário Brasileiro, sustenta que a venda de bens imóveis – relevantes – por um sócio sem o consentimento de todos os demais é ato *não apenas passível de anulação, mas nulo*. Note-se, no entanto, que a decisão acima é ainda mais conservadora, uma vez que o Supremo Tribunal Federal decidiu que a venda de qualquer bem imóvel da sociedade (e não apenas a totalidade dos bens) requer consentimento unânime dos sócios.

Tem-se, ainda, acórdão da 3ª Câmara Civil do Tribunal de Justiça do Paraná, datado de 30 de setembro de 1957, também proferido em apelação cível.[28] Mencionado acórdão estipula a necessidade de consentimento unânime por parte dos quotistas no caso da venda de ativos de uma sociedade. Conforme ensina referido Tribunal de Justiça em sua decisão, a venda de todos os ativos é um *evento que não coincide com o objeto social de uma sociedade* e, assim sendo, tal transação requer aprovação unânime dos sócios. A justificativa encontra-se no fato de que o uso do nome da sociedade por qualquer gerente ou gerente-delegado deve ser limitado aos atos em conformidade com o objeto social. O poder para a venda de todos os ativos da sociedade não está incluído entre as prerrogativas de que goza o gerente. Destarte, é entendimento dos julgadores da referida apelação cível que nos "(...) poderes de administração não se poderia compreender a alienação de todo o patrimônio social, que, em última análise, importa a própria venda da empresa. Negócio de tal vulto (...) exige a anuência expressa de todos os sócios. (...)".

Verdadeiro ensinamento encontra-se consignado no acórdão proferido pela 5ª Câmara Civil do Tribunal de Justiça do Estado de São Paulo em apelação cível de 30 de maio de 1969, inspirado nas lições de Egberto Lacerda Teixeira e Waldemar Ferreira, ao determinar não poder um contrato de compra e venda firmado pelo sócio-gerente para a venda dos bens de seu estabelecimento obrigar a sociedade, proprietária de tais bens, uma vez que não pode o sócio-gerente, "de sua exclusiva deliberação, vender o estabelecimento, ou seja, o fundo de comércio". E continua: "É o que expõe Egberto Lacerda Teixeira, ao afirmar que 'não pode o gerente, a menos que haja autorização expressa do contrato social, alienar, sob qualquer forma ou condição, bens imóveis ou imobilizados da sociedade ou os móveis não destinados à venda' (...). Não discrepa Waldemar Ferreira: 'Os sócios-gerentes (...), salvo menção expressa no contrato social, não podem transigir, renunciar direitos, hipotecar ou empenhar bens sociais, nem contrair obrigações e alienar bens e direitos, exceto se estes atos se incluem nas operações que fazem parte do objeto da sociedade'. Conseqüentemente, sem prova alguma de que os demais sócios ratificaram, expressa ou tacitamente, a promessa de venda, não podia ela, mesmo, obrigar a sociedade".[29]

27. ERE 63.281-GB, rel. Min. Barros Monteiro, *ADCOAS* 1970, p. 628; no mesmo sentido o acórdão unânime da 2ª Turma do STF, de 17.3.1969, no RE 63.281-GB, rel. Min. Thompson Flores, *ADCOAS* 1969, p. 313.

28. Ap. 324/56, rel. Des. Segismundo Gradowski, *RT* 281/696, *RJTJRS* 30/398.

29. Ap. 177.641, j. 30.5.1969, *RT* 407/175.

Tal entendimento jurisprudencial demonstra, portanto, que a base contratual e, logo, pessoal das sociedades por quotas de responsabilidade limitada brasileiras tem caráter constitutivo deste tipo de sociedade que somente pode ser mitigado mediante acordo expresso das partes – o que, de resto, não distancia as sociedades por quotas de responsabilidade limitada das tradicionais sociedades *solidárias*. Todavia, cumpre ainda salientar que a venda da totalidade dos ativos ou de parcela substancial dos mesmos também não poderia ser entendida como forma de dissolução parcial e, portanto, sujeita a simples decisão majoritária, pois que a dissolução total ou parcial passa necessariamente pelo controle judicial. Tal raciocínio merece melhor esclarecimento, como faremos a seguir.

5. *Venda da totalidade dos ativos e dissolução da sociedade*

De acordo com a legislação brasileira, na forma do inciso V do art. 335 do Código Comercial, uma sociedade com prazo de duração indeterminado pode ser dissolvida – ainda que somente parcialmente, como já reiterado na jurisprudência brasileira[30] – por qualquer quotista ou quotistas representantes da maioria do capital social. Também pode o sócio pedir a dissolução judicial da sociedade se, entre outras situações, houver impossibilidade de preenchimento do fim social.[31]

No entanto, tais disposições são aplicáveis apenas quando, em um segundo momento, um processo de jurisdição voluntária – art. 335, V – ou judicial – art. 336, I – de dissolução ocorre, o que representa um mecanismo adicional de proteção aos quotistas e assegurador da incolumidade e melhor adequação do processo. Portanto, não poderá ser tal disposição aplicada ao caso em estudo, uma vez que, mesmo que a venda da totalidade dos ativos de uma empresa possa ter o mesmo efeito que a dissolução de uma empresa, não há neste caso controle judicial algum sobre o preço da venda, nem sobre o processo em si.

Não se pode permitir, pois, que, por analogia, a mesma maioria de quotistas capaz de decidir pela dissolução da sociedade possa, da mesma forma, fazê-lo no caso da venda da totalidade dos seus ativos.

Porém, faz-se necessário reconhecer que, embora a venda da totalidade dos ativos de uma sociedade não se equipare à sua dissolução, poderá *configurar causa para o pleito*, em juízo, de tal medida por parte do quotista que não concordou com a referida venda. Tem-se, desta forma, que o pedido de dissolução poderá fundamentar-se em dois argumentos distintos, quais sejam: (i) impossibilidade de consecução do fim social ou (ii) violação das obrigações sociais.

No primeiro caso verifica-se que, reconhecendo a impossibilidade de continuação de uma sociedade que não pode mais cumprir o fim social para o qual foi constituída, determinou o legislador, no art. 336, I, do Código Comercial Brasileiro, que uma sociedade pode ser dissolvida judicialmente, a pedido de qualquer um dos sócios, mostrando-se que é impossível a sua continuação, "por não poder preencher o intuito e fim social, como nos casos de perda do capital social, ou de este não ser suficiente". Assim, a dissolução operar-se-á de forma total, resultando na extinção da sociedade e do vínculo que esta firmava entre todos os sócios.

Embora esta causa de dissolução possa ser verificada pelos sócios de forma geral, sendo a dissolução consensual, poderá ser alegada por apenas um deles, desde que o faça de maneira fundamentada. Observa-se, ainda, que a inexeqüibilidade do fim social deve ser *absoluta*, ou seja – nas palavras de José Waldecy Lucena[32] –, sem

30. Para colação de decisório v. Coelho, *Código Comercial* ..., p. 136.

31. Art. 336 do Código Comercial Brasileiro.

32. *Sociedades por Quotas de Responsabilidade Limitada*, 3ª ed., Rio de Janeiro, Renovar, 1999, p. 680.

qualquer possibilidade de superação do entrave, não podendo ser momentânea.

O Código Comercial apontou, de forma exemplificativa, motivos importantes capazes de configurar tal inexeqüibilidade, dentre os quais a insuficiência ou perda completa do capital social. Equipara-se a este, talvez ainda de maneira mais grave, a perda do patrimônio social através da venda da totalidade ou quase-totalidade dos ativos que compõem o acervo da sociedade. Sem referido patrimônio não há como a sociedade desenvolver as atividades para a qual foi constituída, esvaindo-se as razões para sua subsistência.

Cumpre ressaltar, ainda, que a quebra da *affectio societatis* também é causa de dissolução de sociedades de pessoas, assim entendidas as sociedades por quotas de responsabilidade limitada, por impossibilidade de consecução do fim social. Destarte, ainda que se verifique em determinada sociedade por quotas de responsabilidade limitada o instituto da delegação de poderes, dada a proximidade do sócio-gerente com o gerente-delegado, conforme verificado acima, a não-concordância de um dos sócios com ato praticado pelo gerente-delegado poderá ensejar a discórdia entre os sócios.

Mister se faz observar, porém, que, em face da mesma proximidade aludida no parágrafo anterior, poderá o quotista que presenciou e não consentiu na venda de parte ou da totalidade dos ativos da sociedade da qual participa alegar descumprimento da principal obrigação social – qual seja, a preservação da sociedade – por parte do sócio-gerente, tenha ele agido por si ou se verificado a prática da infração pelo gerente-delegado por ele nomeado. Neste caso estará o quotista dissidente do ato praticado alegando uma das causas dissolutórias previstas no art. 336, III, do Código Comercial – qual seja, o descumprimento de obrigação social – ou, ainda, uma das causas de exclusão de sócio.

6. Conclusões

Conclui-se do exposto ser recomendável, por medida de segurança, que se requeira antecipadamente, no caso da venda da totalidade ou parcela substancial dos ativos de uma sociedade comercial por quotas de responsabilidade limitada, a aprovação unânime dos seus quotistas como forma de se evitar, no futuro, que a venda seja impugnada pelos demais quotistas ou por terceiros.

Tal aprovação faz-se necessária tendo em vista que a venda da totalidade dos ativos de uma sociedade comercial por quotas de responsabilidade limitada é ato alheio ao seu objeto social, que nunca se encontra incluído dentre os poderes de administração conferidos ao sócio-gerente ou gerente-delegado – e, portanto, nulo e *ultra vires*.

Não obstante, do ponto de vista da continuação da sociedade o consentimento unânime para a realização da pretendida venda evitará que se dê ensejo a causas de dissolução de uma sociedade comercial, tais como a impossibilidade de consecução de seu objeto social e o descumprimento de obrigação social por parte de um ou mais sócios – esta última considerada também causa de exclusão de sócio.

Por meio de tais soluções apontadas segundo o Direito Brasileiro para conflitos existentes entre os sócios de uma sociedade por quotas de responsabilidade limitada, parece-nos ficar evidente sua natureza pessoal apriorística, a qual somente pode ser alterada mediante acordo expresso dos sócios – o que, de resto, é possível, dada a flexibilidade para a modelagem de tal tipo de sociedade na legislação brasileira, tornando seu estudo sempre fascinante.

ASPECTOS SOCIETÁRIOS DO RESGATE DE AÇÕES

LUÍS LORIA FLAKS

1. Introdução. 2. Evolução legislativa. 3. Finalidades. 4. Diferenças entre o resgate de ações e demais operações excepcionadas pelo art. 30 da Lei das S/A: 4.1 Diferença entre resgate e amortização de ações – 4.2 Diferença entre resgate e retirada – 4.3 Diferença entre resgate e aquisição das próprias ações pela companhia. 5. Realização da operação de resgate: 5.1 Modalidades de resgate: 5.1.1 Resgate voluntário – 5.1.2 Resgate compulsório e responsabilidade dos administradores – 5.2 Necessidade de sorteio – 5.3 Necessidade de prévia integralização das ações a serem resgatadas – 5.4 Desnecessidade de se resgatar primeiramente as ações preferenciais – 5.5 Desnecessidade de aprovação da operação por parte da CVM. 6. Direito de recesso no caso de resgate. 7. Fundos que podem ser utilizados pela companhia para a realização do resgate. 8. Possibilidade de redução do capital social. 9. Valor a ser pago aos acionistas pelo resgate de ações. 10. Responsabilidade do acionista controlador. 11. Entendimento dos Tribunais Superiores sobre o tema: 11.1 Supremo Tribunal Federal – 11.2 Superior Tribunal de Justiça. 12. O Anteprojeto da Lei das S/A. 13. Conclusão.

1. Introdução

Resgate é a operação pela qual a companhia paga a seus acionistas o valor de suas ações para retirá-las definitivamente de circulação.

Apesar de as leis passadas que regularam as sociedades por ações, assim como a lei vigente, sempre terem tratado do tema em um número exíguo de dispositivos, o resgate é operação de extrema relevância, pois rompe unilateralmente o contrato da sociedade e é causa de diversas discussões doutrinárias.

Na Lei das S/A vigente esse instituto está previsto apenas no seu art. 44, que assim dispõe:

"Art. 44. O estatuto ou a assembléia-geral extraordinária pode autorizar a aplicação de lucros ou reservas no resgate ou na amortização de ações, determinando as condições e o modo de proceder-se à operação.

"§ 1º. O resgate consiste no pagamento do valor das ações para retirá-las definitivamente de circulação, com redução ou não do capital social; mantido o mesmo capital, será atribuído, quando for o caso, novo valor nominal às ações remanescentes.

"(...).

"§ 4º. O resgate e a amortização que não abrangerem a totalidade das ações de uma mesma classe serão feitos mediante sorteio; sorteadas ações custodiadas nos termos do art. 41, a instituição financeira especificará, mediante rateio, as resgatadas ou amortizadas, se outra forma não estiver prevista no contrato de custódia.

"(...)."

Note-se, ainda, que a operação de resgate é uma das poucas exceções à proibição de a companhia negociar com as suas próprias ações, constantes do art. 30 da Lei das S/A, podendo até mesmo ser penalmente responsabilizado o diretor ou gerente que compra ou vende, por conta da sociedade, ações por ela emitidas, salvo quando a lei assim o permite (art. 177, § 1º, IV, do CP).

Vale mencionar que não é à-toa que o legislador optou em proibir, como regra, a negociação da companhia com as próprias ações. Essa proibição visa a resguardar o princípio da imutabilidade do capital social e, ainda, os interesses dos acionistas da companhia, que, por abusos do acionista controlador (o que poderia ocorrer se a regra fosse a livre negociação de ações da companhia pela própria companhia), poderiam ter o preço de suas ações constantemente manipulado.

Assim dispõe o mencionado artigo:

"Art. 30. A companhia não poderá negociar com as próprias ações.

"§ 1º. Nessa proibição não se compreendem:

"a) as *operações de resgate*, reembolso ou amortização previstas em lei;

"b) a aquisição, para permanência em Tesouraria ou cancelamento, desde que até o valor do saldo de lucros ou reservas, exceto a legal, e sem diminuição do capital social ou por doação;

"c) a alienação das ações adquiridas nos termos da alínea 'b' e mantidas em Tesouraria;

"d) a compra quando, resolvida a redução do capital mediante restituição, em dinheiro, de parte do valor das ações, o preço destas em Bolsa for inferior ou igual à importância que deve ser restituída" (grifamos).

Essa vedação à companhia de negociar com suas próprias ações também é expressa em diversos outros ordenamentos jurídicos, como, por exemplo, o art. 2.357 do Código Civil Italiano, o art. 217 da Lei Societária Francesa e o art. 220 da Lei das Sociedades Argentina de 1972.[1]

Apesar de não ser objeto deste trabalho, a Lei das S/A prevê outras modalidades de resgate que não o resgate de ações. Dentre essas outras modalidades encontram-se o resgate de partes beneficiárias (art. 48 da Lei das S/A) e o resgate de debêntures (art. 55 da Lei das S/A).

2. *Evolução legislativa*

O resgate de ações apenas apareceu na esfera jurídica brasileira em 15 de junho de 1932, quando da promulgação do Decreto 21.536, que previu e regulou, pela primeira vez, a criação de ações preferenciais. No art. 5º desse decreto restou expresso que: "Art. 5º. (...). Poderão *[os estatutos]* também autorizar o resgate ou amortização de ações preferenciais e a conversão de ações de uma classe em ações de outra ou em ações comuns, e vice-versa, fixando as respectivas condições".

Nessa época – frise-se – as sociedades anônimas eram reguladas pelo Decreto 434, de 4.7.1891, que consolidou as normas societárias então existentes e vigorou até a promulgação do Decreto-lei 2.627, de 26.10.1940.

A previsão legal do resgate de ações foi reproduzida pelo mencionado Decreto-lei 2.627, tendo, porém, este último regulado a matéria de forma genérica, em seu art. 16, e determinado, pela primeira vez, quais os recursos que poderiam ser destinados ao resgate.

Por ter restado genericamente admitido o resgate, pode-se entender, portanto, que as ações ordinárias da companhia também passaram a poder ser resgatadas:

1. Cf. Modesto Carvalhosa, *Comentários à Lei de Sociedades Anônimas*, v. 1, p. 216.

"Art. 16. O resgate consiste no pagamento do valor das ações, para retirá-las definitivamente de circulação.

"Parágrafo único. O resgate somente pode ser efetuado por meio de fundos disponíveis e mediante sorteio, devendo ser autorizado pelos estatutos ou pela assembléia-geral, em reunião extraordinária, que fixará as condições, o modo de proceder-se à operação, e, se mantido o mesmo capital, o número de ações em que se dividirá e o valor nominal respectivo."

Verifica-se, ainda, que o Decreto-lei 2.627/1940 admitiu expressamente não ser necessário que as ações, quando da sua subscrição, estivessem previstas no estatuto da companhia como sendo resgatáveis, podendo ser realizado o resgate mesmo sem essa previsão, através de deliberação da assembléia-geral da companhia.

Também, pelo decreto-lei acima mencionado convencionou-se que o resgate poderia se dar com ou sem redução do capital social.

A lei vigente – ressalte-se – não alterou de forma significativa as disposições do decreto-lei de 1940, tendo, no entanto, exigido, em seu art. 136, que as deliberações referentes às alterações nas condições de resgate das ações preferenciais fossem tomadas por maioria absoluta das ações votantes (metade mais uma de todas as ações com direito a voto).

3. *Finalidades*

Pode-se apontar como uma das precípuas finalidades do resgate a de permitir à companhia eliminar determinada classe de ações que detenham condições privilegiadas em demasia e que, portanto, se tornaram indesejáveis ou, mesmo, prejudiciais à administração da companhia em determinado momento da vida social.

Muito bem se expressa a esse respeito Carlos L. Israels, que assim explicita essa finalidade: "(...) na medida em que a empresa cresce e prospera, o capital privilegiado pode não ser mais necessário, ou pode ser substituído em condições mais vantajosas, com taxa menor de juros ou de dividendos preferenciais. No reconhecimento desse fato, é usual que os valores mobiliários privilegiados sejam 'recuperáveis' ou 'resgatáveis' à opção da companhia".[2]

Ocorre que as companhias, em determinadas épocas, visando ao seu crescimento, necessitam de recursos financeiros, que, por sua vez, são menos onerosos se captados diretamente de investidores através da subscrição de ações ao invés da captação via empréstimos bancários, que estão corriqueiramente entrelaçados a pesados juros remuneratórios.

Por conseguinte, muitas vezes a companhia, para conseguir atrair investidores, fica obrigada a outorgar a esses investidores condições e, principalmente, dividendos extremamente vantajosos, sob pena de, não o fazendo, não conseguir o investimento desejado, por falta de interesse na subscrição de seu aumento de capital.

Contudo, em momento posterior, por já ter a companhia se capitalizado e conseguido se reerguer no mercado, aquelas ações, em demasia privilegiadas, acabam por se tornar um pesado fardo para a companhia, obstando novamente ao seu crescimento – óbice, agora, criado pela própria solução do anterior.

Fábio Konder Comparato assim elucida o tema: "Como as ações preferenciais autênticas, nas diferentes legislações, têm o privilégio de receberem, com prioridade sobre as ações ordinárias, dividendos fixos ou mínimos, cumulativos ou não, o legislador reservou à companhia emissora a possibilidade de estatuir uma compensação de defesa do patrimônio social, contra esse privilégio; qual seja, a aquisição compulsória das ações privilegiadas".[3]

2. *Corporate Practice*, *apud* Alfredo Lamy Filho e José Luiz Bulhões Pedreira, *A Lei das S/A*, p. 156.

3. "Funções e disfunções do resgate acionário", *RDM* 73/69.

Vale ressaltar que a Lei das S/A trata o acionista preferencialista, no que tange ao resgate, segundo Osmar Brina Corrêa Lima,[4] como um "credor-investidor", um *outsider*, um sujeito útil para captar recursos mas indesejável na administração, pois supostamente não atrelado aos objetivos da empresa.

Nas palavras do mencionado autor: "Assim, as ações preferenciais poderão ser criadas como resgatáveis pela companhia, como forma de autofinanciamento de capital de giro via mercado de capitais de risco, com a conveniência de fácil dispensa desse financiamento quando alteradas as condições de mercado, ou as condições financeiras da própria companhia".[5]

É importante também ressaltar uma outra finalidade do resgate, qual seja, a de atrair novos investidores através da emissão de ações que outorguem ao acionista a opção de ter suas ações resgatadas. Assim, o acionista teria a opção de se retirar da sociedade, recebendo o capital por ele investido, depois de, por exemplo, determinado evento ou prazo, sempre – deve-se ressaltar – na hipótese de a companhia ter fundos disponíveis para tanto.

Em parecer da Comissão de Valores Mobiliários – CVM sobre o tema é reconhecido o enorme proveito que essas ações, chamadas pela doutrina de "resgatáveis" podem oferecer: "(...) o resgate preestabelecido pela empresa pode funcionar até mesmo como uma atração extra para a aquisição daquele determinado papel, em vista da possibilidade de, em uma data futura e conhecida, poder o acionista optar entre conservar a ação ou resgatá-la, dentro das condições estabelecidas, conforme considere mais vantajoso na época fixada para resgate".[6]

A Lei das S/A prevê em seu art. 19 essa possibilidade de emissão de ações que confiram a prerrogativa do resgate desde a emissão da ação, devendo a companhia resgatar determinadas ações desde que configurados os pressupostos do resgate previstos no estatuto, e desde que existam lucros ou reservas suficientes: "Art. 19. O *estatuto da companhia* com ações preferenciais declarará as vantagens ou preferências atribuídas a cada classe dessas ações e as restrições a que ficarão sujeitas, e *poderá prever o resgate* ou a amortização, a conversão de ações de uma classe em ações de outra e em ações ordinárias, e destas em preferenciais, fixando as respectivas condições" (grifamos).

A CVM, por sua vez, conceitua esse tipo de resgate – ou seja, o resgate em que está predeterminada a época ou a condição do resgate – como sendo um resgate "compulsório"; e, de outro lado, conceitua o resgate decidido em assembléia-geral da companhia, quando não há previsão anterior, como sendo um resgate "voluntário".[7]

Destarte, deve-se entender que a decisão de resgate, em todos os casos, parte sempre da própria companhia, distinguindo-se o resgate compulsório do voluntário apenas quanto à data da decisão: no primeiro caso a decisão é tomada quando da constituição da companhia ou alteração de seu estatuto; e no segundo caso, quando da assembléia-geral extraordinária.

Paulo Cézar Aragão muito bem se expressa sobre a necessidade de às companhias serem disponibilizadas diversas formas de se captar recursos:

"(...) numa época em que se fala, a cada momento, nos insuportáveis níveis a que chegou a taxa de juros cobrada por instituições financeiras, assume papel de relevo a sistemática legal e econômica pela qual, ao menos em princípio, o empresário pode buscar fontes alternativas de recursos.

"Nessa linha, e enfatizando a liberdade de organização e financiamento que a Lei 6.404/1976 veio a consagrar, diziam os

4. "Resgate de ações de sociedade anônima", *RDM* 68/15.

5. Osmar Brina Corrêa Lima, in *RDM* 68/15.

6. *Parecer CVM/SJU-091/82*, p. 4.

7. Cf. *Parecer CVM/SJU-091/82*, p. 3.

autores do respectivo Anteprojeto que se pretendeu 'colocar à disposição do empresário maior número de opções na emissão de títulos e valores mobiliários como instrumentos de capitalização da empresa'."[8]

Vale aqui mencionar, ainda, uma terceira utilidade do resgate, qual seja, a possibilidade de se criar classe distinta de ações que teriam por fim ser subscritas por alto executivo de determinada companhia, podendo ser resgatadas pela companhia quando do desligamento desse executivo.

Dessa forma, o alto executivo teria, além de sua remuneração, uma espécie de bônus sendo pago pela companhia através de dividendos, o que incentivaria esse executivo a realizar um bom trabalho e gerar maiores lucros para a companhia, já que esse lucro também seria repartido com esse executivo. Nada obstante, outra vantagem desse tipo de incentivo, para o executivo, seria a desnecessidade de pagamento do imposto de renda sobre essa remuneração extra, pois o referido tributo, desde o ano civil de 1996, não incide sobre dividendos (art. 10 da Lei 9.249, de 26.12.1995).

4. Diferenças entre o resgate de ações e demais operações excepcionadas pelo art. 30 da Lei das S/A

4.1 Diferença entre resgate e amortização de ações

Cabe aqui frisar que o resgate de ações se diferencia por completo das demais exceções do já citado art. 30 da Lei das S/A.

A amortização de ações consiste – diferentemente do resgate – tão-somente na antecipação de determinado valor que seria devido aos acionistas no caso de liquidação da companhia. O resgate, conforme mencionado, é a operação pela qual se paga determinado valor a determinadas ações, visando a retirá-las definitivamente de circulação. Portanto, enquanto na amortização de ações o acionista nunca perde sua condição de acionista, no resgate o acionista sempre perderá essa condição em relação às ações resgatadas, já que essas ações saem definitivamente de circulação. Perderá, por conseguinte, a condição de acionista se não sobrarem quaisquer outras ações de sua propriedade.

Darcy Arruda Miranda Jr. muito bem elucida essa distinção: "Não se confunde a amortização com o resgate, uma vez que, ocorrendo aquela, as ações poderão ser substituídas por outras chamadas de fruição, e, acontecendo este, as ações resgatadas são destruídas, uma vez que são retiradas para sempre de circulação; aquela pode compreender a totalidade das ações de uma companhia, este, como é evidente, não".[9]

Vale ressaltar que a amortização, além de poder compreender a totalidade das ações da companhia, conforme mencionado pelo autor supracitado, pode-se dar integral ou parcialmente, pois pode abranger toda ou parte da quantia que receberia o acionista, no caso de liquidação da companhia, por suas ações.

Contudo – deve-se notar –, não é o capital social que se restitui aos acionistas, pois este não se altera, por determinação legal, mas sim os lucros ou reservas acumulados pela sociedade até a soma correspondente àquele capital.

Portanto, verifica-se que outra diferença importante é a de que na amortização não poderá haver diminuição do capital social, enquanto que no resgate isso é expressamente permitido pela lei, em que pese a posições doutrinárias em contrário.

Conta Enrico Thaller[10] que a amortização de ações foi empregada pela primeira vez pelas companhias de estrada de ferro, cujo capital diminuía de ano a ano, de maneira que se evaporava ao fim da con-

8. "Novos aspectos dos valores mobiliários na Lei das Sociedades por Ações", *RT* 584/293.

9. *Breves Comentários à Lei das Sociedades por Ações*, p. 67.

10. *Apud* Wilson de Souza Campos Batalha, *Comentários à Lei das Sociedades Anônimas*, v. 1, p. 302.

cessão, frustrando os acionistas que não tinham de volta o capital investido. Dessa forma – ou seja, através da amortização – os acionistas recebiam antecipadamente os valores correspondentes à sua contribuição.

Na amortização, conforme mencionado, as ações continuam a existir e a circular ou, então, podem ser substituídas por ações de fruição, quando a amortização for integral. Contudo, em ambos os casos, permanecem as ações sempre com os mesmos direitos a elas conferidos originalmente, salvo as restrições a alguns desses direitos impostas pelo estatuto ou pela assembléia-geral da companhia.

Não obstante – deve-se notar –, as restrições impostas às ações amortizadas não poderão restringir os direitos dispostos no art. 109 da Lei das S/A, que trata dos direitos fundamentais do acionista, como, por exemplo, fiscalizar a gestão dos negócios sociais, participar dos lucros sociais e até mesmo o de se retirar da sociedade nos casos previstos em lei.

Sobre esses direitos fundamentais – especificamente sobre a impossibilidade de se restringir o direito de recesso dos acionistas que tiveram suas ações integralmente amortizadas – ensinam os autores da obra coordenada por Ives Gandra e Geraldo Martins: "(...) tem-se que também aos titulares de ações de gozo e fruição cabe, em toda plenitude, o direito de recesso, não prevalecendo sobre esse direito quaisquer eventuais restrições fixadas seja no estatuto, seja na assembléia que deliberar a amortização".[11]

Quanto ao valor da amortização, este deve ser o preço de emissão da ação pago pelo acionista. Isto porque visa a amortização tão-somente a devolver ao acionista, total ou parcialmente, o valor por ele empregado na formação do capital social da companhia, continuando o acionista com suas ações. Nada obstante, quando a subscrição de ações tiver sido acompanhada de ágio, este poderá não ser devolvido ao acionista por conta da amortização, uma vez que esse ágio não representa, por sua própria natureza, a participação do acionista no capital social.

Outra importante distinção entre amortização e resgate é que o valor da amortização figura para grande parte dos doutrinadores – como Modesto Carvalhosa[12] e Waldemar Ferreira[13] – tão-somente como um dividendo extraordinário, enquanto que o valor pago pelo resgate representa o efetivo preço da ação, que por conseqüência se extinguirá.

No entanto, para Wilson de Souza Campos Batalha[14] o valor pago pela amortização é um efetivo reembolso do respectivo valor do capital ao acionista, apesar de o capital social continuar o mesmo, não havendo, portanto, qualquer redução.

J. X. Carvalho de Mendonça, por sua vez, elucida o tema ao dissertar sobre a ambigüidade da natureza jurídica da amortização: "Se em relação aos acionistas há de fato o reembolso do valor com que entraram para o capital social, relativamente a terceiros não se dá mais do que a distribuição de lucros reais, verdadeiros, ou, como se tem dito, a distribuição de um dividendo extraordinário, com uma prévia destinação. Esta é a operação na sua última simplicidade".[15]

4.2 Diferença entre resgate e retirada

A retirada, também chamada de *recesso*, consiste no pagamento do valor das ações aos acionistas, que assim desejem, em decorrência de determinadas deliberações assembleares em que esses acionistas foram dissidentes, por sua vez contidas em

11. Geraldo de Camargo Vidigal e Ives Gandra da Silva Martins (coords.), *Comentários à Lei das Sociedades por Ações (Lei 6.404/1976)*, p. 25.

12. *Comentários ...*, v. 1, p. 320.

13. *Tratado de Direito Comercial*, v. IV, p. 258.

14. *Comentários ...*, v. 1, p. 304.

15. *Tratado de Direito Comercial Brasileiro*, v. 3, p. 453.

diversos dispositivos da Lei das S/A, como, por exemplo, nos incisos I a VI de seu art. 136. Já o resgate, conforme anteriormente mencionado, caracteriza-se pela vontade da companhia de retirar, no todo ou em parte, determinada espécie ou classe de ações de circulação.

No recesso é, portanto, o acionista que, unilateralmente, deseja retirar-se da sociedade, sendo a sociedade, por sua vez, obrigada a reembolsar o acionista, se presentes os pressupostos legais. No resgate é a companhia que decide por retirar o acionista, podendo essa vontade ser expressa antes (disposta no estatuto social) ou depois da emissão de ações (através de assembléia-geral).

4.3 Diferença entre resgate e aquisição das próprias ações pela companhia

O resgate não se confunde também com a operação de compra de ações pela própria companhia. Nessa operação, ainda que a companhia possa objetivar o cancelamento das ações, e não sua manutenção em Tesouraria, essa aquisição de ações pressupõe um acordo bilateral de vontade entre acionista e companhia.

A distinção configura-se mais clara quando da compra das ações pela companhia, para manutenção das mesmas em Tesouraria visando a uma posterior revenda. Nesta última hipótese, por conseguinte, a distinção entre uma e outra operação também se configura pelos seus respectivos objetivos: no resgate, a retirada de circulação das ações por opção da companhia; na compra e venda, a aquisição de ações de acionista para posterior revenda a terceiros.

5. Realização da operação de resgate

5.1 Modalidades de resgate

O resgate pode se dar tanto em relação às ações preferenciais como às ações ordinárias, porém a operação mais corriqueira, sem dúvida alguma, é a de resgate de ações preferenciais.

Essa afirmativa torna-se ainda mais veraz quando se trata de companhia aberta, uma vez que esta somente poderá ter uma única classe de ações ordinárias. Dessa forma, por não ser lógico nem possível o resgate de todas as ações ordinárias, conforme disposto no § 2º do art. 15 da Lei das S/A (salvo se as ações preferenciais tiverem direito de voto), as ações deverão ser sorteadas, o que poderia inclusive alcançar as ações do acionista controlador e, conseqüentemente, acarretar a perda do controle acionário.

Note-se que a Lei das S/A prevê que o resgate pode se dar, sempre condicionado à existência de lucros ou reservas, por disposição estatutária ou por deliberação assemblear.

A própria CVM, em seu parecer a respeito da figura jurídica do resgate, diferencia essas duas modalidades possíveis: sem previsão estatutária, podendo as ações emitidas pela companhia ser resgatadas a qualquer tempo (resgate voluntário); e com essa previsão, quando o resgate obedecerá ao disposto no estatuto social (resgate compulsório):

"a) Resgate 'voluntário' – *aquele que a companhia pode a qualquer tempo determinar*, através de deliberação de assembléia extraordinária ou de determinação estatutária, *e ao qual toda e qualquer ação da companhia se encontra sujeita.*

"b) Resgate 'compulsório' – aquele resgate previsto desde a emissão da ação, e pelo qual a companhia se obriga, desde que tenha fundos para tanto, a resgatar uma determinada classe criada com esta finalidade"[16] (grifamos).

Contudo, alguns autores defendem a tese de que o resgate somente poderá se dar havendo previsão estatutária (resgate compulsório).

Osmar Brina Corrêa Lima, por exemplo, chega a essa conclusão baseando-se no

16. *Parecer CVM/SJU-091/82*, p. 3.

atual art. 19 da Lei das S/A, que estipula que o estatuto da companhia "*poderá* prever o resgate": "Assim, se o estatuto previr o resgate, a assembléia-geral poderá deliberar a respeito. Se o estatuto não o previr, a assembléia não poderá deliberar o resgate".[17]

O autor justifica sua posição comparando o resgate à figura da desapropriação no direito público, em que é requerida a existência do interesse social, ou de fundamentada necessidade ou utilidade pública, além de prévia indenização em dinheiro.

Segundo Osmar Brina Corrêa Lima essa também é a posição de diversas legislações estrangeiras, como a americana, a inglesa, a francesa e a alemã.[18]

Deve-se ressaltar que Carlos Fulgêncio da Cunha Peixoto[19] também pensa da mesma forma, entendendo que, não existindo a previsão anterior, deve-se primeiramente fazer uma reforma estatutária.

5.1.1 Resgate voluntário

Alfredo Lamy Filho,[20] baseando seu entendimento no § 1º do art. 136 da Lei das S/A, que trata do quórum qualificado em determinadas matérias assembleares, entende ser possível o resgate tanto pela deliberação da assembléia quanto por determinação estatutária; mas pondera a respeito da necessidade de essa operação restar aprovada ou ratificada pela assembléia especial dos acionistas da classe resgatada:

"Art. 136. (...):

"(...);

"II – alteração nas preferências, vantagens e *condições de resgate* ou amortização de uma ou mais classes de ações preferenciais, ou criação de nova classe mais favorecida;

"(...).

17. *RDM* 68/12.
18. *RDM* 68/13.
19. *Sociedades por Ações*, v. 1, p. 186.
20. Alfredo Lamy Filho e José Luiz Bulhões Pedreira, *A Lei das S/A*, p. 173.

"§ 1º. Nos casos dos incisos I e II, a eficácia da deliberação depende de prévia aprovação ou da ratificação, em prazo improrrogável de um ano, por titulares de mais da metade de cada classe de ações preferenciais prejudicadas, reunidos em assembléia especial convocada pelos administradores e instalada com as formalidades desta Lei" (grifamos).

Entende o mencionado autor que o assenso dos acionistas das classes resgatadas é indispensável, refutando o argumento de que inexistindo cláusula de resgate não haveria como alterá-las, pelo quê a introdução *ex novo* da cláusula dispensaria a assembléia especial: "O argumento parece-nos de total improcedência: a mais importante 'condição de resgate' é, sem dúvida, a resgatabilidade, ou não, do título".

No entanto, em momento posterior, no mesmo parecer, o referido autor admite que não se alongou nesse ponto por terem, usualmente, sido resgatadas ações preferenciais sem observância do requisito de assembléia especial e por não ter encontrado referência nos comentaristas da Lei 6.404/1976 à alteração por ela introduzida no problema do resgate das ações preferenciais.[21]

Deve-se notar que o argumento do professor Lamy não abrange o caso de serem resgatadas as ações ordinárias, que na companhia fechada poderão ter classes distintas, conforme preceito do § 1º do art. 15 da atual Lei das S/A: "As ações ordinárias de companhia fechada e as ações preferenciais da companhia aberta e fechada poderão ser de uma ou mais classes".

Contudo, para Bulhões Pedreira não apenas a deliberação meramente assemblear sem previsão estatutária é válida, como inexiste a necessidade de assembléia especial se o resgate for feito dessa forma, mas sim somente no caso de haver efetiva alteração dos direitos ou condições de resgate das ações que já continham cláusula de resgate:

21. Idem, ibidem, p. 174.

"Em algumas legislações (como a inglesa) somente são resgatáveis as ações emitidas com essa condição; em outras, como a nossa, ações emitidas sem cláusula de resgate podem ser extintas por deliberação de assembléia-geral extraordinária. (...).

"a) Se a ação é emitida e subscrita com cláusula de resgate nas condições fixadas no estatuto, cria-se situação jurídica individual, tanto para a companhia quanto para o acionista; a cláusula de resgate integra a definição dos direitos que a ação confere ao titular; a lei nega eficácia à deliberação da assembléia-geral que, sem concordância da maioria dos titulares das ações preferenciais, modifica essa cláusula. (...).

"b) Se a ação é emitida sem cláusula de resgate e este é deliberado pela assembléia-geral, depois que as ações entram em circulação, não há estipulação negocial de resgate que vincule a companhia e o acionista, e a legalidade da deliberação da assembléia-geral somente pode ser apreciada por referência aos princípios gerais da Lei de Sociedade por Ações."[22]

Waldemar Ferreira, por sua vez, adota o mesmo entendimento da maioria da doutrina, considerando despicienda a previsão estatutária, havendo deliberação assemblear:

"Quando autorizado (resgate) pelos estatutos, estes terão por certo ditado as condições da operação, em suas peculiaridades.

"*Quando omissos, a assembléia-geral extraordinária lhe fixará as condições, o modo de se proceder à operação*; e, se mantido o mesmo capital, o número de ações que se dividirá e o valor nominal respectivo"[23] (grifamos).

Trajano de Miranda Valverde, ao comentar a lei antiga, da mesma forma se expressa referindo-se ao resgate: "Pressupõe autorização expressa nos estatutos, ou resolução de assembléia-geral extraordinária, convocada e instalada com as formalidades prescritas para as que alteram ou modificam os estatutos (art. 104)".[24]

No mesmo sentido, Philomeno J. da Costa assim se expressa ao comentar a lei antiga: "O emprego da conjunção disjuntiva 'ou' entre 'pelos estatutos' e 'pela assembléia geral' autoriza-nos a concluir que tanto pelos primeiros como pela segunda pode regulamentar-se o resgate".[25]

Fábio Konder Comparato[26] também entende que a assembléia-geral pode, sem previsão estatutária, deliberar sobre o resgate, mas pondera que a legislação brasileira é uma das poucas que admitem essa forma de transferência compulsória da propriedade das ações, por iniciativa da companhia emissora. Segundo o autor a maioria dos sistemas jurídicos estrangeiros apenas admite a exclusão do acionista pela falta de pagamento do preço de emissão (nosso art. 107 da Lei das S/A).

Adverte o autor, todavia, que no caso de ser constatado abuso de poder ou conflito de interesses o acionista excluído tem o direito de anular a deliberação assemblear correspondente, desde que consiga provar esse abuso ou conflito.

5.1.2 Resgate compulsório e responsabilidade dos administradores

Primeiramente, deve-se ter em mente que todas as ações são, por natureza, resgatáveis, independentemente de previsão estatutária. O que ocorre, na verdade, quando se trata do "resgate compulsório", é a predefinição de modo, valor e época desse resgate no estatuto da companhia.

Contudo, quando tratamos de ações cujo resgate é compulsório (também cha-

22. Alfredo Lamy Filho e José Luiz Bulhões Pedreira, *A Lei das S/A*, p. 158.
23. *Tratado* ..., v. IV, p. 264.
24. *Sociedades por Ações*, v. I , p. 152.
25. *Operações da Anônima com as Ações de seu Capital*, p. 90.
26. *RDM* 73/69.

madas de "resgatáveis") este deixa de ser uma faculdade da companhia para se tornar uma obrigação perante o acionista que desejar resgatar suas ações na forma prevista no estatuto – operação, esta, que dependerá, no entanto, da existência de lucros ou de reservas que possam ser utilizadas para tal fim.

Verifica-se, ainda, que no caso de previsão estatutária os acionistas cujas ações são determinadas no estatuto como sendo "resgatáveis", caso se configurem os pressupostos do resgate e a companhia se recuse a resgatar essas ações, terão o direito de acionar judicialmente a companhia para receber seu dinheiro. Já, no caso de as ações não serem "resgatáveis" os acionistas nada poderão fazer, pois cabe à companhia decidir como e quando se dará o resgate.

Vale aqui mencionar que, segundo José Tadeu de Chiara,[27] o acionista não teria o direito de se utilizar do procedimento de execução judicial para obter a prestação judicial necessária, uma vez que seu direito não estaria respaldado em um título executivo, como as debêntures. Portanto, para o acionista fazer jus à sua pretensão, deveria primeiramente intentar seu pleito pelas vias ordinárias.

Ainda, nesse caso, sem prejuízo da mencionada ação de cobrança, poderia o acionista, simultaneamente, ajuizar ação contra os administradores da sociedade, pois estes estariam deixando de cumprir uma norma estatutária, acarretando, por conseguinte, a responsabilidade solidária prevista no § 2º do art. 158 da Lei das S/A.

Deve-se frisar, porém, que somente poderá ser imputado aos administradores qualquer tipo de responsabilidade no caso de, efetivamente, existirem fundos disponíveis e mesmo assim não for deliberado o resgate das ações. No caso de não existirem fundos os administradores não poderão ser responsabilizados por não terem resgatado as ações:

"Art. 158. (...) responde, *[o administrador]* porém, civilmente, pelos prejuízos que causar, quando proceder:

"(...);

"II – com violação da lei ou do estatuto;

"(...).

"§ 2º. Os administradores são solidariamente responsáveis pelos prejuízos causados em virtude do não-cumprimento dos deveres impostos por lei para assegurar o funcionamento normal da companhia, ainda que, pelo estatuto, tais deveres não caibam a todos eles."

Em hipótese oposta – qual seja, a de não existirem fundos disponíveis, e mesmo assim os administradores realizarem o resgate –, também nesse caso poderão ser responsabilizados civilmente de forma solidária, pois estariam desrespeitando a lei, especificamente o art. 44 da Lei das S/A, e penalmente, por essa hipótese também configurar crime, conforme preceitua o art. 177, VI, do Código Penal.

5.2 Necessidade de sorteio

O sorteio está expressamente previsto tanto na lei vigente quanto na lei anterior, sendo necessário nos casos em que não são resgatadas todas as ações de uma mesma classe.

Ele visa a resguardar o princípio da igualdade entre os acionistas de uma mesma classe e vedar a possibilidade de o acionista controlador, de forma discricionária, decidir quem permanece e quem sai da sociedade.

Contudo, a Lei das S/A nunca estabeleceu qual seria o procedimento do sorteio, deixando ao alvedrio do estatuto da companhia ou da assembléia-geral que deliberar sobre o resgate, no caso de silente o estatuto, a determinação da forma como se dará esse sorteio.

Obviamente, o procedimento adotado deverá ser o mais cristalino e democrático possível.

27. "Resgate de ações", *RDM* 48/61.

Nada obstante, deve-se mencionar que quando o sorteio recair sobre ações custodiadas a sociedade custodiante deverá ratear entre os depositantes as ações a serem resgatadas.

5.3 Necessidade de prévia integralização das ações a serem resgatadas

Ressalte-se que, em qualquer hipótese, a possibilidade de resgate está intrinsecamente ligada à necessidade de as ações resgatadas estarem devidamente integralizadas, pois caso contrário isso romperia com a igualdade entre os sócios, favorecendo aqueles que não aportaram o capital respectivo em detrimento dos que corretamente o aportaram, além de prejudicar os credores, conforme salienta Carlos Fulgêncio da Cunha Peixoto: "Não se pode resgatar ação ainda não paga totalmente. Resgatada uma ação em tal situação, haverá forçosamente desfalque no capital, que não tem possibilidade de ser completado".[28]

Note-se que os credores também seriam prejudicados, pois as ações subscritas que fossem resgatadas não seriam integralizadas, acarretando uma diminuição do capital social.

5.4 Desnecessidade de se resgatar primeiramente as ações preferenciais

Deve-se, ainda, mencionar que resgate não se confunde com a prioridade no reembolso, e portanto a companhia não tem obrigação de primeiramente resgatar as ações preferenciais com direito estatutário a essa prioridade, para somente depois poder resgatar determinada classe de ações ordinárias ou classe de ações preferenciais que não prevejam a prioridade no reembolso.

A prioridade no reembolso refere-se apenas ao momento da efetiva liquidação da companhia.

A respeito dessa distinção muito bem se expressam os autores da já referida obra sobre a Lei das S/A coordenada por Geraldo de Camargo Vidigal e Ives Gandra da Silva Martins: "Quando a lei se refere, acerca das preferências, às prioridades no reembolso (art. 17, III), dito reembolso pouco tem a ver com resgate ou amortização. A preferência no reembolso se refere à hora da liquidação da companhia; é prioridade no recebimento da parcela correspondente da massa liquidanda".[29]

Portanto, a companhia terá plena liberdade de escolher quais as classes de ações que deseja resgatar, salvo a existência de norma estatutária em sentido contrário.

5.5 Desnecessidade de aprovação da operação por parte da CVM

Vale ressaltar que a operação de resgate em uma companhia aberta independe de qualquer aprovação por parte da CVM, uma vez que a legislação (art. 30, § 2º, da Lei das S/A) elencou taxativamente as hipóteses subordinadas à atividade regulamentar da Comissão, não constando de tal elenco a operação de resgate. Diferentemente é a hipótese de aquisição, pela companhia aberta, de suas próprias ações, operação em que existem diversas restrições impostas pela CVM (Instruções CVM-10/80, 111/90 e 268/97).

O motivo da desnecessidade de autorização por parte da CVM para as operações de resgate está no fato de que, diferentemente da aquisição das próprias ações pela companhia, o resgate não pode ser utilizado para eventuais manipulações de preço das ações, como explica Nélson Laks Eizirik: "Com efeito, a realização do resgate constitui prerrogativa a ser exercida unilateralmente pela companhia. Como as ações, uma vez resgatadas, devem ser definitivamente retiradas de circulação, inexiste qualquer possibilidade de sua utilização

28. *Sociedades por Ações*, v. 1, p. 184.

29. Geraldo de Camargo Vidigal e Ives Gandra da Silva Martins (coords.), *Comentários ...*, p. 168.

para eventuais manobras de manipulação de preços no mercado, que pode ocorrer no caso de aquisição de ações para manutenção em Tesouraria, daí justificando-se, no caso da aquisição, a existência de poderes de regulamentação e fiscalização exercidos pela CVM. Como no resgate é impossível a utilização das ações para qualquer fim, dado seu desaparecimento, é evidente que não cabe, na hipótese, a necessidade de prévia autorização da operação pela CVM".[30]

A CVM, por sua vez, posiciona-se no mesmo sentido[31] – o que endossa a posição de Nélson Eizirik acima transcrita: "Embora a matéria possa sofrer interpretação diversa, entendo que o dispositivo do § 2º do art. 30 limita-se à hipótese de aquisição de ações pela companhia para permanência em Tesouraria".

6. *Direito de recesso no caso de resgate*

O direito de recesso, conforme acima já mencionado, consiste na possibilidade de retirada do acionista da sociedade, e conseqüente pagamento do preço de suas ações, em razão da discordância em relação a determinada deliberação da assembléia-geral, enumerada no art. 137 da Lei das S/A.

Deve-se perceber que o direito de recesso é um dos direitos essenciais dos acionistas (art. 109, V), e que por isso não pode ser restringido pela assembléia-geral ou pelo estatuto da companhia.

No caso de alterações no estatuto referentes à criação de classe de ações preferenciais ou alterações nas condições de resgate das classes já existentes, a Lei das S/A prevê que o acionista dissidente terá direito ao reembolso de suas ações, se demonstrado o efetivo prejuízo.

Obviamente, quando falamos de *recesso* estamos falando do resgate compulsório, pois somente caberia qualquer discussão no caso de se atribuir a prerrogativa do resgate a determinada classe de ações ou na alteração dessas condições (art. 136, II, da Lei das S/A). No resgate voluntário a companhia não institui ou modifica cláusula de resgate, justamente por esta não existir, mas sim somente delibera pelo resgate – o que não é considerado como hipótese de recesso, segundo o art. 136 da Lei das S/A.

Certamente, se forem emitidas novas ações preferenciais que, além da prerrogativa do resgate, contenham algumas das prerrogativas elencadas no art. 17 da Lei das S/A (prioridade na distribuição de dividendos e prioridade no reembolso do capital, com ou sem prêmio), e estas sejam superiores às vantagens atribuídas às ações existentes, os detentores destas últimas ações terão direito de retirada.

Contudo, contendo a nova classe de ações preferenciais vantagens iguais ou inferiores às existentes, apenas com o adicional da prerrogativa do resgate, este, por si só, não poderia dar ensejo à retirada, justamente pelo fato de o resgate não ser caracterizado como uma preferência ou vantagem pela Lei das S/A, mas sim como uma mera característica.

Esse é o entendimento da CVM, através de interpretação sistemática do art. 19 da Lei das S/A:

"O art. 19 prevê que 'o estatuto da companhia com ações preferenciais declarará as *vantagens ou preferências* atribuídas a cada classe dessas ações e as restrições a que ficarão sujeitas, e *poderá prever o resgate* ou a amortização, a conversão de ações de uma classe em ações de outra e em ações ordinárias, e destas em preferenciais, fixando as respectivas condições' (grifou-se).

"Pela análise sistemática deste artigo, infere-se que o resgate bem como a amortização e a conversão não foram encarados pelo legislador como vantagens, consistindo apenas em possíveis características da ação preferencial, a serem reguladas estatutariamente.

30. *Aspectos Modernos do Direito Societário*, p. 103.

31. *Parecer CVM/SJU-091/82*, p. 22.

"Entendemos, portanto, que, por não constituir classe de ação preferencial mais favorecida do que as demais, o resgate não enseja o direito de retirada previsto no art. 137."[32]

Portanto, a condição de ser ou não ser a ação "resgatável" é irrelevante na análise do direito ou não ao reembolso do acionista. Contudo, deve-se verificar se a nova ação é ou não mais favorecida ou se representa uma ação preferencial para uma companhia que não as tem.

E, ainda, mesmo que se entenda que a criação de ação resgatável ou a alteração das condições de resgate possam dar ensejo ao reembolso do acionista dissidente, o prejuízo desse acionista deve ser por ele comprovado, pois tal prejuízo é pressuposto do recesso.

Esse é o ensinamento de Francisco Antunes Maciel Müssnich: "(...) fica inequívoco que a prova de que as ações da citada classe ou espécie foram prejudicadas incumbirá ao acionista dissidente, sem o quê ficará, certamente, afastada a legitimidade do exercício de qualquer recesso".[33]

Ocorre que o resgate, ou a sua previsão de resgate, dificilmente poderia causar qualquer prejuízo para os demais acionistas, salvo na hipótese de abuso do acionista controlador. Contudo, neste último caso o problema não estaria na figura do resgate, mas sim na da usurpação de poder, fundamento de eventuais ações de responsabilidade contra o acionista controlador.

Não obstante, se forem alteradas efetivamente as condições de resgate de forma prejudicial aos acionistas da classe "resgatável", *esses* acionistas terão direito de retirada, cujo valor será apurado segundo o art. 45 da Lei das S/A, não tendo tal valor qualquer vínculo com o valor previamente determinado no estatuto para o resgate.

7. *Fundos que podem ser utilizados pela companhia para a realização do resgate*

A vigente Lei das S/A estipula que apenas poderão ser utilizados para o resgate os recursos provenientes de "lucros ou reservas". Vale mencionar, no entanto, que no Direito anterior (Decreto-lei 2.627/1940) o mesmo dispositivo referia-se a "fundos disponíveis", entendendo-se como tais qualquer fundo ou reserva não vinculado a determinado objetivo pelo estatuto.

Hodiernamente as reservas são divididas pela Lei das S/A em diversas modalidades; mas para efeitos de resgate, segundo a grande maioria dos doutrinadores, somente podem ser utilizadas as seguintes: a) reservas estatutariamente e especificamente criadas para esse fim (art. 194); b) reservas de capital (art. 200); e c) saldo de lucros disponíveis.

Vale aqui ressaltar que a reserva legal não poderá ser utilizada, justamente por ser o fim último dessa reserva assegurar a integridade do capital social. Sua utilização é limitada pelas taxativas hipóteses enumeradas no § 2º do art. 193 da Lei das S/A: "A reserva legal tem por finalidade a integridade do capital social e somente poderá ser utilizada para compensar prejuízos ou aumentar o capital".

Já, quanto à reserva de capital, o art. 200 da Lei das S/A expressamente prevê a possibilidade de sua utilização para o pagamento do resgate: "Art. 200. As reservas de capital somente poderão ser utilizadas para: (...); II — resgate, reembolso ou compra de ações; (...)".

Deve-se ainda notar que depois da Lei 9.249, de 26.12.1995, que vedou a utilização de qualquer sistema de correção monetária patrimonial, inclusive para fins societários, não mais se exige o registro do resultado da correção monetária do capital realizado, enquanto não capitalizado, na conta de reserva de capital.

Assim, é despicienda, hoje em dia, a afirmação do professor Alfredo Lamy[34] de

32. *Parecer CVM/SJU-091/82*, p. 17.

33. "Reflexões sobre o direito de recesso na minirreforma da Lei das Sociedades por Ações", in Jorge Lobo, *A Reforma da Lei das S/A*, p. 79.

34. Alfredo Lamy Filho e José Luiz Bulhões Pedreira, *A Lei das S/A*, p. 174.

que no caso de se utilizar a reserva de capital para se resgatar as ações apenas parcela dessa reserva poderia ser utilizada, em face da necessidade de parte dessa reserva ser destinada à capitalização obrigatória do resultado da correção monetária do capital social. Com a promulgação da mencionada Lei 9.249 tal obrigação deixou de existir, e, por conseguinte, toda a reserva de capital poderá ser utilizada para fins de resgate de ações.

Quanto à reserva de reavaliação (art. 182, § 3º), vale esclarecer que a mesma não pode ser utilizada, pois o produto da reavaliação não integra o resultado do exercício até que seja realizado o seu valor.

Esse também é o entendimento da CVM: "A reserva de reavaliação não configura uma reserva de lucros no sentido técnico-jurídico. Registra tão-somente ganhos potenciais de natureza não-operacional ainda não realizados econômica e financeiramente. Não pode, em conseqüência, ser utilizada no resgate de ações".[35]

Verifica-se ainda que todas as reservas de lucros (art. 196 da Lei das S/A) e reservas que não tenham definição própria poderão ser utilizadas para o pagamento aos acionistas do valor do resgate.

8. Possibilidade de redução do capital social

A doutrina diverge muito a respeito da possibilidade ou não de se reduzir o capital social em conseqüência do resgate de ações.

Isso por conta dos dispositivos legais que regeram ou regem a matéria, passados ou vigentes, pois, ao mesmo tempo em que restringem o resgate à utilização de "fundos disponíveis" (Decreto-lei 2.627) ou "lucros ou reservas" (Lei 6.404/1976), utilizam-se das expressões "se mantido o mesmo capital" (Decreto-lei 2.627) ou "com redução ou não do capital social" (Lei 6.404/1976).

Para Fran Martins a redução do capital social não se configura um problema, já que a Lei das S/A expressamente dispôs a respeito: "Permite, assim, a nova lei que o resgate de ações seja feito por conta do capital social, diminuindo esse".[36]

No mesmo sentido, Modesto Carvalhosa assim se expressa: "No resgate, pode ou não haver redução do capital social. Se ocorrer diminuição do capital, haverá dupla modificação estatutária: no capital e na sua divisão em número de ações, que necessariamente diminuirá".[37]

Favoráveis, ainda, à diminuição do capital mostram-se Miranda Valverde[38] e Philomeno J. da Costa, que assim comenta o texto da lei antiga: "Quando a lei declara que com o resgate se deve esclarecer, 'se mantido o mesmo capital, o número de ações em que se dividirá e o valor nominal respectivo', traduz a necessidade da opção pela manutenção do mesmo capital social ou sua redução correspondente ao valor total delas; (...)".[39]

Já, Carlos Fulgêncio da Cunha Peixoto, todavia, veta expressamente a diminuição do capital, também ao comentar o dispositivo constante do Decreto-lei 2.627/1940, substancialmente idêntico ao texto vigente: "Não compreendemos como, em face da lei brasileira, admite-se, como conseqüência do resgate, a diminuição do capital. Com efeito, dispõe o parágrafo único que 'o resgate somente pode ser efetuado por meio de fundos disponíveis'. Portanto, a retirada das ações não afeta o capital, pois a aquisição fora realizada com lucros postos à disposição da assembléia-geral. Não se tocou no capital. Há uma alteração no número de ações, mas nunca no capital. Conseqüentemente, o valor das ações aumentará, dada a impossibilidade de entregar a cada acionista mais uma ação do mes-

35. *Parecer CVM/SJU-052/85.*

36. *Comentários à Lei das S/A*, v. 1, p. 264.
37. *Comentários ...*, v. 1, p. 314.
38. *Sociedades por Ações*, v. I, p. 153.
39. Philomeno J. da Costa, *Operações da Anônima ...*, p. 92.

mo valor, eis que, de conformidade com o disposto no artigo comentado, se destruirão as ações resgatadas. Insta, pois, alterar o estatuto em dois pontos: a) número de ações, pois será tirado da circulação o correspondente às resgatadas; b) seu valor, já que diminuído o número de ações, sem haver correspondente quanto ao capital, evidente que terá ele de ser acrescido".[40]

Essa opinião é endossada por Osmar Brina Corrêa Lima,[41] que também inadmite a redução do capital social. Para o autor a posição de diversos doutrinadores que defendem a tese da possibilidade da redução do capital é decorrente do fato de que o legislador errou! Mas como se encontra na lei, e esta seria considerada sagrada, tendem esses doutrinadores a justificá-lo.

Para Corrêa Lima inexiste uma relação de causa e efeito entre resgate e redução do capital; e, portanto, a redução não poderia ser conseqüência do resgate.

Conclui este último autor dizendo que o legislador atual imitou o "cochilo" referido por Waldemar Ferreira ao tratar do dispositivo análogo do decreto-lei de 1940.

A verdade é que em 1940, quando da promulgação do Decreto-lei 2.627, as ações tinham obrigatoriamente valor nominal e em sua grande maioria eram ações ao portador.

Por essa razão, visando a facilitar e viabilizar o procedimento de resgate de ações ao portador, o legislador entendeu ser possível a redução do capital social, e conseqüente não-alteração do valor nominal das ações. Dessa forma, as ações que porventura não venham a ser resgatadas não precisariam ser substituídas por outras, com o novo valor nominal decorrente do resgate sem redução de capital – operação, esta, que poderia ser extremamente onerosa para a companhia.

Hoje em dia, com a extinção das ações ao portador e as ações com valor nominal não mais sendo utilizadas pela maioria das companhias, o motivo descrito acima, que poderia ter levado o legislador a prever a redução do capital no caso de resgate, não mais se fundamenta.

De qualquer forma, existindo ou não motivo, sendo ou não um "cochilo" do legislador, a verdade é que a previsão da possibilidade de redução do capital social, após o resgate das ações, continua sendo letra da lei, permitindo, por conseqüência, às companhias realizarem essa redução.

Oportuno mencionar que a possibilidade de se reduzir o capital é adotada em diversos Estados dos Estados Unidos, país em que a legislação varia de Estado para Estado: "Under the law of some jurisdictions redemption has been permitted only out of surplus. Under the laws of Delaware, California and many other States shares may be redeemed either from capital or surplus".[42]

Note-se que toda essa discussão deve-se à enorme importância do capital social, principalmente como forma de garantia dos credores. Waldirio Bulgarelli, aludindo à lição de A. Brunetti, assim trata do tema: "Nesse sentido, é oportuno lembrar a lição de A. Brunetti, ao pôr em relevo o aspecto contábil do conceito de capital social, acentuando que, não se constituindo por um núcleo especial de bens, mas expressando uma partida contábil, não pode representar para os credores sociais uma garantia propriamente dita. A garantia para os credores é somente indireta, porque, colocando-se no balanço o capital, como um débito da sociedade, impedirá que se atribuam aos acionistas lucros sem ter em conta aquela partida do passivo; seria, pois, uma *fictio juris* concebida para a salvaguarda dos credores sociais".[43]

Tullio Ascarelli salienta uma outra importância do capital social: "O próprio

40. *Sociedades por Ações*, v. 1, p. 182.
41. *RDM* 68/11.

42. Henry Winthrop Ballantine, *Ballantine on Corporations*, p. 619.
43. *Manual da Sociedade Anônima à Luz da Lei 6.404/1976*, p. 95.

conceito de 'lucro' e 'perda' assenta, afinal, no conceito de capital social. Considera-se, com efeito, lucro a parte do patrimônio líquido social que supera o capital social; perda, ao contrário, a parte do capital social que supera o patrimônio líquido".[44]

Verifica-se, ainda, que a redução do capital social, que supostamente seria intangível, é admitida também por outras expressas exceções legais, como as do *caput* do art. 173 (até o montante dos prejuízos acumulados ou se excessivo), do art. 45, § 6º (não-substituição de acionista reembolsado à conta do capital social), e do art. 107, § 4º (acionista remisso em relação ao capital subscrito e não realizado), da atual Lei das S/A.

Portanto, a redução do capital no caso de resgate, por ser expressamente prevista, deve ser permitida, mas observado o procedimento, também previsto na lei, para se reduzir o capital.

O art. 174 da Lei das S/A prevê que a redução do capital social somente se torna efetiva após 60 dias da publicação da ata da assembléia-geral que a tiver deliberado. Dentro desse período os credores quirografários, por títulos anteriores à data de publicação da ata, poderão opor-se a essa redução do capital.

9. Valor a ser pago aos acionistas pelo resgate de ações

O valor a ser pago aos acionistas quando da deliberação de resgatar suas ações é tema de extrema controvérsia na doutrina, principalmente pelo fato de a lei ser omissa sobre o ponto, deixando ao arbítrio do intérprete a solução da questão.

Para alguns autores – como José Tadeu de Chiara[45] e Modesto Carvalhosa[46] – o valor do resgate deveria ter por base o art. 170, § 1º, da própria Lei das S/A, que cuida do preço de emissão das ações pela companhia, estabelecendo três parâmetros essenciais: "§ 1º. O preço de emissão deverá ser fixado, sem diluição injustificada da participação dos antigos acionistas, ainda que tenham direito de preferência para subscrevê-las, tendo em vista, alternativa ou conjuntamente: I – a perspectiva de rentabilidade da companhia; II – o valor do patrimônio líquido da ação; III – a cotação de suas ações em Bolsa de Valores ou no mercado de balcão organizado, admitido ágio ou deságio em função das condições do mercado".

Modesto Carvalhosa ensina que o pagamento do resgate deve ser igual ou superior ao que seria encontrado pela conjugação dos incisos do § 1º do art. 170 supracitado, pois entende que se o valor fosse inferior haveria evidente lesão aos legítimos interesses patrimoniais dos acionistas.

O citado autor esclarece, ainda, que nem o estatuto da companhia pode estabelecer apuração de valor de resgate que esteja em desacordo com os mencionados parâmetros, nem a assembléia-geral, quando silente o estatuto, pode decidir pelo pagamento de quantia inferior à que seria encontrada se seguido o § 1º do art. 170 da lei. Caso contrário "será nula a deliberação da assembléia-geral extraordinária ou nulo o resgate previsto no estatuto".[47]

Vale mencionar, no entanto, que José Tadeu de Chiara entende que os parâmetros do art. 170, § 1º, se aplicam ao resgate, mas – diferentemente de Modesto Carvalhosa – considera que o valor nominal da ação, ou seu preço unitário, no caso de ações sem valor nominal, também poderia ser um parâmetro para se chegar a um justo valor de resgate. Conclui que o valor nominal ou unitário da ação seria o mais adequado:

"*O valor nominal, ou o valor resultante de divisão do capital pelo número de ações da companhia, parece-me ser alter-*

44. *Problemas das Sociedades Anônimas e Direito Comparado*, p. 330.
45. *RDM* 48/61.
46. *Comentários* ..., v. 1, p. 317.
47. Modesto Carvalhosa, *Comentários* ..., v. 1, p. 318.

nativa mais adequada para a montagem pretendida. (...).

"É que o valor nominal ou o valor obtido pela divisão do capital pelo número de ações tem o respaldo legal de traduzir a relação contratual acionista/companhia, independentemente de fatores aleatórios quer do mercado ou do sistema econômico, quer da gestão dos administradores"[48] (grifamos).

Já para Bulhões Pedreira,[49] co-autor, juntamente com Alfredo Lamy, da vigente Lei das S/A, a utilização do art. 170, § 1º, da Lei das S/A como base para efeitos de determinação do valor do resgate é totalmente insustentável. Criticando Modesto Carvalhosa, pondera: "O autor não explica qual o princípio de interpretação legal que fundamentaria a aplicação ao valor de resgate de preceito da lei sobre emissão de ações. Se a própria lei não a prescreve, seria caso de aplicação por analogia. Mas a leitura do dispositivo mostra que não existem nas duas hipóteses – de emissão e resgate – a identidade de razão que constitui o fundamento da aplicação analógica de preceitos legais".

Quanto à observação de Modesto Carvalhosa sobre a nulidade da deliberação que estabelece o valor de resgate abaixo daquele fixado para a emissão de ações, sustenta o mesmo autor: "Não existe, todavia, nenhum dispositivo legal que declare nula a deliberação de assembléia que prejudica algum acionista; e, se tal dispositivo existisse, a forma de sociedade anônima que se baseia no princípio majoritário seria inviável porque a validade de qualquer deliberação de assembléia-geral ficaria na dependência de critérios subjetivos de apreciação dos seus efeitos sobre os interesses de cada acionista".

Bulhões Pedreira entende que o preço do resgate das ações preferenciais pode ser o valor nominal, pois esse valor representa apenas uma contrapartida dos privilégios que lhes foram anteriormente atribuídos.

Segundo esse autor: "Não é procedente a assertiva de que o acionista que tem a ação resgatada pelo valor nominal sofre prejuízo, se as demais ações do capital social da companhia têm, no momento do resgate, valor de troca superior ao nominal. Essa diferença não é prejuízo, mas compensação pela situação privilegiada (em relação aos demais acionistas) que os titulares da ação preferencial resgatada tiveram durante o prazo de existência da ação".[50]

Faz-se importante também mencionar a posição de Alfredo Lamy, que, como Bulhões Pedreira, critica a assertiva de se utilizar o art. 170, § 1º, da Lei das S/A como parâmetro para fixação do valor de resgate.

Para o professor Lamy a lei não previu e nem deveria ter previsto que o referido artigo pudesse ser utilizado para a fixação do dito valor. Isto porque determinadas circunstâncias não se enquadram no art. 170, § 1º; e cita como exemplo as seguintes situações: "(...) a emissão negociada com tomadores (sobretudo quando se trata de credores que aceitam a conversão de seus créditos), a existência de prêmio de resgate – e tantas outras circunstâncias que podem refletir-se num valor de resgate, e que não é dado à lei esgotar".[51]

Fábio Konder Comparato,[52] por sua vez, diferencia duas hipóteses distintas de resgate, quais sejam: a hipótese em que o resgate foi pactuado entre sociedade e acionista como forma de se captar recursos de investimento a prazo fixo, sob a aparência de capital de risco, e a hipótese em que o resgate configura autêntica exclusão de acionista em prol do acionista controlador. No primeiro caso o autor entende que não há fundamento para se afastar o critério fixado no estatuto ou determinado em assembléia-geral. Já, no segundo caso entende

48. *RDM* 48/63.

49. Alfredo Lamy Filho e José Luiz Bulhões Pedreira, *A Lei das S/A*, p. 161.

50. Idem, ibidem.

51. Alfredo Lamy Filho e José Luiz Bulhões Pedreira, *A Lei das S/A*, p. 177.

52. *RDM* 73/71.

que, por se tratar de ato danoso ao acionista, o valor deverá corresponder ao valor "real" da ação. Nesse caso o valor contábil seria apenas um piso para o cálculo do preço.

Para Comparato, em complementação ao valor mínimo, precisa-se avaliar a companhia pela sua perspectiva de rentabilidade e pelo preço real de mercado, ou seja, levando em consideração o valor real dos bens do ativo permanente (imóveis, maquinário, veículos etc.), baseando seu entendimento no art. 264 da Lei das S/A, que exige esse tipo de avaliação no caso de incorporação de sociedade controlada por sociedade controladora. No seu entendimento outro aspecto que deve ser levado em consideração é o valor dos bens intangíveis, como, por exemplo, marcas, patentes, *know-how* e *goodwill*.

O autor, para justificar sua preocupação em se achar um valor justo para o resgate quando este visa tão-somente a conferir benefícios para o acionista controlador, compara-o à expropriação[53] por parte do Estado, hipótese em que a própria Constituição impõe que se faça mediante justa indenização.

Osmar Brina Corrêa Lima,[54] no entanto, tem posição distinta dos supracitados autores, entendendo que o valor do resgate deve basear-se, por analogia, nos mesmos critérios fixados pela lei para as hipóteses de reembolso ou retirada, dispostos no art. 45 da Lei das S/A – quais sejam, o valor patrimonial ou o valor econômico da ação (valor apurado com base em avaliação realizada por três peritos ou empresa especializada).

Para diversos outros autores – como, por exemplo, Trajano de Miranda Valverde,[55] Wilson de Souza Campos Batalha,[56] Pontes de Miranda[57] e Cunha Peixoto[58] – o preço de resgate das ações deve ser o preço corrente, entendendo-se como tal o preço de mercado, da Bolsa, e, não havendo, o valor nominal da ação.

10. Responsabilidade do acionista controlador

O poder do acionista controlador não foi conferido pela lei para que ele o usasse em benefício próprio, mas sim em benefício e no interesse da sociedade.

É o que dispõe o parágrafo único do art. 116 da Lei das S/A: "O acionista controlador deve usar o poder com o fim de fazer a companhia realizar o seu objeto e cumprir a função social, e tem deveres e responsabilidades para com os demais acionistas da empresa, os que nela trabalham e para com a comunidade em que atua, cujos direitos e interesses deve lealmente respeitar e atender".

Deve-se destacar que não só o acionista controlador está obrigado a exercer seu direito de voto em prol dos interesses da companhia. O acionista minoritário também o está, e responde pelos seus atos, assim como o controlador, no caso de exercício abusivo do poder de voto, mesmo que seu voto não haja prevalecido (art. 115, § 3º, da Lei das S/A): "O acionista responde pelos danos causados pelo exercício abusivo do direito de voto, ainda que seu voto não haja prevalecido".

Deve-se notar, no entanto, que o acionista controlador está muito mais sujeito às ações de responsabilidade do que o acionista minoritário. Primeiramente pelo simples fato de o acionista controlador ser um sujeito muito mais "em foco" do que os acionistas minoritários, em virtude da sua própria posição de acionista controlador. Segundo pelo fato de, na maioria das vezes, não haver interesse do acionista con-

53. O correto seria dizer "desapropriação", ao invés de "expropriação", pois, apesar do sentido etimológico, em termos jurídicos a "expropriação" é utilizada (inclusive na Constituição) para se referir à tomada à força da propriedade por parte do Estado, sem qualquer indenização (*v.g.*, art. 243 da CF).

54. *RDM* 68/11.

55. *Sociedades por Ações*, v. I, p. 153.

56. *Comentários ...*, v. 1, p. 300.

57. *Tratado de Direito Privado*, t. L, p. 91.

58. *Sociedades por Ações*, v. 1, p. 186.

trolador ou dos demais acionistas em responsabilizar o acionista minoritário cujos votos não surtiram qualquer efeito e, por essa razão, não chegaram a prejudicar a companhia, mesmo que esse acionista tivesse essa intenção.

Fábio Konder Comparato, ao dissertar em seu artigo[59] sobre o abuso de poder, ressalta que o primeiro e mais claro limite ao exercício do poder é dado pelos direitos fundamentais do acionista. Esses direitos são os enumerados no art. 109 da Lei das S/A: "Art. 109. Nem o estatuto social nem a assembléia-geral poderão privar o acionista dos direitos de: I – participar dos lucros sociais; II – participar do acervo da companhia, em caso de liquidação; III – fiscalizar, na forma prevista nesta Lei, a gestão dos negócios sociais; IV – preferência para subscrição de ações, partes beneficiárias conversíveis em ações, debêntures conversíveis em ações e bônus de subscrição, observado o disposto nos arts. 171 e 172; V – retirar-se da sociedade nos casos previstos em Lei".

Ainda, segundo Comparato, outro direito essencial que não pode ser deixado de lado é o direito de permanecer sócio, salvo se for interesse da companhia em conjunto essa exclusão: "Ora, como assentou a jurisprudência inglesa, assim como o acionista controlador não pode exercer o seu poder de voto de modo a defraudar o patrimônio social, da mesma forma não tem ele o direito de usá-lo para expropriar os demais acionistas de suas ações; salvo se essa medida extrema corresponder ao interesse da companhia em seu conjunto, e for acompanhada de uma justa indenização".[60]

A operação de resgate, se utilizada de forma abusiva, pode efetivamente representar a vontade não da sociedade como um todo, mas sim a vontade exclusiva do acionista controlador.

Um exemplo de abuso de poder seria a exclusão de acionistas de determinada classe de ações visando, tão-somente, a um posterior aumento de capital em que fosse indesejada a participação desses acionistas. Ressalte-se que nesse caso os acionistas excluídos deveriam deter ações de classe distinta das do acionista controlador, ou, então, as ações do acionista controlador dessa classe resgatada seriam, obviamente, também resgatadas.

Em relação ao presente tema, lembre-se que a alínea "c" do § 1º do art. 117 estipula como sendo modalidade de exercício abusivo de poder a "adoção de políticas ou decisões que não tenham por fim o interesse da companhia e visem a causar prejuízo a acionistas minoritários, aos que trabalham na empresa ou aos investidores em valores emitidos pela companhia".

Deve-se ressaltar, mais uma vez, que o resgate, por si só, não gera o abuso de poder. O mesmo somente ocorrerá se a adoção das medidas que ocasionaram o resgate não tiverem por fim, comprovadamente, os interesses da companhia.

Não poderia ser considerado abusivo, por exemplo, o resgate de ações de uma determinada classe por esta classe conter dividendos mínimos ou fixos que onerem e impeçam o desenvolvimento das atividades da companhia. O resgate, neste caso, seria apenas um contrapeso em relação às vantagens a que os acionistas dessa classe tiveram direito ao longo de determinado período, e teria por fim o interesse da companhia.

Note-se que a conduta abusiva não admite a modalidade culposa, exigindo dolo e até mesmo dolo específico, conforme a lição de Fábio Konder Comparato: "Observa-se, ainda, que *todas as modalidades abusivas descritas no primeiro parágrafo do art. 117* [da Lei 6.404/1976] *são dolosas, sendo que algumas delas (alíneas 'b' e 'c') exigem do agente dolo específico*"[61] (grifamos).

59. *RDM* 73/68.
60. *RDM* 73/68.

61. *O Poder de Controle na Sociedade Anônima*, p. 309.

Pertinentes também, a esse respeito, são os seguintes comentários de Modesto Carvalhosa, especificamente quanto ao art. 117 da Lei 6.404/1976:

"O terceiro requisito necessário à configuração da responsabilidade do acionista que exerce o controle é o de que o ato tenha sido praticado com abuso de poder. (...).

"Entende-se configurado o *abuso de poder* quando o agente não exerce com moderação a prerrogativa que lhe é legalmente atribuída, fazendo-o contrariamente ao interesse de terceiros e *com o objetivo de causar-lhes danos*, seja cerceando-lhes o exercício de seus direitos, seja *visando a alcançar, com o abuso, enriquecimento ilícito ou vantagem sem justa causa*. (...).

"O abuso de poder de controle resulta da causa ilegítima de decisões tomadas com a *única finalidade de prejudicar uma categoria de acionistas ou para satisfazer os interesses exclusivamente pessoais de alguns deles*. Nessa hipótese, o controle é desviado de sua finalidade legítima, ou seja, assegurar a acumulação do patrimônio social e a prosperidade da empresa"[62] (destacamos).

De toda pertinência são as seguintes passagens constantes da declaração de voto do Des. Paulo Dourado de Gusmão no julgamento, em 9.11.1983, dos EInfrs na Ap. 23.598 pelo 1º Grupo de Câmaras do Tribunal de Justiça do Rio de Janeiro, especificamente ao abordar a regra relativa ao abuso do poder de controle nas sociedades anônimas:

"*Sua aplicação há de exigir do julgador extrema cautela no sentido de evitar que, procurando proteger uma minoria, na realidade esteja contribuindo para a prática de outro abuso ainda mais lesivo e detestável*, que seria o domínio de todo um enorme número de acionistas votantes por inexpressivo número de sócios também com direito a voto, a contrariar o princípio democrático de que decorre a direção das sociedades por deliberações da maioria de ações, ainda que não de acionistas. É útil manifestar, sobretudo, quão *indispensável se torna especial cuidado em não contribuir para que a aplicação de normas de evidente utilidade ensejem ditadura das minorias de votantes através, em um ou outro caso, de expedientes de aventura que levem a afetar a normalidade da vida das empresas*, especialmente daquelas que, como as envolvidas no grupo de que se trata, exercem atividades em cuja continuidade e sanidade há marcante interesse público. (...).

"Sobretudo deve impor-se, precipuamente, a noção de que *abuso maior, mais temível, é aquele que, com a nobre motivação de limitação aos excessos do poder econômico, leve à denegação do princípio da deliberação pela maioria votante – majority rules* –, ou seja, pela maioria de votos, ainda que não de acionistas, pois é esse princípio base da concepção democrática em qualquer empreendimento"[63] (grifamos).

Portanto, não se enquadrando nas descrições acima a conduta do acionista controlador, tem-se, a toda evidência, a inteira inaplicabilidade do dispositivo legal mencionado, não havendo que se falar de qualquer responsabilização possível.

11. Entendimento dos Tribunais Superiores sobre o tema

11.1 Supremo Tribunal Federal

O primeiro caso no Direito Brasileiro sobre resgate de ações que chegou a um Tribunal Superior foi o do governador Adhemar de Barros contra "A Notícia, S/A", quando esta resgatou as ações do autor sem a existência de cláusula expressa em seu estatuto social e sem a expressa anuência dos titulares das ações resgatadas.

O autor teve seu pedido de nulidade negado em primeira e segunda instâncias.

62. *Comentários* ..., v. 1, p. 444.

63. *RT* 584/190.

Interposto recurso extraordinário, o Supremo Tribunal Federal confirmou seu indeferimento pelo Tribunal *a quo* em agravo de instrumento.

Assim está ementado o acórdão do Tribunal de segunda instância: "Ação ordinária julgada improcedente – Confirmação da sentença que bem decidiu apreciando os fatos e dando-lhes solução de acordo com a lei e as provas constantes dos autos – Válidas as deliberações dos acionistas tomadas em assembléias-gerais, não havendo vulneração alguma à Lei das Sociedades Anônimas que justificasse a pretensão do autor".[64]

Transitada em julgado a decisão, o Espólio de Adhemar de Barros propôs ação rescisória contra "Divulgadora Editora, S/A" (AR 881[65]), sucessora de "A Notícia, S/A", sendo relator o Min. Aliomar Baleeiro, que assim proferiu seu voto (em 28.11.1973): "O resgate tanto pode ser autorizado pelos estatutos quanto por decisão da assembléia-geral, como ocorreu no caso dos autos. Nem se exige, aí, concordância expressa dos acionistas atingidos. Nem há que se falar em sorteio, porque, como confessado na inicial, todas as ações preferenciais pertenciam a um só titular. Enfim, não vejo em que consistiu a decisão contra literal disposição de lei, que, à luz da Súmula n. 343, pressupõe texto legal não controvertido. Julgo o autor carecedor da ação rescisória".

Vale transcrever parte do voto do Revisor, Min. Djaci Falcão, por ter este enfrentado a questão do valor do resgate: "(...) o preço do resgate, não havendo cotação em Bolsa, será o do valor nominal, o que foi atendido e o que fora aceito *[pelo Sr. Adhemar de Barros]* quando da escritura da cessão de 150 ações preferenciais a ele feita. (...)".

11.2 Superior Tribunal de Justiça

É o seguinte o entendimento da 3ª Turma do Superior Tribunal de Justiça, expressado no REsp 68.378-PR,[66] julgado por unanimidade em 8.8.1995, sobre o valor a ser pago pelo resgate no caso de inexistência de previsão estatutária a esse respeito, conforme exposto pelo Min. Eduardo Ribeiro:

"As ações não tinham cotação em Bolsa. O valor de mercado delas foi, em conseqüência, desconsiderado. De perspectiva de rentabilidade não se cuidou, seja quando a direção da companhia elegeu o preço a ser pago, seja no presente processo. Daí se tomou como dado único o valor do patrimônio líquido. E há quanto a isso coincidência. Também o acórdão o teve como adequado. O dissenso está em que a recorrente pretende que aquela (*sic*) corresponda ao apurado no último balanço, e o aresto impugnado determinou se fizesse não por critério simplesmente contábil, mas mediante o levantamento do valor real do patrimônio, a preços de mercado.

"Não vislumbro aí qualquer violação da lei. O invocado art. 170, que subsidiariamente se admite aplicável, nem mesmo se refere a patrimônio líquido, tal apurado em balanço, como o faz, por exemplo, o art. 45, § 1º, ao cuidar do reembolso. A expropriação das ações – que a tanto corresponde o resgate – há de fazer-se sem prejuízo para o acionista, o que ocorreria caso o preço se baseasse em elementos alheios à realidade. Isso só se poderá verificar havendo determinação estatutária, na medida em que seja lícito entender que o acionista deu ao procedimento anuência prévia. (...)."

12. O Anteprojeto da Lei das S/A

Deve-se mencionar que o Projeto Substitutivo do deputado federal Antônio Kandir, de n. 3.115/1997, que ora tramita no Congresso Nacional, altera um ponto significativo na atual Lei das S/A quanto à questão do resgate de ações.

64. AR 881, *RTJ* 70, 1974.
65. Idem, ibidem.
66. Página oficial do Superior Tribunal de Justiça na *Internet*.

O Projeto de Lei, acrescentando um § 6º ao art. 44 da atual Lei das S/A, torna obrigatória a aprovação da deliberação de resgate por acionistas que representem, no mínimo, a metade das ações atingidas, excepcionando a hipótese de a matéria estar regulada de forma distinta no estatuto social:

"Art.44. (...).

"(...).

"§ 6º. Salvo disposição em contrário do estatuto social, o resgate de ações de uma ou mais classes só será efetuado se, em assembléia especial convocada para deliberar essa matéria específica, for aprovado por acionistas que representem, no mínimo, a metade das ações da(s) classe(s) atingida(s)."

Dessa forma, o tema levantado pelo professor Lamy sobre a necessidade legal de, mesmo sob a égide da lei vigente, o resgate ser previamente aprovado por assembléia especial dos interessados tornar-se-á uma certeza se aprovado o projeto nos termos em que hoje está concebido.

13. Conclusão

O resgate de ações é uma das mais importantes operações societárias, em que pese à escassa regulamentação a respeito, em todas as épocas. Este fato tem concedido aos intérpretes, ao longo dos anos, infindáveis possibilidades de interpretação em relação a seus diversos aspectos.

Essa operação é uma exceção à vedação legal de a companhia não poder negociar com suas próprias ações, não se confundindo, no entanto, com as demais exceções previstas em lei.

Apesar de vozes contrárias, a doutrina majoritária entende que o resgate pode se dar por disposição estatutária (resgate compulsório) ou por deliberação da assembléia-geral (resgate voluntário), se inexistente tal previsão, sendo possível tanto o resgate de ações ordinárias como o de ações preferenciais.

A deliberação de resgate independe de qualquer aprovação ou ratificação por parte dos acionistas que terão suas ações resgatadas, apesar da opinião contrária do professor Alfredo Lamy. Isto porque assim não previu o legislador.

O que há é tão-somente a necessidade de se aprovar ou ratificar a deliberação que *modifique as condições existentes de resgate*, por mais da metade das ações resgatáveis existentes, se efetivamente houver prejuízo decorrente dessa modificação de condições em relação a essas ações.

Contudo, se aprovadas as alterações da Lei das S/A ora em tramitação no Congresso Nacional, a concordância da maioria dos acionistas da classe resgatada será necessariamente exigida, salvo no caso de ter sido o resgate previsto no estatuto da companhia.

Os seguintes fundos podem ser utilizados pela companhia para o pagamento do valor do resgate: a) reservas estatutárias e especificamente criadas para esse fim; b) reservas de capital; c) saldos de lucros disponíveis; e d) quaisquer reservas que não tenham um fim predeterminado.

Quanto à redução do capital social, não obstante opiniões em contrário, previu o legislador expressamente essa possibilidade. Note-se que nem mesmo o mencionado Projeto da nova lei altera essa questão.

O valor a ser pago ao acionista pelo resgate, apesar das diversas soluções encontradas diante do silêncio da lei, deverá ser o previsto no estatuto social, pois quando da subscrição da ação o acionista estará concordando com esse valor, ou não teria subscrito o capital.

Já, na hipótese de omissão do estatuto o valor do resgate deverá corresponder ao real valor da ação, cuja apuração deverá basear-se no valor real dos bens do ativo permanente (imóveis, maquinário, veículos etc.) como nos bens intangíveis da companhia, se existentes, justamente pelo fato de o acionista nunca ter concordado com qualquer valor, não podendo sair prejudicado. Esse também é o posicionamento da 3ª Turma do Superior Tribunal de Justiça, apesar da opinião contrária de diversos doutrinadores.

Ressalte-se, ainda, que o resgate somente poderá se dar em prol dos interesses da sociedade, e não do acionista controlador, sendo certo que nesta última hipótese poderá o acionista controlador vir a ser responsabilizado por abuso de poder.

Referências bibliográficas

ARAGÃO, Paulo Cézar. "Novos aspectos dos valores mobiliários na Lei das Sociedades por Ações". *RT* 584. São Paulo, Ed. RT, 1984.

ASCARELLI, Tullio. *Problemas das Sociedades Anônimas e Direito Comparado*. São Paulo, Saraiva, 1969.

BALLANTINE, Henry Winthrop. *Ballantine on Corporations*. Chicago, Callaghan, 1946.

BATALHA, Wilson de Souza Campos. *Comentários à Lei das Sociedades Anônimas*. v. 1. Rio de Janeiro, Renovar, 1977.

BULGARELLI, Waldirio. *Manual da Sociedade Anônima à Luz da Lei 6.404/1976*. São Paulo, Atlas, 1978.

CARVALHO DE MENDONÇA, José Xavier. *Tratado de Direito Comercial Brasileiro*. v. 3. Rio de Janeiro, Freitas Bastos, 1958.

CARVALHOSA, Modesto. *Comentários à Lei de Sociedades Anônimas*. v. 1. São Paulo, Saraiva, 1977.

CHIARA, José Tadeu de. "Resgate de ações". *RDM* 48. São Paulo, Ed. RT, outubro-dezembro de 1982.

COMPARATO, Fábio Konder. "Funções e disfunções do resgate acionário". *RDM* 73. São Paulo, Ed. RT, janeiro-março de 1989.

————. *O Poder de Controle na Sociedade Anônima*. Rio de Janeiro, Forense, 1983.

COSTA, Philomeno Joaquim da. *Operações da Anônima com as Ações de seu Capital*. São Paulo, Saraiva, 1965.

EIZIRIK, Nélson Laks. *Aspectos Modernos do Direito Societário*. Rio de Janeiro, Renovar, 1992.

FERREIRA, Waldemar. *Tratado de Direito Comercial*. v. IV. São Paulo, Saraiva, 1961.

LAMY FILHO, Alfredo, e PEDREIRA, José Luiz Bulhões. *A Lei das S/A*. Rio de Janeiro, Renovar, 1992.

LIMA, Osmar Brina Corrêa. "Resgate de ações de sociedade anônima". *RDM* 68. São Paulo, Ed. RT, outubro-dezembro de 1987.

MARTINS, Fran. *Comentários à Lei das S/A*. v. 1. Rio de Janeiro, Forense, 1984.

MARTINS, Ives Gandra da Silva, e VIDIGAL, Geraldo de Camargo (coords.). *Comentários à Lei das Sociedades por Ações (Lei 6.404/1976)*. Rio de Janeiro, Renovar Universitária, 1999.

MIRANDA JR., Darcy Arruda. *Breves Comentários à Lei das Sociedades por Ações*. São Paulo, Saraiva, 1977.

MÜSSNICH, Francisco Antunes Maciel. "Reflexões sobre o direito de recesso na minirreforma da Lei das Sociedades por Ações". In: LOBO, Jorge. *A Reforma da Lei das S/A*. São Paulo, Atlas, 1998.

PARECER CVM/SJU-052/85.

PARECER CVM/SJU-091/82.

PEDREIRA, José Luiz Bulhões, e LAMY FILHO, Alfredo. *A Lei das S/A*. Rio de Janeiro, Renovar, 1992.

PEIXOTO, Carlos Fulgêncio da Cunha. *Sociedades por Ações*. v. 1. São Paulo, Saraiva, 1972.

PONTES DE MIRANDA, F. C. *Tratado de Direito Privado*. t. L. Rio de Janeiro, Borsói, 1972.

VALVERDE, Trajano de Miranda. *Sociedades por Ações*. v. I. Rio de Janeiro, Forense, 1953.

VIDIGAL, Geraldo de Camargo, e MARTINS, Ives Gandra da Silva (coords.). *Comentários à Lei das Sociedades por Ações (Lei 6.404/1976)*. Rio de Janeiro, Renovar Universitária, 1999.

LEI DE PROPRIEDADE INDUSTRIAL DO BRASIL EM DISCUSSÃO NA OMC

PRISCILA AKEMI BELTRAME

1. A Lei de Propriedade Industrial e o direito concorrencial. 2. Aspectos da legislação internacional – O TRIPS. 3. Patentes de produtos farmacêuticos para o tratamento da AIDS.

Temos assistido, com grande inte resse, ao contencioso recentemente travado entre o Brasil e os EUA em torno da discussão sobre um instituto da Lei de Propriedade Industrial (Lei 9.279/1996 — LPI) denominado *licença compulsória*. Considerada mais do que adequada e que recepcionou com grande amplidão os dispositivos do tratado internacional que a inspirou (*Trade Related Intellectual Property Aspects* – TRIPS), por motivos políticos e econômicos direcionados à abertura econômica, que não nos cabe abordar, fato é que a licença compulsória, ainda como um aspecto tópico, tem causado preocupação em tese (com relação à previsão geral presente na norma) e de fato (com relação às patentes de medicamentos para o tratamento da AIDS).

1. A Lei de Propriedade Industrial e o direito concorrencial

Por meio da licença compulsória o Poder Público, por decisão administrativa ou judicial, pode retomar o privilégio concedido por uma patente que não esteja fazendo uso dela de acordo com as necessidades do mercado (subaproveitamento dos direitos concedidos), ou se, no exercício dos referidos direitos, se comprovar sua forma abusiva ou com práticas que denotem abuso de poder econômico. Claro está que o Poder Público em ação é aquele que zela e equilibra os direitos individuais exercidos em função dos direitos coletivos, sempre se tendo em vista a dimensão social do direito da propriedade intelectual, na medida em que os privilégios, os direitos de exclusividade, representam garantias individuais que impulsionam e estimulam avanços tecnológicos e de bem-estar da sociedade. A dimensão individual, assim, justifica-se pelo interesse coletivo (v. art. 240 da LPI e art. 7º do TRIPS).

Assim entendido, o que se verifica com a licença compulsória não é, *prima faccie*, a preferência pelo local da produção, se nacional ou do Exterior, mas no interesse de quem ela servirá. O texto da lei estabelece que a patente deve atender à demanda local e que, como o poder jurisdicional da autoridade restringe-se ao território brasileiro, somente sobre este território pode ele determinar a produção e garantir os direitos de quem requer a licença compulsória. Ainda, ela estabelece a possibilidade de importação do objeto da licença, por prazo determinado, no caso de esta ter sido concedida por abuso de poder econômico.

A previsão de uso da licença compulsória restringe-se aos eventos legalmente identificados como abuso de direito ou abuso de poder econômico, que são infrações à ordem econômica disciplinadas na nossa legislação de direito concorrencial (arts. 20, IV, e 21, XX e XXI, da Lei 8.884/1994). Ainda que a legislação concorrencial esteja na seara das relações de mercado e a de propriedade industrial na dos privilégios de exploração exclusiva, consideramos plenamente aplicável, com interpretação extensiva, o texto do art. 15, que estabelece que a lei se aplica "às pessoas físicas ou jurídicas de direito público ou privado (...), mesmo que exerçam atividades sob regime de monopólio legal".

À extensão do que se verifica, o texto concorrencial continua fornecendo balizamentos para a conduta de todos os agentes do mercado, sem exclusão dos que se beneficiam de monopólios de exploração de um setor econômico – entendimento, este, que se ajusta plenamente à função que a propriedade industrial ostenta em nossa sociedade.

A restrição conferida pela licença compulsória no caso das patentes é mera extensão da pena prevista na legislação concorrencial (Capítulo III da Lei 8.884/1994), que estabelece, em seu art. 19, que a repressão das infrações não exclui a punição de outros ilícitos previstos em lei. Neste caso, a licença compulsória é forma específica para atingir os fins a que o direito de exploração exclusiva da patente se destina, e que certamente dependem de um conjunto probatório consistente, por decisão administrativa ou judicial. Muito embora o ato administrativo se paute pelos critérios de conveniência e oportunidade, a decisão administrativa depende de processo investigatório mais detalhado e isento.

Por fim – e em abono do que foi até aqui considerado –, a lei concorrencial (Lei 8.884/1994) estabelece que, além das penas atribuídas no art. 23, outras poderão ser impostas. Assim é o texto explícito do art. 24: "Sem prejuízo das penas cominadas no artigo anterior, quando assim o exigir a gravidade dos fatos ou o interesse público geral, poderão ser impostas as seguintes penas, isoladas ou cumulativamente: (...) IV – a recomendação aos órgãos públicos competentes para que: (...) "a) seja concedida *licença compulsória* de patentes de titularidade do infrator" (grifo nosso).

Portanto, o instituto não só contempla o benefício social pelo avanço tecnológico ao qual a patente deve corresponder, mas também o inscreve no contexto do direito concorrencial como mecanismo de controle das condutas anticompetitivas.

Esse instituto visa a atingir principalmente aquele detentor de patente que, pelo monopólio de exploração conseguido com a proteção do Estado, com aparatos jurídico, administrativo e até policial disponíveis, extrapole a exploração normal, justa, com razoáveis expectativas de lucro, sem que para isso, apoiado na proteção que tem, aplique preços exorbitantes, atenda a uma demanda local quando a necessidade e o interesse social são amplos, deixe de produzir, pois mudou do ramo de seus negócios. Nesses casos, tendo o Estado concedido o privilégio de exploração, e não possuindo o titular interesse social de uso do referido monopólio, sua retomada é mais do que justificada: ela é necessária e útil. Com efeito, discorre o autor sobre o espírito da LPI: "O espírito da lei somente será alcançado se efetivamente o objeto da patente for devidamente utilizado. Caso contrário, não haveria necessidade de se obter qualquer privilégio".[1]

2. Aspectos da legislação internacional – O TRIPS

Outro aspecto que merece ser abordado com o devido cuidado diz respeito ao conflito que se estabeleceria com os pre-

1. José C. Tinoco Soares, *Lei de Patentes, Marcas e Direitos Conexos*, São Paulo, Ed. RT, 1997, p. 113.

ceitos do comércio internacional constantes do TRIPS. Para os que alegam que a licença compulsória fere disposições do TRIPS, estes fundam suas alegações especialmente no art. 27, I, do referido Acordo. Entendem que, ao conter disposição que afasta a possibilidade de discriminação em matéria de patentes dos direitos de estrangeiros em benefício do nacional,[2] o acordo retiraria do universo do poder nacional qualquer favorecimento que privilegiasse a produção local.

O princípio do tratamento nacional, importante instrumento de definição das rodadas de negociação no âmbito da OMC, encontra-se inscrito no art. 30 do TRIPS e independe do entendimento enviesado do art. 27 supra-referido, pois ele mesmo estabelece que aos nacionais de outros Estados será concedido o mesmo tratamento dado ao seu nacional, sem favorecimento de qualquer ordem, em relação à proteção da propriedade intelectual.

Certo é que a extensão que se procura dar ao art. 27, I, depende da coordenação de seu entendimento com outros institutos do sistema jurídico, pois ele, assim como qualquer outro comando normativo, não encerra em si todos os conceitos que o inserem no ordenamento. Assim é que, recorrendo ao art. 8º – "Princípios" –, que define a medida e o padrão de interpretação do TRIPS, lemos:

"1. Os Membros, ao formular ou emendar suas leis e regulamentos, podem adotar medidas necessárias para proteger a saúde e nutrição públicas e para promover o interesse público em setores de importância vital para seu desenvolvimento sócio-econômico e tecnológico, desde que estas medidas sejam compatíveis com o disposto neste Acordo.

"2. Desde que compatíveis com o disposto neste Acordo, poderão ser necessárias medidas apropriadas para evitar o abuso dos direitos de propriedade intelectual por seus titulares ou para evitar o recurso a práticas que limitem de maneira injustificável o comércio ou que afetem adversamente a transferência internacional de tecnologia."

Tomando-se em conta o disposto no art. 27, I, à luz dos princípios fixados nos incisos acima do art. 8º, não há fundamento de direito que sustente o pleito norte-americano contra a previsão da lei brasileira sobre a licença compulsória, por se tratar de uma autonomia concedida pelo próprio Tratado em que se fundamenta referido pleito.

As exceções ao direito de exclusividade concedido pela patente são, ainda, tratadas na própria sessão do Tratado, sob a rubrica do "outro uso sem autorização do titular". Trata-se, portanto, de instituto semelhante, em quase tudo, ao da licença compulsória, com exigências plenamente compatíveis em virtude da interpretação à luz do art. 8º, *supra*, e do art. 31, "k". Não há como se sustentar, portanto, a alegação de que a licença compulsória não seja reconhecida pelo TRIPS, pois na regulamentação que a lei brasileira faz de sua concessão estão presentes os mesmos requisitos inscritos na lei internacional. Neste sentido, há a previsão de que a licença não será concedida a título exclusivo; terá por base, quando requerida por terceiros, seu mérito individual; terá direito à licença cruzada; pode ser utilizada em caso de emergência nacional, com prazo de vigência determinado; etc. Um cotejamento específico dos referidos aspectos regulamentares dependerá de comparação mais detida, tendo por base os principais elementos trazidos nessa oportunidade.

Alega-se, inclusive, que o disposto no art. 71 da LPI possibilita o exercício de política protecionista em caso de emergência nacional ou interesse público. Entretanto, a licença de que fala esse artigo somente será concedida se o titular não atender a essa necessidade – além do quê já havia sido prevista no TRIPS, em seu art. 31, II.

2. Art. 27, I: "(...) as patentes serão disponíveis e os direitos patentários serão usufruíveis sem discriminação quanto ao local de invenção, quanto a seu setor tecnológico e quanto ao fato de os bens serem importados ou produzidos localmente".

3. *Patentes de produtos farmacêuticos para o tratamento da AIDS*

Insere-se no tema a discussão sobre licença compulsória dos medicamentos que compõem o coquetel de tratamento da AIDS. Sabe-se que, dos remédios do coquetel, o Ministério da Saúde só paga direitos intelectuais sobre cinco, haja vista que os outros, mais antigos, já se encontravam em produção e eram conhecidos no Brasil antes de 1996, quando a atual LPI entrou em vigor. O que o Ministério da Saúde pretende fazer, caso não se chegue a um acordo entre o preço praticado pelas indústrias farmacêuticas e o que se considera razoável para a manutenção do programa brasileiro de combate à AIDS, é pleitear a utilização do mecanismo previsto no art. 68, combinado com o art. 71, ambos da LPI.

Certamente que, se o país se encontra à frente no programa de combate e tratamento mundial da AIDS, com possibilidade de fornecimento de pessoal e disponibilidade para transferir gratuitamente a tecnologia que detenha legitimamente, seu poder de avançar nas pesquisas farmacológicas também deve fortalecer-se. Nunca é demais lembrar, prefigurando a Assembléia-Geral da ONU que se realizará em junho deste ano, e servindo como exemplo inspirador para as sociedades humanitariamente desenvolvidas, a pesquisa do químico inglês A. Fleming, que, tendo descoberto a penicilina, não procedeu ao seu patenteamento em vista da difusão do acesso, que ele almejava universal.

A razão de se admitir a licença compulsória, como estabelece o TRIPS, é o suprimento do mercado interno do país que autorizou a retomada da patente, dentro dos padrões das normas de concorrência. No nosso entender, a discricionariedade do governo em requerer a concessão da licença compulsória dos medicamentos para sua fabricação deve ater-se às condições de uso fixadas na LPI, que recepciona e se inspira no TRIPS.

DISSOLUÇÃO PARCIAL DE SOCIEDADE ANÔNIMA

CRISTIANO GOMES DE BRITO

1. Introdução. 2. Características das sociedades anônima e por quotas de responsabilidade limitada. 3. Considerações sobre a dissolução parcial nas sociedades limitadas. 4. Dissolução parcial de sociedade anônima. 5. Exceção. 6. Conclusão.

1. Introdução

Um dos temas que mais têm merecido debates no direito societário é a possibilidade ou não de se aplicar às sociedades anônimas o instituto da *dissolução parcial*.[1]

A elaboração deste tipo de dissolução surgiu de trabalho jurisprudencial antigo, como forma de se preservarem as empresas,[2] evitando a dissolução total nos casos de quebra da *affectio societatis*, pois as Leis de Sociedade Anônima e por Quotas de Responsabilidade Limitada e o Código Comercial não contemplavam – como ainda não contemplam – a dissolução parcial de sociedade.[3]

A aplicabilidade da dissolução parcial nas companhias é bem recente, por isso causou espanto e controvérsias tanto na doutrina como na jurisprudência, que se vêm manifestando de forma antagônica, ora admitindo, ora negando sua aplicabilidade. Exemplo deste descompasso, como se verá mais adiante, é o posicionamento do Superior Tribunal de Justiça, onde a 3ª[4] e a 4ª[5] Turmas têm entendimentos divergentes.

1. A expressão "dissolução parcial" tem sido criticada por vários juristas, dentre eles José Waldecy Lucena (*Dissolução e Liquidação de Sociedades*, 2ª ed., São Paulo, Saraiva, 2000, pp. 792-794), Waldirio Bulgarelli (*RDM* 49/100) e Hernane Estrela (*Apuração de Haveres de Sócio*, Rio de Janeiro, José Konfino, 1960). Para este autor a doutrina e a jurisprudência têm empregado esta expressão para denominar fenômenos que se agrupam sob a nomenclatura de *resilição parcial* do contrato de sociedade. José Waldecy Lucena explica que quando se falar em "dissolução parcial da sociedade" deve-se entender como "dissolução da relação social limitadamente a um sócio, com liquidação da quota social" (*Dissolução* ..., 2ª ed., p. 794). Comungamos com este entendimento; mas, pela imposição do uso corrente na jurisprudência e na doutrina e por questões didáticas, utilizaremos esta expressão amplamente neste trabalho.

2. Segundo Fábio Ulhoa Coelho o princípio da preservação da empresa surgiu nos anos de 1960 e ressalta que ela ocorreu principalmente nos anos de 1970 (*Curso de Direito Comercial*, 2ª ed., v. II, São Paulo, Saraiva, pp. 444-445).

3. O Projeto do Código Civil que tramita no Congresso Nacional prevê a dissolução parcial, chamando o instituto de *resolução da sociedade em relação a um sócio*.

4. "*Ementa*: Sociedade anônima – Dissolução parcial – Impossibilidade jurídica do pedido. Nas sociedades anônimas o direito de retirada do acionista é restrito às hipóteses do art. 137 da Lei n. 6.404/1976, apresentando-se impossível o pedido de dissolução parcial da sociedade, próprio das empresas organizadas por quotas de responsabilidade limitada, sem relevo a qualificação de coligada da empresa acionista, cuja condição poderá ser desfeita mediante alienação de ações de modo a reduzir a menos de 10% do capital da sociedade

O escopo do presente trabalho é contribuir para os debates, encaminhando solução para as controvérsias geradas pela matéria, visando a uma futura solução para o tema apresentado.

2. *Características das sociedades anônima e por quotas de responsabilidade limitada*

Dentre as várias classificações possíveis, as sociedades podem ser agrupadas, quanto ao seu ato constitutivo, como *institucionais* e *contratuais*.

Nas *institucionais* – exemplo clássico são as anônimas – as relações e os vínculos entre os sócios não são regidos pelos princípios do direito contratual. Seus atos constitutivos são uma deliberação dos fundadores, manifestada em assembléia-geral ou escritura pública, fundando uma instituição à qual os futuros acionistas subscritores irão aderir, sem nada contratarem entre si.

Sua criação e funcionamento dependem do cumprimento de regras estritas emanadas da lei e dos estatutos, restringindo-se o consentimento dos acionistas à aceitação de uma disciplina legal e estatutariamente imposta. Para Wille Duarte Costa[6] a idéia de instituição é a de organização social permanente e com equilíbrio de forças, um autêntico estado de direito que não se subordina à execução de qualquer ato por um de seus membros.

Já, nas *contratuais* as relações entre os sócios são constituídas por um contrato, um ajuste de suas vontades, que estão sob a regência dos princípios do direito contratual. Maior exemplo deste tipo é a sociedade por quotas de responsabilidade limitada.

Este contrato harmoniza a concorrência dos interesses particulares e a reciprocidade dos deveres de cada sócio, com o objetivo comum de realização do objeto social, por meio do exercício de uma atividade empresarial. Por isso, o contrato da sociedade por quotas de responsabilidade limitada é simultaneamente sinalagmático e plurilateral, na clássica concepção de Tullio Ascarelli. Caracteriza-se, assim, por estar aberto à adesão de novas partes e imune ao inadimplemento unilateral ou à saída dos contratantes originais – fatos que não comprometem a vigência e validade do pacto.

As sociedades podem também ser classificadas como *de pessoas* e *de capitais*, utilizando-se como critério a maior ou menor relevância atribuída à pessoa dos sócios na origem associativa.

Há organizações societárias nas quais os caracteres individuais e subjetivos de cada sócio – *v.g.*, reputação, capacidade de administração – constituem fator determinante para a vinculação aos demais sócios e fundamento da própria existência do empreendimento. Esse grupo classifica-se como *de pessoas*, sendo exemplo as sociedades por quotas de responsabilidade limitada. Sua criação e seu funcionamento decorrem do *intuitu personae* – isto é, os sócios criam e dirigem a empresa, em razão do recíproco conhecimento e da mútua confiança. Por isso mesmo há restrições quanto à cessibilidade das quotas a estranhos, enquanto a morte, interdição ou falência de um dos sócios podem acarretar sua dissolução.[7]

anônima" (AgRg no Ag. 34. 120-8-SP, reg. 93.46659, *DJU* 14.6.1993).

"*Ementa*: Comercial – Sociedade anônima – Dissolução – Impossibilidade jurídica do pedido – Carência de ação. I – O pedido de dissolução, *in casu*, é juridicamente impossível pois a espécie societária admite o direito de recesso do sócio descontente. II – Recurso não conhecido" (REsp 171.354-SP, *DJU* 5.2.2001).

5. "*Ementa*: Direito comercial – Sociedade anônima – Grupo familiar – Inexistência de lucros e de distribuição de dividendos há vários anos – Dissolução parcial – Sócios minoritários – Possibilidade" (REsp 111.294-PR, *DJU* 28.5.2001, inclusive com divergência nesta Turma. O Min. Barros Monteiro foi voto vencido nesse julgamento).

6. "A dissolução de sociedade comercial composta de dois sócios", *Atualidades Jurídicas* 3/359, Belo Horizonte, Del Rey, 1993.

7. José Waldecy Lucena, *Das Sociedades por Quotas de Responsabilidade Limitada*, 4ª ed., Rio de Janeiro, Renovar, 2001, p. 43.

Do outro lado estão as sociedades cujo fator determinante de criação é a contribuição pecuniária dos participantes. Essas são conhecidas como *de capital* – *v.g.*, as companhias –, importando apenas a contribuição para o capital social, não se levando em conta qualquer consideração de ordem pessoal em relação ao sócio. Daí a livre cessibilidade das ações e a total desconsideração da morte, interdição ou falência do sócio.

3. *Considerações sobre a dissolução parcial nas sociedades limitadas*

O Código Comercial Brasileiro de 1850, de feição romanística, editado no auge da visão liberal e individualista então em voga, adotou a doutrina contratualista (arts. 335 e 336) para reger os casos e as formas de dissolução das sociedades, preocupando-se com a pessoa do sócio em detrimento da sociedade, tutelando a liberação daquele mediante o sacrifício desta. Tanto é assim que, nas causas elencadas como ensejadoras de dissolução da sociedade, o Código refere-se tão-somente às peculiaridades pessoais dos sócios,[8] não levando em conta os interesses da empresa.

Esta ênfase individualista no direito mercantil brasileiro do século XIX – explica Celso Barbi Filho[9] – vem da parcial influência que lhe imprimiu o Código Francês de 1807, criticado pelos próprios franceses como uma lei "medíocre que se ressentia de certa animosidade de Napoleão com respeito aos comerciantes, devido às falências estrondosas de alguns e às especulações de outros no abastecimento do Exército".

Com uma visão moderna, Cesare Vivante,[10] no começo do século XX, esboçou a teoria da preservação da empresa. Essa teoria veio ao encontro das novas realidades econômicas das empresas, pois estas, com o passar dos tempos, tornaram-se a alavanca do desenvolvimento econômico de seus países.

Nesse contexto, a doutrina individualista, que imperava no início do século, começou a ser substituída pela escola institucional. Em pouco tempo a doutrina contratualista não resistiu à realidade e aos interesses econômicos que envolviam as empresas.

Assim, tendo em vista o princípio da preservação da empresa, a dissolução parcial de sociedade foi concebida pela jurisprudência, que passou a considerar a sociedade pela sua função social; ao invés de dissolvê-la totalmente, passou-se a admitir sua dissolução parcial, equacionando, com isso, os interesses tanto da empresa como dos sócios retirantes e dos remanescentes.[11]

8. "Art. 335. As sociedades reputam-se dissolvidas: 1) expirado o prazo ajustado da sua duração; 2) por quebra da sociedade, ou de qualquer dos sócios; 3) por mútuo consenso de todos os sócios; 4) pela morte de um dos sócios, salvo convenção em contrário a respeito dos que sobreviverem; 5) por vontade de um dos sócios, sendo a sociedade celebrada por tempo indeterminado.

"Art. 336. As mesmas sociedades podem ser dissolvidas judicialmente, antes do período marcado no contrato, a requerimento de qualquer dos sócios: 1) mostrando-se que é impossível a continuação da sociedade por não poder preencher o intuito e o fim social, como nos casos de perda inteira do capital social, ou deste não ser suficiente; 2) por inabilidade de alguns dos sócios, ou incapacidade moral ou civil, julgada por sentença; 3) por abuso, prevaricação, violação ou falta de cumprimento das obrigações sociais, ou fuga de algum dos sócios."

9. *A Dissolução Parcial da Sociedade por Quotas de Responsabilidade Limitada*, Belo Horizonte, Faculdade de Direito da UFMG, Tese de Doutorado em Direito Comercial, 2000, p. 5.

10. *Trattato di Diritto Commerciale*, 4ª ed., v. 2, 1912, pp. 592 e ss.

11. Comentando uma decisão sobre dissolução parcial, Antônio de Souza Corrêa Meyer, citado por José Waldecy Lucena, explica em termos práticos como se opera uma dissolução parcial: "O Tribunal disse mais ou menos o seguinte: 'Eu dou a você a dissolução parcial. Você terá o mesmo resultado a que faria jus com a dissolução total, e a empresa continua existindo; continua como empresa, continua produzindo riquezas. Mas, de outro lado, lhe dou apenas a apuração de haveres; dou-lhe uma indenização, um pagamento por suas cotas, equivalente ao que você receberia se a sociedade fosse inteiramente liquidada'" (*Revista do Advogado* 16/72-73, 1983).

A dissolução parcial tem como escopo impedir a dissolução total da empresa, ou seja, sua extinção, quando se torna incabível o direito de recesso, permitindo ao ordenamento vigente, que regula a dissolução das sociedades, nova exegese, possibilitando a dissolução parcial, em harmonia com os princípios do direito societário e a função social da empresa.

Nesta dissolução os sócios não precisam alegar qualquer das hipóteses que constam em lei,[12] em rol taxativo, como premissa para o exercício desse direito. Para Mauro Rodrigues Penteado[13] basta que a sociedade seja por prazo indeterminado, ou que o prazo de duração seja longo e tenha seu termo final ainda muito distante, e que o sócio alegue desinteligência ou quebra da *affectio societatis*.

Desta forma, nos casos em que a lei prevê a dissolução total da empresa aplica-se o instituto da dissolução parcial, retirando-se da sociedade somente o sócio dissidente, com apuração e pagamento de seus haveres, preservando-a com os sócios remanescentes. Assim, mantém-se a estrutura da sociedade geradora de riquezas, emprego e receita, conservando o desenvolvimento local.

Vale dizer que, ocorrendo a dissolução parcial, o principal efeito é a retirada do sócio mediante apuração de seus haveres, em valor real atualizado, na forma de liquidação que se aproxime da dissolução total, não se sujeitando ao pagamento parcelado dos haveres.

4. Dissolução parcial de sociedade anônima

Como visto anteriormente, a dissolução parcial tem como escopo o princípio da preservação da empresa nos casos em que há desinteligência entre sócios. Esse princípio não foi adotado na antiga Lei das S/A (Decreto-lei 2.627/1940), mas a Lei 6.404/1976, segundo Modesto Carvalhosa, adotou expressamente os princípios da prevalência da função sócio-econômica e comunitária da companhia no art. 116 e o da preservação da empresa no art. 117.[14]

A dissolução parcial de sociedade anônima foi importada das sociedades limitadas com o objetivo de se preservar a companhia. Na prática, ela ocorre quando um acionista retira-se da sociedade, com a apuração de haveres, sem que se trate de direito de recesso.

Este tipo de dissolução tem sido empregado nas sociedades anônimas em que há elevado grau de iliquidez das ações, impedimento da circulação das ações, capital fechado, pequeno número de acionistas, falta de poder deliberativo das ações e, ainda, quando há o rompimento da *affectio societatis*.

Esse conjunto de circunstâncias, principalmente a quebra da *affectio societatis*, poderia acarretar autêntico congelamento do capital investido pelo acionista, em face da absoluta iliquidez das ações, a justificar a dissolução parcial da companhia como alternativa de tutelar os interesses da minoria, dentro da construção elaborada para as sociedades limitadas.

Como se demonstrará a seguir, escalonadamente, tal instituto não poderá ser utilizado nas sociedades anônimas, haja vista que violará disposição literal de lei, criará nova modalidade de direito de recesso, possibilitará a exclusão de acionista, bem como causará instabilidade nas relações de poder nas companhias. Ademais, tais circunstâncias não ensejariam pedido de dissolução da sociedade, previsto estritamente no art. 206 da Lei das S/A.

I – O primeiro impedimento quanto à adoção deste instituto nas sociedades anônimas é a ausência de *affectio societatis*

12. Código Comercial, arts. 335 e 336.

13. *Dissolução e Liquidação de Sociedades*, 2ª ed., São Paulo, Saraiva, 2000, p. 154.

14. *Comentários à Lei de Sociedades Anônimas*, 2ª ed., v. 4, t. I, São Paulo, 1999, p. 30.

entre os acionistas.[15] Não se pode conceber que as sociedades anônimas, mesmo as fechadas, de caráter familiar, com restrição na circulação das ações, tenham como vínculo a *affectio societatis*. A natureza das sociedades anônimas é estritamente capitalista, como se viu anteriormente. Para alguns juristas o único reduto nas companhias em que se poderia afirmar a existência de *affectio societatis* seria no acordo de acionistas.

Atenta o Min. Barros Monteiro[16] a que é extremamente difícil reconhecer o caráter *intuitu personae* ou o elemento titulado como *affectio societatis* em sociedades anônimas, ainda que se apresentem como de capital fechado ou reflitam uma estrutura meramente familiar, pois a natureza capitalista que as marca é de índole legal e cogente, sendo, portanto, inafastável pela simples vontade dos contratantes.

Ad argumentandum tantum, mesmo que se admitisse o caráter personalista nas sociedades anônimas, sua dissolução parcial não poderia ser aplicada, pois os acionistas estão vinculados a um regime jurídico próprio, com regras definidas, estabelecidas na Lei das S/A e nos estatutos.

A desinteligência entre acionistas não poderá dar ensejo à dissolução da sociedade, pois os interesses da companhia estão sempre em primeiro lugar. Mesmo que haja divergência, os acionistas devem obrar em função dos interesses da sociedade, e não das questões particulares, sob pena de se responsabilizarem civil e criminalmente pelos danos causados à companhia.

Como é sabido, a Lei das S/A estabelece duas obrigações para o acionista: art. 106 – realizar, nas condições previstas no estatuto ou no boletim de subscrição, as prestações correspondentes às ações subscritas ou adquiridas; art. 115 – dever de exercer o direito de voto no interesse da companhia, evitando o abuso de direito e o conflito de interesses.

Diga-se que este segundo dever não se restringe somente ao exercício do voto. Deve ser entendido também como obrigação do acionista de se comportar perante a companhia de tal forma que não a prejudique, sendo que todos os seus atos devem ser convergidos a seu favor. O acionista não pode criar embaraços à administração da sociedade, gerando e espalhando boatos nos mercados, convocando assembléias irracionalmente, publicando declarações em jornais etc., como se tem visto.

É o que se depreende das afirmações de Celso Barbi Filho[17] no sentido de que a sociedade, como modelo institucional, foi concebida para a segurança do capital investido, insuscetível de estar à mercê das insatisfações pessoais dos acionistas minoritários.

E Fábio Ulhoa Coelho[18] assevera que a sociedade anônima, em razão de sua natureza institucional, desenvolveu mecanismos próprios (formação do mercado de capitais, limitação das hipóteses de recesso, complexidade da organização administrativa etc.) capazes de neutralizar efeitos danosos à empresa advindos de divergências entre acionistas.

Se há desavenças entre os acionistas, isto é problema pessoal dos envolvidos, que em nada deve afetar a sociedade, pois todos os acionistas, minoritários e majoritários, devem laborar e ser sempre fiéis aos interesses da sociedade, para que ela possa realizar seu objeto e cumprir sua função social.[19]

15. No REsp 111.294 o Min. Barros Monteiro assim se manifestou: "Realmente, não se podem aplicar às sociedades anônimas (organizadas sob o princípio *intuitu pecuniae*) normas e critérios próprios das sociedades erigidas consoante o *intuitu personae*. Tal situação não dever ser transplantada para as sociedades por ações, cuja natureza e regime jurídico são diversos".

16. REsp 111.294-PR, *DJU* 28.5.2001.

17. *A Dissolução Parcial* ..., p. 18.

18. *Curso* ..., 2ª ed., v. II, p. 445.

19. Art. 116, parágrafo único: "O acionista controlador deve usar o poder com o fim de fazer a companhia realizar o seu objeto e cumprir sua função social, e tem deveres e responsabilidades para

II – Podemos vislumbrar no arquétipo da Lei das S/A que as relações de poder nas companhias são instáveis, devido ao conflito de interesses dos acionistas.[20] Contudo, independentemente desses embates, como modelo institucional, a Lei das S/A previu que essas relações fossem equilibradas como numa balança. De um lado os acionistas majoritários, detentores do poder de conduzir a sociedade, haja vista o princípio majoritário das deliberações sociais. De outro os acionistas minoritários, detentores do capital, mas que não comandam o destino da sociedade.

Esse equilíbrio é alcançado por meio dos direitos essenciais do acionista, que, de acordo com a melhor doutrina, são fixados taxativamente na lei, formando um sistema de tipicidade fechada – dentre eles o direito de recesso nos casos previstos em lei e a restritíssima possibilidade de sua exclusão.

Para Fábio Ulhoa Coelho[21] esses direitos são, com efeito, balizamento às relações de poder, que as estabilizam em determinado grau. O poder do acionista controlador pode crescer, mas não ilimitadamente; os minoritários podem zelar por seus interesses, mas sem prejudicar o regular desenvolvimento da atividade empresarial. Os direitos essenciais fixam os limites das posições de controlador e minoritários, exatamente porque não podem ser subtraídos aos acionistas por qualquer ato de vontade (expressa nos estatutos ou em deliberação assemblear).

Assim – prossegue o autor –, a lei assegura aos acionistas certos direitos essenciais, e o faz de forma definitiva e absoluta, com o objetivo de garantir a estabilização nas relações de poder internas à companhia (art. 109). Mais do que tutela dos minoritários, os direitos essenciais representam garantias de manutenção da posição acionária.[22]

De se gizar que todos os direitos essenciais do acionista são de natureza objetiva, não sendo elencados na Lei das S/A direitos essenciais com fundamento subjetivo – *v.g.*, a quebra da *affectio societatis*, haja vista sua natureza institucional, e o princípio do equilíbrio nas relações entre os acionistas.

Não é concebível que as sociedades anônimas tenham como peso na citada "balança" questões subjetivas, típicas das limitadas, pois vai de encontro ao seu caráter institucional. Ao se adotar o rol objetivo dos direitos essenciais visou-se justamente a evitar que questões subjetivas, de caráter vago, não mensurável, fossem capazes de interferir nas relações de poder nas companhias. Interpretando de forma sistêmica a Lei das S/A, veremos claramente que este foi o escopo do legislador; tanto é que na citada lei não há qualquer menção a direito do acionista com fundamento subjetivo, como retirar-se da companhia por quebra da *affectio societatis*.

Outra importante forma de equilíbrio nas relações entre os acionistas é a impossibilidade de os acionistas majoritários excluírem os minoritários, senão nos casos restritos previstos na Lei das S/A.

De acordo com a Lei 6.404/1976, a exclusão de acionista só é admitida com extrema reserva e excepcionalissimamente, seja nas companhias abertas, seja nas fechadas, nos casos de acionista remisso (art. 107) e nos casos de resgate de ações (art.

com os demais da empresa, os que nela trabalham e para com a comunidade em que atua, cujos direitos e interesses deve lealmente respeitar e atender".

20. Vale registrar que Rubens Requião classifica os acionistas, conforme suas pretensões, em: acionista-rendeiro (pretende das ações apenas uma renda permanente, objetivando em sua carteira acionária a constituição de um patrimônio rentável); acionista-especulador (se preocupa com os pregões da Bolsa, onde pretende lucros imediatos, pouco se importando em usufruir dividendos ou direitos, pois visa apenas aos resultados de sua especulação); e acionista-empresário (não se preocupa senão com a prosperidade da empresa que lhe dá poder e, sobretudo, influência social) (*Curso de Direito Comercial*, 2ª ed., v. II, São Paulo, Saraiva, 1995, p. 120).

21. *Curso* ..., 2ª ed., v. II, p. 283.

22. Idem, ibidem.

44). Cumpre dizer que esta forma de exclusão é também regulada objetivamente, não admitindo aplicações com fundamento/caráter subjetivo.[23]

Assim, nas sociedades anônimas a exclusão de acionista é possível somente em casos restritíssimos, pois a companhia não está sujeita, devido à sua natureza institucional, às questões subjetivas como a desarmonia entre os acionistas, marcada pela quebra da *affectio societatis*.

Neste ritmo de considerações, se adotarmos a corrente doutrinária e jurisprudencial que comunga com o entendimento de que existem sociedades anônimas com *affectio societatis* (caráter subjetivo) entre os acionistas, isso desequilibrará as relações de poder entre eles, e – como se demonstrará adiante – penderá a "balança" para o lado mais forte, qual seja, o acionista majoritário.

Ao se permitir a dissolução parcial de uma companhia por simples quebra da *affectio societatis* abrir-se-á um precedente perigoso nas estruturas da sociedade anônima. Isto porque serão inseridos em seu arquétipo aspectos de natureza subjetiva (*affectio societatis*) nas relações entre os acionistas. Assim sendo, permitirá que o acionista minoritário requeira a dissolução parcial da companhia, pela quebra da *affectio societatis*.

Como é sabido, os acionistas não podem excluir e nem ser excluídos da companhia, mesmo que por maioria e em assembléia-geral. Mas se for adotada a dissolução parcial da sociedade anônima esta regra não será mais tão absoluta.

23. Diferentemente do que ocorre nas sociedades por quotas, onde a exclusão de sócio cabe por deliberação da maioria, independentemente de previsão autorizativa no contrato ou de pronunciamento judicial a respeito. Na jurisprudência o perfil extremamente amplo e irrestrito dado ao instituto exterioriza-se no próprio Superior Tribunal de Justiça, que possui julgados no sentido de que a desarmonia entre os sócios é suscetível de acarretar a exclusão de um deles, independentemente de previsão contratual ou de pronunciamento judicial.

Considerando que há *affectio societatis* entre os acionistas, isso permitirá também que o acionista majoritário – e aí reside o perigo –, principalmente nas sociedades fechadas, de caráter familiar, com restrição na circulação das ações, exclua o acionista minoritário por quebra da *affectio societatis*, igualmente ao que ocorre nas sociedades por quotas.

Assim, serão permitidas tanto a dissolução parcial da sociedade como também a exclusão de acionista minoritário, tudo em função de aspectos subjetivos (*affectio societatis*), que a Lei das S/A não adotou, mas que a doutrina e a jurisprudência, desavisadamente, insistem em inserir nas sociedades anônimas.

Esta situação pode ser melhor compreendida no seguinte exemplo: suponha-se que haja desavenças entre acionistas minoritário e majoritário, a companhia, fechada, tenha poucos acionistas e que ela vá fechar um excelente contrato com outra empresa, que aumentará consideravelmente seus lucros. Com o fim de elevar seus lucros pessoais e eliminar o acionista inconveniente, o acionista controlador, por exemplo, poderia convocar uma assembléia extraordinária antes do fechamento do contrato e deliberar a exclusão do acionista minoritário, sob o fundamento da quebra da *affectio societatis*.

O exemplo parece teratológico, mas se a doutrina e a jurisprudência insistirem na posição de que há *affectio societatis* nas sociedades anônimas este tipo de deliberação poderá ser muito comum, principalmente nas sociedades prósperas, onde se evita a todo custo repartir os lucros, como ocorre nas sociedades por quotas de responsabilidade limitada.

Veja-se o perigo: ao se conceber a retirada do minoritário da sociedade anônima por quebra da *affectio societatis* permitir-se-á ao acionista majoritário a exclusão dos minoritários também pela quebra da *affectio societatis*. Sob o argumento de proteção do minoritário, este entendimento acarretará sua derrocada a curto prazo.

Por estas razões, merecem críticas as decisões judiciais que admitem a dissolução parcial da companhia pela quebra da *affectio societatis.*[24]

III – Ademais, com a admissão da dissolução parcial de sociedade anônima por quebra da *affectio societatis*, além de se instaurar no sistema vigente uma instabilidade nas relações entre os acionistas, correr-se-á risco de os Tribunais pátrios avalizarem uma nova indústria de acionistas: a "dos retirados".

Diga-se que a legislação pátria sobre sociedade anônima evolui sempre para impedir ao máximo a retirada dos acionistas do empreendimento, justamente para que estes não se tornem especuladores das companhias, como parasitas, visando a obter vantagem com este tipo de dissolução/retirada.

Esse receio também é assinalado por Celso Barbi Filho[25] ao advertir que, admitindo-se a dissolução parcial da sociedade anônima, quando pedida a dissolução total, poderá surgir a indústria especulativa entre os acionistas ditos *profissionais de mercado*, que passariam sistematicamente, sempre que possível, a formular pedidos de dissolução total de companhias prósperas, como forma de auferir significativos e indevidos ganhos.

IV – Dentre os direitos essenciais dos acionistas,[26] chamados por Osmar Brina Côrrea Lima de *bill of rights*, está o de se retirar da sociedade nos casos previstos na Lei das S/A.

O direito de retirada do acionista está previsto no art. 137 da Lei das S/A, em rol taxativo, e não se encontra qualquer um que se assemelhe aos elencados pelos juristas que pretendem adotar o princípio da dissolução parcial na sociedade anônima.[27]

No art. 137 não se encontram como causas ensejadoras do direito de retirada a quebra da *affectio societatis*, a iliquidez das ações, o capital fechado, o pequeno número de acionistas ou a falta de poder deliberativo das ações.

O rol do art. 137 é taxativo, o que exclui interpretações extensivas. Admitindo-se a dissolução parcial de sociedade anônima, isto equivaleria praticamente a deferir o direito de retirada sem que se verifique uma das hipóteses, taxativas, previstas em lei.[28]

24. Assim decidiu o Tribunal de Justiça do Rio de Janeiro: "Considerando o inequívoco caráter *intuitu personae* da sociedade em causa, que apenas formalmente se reveste da natureza de sociedade anônima, merece sufrágio o voto majoritário que admitiu o exercício do direito de recesso, aplicando o Código Comercial, como regra geral (art. 335, § 5º), diante da lacuna da lei" (EInfrs 94/99 na Ap. cível 12.372/98, *DJRJ* 23.9.1999, p. 256).

25. *A Dissolução Parcial* ..., p. 15.

26. "Art. 109. Nem o estatuto social nem a assembléia-geral poderão privar o acionista dos direitos de: I – participar dos lucros sociais; II – participar do acervo da companhia, em caso de liquidação; III – fiscalizar, na forma prevista nesta Lei, a gestão dos negócios sociais; IV – preferência para a subscrição de ações, partes beneficiárias conversíveis em ações, debêntures conversíveis em ações e bônus de subscrição, observado o disposto nos arts. 171 e 172; V – retirar-se da sociedade nos casos previstos nesta Lei."

27. Neste sentido o Superior Tribunal de Justiça decidiu: "Comercial – Sociedade anônima – Dissolução parcial – Impossibilidade jurídica do pedido. Nas sociedades anônimas o direito de retirada do acionista é restrito às hipóteses do art. 137 da Lei n. 6.404/1976, apresentando-se impossível o pedido de dissolução parcial da sociedade, próprio das empresas organizadas por quotas de responsabilidade limitada, sem relevo a qualificação de coligada da empresa acionista, cuja condição poderá ser desfeita mediante alienação de ações de modo a reduzir a menos de 10% do capital da sociedade anônima" (AgRg no Ag. 34.120-8, *DJU* 14.6.1993). Na mesma linha de entendimento decidiu o Tribunal de Justiça do Paraná: "Sociedade anônima – Cisão – Ação objetivando nulidade das respectivas assembléias ou a dissolução da sociedade. A dissolução total das sociedades só pode ocorrer nas hipóteses previstas no art. 206 da lei específica, não identificadas no caso dos autos. A dissolução parcial não se aplica às sociedades anônimas, só cabendo a retirada de sócio dissidente mediante o reembolso das ações" (Ap. cível 74.345-1, rel. Des. Troiano Netto – disponível em *www.tj.pr.gov.br/judwin/ListaTextoAcordao2.asp?Codigo=743451*, acesso em 4.6.2001).

28. Mauro Rodrigues Penteado, *Dissolução* ..., 2ª ed., p. 157.

V – No que se refere à iliquidez das ações, esta situação não pode ser considerada como fundamento a mais para a dissolução parcial de sociedade anônima. Se as ações apresentam elevado grau de iliquidez, isto é conseqüência do investimento. Infelizmente, ou o acionista investiu mal seu capital, ou o empreendimento não logrou êxito, pois ninguém em sã consciência quer retirar-se de uma sociedade próspera, que gere lucros. Este é o risco de se investir em sociedade anônima – e nem se diga, aqui, que os acionistas não sabiam destes riscos. Quando os acionistas firmam seus compromissos no estatuto da sociedade, todos estão cientes da natureza do empreendimento, dos riscos e da sua condição de investidores.

Soma-se a isso o fato de que nas sociedades fechadas não há impedimento para a circulação das ações, pois o art. 36 da Lei das S/A dispõe que o estatuto da companhia fechada pode impor limitações à circulação das ações nominativas, contanto que regule minuciosamente tais limitações e não impeça a negociação, nem sujeite o acionista ao arbítrio dos órgãos de administração da companhia ou da maioria dos acionistas.

O que se depreende deste dispositivo é que não há impedimento algum quanto à circulação das ações. O que há é somente a possibilidade de uma limitação, que se consubstancia em geral no direito de preferência para aquisição das ações dos demais acionistas; e, como está previsto na lei, tal restrição deve estar minuciosamente regulamentada no estatuto social. E se esta restrição estava regulamentada no estatuto, conclui-se que os acionistas tinham conhecimento dela.

Se a sociedade tem poucos acionistas isto também em nada justifica a dissolução parcial da companhia. Ora, quando o acionista entrou no empreendimento tinha conhecimento de que o capital era fechado e que havia poucos acionistas. Em que isso pode ser considerado causa justa para o pedido de dissolução parcial? É um contra-senso.

VI – Compulsando a Seção I da Lei das S/A, que trata da dissolução da companhia, vê-se que ela adotou um regime próprio para os casos de dissolução, como o seu complexo procedimento, elencando as causas e os legitimados para requerê-la.[29]

Referidos eventos acham-se agrupados em três categorias (art. 206), conforme a ruptura do vínculo societário se dê de pleno direito (inciso I), por decisão judicial (inciso II) ou por decisão de autoridade administrativa competente, nos casos e nas formas previstos em lei especial (inciso III).

Em recente julgado a 4ª Turma do Superior Tribunal de Justiça entendeu ser juridicamente impossível a dissolução parcial de sociedade anônima, ao argumento de a espécie societária admitir o direito de recesso do sócio descontente.[30]

Diante deste regime próprio, de rol taxativo, impossível aceitar a idéia de dissolução parcial de sociedade anônima.

No sistema de dissolução das companhias as hipóteses de dissolução total são excepcionais e procuram restringir-se às situações em que a companhia realmente não tem como preencher seu fim.

Por outro lado, nas sociedades institucionais e capitalistas – como é o caso das sociedades anônimas – sempre existiram remédios legais próprios para a livre entrada e saída dos sócios, indispensáveis aos próprios fins do modelo corporativo de harmonização entre acionistas investidores e gestores, como a venda de ações, o direito de recesso, o resgate e a amortização destas.

VII – Insta dizer, ainda, que a dissolução parcial de sociedade anônima deve ser

29. Em sentido contrário, o Tribunal de Justiça do Rio de Janeiro entendeu que há lacuna na Lei das S/A (lei especial), e que por isso deveria ser aplicado o Código Comercial, art. 335, § 5º (regra geral), no que se refere à dissolução da companhia (EInfrs 94/99 na Ap. cível 12.372/98).

30. REsp 171.354-SP, rel. Min. Waldemar Zveiter, *DJU* 5.2.2001.

enfocada também sob a ótica do direito econômico. Vive-se, hoje, num mundo globalizado, com um mercado altamente competitivo, onde as relações entre empresas movimentam milhões e milhões de Reais por dia.

Tratando-se de dissolução parcial, os pagamentos dos haveres do sócio devem ser levantados em função do patrimônio real da sociedade, porque, como dito, a dissolução parcial deve dar ao sócio aquilo que ele receberia em caso de dissolução total, devendo-se partilhar os bens na proporção da participação do dissidente.

Modesto Carvalhosa explica que a apuração dos haveres deve ser feita com exata verificação física e contábil dos valores do ativo, pagando-se prestação única, e não parceladamente, como estabelece comumente o contrato para os casos de retirada.[31]

Registre-se que o pagamento deste valor (e não é necessário ser economista para se afirmar isto) poderá acarretar um abalo financeiro na empresa de tal monta que a inviabilize e a leve à falência. Em conseqüência, teremos a eliminação de empregos, fechamento de empresas-satélites que funcionam em função desta companhia e a não-arrecadação, pelo Estado, dos impostos devidos. Isto porque, dependendo do número de ações do acionista retirante, a preservação da empresa, que é o princípio que rege a dissolução parcial, restará irremediavelmente comprometida.

Este posicionamento foi adotado pela 3ª Turma do Superior Tribunal de Justiça. No voto do Min. Dias Trindade colhe-se o seguinte excerto: "É que o interesse maior é o de manter-se a empresa, não permitindo a sua abrupta descapitalização, o que, por certo, ocorreria se possível fora a retirada por simples vontade, desmotivadamente".[32]

Como visto, deve-se dizer que a dissolução parcial da sociedade anônima não parece ser simples, como querem alguns. O tema deve ser tratado pelas normas do direito comercial, mas também analisado sob a ótica do direito econômico, com o fim real e verdadeiro de se preservar a empresa.

VIII – Ora, se analisarmos friamente a questão, veremos com clareza hialina que a dissolução parcial de sociedade anônima adota como base a teoria da escola individualista ou contratualista, tão reprimida pelos comercialistas no início do século passado. Isto em razão de privilegiar o acionista minoritário descontente com o empreendimento, em detrimento da empresa, que deve ser preservada, haja vista os interesses econômicos que gravitam ao seu redor.

Mostrando sua preocupação com o tema, Márcio Tadeu Guimarães Nunes[33] observa que a resilição parcial com a retirada do sócio poderá levar a sociedade a dissolução e liquidação total, dada a impossibilidade de prosseguimento das atividades sociais, com desfalque dos valores necessários ao pagamento dos haveres – o que importa negação do próprio princípio que inspirou tal elaboração doutrinária.

Neste sentido, o interesse público será preservado se mantivermos íntegro o patrimônio social, em detrimento do interesse particular do sócio de deixar a companhia.

31. *Comentários* ..., 2ª ed., v. 4, t. I, p. 57.

32. "*Ementa*: Comercial – Sociedade anônima – Dissolução parcial – Impossibilidade jurídica do pedido. Nas sociedades anônimas o direito de retirada do acionista é restrito às hipóteses do art. 137 da Lei n. 6.404/1976, apresentando-se impossível o pedido de dissolução parcial da sociedade, próprio das empresas organizadas por quotas de responsabilidade limitada, sem relevo a qualificação de coligada da empresa acionista, cuja condição poderá ser desfeita mediante alienação de ações de modo a reduzir a menos de 10% do capital da sociedade anônima" (AgRg 34.120, *DJU* 14.6.1993). No mesmo sentido, o Tribunal de Justiça de São Paulo decidiu: "Sociedade anônima – Retirada de acionista – Pretensão à dissolução parcial – Inadmissibilidade, por tratar-se de pedido juridicamente impossível – Espécie societária que possui procedimento próprio consistente no direito de recesso do sócio – Inteligência da Lei n. 6.404/1976" (*RT* 749/258).

33. *Dissolução Parcial de Sociedade*, Rio de Janeiro, Forense, 1998, p. 21.

5. *Exceção*

Os argumentos desenvolvidos anteriormente quanto à inaplicabilidade do instituto da dissolução parcial às sociedades anônimas sucumbem apenas a uma exceção – qual seja, nos casos em que a companhia não puder preencher seu fim.

O art. 206, II, "b", da Lei das S/A dispõe que a companhia será dissolvida, por decisão judicial, quando provado que não pode preencher o seu fim, em ação proposta por acionistas que representem 5% ou mais do capital social.

Rubens Requião assevera que o "fim" da sociedade comercial será sempre o de perseguir lucros: não se verificando este, o "fim" social é inexeqüível.[34]

Como o intuito e o fim social de uma sociedade comercial são o lucro, inexistindo esse, facultado é a qualquer dos sócios requerer em juízo a dissolução da sociedade, podendo considerar-se esta faculdade um instrumento de proteção dos interesses da minoria quando o controlador adota política de retenção de lucros.

Na lição de José Waldecy Lucena,[35] quem adquire a *posição* de sócio, o *status socii*, o faz imbuído de *animus lucrum faciendi*, em busca do "fim lucrativo" (Lei das S/A, art. 2º), do lucro a ser partilhado (CComercial, arts. 288, 302, IV, e 330).

Para Modesto Carvalhosa[36] a apuração de lucros distribuíveis e efetivamente distribuídos aos acionistas é da essência da sociedade anônima. E esse princípio fundamental está reforçado na lei vigente pela distribuição obrigatória de dividendos prevista nos seus arts. 202 a 205.

Ademais, o direito ao lucro é tido como direito individual, intangível e essencial do sócio, que não pode ser dele ser privado – motivo pelo qual a Lei das S/A o considera como direito essencial.[37]

Osmar Brina Corrêa Lima,[38] a respeito da finalidade lucrativa das companhias, explica significar tal termo que os lucros, ou parte deles, devem ser repartidos entre os sócios. Não significa apenas que a companhia deve produzir lucros, mas que os lucros devem ser distribuídos entre os acionistas – distribuição, esta, que se faz sob a forma de dividendos.

Os argumentos desenvolvidos anteriormente (item 4) não resistem, porque, quando a empresa não puder preencher seu fim, a Lei das S/A expressamente dá ao acionista a faculdade de requerer sua dissolução.

Mauro Rodrigues Penteado justifica a dissolução neste caso porque "o lucro é da própria 'lógica' do capitalismo e dos regimes de economia de mercado, que repudiam recursos e capitais esterilizados ou aprisionados em organizações societárias improdutivas, inativas, ou sem perspectivas de lucratividade".[39]

Esta impossibilidade de preencher seu fim caracteriza-se, evidentemente, nos casos em que a companhia apresenta prejuízos constantes.

Pode ocorrer, entretanto, que a empresa não esteja produzindo lucros mas que seja conveniente aos demais acionistas mantê-la, por motivos pessoais, econômicos ou sociais.

Nestes casos admitir-se-á a aplicação do instituto da dissolução parcial nas sociedades anônimas para se evitar a dissolução total da companhia, pois a aplicação desta última é extremamente radical, razão pela qual a jurisprudência passou a admitir a

34. *Curso de Direito Comercial*, 20ª ed., v. II, São Paulo, Saraiva, 1995, p. 120.
35. *Dissolução* ..., 2ª ed., p. 698.
36. *Comentários* ..., 2ª ed., v. 4, t. I, p. 88.
37. "Art. 109. Nem o estatuto nem a assembléia-geral poderão privar o acionista dos direitos de: I – participar dos lucros da sociedade; (...)."
38. *Sociedade Anônima*, Belo Horizonte, Del Rey, 1995, pp. 154-155.
39. *Dissolução* ..., 2ª ed., p. 5.

primeira nos casos em que a companhia não puder preencher seus fins sociais.[40-41]

Assim, ainda que requerida judicialmente a dissolução, quando a sociedade não puder preencher seu fim, não vingará a dissolução total, mas a parcial, com retirada do acionista dissidente, igual à que ocorre na dissolução parcial das sociedades limitadas.

A 4ª Turma do Superior Tribunal de Justiça[42] admitiu a dissolução parcial de sociedade anônima. Em seu voto, o Min. Cesar Asfor Rocha assim se manifestou: "Sendo assim, a quebra da *affectio societatis*, conjugada à inexistência de lucro e de distribuição de dividendos da sociedade anônima, por longos anos, pode se constituir em elemento ensejador da dissolução da sociedade, pois seria injusto manter o acionista prisioneiro da sociedade, com seu investimento improdutivo... Dir-se-ia que o caso seria de dissolução integral da sociedade anônima. Contudo, em respeito ao princípio da preservação da sociedade e de sua utilidade social, deve-se mantê-la viva".

Desta forma, o Superior Tribunal de Justiça não concebeu a dissolução parcial de sociedade anônima com fundamento na quebra da *affectio societatis*, mas sim na ausência de distribuição de dividendos por longos anos.

Neste sentido já havia decidido o Tribunal de Justiça de Minas Gerais, cujo Des. Ayrton Maya ressaltou: "O que restou provado é que os acionistas do grupo minoritário, detentor, à época da propositura da ação, de 13,2% do capital social, não vinham recebendo qualquer dividendo, a demonstrar, pela inexistência de lucro, que a sociedade não preenchia suas finalidades, a justificar a pretensão exposta na peça vestibular".[43]

Cumpre dizer que a permanência da sociedade nesses casos só será possível se inexistir óbice material – *v.g.*, a insuficiência de capital, a lhe impor a extinção – e que a legitimação para pleitear a dissolução não é reconhecida a todos os acionistas, mas aos que representem 5%, ou mais, do capital social, quer em relação às sociedades fechadas, quer em relação às companhias abertas.

Assim, somente nos casos em que a companhia não puder preencher seu fim admitir-se-á sua dissolução parcial, haja vista o princípio da preservação da empresa.

6. Conclusão

Em razão dos motivos expostos, entendemos não ser possível a aplicação do instituto da dissolução parcial nas sociedades anônimas, a não ser quando a compa-

40. O professor Osmar Brina Corrêa Lima relata um caso extremo em que o Judiciário determinou a dissolução de sociedade que sonegou dividendos aos acionistas durante 15 anos, revertendo os lucros à empresa, com o *placet* da assembléia-geral, ao argumento de que a sociedade não estava atingindo seu fim (*Sociedade Anônima*, p. 32).

41. Numa interpretação literal da Lei das S/A, o Min. Barros Monteiro (STJ) entende que a dissolução parcial é incompatível com o regime das sociedades anônimas. No REsp 111.294-PR, em que foi voto vencido, assim se manifestou o douto Ministro, *in verbis*: "Em suma, tratando-se de sociedade anônima, não se deve estender-lhe, por incompatibilidade, o regime de dissolução parcial. Uma vez que preenchidos os pressupostos insertos no art. 206, II, da Lei 6.404, de 1976, ou seja, desde que evidenciado que a 'S/A' não pode preencher seu fim para o qual foi instituída, a única forma de admitir-se a dissolução é a total, mesmo porque, diante da previsão legal, estará comprometida por inteiro a sua própria atividade negocial. Para os acionistas minoritários fica assegurado, na forma da Lei das Sociedades Anônimas, o exercício do direito de recesso, e o respectivo reembolso".

42. "*Ementa*: Direito comercial – Sociedade anônima – Grupo familiar – Inexistência de lucros e de distribuição de dividendos há vários anos – Dissolução parcial – Sócios minoritários – Possibilidade" (REsp 111.294-PR).

43. "*Ementa*: Sociedade anônima – Sócios minoritários – Dissolução parcial. A não-distribuição de lucros, em empresa de natureza comercial, justifica pedido de dissolução parcial, formulado por acionistas ainda que minoritários. Decretada a dissolução parcial, apuram-se os haveres dos acionistas postulantes, mediante atualização dos valores do ativo" (Ap. cível 58.092, rel. Des. Danilo Furtado, j. 17.11.1982, *RF* 286/281).

nhia não puder preencher seu fim, porque, neste caso, a Lei das S/A prevê expressamente a dissolução da companhia, mas, pelo princípio da preservação da empresa, deve-se importar o instituto das limitadas para as sociedades anônimas.

Assim, se a sociedade anônima não puder preencher seu fim (ausência ou não-distribuição de lucro), aplicar-se-á o instituto da dissolução parcial, não necessitando estar conjugado com outros fatores – *v.g.*, capital fechado; iliquidez das ações; ausência de *affectio societatis*. Ou seja, a ausência ou a não-distribuição de lucro, por si sós, são causa a ensejar pedido de dissolução parcial da sociedade.

Por fim, fica registrado neste singelo trabalho nosso receio quanto à aplicabilidade do instituto da dissolução parcial nas sociedades anônimas.

Jurisprudência Comentada

SEGURO DE VIDA – INDENIZAÇÃO – BENEFICIÁRIA QUE OCASIONA A MORTE DO SEGURADO AO TENTAR FRUSTRADAMENTE O SUICÍDIO – VERBA DEVIDA, POIS AUSENTE A INTENÇÃO DE MATAR

Comentários de

HAROLDO MALHEIROS DUCLERC VERÇOSA

ao acórdão do 2º TACivSP na Apelação com revisão 580.919-00/6

Ap. c/rev. 580.919-00/6 – 6ª C. do 2º TACivSP

Rel. Juiz Lino Machado

j. 19.12.2000

Ementa Oficial: Se a beneficiária do seguro não teve a intenção de matar o segurado, que morreu em decorrência de tiro que, em tentativa frustrada de suicídio, transpassou o corpo dela e foi atingi-lo mortalmente, não perde o direito ao seguro de vida.

ACÓRDÃO

Vistos, relatados e discutidos estes autos: Os Juízes desta Turma Julgadora do 2º Tribunal de Alçada Civil de São Paulo, de conformidade com o relatório e o voto do Relator, que ficam fazendo parte integrante deste julgado, nesta data, deram provimento parcial ao recurso, por votação unânime.

Turma Julgadora da 6ª Câmara: juiz-relator *Lino Machado*; juiz-revisor *Thales do Amaral*; 3º juiz *Paulo Hungria*; juiz-presidente *Luiz de Lorenzi*.

Data do julgamento: 19 de dezembro de 2000 – Lino Machado, relator, com a seguinte declaração de voto: Vistos. (...). Apelação da autora, inconformada com a r. sentença de fls., que julgou improcedente sua pretensão de obter o pagamento do seguro de vida de seu marido sob o fundamento de que ela teve conduta determinante, por extrema negligência ou imprudência, para a ocorrência do sinistro (fls.). Argúi a autora não ter agido de má-fé, premeditadamente ou com intenção de causar mal ao marido, tudo não tendo passado de fato imprevisto, motivo por que, em face do disposto no art. 1.440 do CC, tem direito de receber o seguro. Vieram contra-razões em defesa da inalterabilidade do julgamento proferido.

É relatório.

Ao ser ouvida no inquérito policial, em 25.9.1995 (poucos dias depois dos fatos, ocorridos em 15.9.1995, como se vê na cópia do Boletim de Ocorrência de fls.), a autora declarou que, por ciúme, após ter-lhe sido proposto, por seu marido, sexo grupal, com a participação dela, dele e de uma terceira mulher, "tentou o suicídio, tomando diversos comprimidos, e, como não achasse isso suficiente, pegou o revólver de seu esposo e efetuou um disparo na região abdominal, disparo esse que veio a transfixar seu corpo indo atingir ainda o corpo de seu companheiro, ocasionando-lhe o óbito (fls.). Ouvida em 24.9.1998 (fls.), na audiência de instrução e julgamento deste processo, deu nova versão aos fatos: "(...) discutiram por estar desconfiada de alguma traição por parte dele. Em razão da discussão apanhou uma arma e em meio à discussão houve um tiro que a atingiu no abdômen. A bala saiu por suas costas e atingiu seu marido que estava às suas costas". Na seqüência de seu depoimento, acrescentou: "Não sabe dizer quem primeiro apanhou a arma e como ela foi parar nas suas mãos" (fls.).

As provas coligidas apontam para a maior verossimilhança da primeira versão, que, aliás, tem, desde logo, a seu favor ter sido apresentada poucos dias depois dos acontecimentos. A irmã da autora, E., que morava com o casal, disse no curso do inquérito que estava em casa na hora dos fatos, mas não deu notícia de briga ou discussão entre ambos; apenas, por volta das 22 horas, "ouviu um barulho, não sabendo dizer se era disparo de arma de fogo ou não, sendo chamada logo em seguida por J., o qual pedia para que a depoente chamasse uma ambulância"; viu que "os dois estavam na cama, sendo que seu cunhado J. estava nu e sua irmã estava vestida"; segundo seu relato, "no tempo que reside na casa de sua irmã, não presenciou nenhuma briga entre ambos" (fls.). A testemunha C., cunhado do morto J., disse, no inquérito, ter ouvido a versão de que a autora, sabidamente ciumenta, "havia desferido um tiro que acertou ambos", e que ela, havia cerca de três anos e meio, "cortou-se toda, tentando o suicídio, tendo também desferido tiro no interior da casa" (fls.). Para O., vizinho logo chamado para comparecer no local, a autora disse que "havia feito uma besteira" (fls.). Para o delegado de polícia que foi ao pronto-socorro J. falou: "Doutor, a minha mulher tentou me matar" (fls.). Importante o depoimento de JJ., que, vizinho, também foi chamado a socorrer o casal: "no momento em que era socorrida a esposa de J. disse ao depoente que havida dado um tiro nela e esse tiro havia acertado também o marido" (fls.). Embora esses depoimentos tenham sido colhidos no inquérito policial, vieram aos autos sem impugnação de seu teor pela autora. As testemunhas ouvidas em Juízo, se bem que não tenham comparecido ao local dos fatos logo após sua ocorrência, ficaram sabendo, por vizinhos, que "o marido da autora faleceu em um acidente", pois a autora, ao tentar o suicídio, acabou por feri-lo com um tiro" (fls.), ou que "a autora ao tentar suicídio acabou por matar seu marido, pois o tiro que deu no próprio abdômen atravessou-lhe o corpo e atingiu seu marido que estava às suas costas" (fls.). Também favorecem a versão da tentativa de suicídio os laudos de exame de corpo delito (cópias de fls.) e os esclarecimentos da médica legista (cópias de fls.): 1) "A trajetória do projétil é compatível com a versão apresentada desde que a vítima estivesse situada atrás da sra. M.G.M.P., de frente para as costas da mesma, ficando, portando, a região abdominal da vítima em contato com a região lombar da sra. M.G." (fls.); 2) "o projétil tinha força suficiente para dar origem ao segundo ferimento de entrada, bem como ainda continha resíduos suficientes para produzir a borda enegrecida e invertida" (fls.). É a versão adotada na denúncia feita pelo Ministério Público contra a autora como incursa nas penas do art. 121, § 3º, do CP, pois sua imprudência, segundo aquela peça, consistiu "em ter efetuado um disparo no seu abdômen, cujo projétil saiu na região lombar, vindo a atingir a vítima que estava atrás, a qual sofreu graves ferimentos no seu abdômen, vindo a falecer" (fls.), a qual deu origem a processo criminal suspenso por força do art. 89 da Lei 9.099/1995 (fls.).

De acordo com o art. 1.436 do CC, invocado pela ré a fls., nulo será o contrato de seguro "quando o risco, de que se ocupa, se filiar a atos ilícitos do segurado, do beneficiado pelo seguro, ou dos representantes e prepostos, quer de um, quer do outro". Trata-se, porém, de dispositivo inaplicável ao caso vertente, pois não tem por objetivo vedar o recebimento do seguro por causa extrínseca ao contrato. Visa a não dar validade, isso sim, a contrato que segure risco decorrente de ato ilícito; assim, o seguro de carga a ser transportada e que se descubra consistir em substância tóxica de comercialização proibida.

Em síntese, a finalidade do dispositivo é a de não coonestar pelo seguro a assunção de riscos decorrentes de atividade ilícita, causa intrínseca ao contrato. Por isso, o contrato de seguro de vida não é nulo porque o segurado foi morto por quem nele figura como beneficiário.

A r. sentença, no entanto, invocou o disposto no art. 1.454, cujo preceito ao segurado é de abster-se "de tudo quanto possa aumentar os riscos, ou seja contrário aos termos do estipulado, sob pena de perder o direito ao seguro". Esse dispositivo, contudo, há de ser aplicado com eqüidade, devendo o juiz atentar "nas circunstâncias reais, e não em probabilidades infundadas, quanto à agravação dos riscos". Além disso, é dirigido ao segurado, e não ao beneficiário do seguro. Se for estendido ao beneficiário, sua aplicação exigirá interpretação analógica, combinando-o ao disposto no art. 1.440, parágrafo único, última parte: se o beneficiário feriu mortalmente o segurado quando tentava suicidar-se, não o fez, ainda que remotamente, com a intenção de receber o seguro (a mesma razão para ser mantida a obrigação da seguradora se o suicida, em seu juízo, não premeditou o suicídio existe se o beneficiário, embora em seu juízo, não premeditou a tentativa frustrada de sua própria morte da qual resultou a morte do segurado). A invocação do art. 1.460, feita nas contra-razões, veio na seqüência da referência ao art. 1.454 do CC, a justificar o argumento de que a seguradora não pode ser responsabilizada por riscos criados pelo beneficiário do seguro. Afastada, porém, no caso, a aplicabilidade o art. 1.454, *ipso facto* está também afastada a aplicabilidade do art. 1.460.

Poder-se-ia pensar na aplicação, ainda que por interpretação extensiva, do art. 1.474 do CC, segundo o qual é vedado "instituir beneficiário pessoa que for legalmente inibida de receber doação", incluindo na vedação pessoa que viesse a ser considerada indigna de eventual doação, se doação houvesse (com posterior interpretação lógica que leve em consideração o disposto no art. 1.183, I e II, do CC). No entanto, a revogação da doação por atentado contra a vida do doador ou por ofensa física contra ele exige o dolo, o que a faz incompatível com ato meramente culposo.

O que aconteceu entre a autora e o segurado, embora tenha decorrido de um ato intencional dela dirigido contra ela mesma (mas não dela contra ele), acabou por consumar uma tragédia pessoal e familiar à qual ela não visava (ao menos, o contrário não ressuma dos autos). Exceto os ciúmes dela, dos quais ela mesma e alguns testemunhos deram conhecimento, o casal vivia harmoniosamente, tanto que o marido admitira sob o mesmo teto a própria cunhada E.. A atenção do segurado para com sua mulher foi atestada mesmo à beira da morte: "J. não chegou a dizer o que havia ocorrido, sendo que 'ele apenas perguntava qual era o estado de M., sendo que na hora quem aparentava estar em pior estado era ela'" – narrou a testemunha L.M., ouvida no inquérito policial (fls.).

Não subsistisse a autora como beneficiária do seguro, a indenização haveria de ser paga aos seus herdeiros (art. 1.473 do CC e art. 1º do Decreto-lei n. 5.384, de 5.4.1993).

Danos morais são os que atingem a honra, a imagem, a saúde psíquica da vítima por um ato ilícito do agente. No caso sob exame, a ré não agiu por capricho ou por simplesmente negar-se ao pagamento de dívida reconhecida. Ao contrário, as circunstâncias especiais da morte do segurado levaram-na a resistir à pretensão da autora, sem vislumbre de má-fé. Inexistem, pois, contrariamente ao postulado na inicial, danos morais a serem indenizados.

O valor do seguro mencionado na inicial (fls.) foi confirmado pela ré (fls.). A correção monetária é mera atualização do valor da dívida, razão por que independe de mora para incidir.

Por conseguinte, dou provimento parcial à apelação para condenar a ré ao pagamento à autora da quantia de R$ 40.000,00, acrescida de correção monetária desde 19.9.1995 (data da morte do segurado) (fls.), e de juros moratórios a contar da citação. A ré arcará com as custas e pagará honorários advocatícios à parte contrária, estes, com fundamento no art. 20, § 3º, do CPC, fixados em 15% sobre o valor atualizado da condenação.

Comentários de

Haroldo Malheiros Duclerc Verçosa

Muitas vezes a realidade supera a fantasia, como aconteceu com o caso sob comentário, no qual torpes intenções – se verdadeiras – levaram a conseqüências funestas e a uma discussão bastante interessante do ponto de vista do direito privado, em relação à negativa da seguradora de pagar indenização por seguro de vida.

De acordo com o relatório, o marido propôs à esposa a realização de sexo grupal entre o casal e uma terceira mulher. Perplexa com a proposta, que a levou ao extremo do desespero, a esposa tentou o suicídio, ingerindo diversos comprimidos, e, para coroar a sua ação, tomou do revólver do marido e fez um disparo contra seu próprio corpo, na região abdominal. O projétil transfixou seu corpo e atingiu, ainda, o corpo do marido, ocasionando-lhe o óbito. Outra versão apresentada na audiência de instrução e julgamento pela então viúva apresenta indícios de uma montagem, tanto que os Julgadores ativeram-se à primeira, corroborada pela perícia na parte que toca à comprovação de ter havido um disparo de frente para as costas da esposa, encontrando-se o marido atrás dela, ali recebendo o tiro mortal.

No plano do direito privado, existindo um contrato de seguro feito pelo marido em favor de sua esposa, discutiu-se, em primeiro lugar, a aplicação do art. 1.436 do Código Civil Brasileiro, segundo o qual o acordo será nulo "quando o risco, de que se ocupa, se filiar a atos ilícitos do segurado, do beneficiário do seguro, ou dos representantes e prepostos, quer de um, quer do outro".

Entenderam os Julgadores não caber a aplicação desse dispositivo aos fatos sob exame, uma vez que ele não teria por objetivo vedar o recebimento do seguro por causa extrínseca ao contrato. A norma apresentaria como objetivo não dar validade a contrato que segure risco decorrente de ato ilícito, inexistente no caso concreto, por assim não se entender a tentativa de suicídio.

Na sentença de primeira instância foi, de outro lado, invocado o art. 1.454 do mesmo Código Civil Brasileiro, que determina ao segurado o dever de abster-se "de tudo quanto possa aumentar os riscos, ou seja contrário aos termos do estipulado, sob pena de perder o direito ao seguro". Como se verifica, a norma é dirigida ao próprio segurado, e não ao beneficiário, a não ser que este tivesse cometido homicídio em relação àquele, inclusive na forma qualificada (CP, art. 121, § 2º, I). Essa circunstância não foi comprovada nos autos. O fato de possuir o marido uma arma em casa dificilmente poderia ser considerado como ato causador de aumento de riscos.

Lembrado, ainda, o art. 1.440, parágrafo único, do Código Civil Brasileiro, mais uma vez verifica-se que o comando se dirige ao suicídio premeditado, aplicável a ato do próprio segurado, caso esse fato tivesse ocorrido.

Finalmente, reportou-se a discussão à combinação dos arts. 1.474 e 1.183, I e II, do Código Civil Brasileiro, segundo os quais é proibido "instituir beneficiário pessoa que for legalmente inibida de receber doação" – na hipótese, correspondente esta à esposa da vítima, eventualmente impedida de receber uma doação por haver atentado contra a vida do doador ou cometido contra ele ofensa física. Ora, de um lado, não se tratava de doação; de outro, no caso concreto esteve ausente o dolo da autora do disparo.

Em vista dessas considerações, os Julgadores, por votação unânime, entenderam que a seguradora deveria pagar à viúva o valor do seguro de vida estabelecido pela vítima em favor daquela.

Tecnicamente, não haveria reparo a fazer quanto à decisão ora comentada. Ela aplicou, sem dúvida, o bom Direito ao caso concreto. No entanto, tendo a beneficiária manuseado uma arma de fogo em ato de alegado desespero, ela certamente agiu com grande imprudência, sabendo-se dos riscos que tais artefatos freqüentemente transformam em tristes realidades. Nesse sentido lembro-me dos repetidos avisos que me dava na adolescência meu tio, um ilustre filho de Portugal, com seu sotaque carregado, quando saíamos para caçadas: "Cuidado, pois o diabo matou a própria mãe com uma espingarda descarregada!".

Pareceres

IMPOSSIBILIDADE DA REVISÃO DE CONTRATO DE CÂMBIO EM VIRTUDE DA ALTERAÇÃO DA POLÍTICA DE "BANDAS CAMBIAIS"

LEANDRO BITTENCOURT ADIERS

I – Ementa. II – Os fatos. III – A irresignação e a pretensão. IV – A análise fático-jurídica. V – A revisão contratual e o Código do Consumidor. VI – A teoria da imprevisão. VII – A base objetiva do negócio jurídico. VIII – Requisitos para a decretação de nulidade ou anulação do ato jurídico. IX – Regularidade da nota promissória. X – Inovações ao pedido em sede de recurso. XI – Conclusão.

I – Ementa

Alteração da política de "bandas cambiais" – Desvalorização do Real frente ao Dólar norte-americano – Ação pleiteando a revisão de contrato de câmbio – Importação.

Pretensão do importador de ver revisado o contrato de compra e venda a termo de divisas pactuado com instituição financeira em razão da ocorrência de motivo de *força maior* caracterizado por fato do príncipe, consistente na *ilegal, abrupta e imprevisível alteração da política cambial, causadora da quebra da comutatividade e da base objetiva do negócio jurídico* – Revisão fulcrada, também, no art. 6º da Lei 8.078/1990.

A cotação de moedas, em países intensamente engajados no comércio internacional e que demandam créditos em moeda estrangeira, não é passível de rígido controle estatal, a médio e longo prazos, por notória e inarredavelmente submetida aos fluxos internacionais de capital – Ausência de imprevisibilidade na alteração da política cambial – Oscilações de cotação integram o risco ordinário e a própria natureza das operações cambiais.

Contrato de câmbio firmado com a finalidade de possibilitar, perante o credor internacional, o pagamento de uma importação – Existência de dois contratos, coligados porém com partes e objetos distintos: uma compra e venda internacional, firmada entre importador e exportador, tendo por objeto um determinado bem, e um contrato de câmbio, firmado pelo importador com a instituição financeira, tendo por objeto uma compra e venda a termo de divisas estrangeiras – A instituição financeira, através de contrato regulamentado pela Administração, figura na compra e venda internacional como mero terceiro interveniente, com finalidade de possibilitar o adimplemento do importador frente a credor estrangeiro exportador.

Em virtude de tratar-se de contratos distintos – câmbio e compra e venda internacional –, a equivalência e comutatividade do contrato de câmbio vinculam-se apenas às taxas ditadas pela autoridade estatal, ficando totalmente desvinculado das flutuações de preço da mercadoria adquirida pelo importador no Exterior.

Decisões gerenciais privadas, priorizando a especulação – importação de insumo por preço inferior ao congênere nacional, reduzindo custos e ampliando margem de lucro – em detrimento da segurança – Ausência de proteção no mercado futuro através de *hedge* ou *swaps* – Negligência a deveres básicos de diligência aconselhados pela técnica financeira, majorando riscos que poderiam ser evitados.

Vedação à pretendida revisão contratual, por condicionada à ocorrência da imprevisão e à manutenção da estrutura do negócio jurídico regulamentado – Considerações acerca do nominalismo, poder liberatório do pagamento e das limitações de ordem constitucional a impedir a manipulação do conteúdo contratual.

II – Os fatos

I – Segundo a documentação em anexo, a primeira demandante, com aval dos demais, contratou com a instituição financeira demandada, em data de 11.11.1998, uma carta de crédito documentário de importação no valor de US$ 388,080.00 (trezentos e oitenta e oito mil e oitenta Dólares norte-americanos), destinada à abertura de um crédito documentário irrevogável para importação em correspondente do demandado no Exterior, em favor da empresa chilena "XY" Alimentos S/A, para pagamento da importação de 504 toneladas de polpa de tomate 30/32-prix, safra 1998, com vencimento a 90 dias da data do embarque (15.2.1999).

III – A irresignação e a pretensão

II – Os requerentes/apelantes alegam que, à época da contratação, estimavam que na data da liquidação do contrato a taxa cambial estaria fixada em R$ 1,22, tendo sido surpreendidos, já em 13.1.1999, com o estabelecimento do limite máximo da "banda cambial" em R$ 1,32, tendo-se seguido, em 15.1.1999, a liberação do câmbio para a fixação das cotações pelo próprio mercado, quando as taxas passaram a oscilar entre os "absurdos" de R$ 1,70 e R$ 2,10.

III – Sustentam os autores que seria o Banco Central do Brasil incompetente para alterar as diretrizes cambiais estabelecidas pelo Conselho Monetário Nacional, sendo ilegais os Comunicados de ns. 6.563, de 15.1.1999, e 6.565, de 18.1.1999, de acordo com o disposto no art. 9º, II e III, da Lei 4.595/1964, a partir da edição do "Plano Real" (Lei 9.069/1995, art. 3º, § 4º, III).

IV – Afirmam que o contrato é passível de revisão em razão da ocorrência de fatos supervenientes à contratação que tornaram seu adimplemento excessivamente oneroso. Aduzem a ocorrência de motivos de *força maior* e *fato do príncipe*. Dizem imprevisível a alteração da política cambial, uma vez que contrariou o regramento legal vigente à época; de qualquer sorte, desnecessário o elemento da imprevisibilidade, eis que sustentável a revisão pretendida também na quebra da base objetiva do negócio jurídico, tendo a liberação da taxa cambial redundado na ruptura da relação de equivalência e corrosão da comutatividade contratual.

V – Apóiam sua pretensão no Código de Defesa do Consumidor, inclusive para pleitear a declaração de nulidade da nota promissória emitida em garantia do adimplemento contratual, exageradamente preenchida no valor equivalente a US$ 426,888.00 (quatrocentos e vinte e seis mil e oitocentos e oitenta e oito Dólares norte-americanos), consubstanciando "obrigação manifestamente excessiva" e "colocando os autores em desvantagem exagerada".

VI – Requerem a decretação de nulidade da nota promissória garantidora do contrato firmado e a revisão deste, para o fim de que seja determinado o adimplemento contratual com base na taxa cambial de R$ 1.32 por US$ 1.00, último valor praticado em observância à política de "bandas cambiais" ilegalmente alterada.

IV – A análise fático-jurídica

1. Inobstante o esforço dos competentes procuradores dos apelantes, sua pretensão não merece prosperar.

2. Tanto na exordial quanto no recurso de apelação os recorrentes esgrimam longamente com o argumento de que a questão cambial estava submetida a rígido regramento legal, consistindo sua administração em ato vinculado. A liberação do câmbio, por fim, teria ocorrido de forma ilegal.

3. A fls. 205-228 os autores anexam cópia de mandado de segurança, distribuído perante a Justiça Federal (protocolo datado de 23.2.1999), através do qual os impetrantes, com base na tese de ilegalidade da liberação do câmbio, objetivavam que o Banco Central do Brasil fosse compelido a fornecer Dólares ao Banco "X" S/A (objetivando a quitação do contrato ora em discussão), Banco "Y" S/A e Banco "Z" S/A à cotação máxima de R$ 1,32 (fls. 226). Não veio aos autos a decisão do referido *writ*, porém, ao que tudo indica, o presente processo somente subsiste ante o insucesso daquele.

4. Duas conclusões, entretanto, são permitidas em razão daquele fato: (1) a legitimidade passiva derivada de ato praticado em eventual ilegalidade, no caso da questão cambial, é da União Federal, eis que competente para administrar as reservas cambiais do país e fiscalizar as operações de câmbio (art. 21, VIII, da CF/1988), e (2) desprovido o mandado de segurança aforado pelos apelantes, reconhece-se que não houve ilegalidade na liberação do câmbio ou na forma com que as respectivas operações foram administradas pelos órgãos competentes. Se provido, deve ser a pretensão satisfeita pela União.

5. Não podemos esquecer, ainda, que estamos a tratar de um contrato regulamentado, onde prevalece a vontade estatal, sem margem aos contratantes para maiores estipulações. Neste sentido doutrina Orlando Gomes: "Outra técnica usual de contenção da liberdade de contratar consiste na *regulamentação do conteúdo do contrato* por disposições tão minuciosas que as partes se limitem praticamente a transcrevê-las sob a forma de cláusulas. O contrato é, assim, regulamentado no seu conjunto, tornando-se desnecessárias as negociações preliminares. Quem quer que deseje contratar sabe de antemão que somente poderá fazê-lo nas condições previstas em regulamento, a cujas normas também estará adstrita a outra parte".[1]

6. O preço da moeda, elemento central da discussão, é evidentemente ditado pela autoridade pública, escapando ao controle de qualquer das partes. Ocorre, assim, submissão de ambas as partes contratantes às condições impostas pela Administração, fugindo-se ao habitual confronto de forças entre as partes contratantes, impossibilitando o arbítrio e a coerção em detrimento da parte dita mais vulnerável. O apelado afigura-se mais como *executor*, sem as prerrogativas usuais do contratante.

7. Não iremos adentrar aqui a discussão entre ato discricionário e ato vinculado,[2] uma vez que tais argumentos devem ser voltados à parte passiva legítima: a União Federal. Todavia, cabe fazer a distinção daqueles em relação aos chamados "atos de governo", os chamados "atos administrativos considerados insindicáveis, por motivo de mera oportunidade política".[3]

8. A distinção é feita com um único objetivo: demonstrar que, sabidamente, a questão cambial não é suscetível ao con-

1. *Introdução* ..., 7ª ed., Rio de Janeiro, Forense, 1983, p. 261.

2. Assunto de que trata Vladimir da Rocha França, "Fundamentos da discricionariedade administrativa", *RT* 768/60 ss., São Paulo, Ed. RT.

3. Flávia de Almeida Viveiros de Castro, "O controle dos atos de governo", *RT* 760/50, São Paulo, Ed. RT.

trole interno por qualquer país que seja,[4] a médio e longo prazos, por submetida à dinâmica dos mercados internacionais, sendo maior sua influência na razão direta do endividamento e do tráfego comercial internacional de cada Nação.[5] E a situação do Brasil, em qualquer momento de sua história, ninguém olvida, nunca foi confortável em tal contexto.

9. Daí, pertinente concluir que, diante do constante titubear da economia nacional, do invariável fracasso de todos os planos econômicos praticados neste país e da inafastável influência externa na cotação do Real em relação ao Dólar norte-americano, constitui-se em rematada ingenuidade pretender que o preço da moeda estrangeira fique congelado[6] por lei ou decreto,[7] ainda mais ao tratar-se com comerciantes e industriais experimentados no tráfego internacional, como bem concluiu a douta sentenciante. Ausente, portanto, a imprevisibilidade.[8]

10. Quanto ao mais, noticiam os apelantes um "movimento especulativo" das instituições financeiras contra o Real, culminando em sua desvalorização. Não é o caso do apelado. Ocorre que a decisão empresarial de importar insumos, tomada pelos recorrentes, possui – esta, sim – todas as características especulativas.

11. Aproveitaram os recorrentes a valorização do Real frente ao Dólar para diminuir seus custos. Buscaram matéria-pri-

4. "Por maior que seja a propensão nacional à auto-suficiência, nenhuma economia pode manter-se isolada do resto do mundo. Mesmo economias com alto conteúdo de suprimentos internos auto-suficientes e de produção amplamente diversificada dependem de suprimentos originários do Exterior. A observação da realidade tem evidenciado que, independentemente das estruturas nacionais de produção e mesmo dos estágios de desenvolvimento de cada país, a interdependência econômica e financeira tem-se tornado dia a dia mais acentuada" (Lopes e Rosseti, *Economia Monetária*, 7ª ed., São Paulo, Atlas, 1998, p. 229).

5. "Superávits no balanço de pagamentos levam a um aumento nas reservas internacionais que, ao aumentarem a reserva de valor do país, podem melhorar o valor da moeda nacional. Déficits crônicos no balanço de pagamentos podem reduzir a zero as reservas internacionais, tornando impossível a importação de bens e serviços e desvalorizando a moeda nacional. (...) variações no estoque de moeda são determinadas e subordinadas aos movimentos de capital. (...). A taxa de câmbio é o preço relativo de duas moedas nacionais, daí que os fatores que determinam a oferta e a demanda de moeda de um país determinam também a taxa de câmbio da moeda nacional diante das demais moedas. (...). A política monetária nacional se tornou dependente das políticas monetárias dos demais países" (José Antônio Sant'Ana, *Economia Monetária*, Brasília, UnB, 1997, p. 22).

6. Mário Henrique Simonsen, com sua autoridade, em 1995, já dizia: "Qual a regra para as futuras revisões da banda cambial é capítulo ainda a ser escrito na crônica do Plano Real" (*30 Anos de Indexação*, 1ª ed., Rio de Janeiro, FGV, p. 84).

7. Às inafastáveis variáveis privadas e externas, a dificultarem uma previsibilidade dos rumos da economia, doutrinadores acrescentam, ainda, dificuldades internas inerentes à Administração: "(...) embora para uma importante corrente do pensamento econômico atual a política monetária seja vista como a principal responsável tanto pelas flutuações quanto pela estabilidade da economia (...) as autoridades monetárias não são, em sistema algum, as únicas que detêm o controle da política econômica como um todo. Por mais acentuada que possa ser a tendência monetarista da política econômica, esta interage com políticas que em geral estão sob o controle de outros organismos governamentais. (...). O manejo deste conjunto de instrumentos de ação do governo não é facilmente conciliável, no sentido de que sejam alcançados os objetivos pretendidos pela política econômica. Entre os instrumentos e os objetivos, isto é, entre os meios e os fins, há uma série de conflitos, que não só contribuem para reduzir a eficácia de cada um dos meios quanto à sua ação sobre os múltiplos fins aos quais possa ele estar relacionado, como ainda podem colocar os próprios meios em conflito entre si" (Lopes e Rosseti, *Economia Monetária*, 7ª ed., pp. 253-254).

8. Maria Clara R. M. do Prado, jornalista especializada na área econômica, em coluna datada de 13.2.1999, comentando o fato de o Dólar à época encontrar-se em patamar superior aos esperados R$ 1,60, após a extinção do sistema de *bandas cambiais*, referia que: "A rigor, o risco sempre existiu. Quando a política cambial privilegia uma taxa artificial, administrada pelo Banco Central, o risco acaba sendo incorporado à taxa de juros interna. (...) infelizmente, na ausência do controle das contas do setor público, o governo acabou esticando ao máximo, o quanto pôde, a âncora cambial. O que é artificial pode durar por um tempo, mas não dura para sempre. O resultado já se sabe qual é" (*Gazeta Mercantil* 13.2.1999, p. A-3).

ma no Exterior a custo baixo – pressionando nossas reservas cambiais, tal qual inúmeros outros importadores, com o pagamento de seus investimentos privados – US$ 869,114.40 (oitocentos e sessenta e nove mil, cento e quatorze dólares e quarenta *cents* – fls. 226) –, em detrimento do produtor nacional, que, em virtude da mesma situação cambial, não tinha preço competitivo em relação ao concorrente estrangeiro. Não há notícia, tampouco, de que a utilização de insumos mais baratos se tenha refletido em diminuição de preço ao consumidor, autorizando a conclusão de que a redução de custo refletiu-se em aumento de margem de lucro.

12. Durante todo o tempo em que durou a política cambial aos apelantes favorável, dela utilizaram-se largamente, obtendo excelente lucratividade, em detrimento de setores da economia nacional que naufragaram vertiginosamente – tais como o agrícola e o coureiro-calçadista –, e, ao que se sabe, nenhuma redução de preço foi repassada pelos recorrentes aos seus consumidores. Alterada a situação que os beneficiou por larga data, pranteiam benesses! Não foram socializados os benefícios, mas os alegados prejuízos, estes, sim, devem ser repartidos com a União, com o apelado e com a sociedade, a qual, em última instância, é quem invariavelmente arca com os custos das aventuras privadas.

13. Inquestionável também a negligência com que se houveram os recorrentes, uma vez que não se utilizaram de recursos comuns e acessíveis para se resguardarem de riscos de uma variação cambial – o que poderia ter sido feito através de uma simples operação de *hedge* no mercado futuro.[9] Esta diverge das operações especulativas por não visar a lucros com as flutuações de preço, visando tão-somente à defesa e proteção contra aquelas.[10] Possui mais um sentido de "seguro", sendo oposta à especulação.

14. Érica Rocha Gorga, dentre outros conceitos, refere o que nos parece o mais acertado, de que o *hedge* se constitui em "contrato com função social tipificada de seguro (de preços)", contratos aleatórios nos quais "a compra e venda é real, com função atípica de nem sempre visar à transferência de propriedade, mas sim de garantir certo patamar ou nível de preço".[11] Consiste na assunção, no mercado futuro, de posição inversa à existente no mercado físico, visando a anular ganhos ou perdas derivados de flutuações.

15. Não se diga que era dever da instituição financeira utilizar-se de tal modalidade contratual, uma vez que o contrato pactuado previa que os ora apelantes efetuassem o pagamento do valor contratado indexado em Dólares norte-americanos, ou seja: o equivalente em moeda corrente nacional à quantidade "x" de dólares na data do pagamento. Esta indexação,[12] por si, já se prestava à finalidade de proteger do risco da variação, fazendo as vezes de um "seguro" contra possível flutuação de valores. O apelado encontrava-se resguardado diante de possíveis flutuações cambiais, sendo

9. "Em qualquer negócio ou investimento, os agentes econômicos alocam recursos hoje com base em ganhos esperados no futuro. No entanto, existem riscos de preços ou de retorno que dependem da variabilidade de preços de um determinado mercado físico. Os produtores rurais, os exportadores e os importadores, os intermediários financeiros e os investidores, apesar de atuarem em áreas diferentes, procuram maximizar lucros esperados e correm o risco de que os preços esperados não se materializem no futuro. (...). Uma operação de *hedge* consiste fundamentalmente em tomar uma posição no mercado futuro oposta à posição assumida no mercado à vista, para minimizar os riscos de perdas decorrentes de alteração de preços". O *hedger* não obtém ganhos com aumentos de preços e nem enfrenta perdas com quedas de preços (José Antônio Sant'Ana, *Economia Monetária*, pp. 94-95).

10. Paulo Sandroni, *Dicionário de Administração e Finanças*, São Paulo, Best Seller, 1996, p. 220.

11. "A importância dos contratos a futuro para a economia de mercado", *RDM* 112/182-183.

12. "Mecanismo de política econômica pelo qual as obrigações monetárias têm seus valores em dinheiro corrigidos com base em índices oficiais do governo" (Paulo Sandroni, *Dicionário* ..., p. 234).

dever da parte que não tinha tal proteção – os apelantes – procurá-la.

16. Atente-se para o fato de estarmos a tratar de uma sociedade anônima de porte considerável. As questões atinentes a *previsibilidade*, *imprevisibilidade* e *evitabilidade* das conseqüências de determinada conduta afastam-se daquele critério que a doutrina estipulou com relação ao *discernimento comum ao homem médio*. Estamos lidando com o reflexo de decisões gerenciais, tomadas por profissionais que atendem a qualificações técnicas[13] – fator que veio a determinar a *separação entre propriedade e administração nas empresas*.[14]

17. Para podermos qualificar a *diligência* ou a *negligência* com que se portou determinado agente econômico – minorando, majorando ou ignorando os riscos a que estava exposto –, devemos analisá-la em seu respectivo âmbito – empresarial –, contrastando a conduta com os conhecimentos, orientações e preceitos técnicos aplicáveis à espécie,[15] sem olvidar que "a perícia na administração do risco faz parte de uma receita de habilidades para a administração eficaz".[16]

13. Conforme aduz Alfredo Lamy Filho, salientando a importância da capacidade técnica, "a nomeação de diretor não faz do funcionário um homem de negócios" ("O Estado-empresário", in Carlos Alberto Menezes Direito (org.), *Estudos em Homenagem ao Professor Caio Tácito*, Rio de Janeiro, Renovar, 1997, p. 46).

14. O art. 153 da Lei das S/A prescreve que "o administrador da companhia deve empregar, no exercício de suas funções, o cuidado e diligência que todo homem ativo e probo costuma empregar na administração de seus próprios negócios".

15. Modesto Carvalhosa, em comentário ao citado art. 153 da Lei 6.404/1976, aduz que são insuficientes os atributos de diligência, honestidade e boa vontade para caracterizar as pessoas como administradores, fazendo-se necessária competência profissional específica, traduzida por escolaridade ou experiência e, se possível, ambas. Refere o estudioso que alguns autores entendem que na noção de *bom homem de negócios* esta inserida a responsabilidade profissional, implicando capacidade técnica, experiência e conhecimentos específicos (*Comentários à Lei das S/A*, v. III, São Paulo, Saraiva, 1997, p. 228).

16. Zvi Bodie e Robert C. Merton, *Finanças*, Porto Alegre, Bookman, p. 229.

18. A Ciência das Finanças é aquela que se ocupa do estudo de como as pessoas alocam recursos escassos ao longo do tempo. Segundo a doutrina, "todas as decisões tomadas em sociedade anônima são parcialmente financeiras, porque envolvem trocas entre custos e benefícios disseminados ao longo do tempo. Portanto, em grandes empresas, todos os gerentes, do executivo principal aos gerentes de unidades de produção, (...) usam os serviços dos especialistas financeiros".[17] Ressaltam os doutos que existem três pilares analíticos nas finanças como disciplina intelectual: "o valor temporal do dinheiro, a avaliação e a administração do risco".[18]

19. O processo de administração do risco compreende: "(1) identificação do risco; (2) avaliação do risco; (3) seleção de técnicas de administração do risco; (4) implementação; e (5) revisão".[19] O primeiro elemento compreende as exposições do agente econômico. O segundo está ligado à quantificação dos custos associados aos riscos que forem identificados. O terceiro, que nos interessa particularmente, indica quatro técnicas para a redução do risco: (1) evitar o risco; (2) prevenir perdas e controlá-las; (3) reter o risco; e (4) transferir o risco.

20. A retenção do risco implica "absorver o risco e cobrir as perdas com os próprios recursos. Isso, às vezes, acontece por *negligência*, como, por exemplo, *quando não se sabe que havia o risco ou quando se opta por ignorá-lo*";[20] enquanto a transferência do risco é feita através de três métodos básicos – "*hedge*, seguro e diversificação"[21] – lembrando que "os mercados financeiros oferecem uma variedade de mecanismos para fazer *hedging* contra os riscos dos preços incertos de *commodities*, preço das ações, taxas de juros e câmbio".[22]

17. Idem, ibidem, p. 37.
18. Idem, ibidem, p. 225.
19. Idem, ibidem, p. 230.
20. Idem, ibidem, p. 232.
21. Idem, ibidem, p. 232.
22. Idem, ibidem, p. 252.

A técnica – vê-se – aconselhava a prevenção dos riscos indissociáveis.

V – *A revisão contratual e o Código do Consumidor*

21. O mercado financeiro é regido por legislação específica,[23] não incidindo o Código de Defesa do Consumidor nos aspectos financeiros das operações.[24] Inexiste nulidade de cláusula quando – como aqui – não houver violação ao dispositivo cogente do ordenamento jurídico nacional, pois, segundo o art. 50, II, da Constituição Federal/1988, "ninguém será obrigado a fazer ou deixar de fazer alguma coisa senão em virtude de lei".

22. Não há *desproporcionalidade nas prestações* quando estas não diferem substancialmente daquelas praticadas pelas demais instituições financeiras em circunstâncias análogas, de acordo com critérios do Conselho Monetário Nacional e sob fiscalização do Banco Central do Brasil (BACEN), como é o caso do contrato regulamentado[25] em apreço, eis que o apelado é mero executor das regras impostas pela autoridade administrativa; a ocorrência de qualquer *fato superveniente* que tenha tornado as prestações *excessivamente onerosas* diz com a *imprevisão*, pois, previsível a circunstância, entra-se no campo da negligência e da inescusabilidade, desautorizando a manipulação do conteúdo contratual.

23. As cláusulas e condições que, considerando-se as características e a natureza do contrato (câmbio), encontram-se em total consonância com os ditames legais e regulamentares, bem como com o contexto concorrencial, não ofendem princípios de nosso sistema jurídico e nem ensejam decretação de nulidade ou anulabilidade.

24. De se referir, também, que o destinatário final das divisas adquiridas não é o importador, que firmou o contrato de câmbio, mas sim o exportador, o credor internacional, de modo que, também sob este enfoque, inaplicável o Código de Defesa do Consumidor.

25. O professor Eros Roberto Grau, em magistral estudo,[26] conclui que "as regras do Código de Proteção e Defesa do Consumidor, em especial o seu art. 6º, V, não podem conduzir à alteração da estrutura do negócio jurídico; esse art. 6º, apenas e tão-somente, explicita a prevalência da teoria da imprevisão, e, esta, como vimos, presta-se exclusivamente a exonerar o devedor de riscos extraordinários, suportados por uma das partes no negócio jurídico; ora, a variação na relação paritária entre a moeda nacional e a moeda estrangeira, em negócio jurídico contratado sob cláusula de paridade cambial, obviamente consubstancia risco ordinário, próprio e indissociável da avença contratada".[27]

23. As regras que regem o Sistema Financeiro estão consolidadas em legislação própria e específica. Carlos Maximiliano traça distinções entre o direito comum e o direito especial, explicando que o primeiro contém regras gerais, aplicáveis universalmente a todas as relações jurídicas a que se refere, o segundo atende a condições particulares e especiais e, por esse motivo, subtrai determinadas classes de matérias ou pessoas às regras de direito comum, substituídas propositadamente por disposições de alcance limitado. *Sua matéria é, na íntegra, regulada de modo particular, constituindo, por sua vez, um sistema orgânico* (*Hermenêutica e Aplicação do Direito*, 9ª ed., Rio de Janeiro, Forense, 1980, p. 228).

24. "(...). A Lei n. 4.595/1964, que rege a política econômico-monetária nacional, ao dispor, no seu art. 4º, IX, que cabe ao Conselho Monetário Nacional limitar taxas de juros, revogou, nas operações realizadas por instituições do Sistema Financeiro, quaisquer outras restrições que previam teto máximo. *Inaplicável, na espécie, o art. 51 do Código de Defesa do Consumidor*" (STJ, REsp 163.547-RS, rel. Min. Sálvio de Figueiredo Teixeira, j. 5.5.1998, v.u., *DJU* 1.6.1998, p. 142).

25. Neste sentido: Maria Helena Diniz, *Tratado Teórico e Prático dos Contratos*, v. 4, São Paulo, Saraiva, 1993, p. 440; Aramy Dornelles da Luz, *Negócios Jurídicos Bancários*, 2ª ed., São Paulo, Juarez de Oliveira, 1999, p. 166; Nélson Abrão, *Direito Bancário*, São Paulo, Saraiva, 2000, p. 168.

26. *Revista de Direito Bancário e do Mercado de Capitais* 5/304, São Paulo, Ed. RT, 1999.

27. Limitada a intromissão judicial ao conteúdo dos contratos configuradores de relação de con-

26. O professor Orlando Gomes, em obra anterior ao Código de Defesa do Consumidor, trata da *onerosidade excessiva* em tópico referente à resolução do contrato por inexecução. Aduz que "a inexecução involuntária determinante da resolução do contrato é a que decorre da *impossibilidade superveniente, objetiva, total e definitiva*"; acrescenta que não se confundem *impossibilidade* com *dificuldade*, sendo equiparáveis as situações, entretanto, quando o devedor tenha de fazer sacrifícios consideráveis para adimplir.[28]

27. Cuidando desta segunda situação – onde o fundamento do inadimplemento não é a impossibilidade, mas a dificuldade de prestar –, o douto professor ressalta que "preciso é que a onerosidade tenha sido determinada por acontecimentos extraordinários e imprevisíveis. *Se o contratante concorrer por negligência para que se agrave excessivamente a prestação, o contrato não pode ser resolvido por essa causa.* O acontecimento, por sua vez, deve ser anormal. Há de ser imprevisível. Tão importante é esse requisito que a solução do problema encontra-se na teoria da imprevisão. Necessário que as partes, no momento em que celebram o contrato, não possam prever alteração decorrente do evento extraordinário. Requer o concurso da extraordinariedade e da imprevisibilidade. *Não basta que o acontecimento seja extraordinário, porque, se suscetível de previsão, descabe a rescisão. Não basta que seja imprevisível, porque, sendo normal, pouco importa que as partes não o tenham previsto*".[29]

28. A jurisprudência[30] e a doutrina econômica convergem quanto ao risco de variação *integrar a própria natureza do negócio cambial*, eis que, "quando um agente detém um montante em uma divisa (Reais, por exemplo) diferente daquela em que deva a outro (Dólares, por exemplo), ele incorre num *risco de câmbio* devido à volatilidade cambial futura".[31]

29. Quanto à aplicabilidade do Código de Defesa do Consumidor ao caso vertente, salientamos o recente julgamento unânime[32] do Superior Tribunal de Justiça do qual foi Relator o Min. Barros Monteiro, figurando também os Mins. César Asfor Rocha e Aldir Passarinho, sob a presidência do Min. Ruy Rosado de Aguiar, em que foi decidido: "Mútuo – Redução de multa contratual de 10% para 2% – Inexistência no caso de relação de consumo – Tratando-se de financiamento obtido por empresário, destinado precipuamente a incrementar a sua atividade negocial, não se podendo qualificá-lo, portanto, como destinatário final, inexistente é a pretendida relação de consumo – Inaplicação no caso do Código de Defesa do Consumidor" (4ª T., REsp 218.505-MG, j. 16.9.1999).

30. A decisão acolhe o entendimento doutrinário de que a operação financeira, contratada em qualquer de suas formas, que se destine a uma forma *intermediária* de utilização, não voltada ao consumo em sentido estrito, mas ao fomento da produção, por qualquer de suas formas, estará fora da relação de consumo e, conseqüentemente,

sumo, faz-se necessária, também, a concorrência da "onerosidade para um dos contratantes e benefício injusto e exagerado para o outro"; além da "imprevisibilidade e extraordinariedade daquela modificação, pois é necessário que as partes, quando celebraram o contrato, não possam ter previsto este acontecimento anormal, isto é, que está fora do curso habitual das coisas" (Maria Helena Diniz, *Tratado* ..., v. 1, p. 173).

28. Orlando Gomes, *Contratos*, 9ª ed., Rio de Janeiro, Forense, 1983, p. 198.

29. *Revista de Direito Bancário e do Mercado de Capitais* 5/200.

30. "(...) A teoria da imprevisão não se aplica a quem se submete a bolsa de valores ou mundo do câmbio, onde as oscilações da moeda, para mais ou para menos, fazem parte do jogo. O risco, em tais casos, é perfeitamente previsível e integra a natureza de tais negócios (...)" (TARS, 4ª CCiv., ac. 184.037.646, rel. Juiz Décio Antonio Erpen, j. 22.11.1984).

31. Fernando Nogueira da Costa, *Economia Monetária e Financeira*, São Paulo, Makron Books, 1999, p. 329.

32. *Revista de Direito Bancário, do Mercado de Capitais e da Arbitragem* 7/167-168, São Paulo, Ed. RT, 2000.

da incidência do Código de Defesa do Consumidor.[33]

31. Toshio Mukai também afasta do âmbito de incidência do Código de Defesa do Consumidor a utilização de produto ou serviço na qualidade de empresário com a finalidade de intermediação ou mesmo como insumo ou matéria-prima para transformação ou aperfeiçoamento com fins lucrativos.[34] É o caso vertente, onde a contratação deu-se de forma e com fim especulativo, buscando, através da importação de matéria-prima, o incremento da atividade empresarial, com diminuição de custos, com reflexo nas margens de lucro.

32. No corpo do citado acórdão, o Min. Barros Monteiro – apoiado, inclusive, no magistério de Newton de Lucca[35] – consigna: "Firmada a base empírica da lide, ou seja, a de que o ora recorrente não utilizou o capital mutuado como destinatário final, e sim para emprego com finalidade gerencial, voltada ao fomento de sua produção, força é concluir-se pela inexistência na espécie de relação de consumo à luz das disposições dos arts. 2º e 3º, § 2º, da Lei 8.078/1990".

33. Ainda que se queira considerar, como pretendem os apelantes, que a contratação embutia uma prestação de serviços, há que se referir que em momento algum foi demonstrado (sequer indicado) qualquer defeito na prestação de serviço, nem se está a discutir o preço dos alegados "serviços", sendo forçada a tentativa de desvirtuar o campo de incidência da norma para um âmbito totalmente incompatível e sem nexo de causalidade. O elemento em discussão é o preço da moeda estrangeira, o qual subordina-se ao arbítrio da autoridade estatal,[36] escapando à esfera volitiva dos contratantes e não guardando qualquer relação com fornecimento de serviços.

34. A faculdade do juiz de interferir na economia do contrato, reajustando-o em *bases razoáveis*, não nos parece, ainda, em conformidade com o princípio constitucional da reserva legal[37] – segundo o qual "ninguém será obrigado a fazer ou deixar de fazer alguma coisa senão em virtude de lei"[38] –, além de implicar flexibilização de direitos e garantias individuais tais como o direito adquirido, o ato jurídico perfeito e o direito de propriedade,[39] sob enfoque subjetivo do julgador, *a latere* de critérios legais claros, expressos e pré-conhecidos

33. Luiz Rodrigues Wambier, in *RT* 746/61, São Paulo, Ed. RT.

34. In Juarez de Oliveira (coord.), *Comentários ao Código de Proteção ao Consumidor*, São Paulo, Saraiva, 1991, pp. 6-7.

35. *Revista do TRF-3ª Região* 36/51-52.

36. "Somente o Banco Central poderá autorizar as instituições financeiras a praticarem operações de câmbio (...) pois a ele competirá fixar as taxas" (Maria Helena Diniz, *Tratado ...*, v. 4, p. 440).

37. Ao traçar diferenças substanciais entre o princípio da legalidade (genérico) e o princípio da reserva da lei (específico), José Afonso da Silva ensina que o primeiro envolve prioritariamente uma situação de hierarquia das fontes normativas, enquanto o segundo envolve questão de competência. Cita Starck para dizer: "'Estas reservas especiais garantem, como *normas de competência*, que o legislador será quem regule tudo o que afeta os direitos fundamentais'". E prossegue: "O *princípio da legalidade*, num Estado Democrático de Direito, funda-se no *princípio da legitimidade*, se não o Estado não será tal. Os regimes ditatoriais também atuam mediante leis. Tivemos até recentemente uma legalidade extraordinária, fundada em atos institucionais e atos complementares, embasada no critério da força e não no critério da legitimidade. Prova de que nem sempre a ordem é justa. O princípio da legalidade só pode ser formal na exigência de que a lei seja concebida como *formal* no sentido de ser feita pelo órgão de representação popular, não em abstração ao seu conteúdo e à finalidade da ordem jurídica" (*Curso de Direito Constitucional Positivo*, 20ª ed., São Paulo, Malheiros Editores, 2002, pp. 421 e 423).

38. Constituição Federal/1988, art. 5º, II.

39. "O conceito constitucional de proteção ao direito de propriedade transcende à concepção privatística estrita, abarcando outros valores de índole patrimonial" (Gilmar Ferreira Mendes, *Direitos Fundamentais e Controle de Constitucionalidade*, São Paulo, Celso Bastos Editor, 1998, p. 148). "A garantia constitucional de propriedade assegura uma proteção das posições privadas já configuradas, bem como dos direitos a serem eventualmente constituídos. Garante-se, outrossim, a propriedade enquanto instituto jurídico, obrigando o legislador a promulgar complexo normativo que assegure a existência, a funcionalidade, a utilidade privada desse direito" (idem, p. 154).

– o que viola o princípio da confiança e segurança nos negócios jurídicos, que é dever da lei assegurar.

35. Esta possibilidade de interferir e alterar a economia do contrato é vista como existente por alguns em razão do disposto no art. 6º, V, da Lei 8.078/1990. Todavia, em face das garantias constitucionais antes referidas, pode-se dizer que a aludida regra tem sua eficácia condicionada às relações de consumo e à *existência de definições, em lei, do sentido e alcance de suas disposições*, eis que dar-lhe aplicação sem as necessárias definições agride direitos e garantias fundamentais e, mesmo, o princípio constitucional fundamental do Estado Democrático de Direito, que encontra sua negação no arbítrio.

36. A faculdade de regular o direito de propriedade, bem como os demais direitos e garantias individuais, é, indiscutivelmente, de competência exclusiva e indelegável do legislador, norteador da atividade jurisdicional.

VI – A teoria da imprevisão

37. Amparamo-nos nos magistrais ensinamentos do ilustre professor Athos Gusmão Carneiro e suas respectivas citações doutrinárias e jurisprudenciais,[40] que seguem referidas para concluir que os contratos comutativos são sujeitos, em tese e em determinados casos, à possibilidade de revisão judicial de cláusulas contratuais relativamente às prestações de trato sucessivo, se devidamente comprovadas (a) uma excessiva onerosidade em desfavor da parte que se possa razoavelmente considerar como sendo a mais "frágil" e (b) vantagem excessiva à parte que se possa presumir como em posição prevalecente.

38. Conforme Serpa Lopes, "a teoria da imprevisão exige, para configurar a possibilidade de revisão, que se cogite de acontecimentos extraordinários, fora do curso habitual das coisas".[41] E, ainda, Francisco Campos: "O acontecimento que produz a mudança deve ser anormal, extraordinário, de ordem daqueles que entram na definição de força maior".[42] Segundo Trabucchi, para a incidência da teoria de imprevisão deve ter ocorrido, após a celebração do contrato de execução diferida, a superveniência de eventos extraordinários e imprevisíveis.[43] Assim já se pronunciou sobre o tema o Superior Tribunal de Justiça, através do Min. Eduardo Ribeiro.[44]

39. Se o contratante, já perfeitamente sabedor das cláusulas e condições do pacto, resolve firmar o negócio e dele se utilizar é porque o mesmo na oportunidade lhe é conveniente; assim, não poderá ele posteriormente invocar os riscos inerentes a todo contrato para tentar furtar-se aos compromissos antes assumidos livre e conscientemente, fazendo-se oportuna a lição do mestre Menezes Cordeiro no sentido de que "a autonomia privada implica riscos e anda com a responsabilidade a seu lado".[45]

40. Podemos concluir, diante dos fatos antes avaliados, que no caso presente (a) inexiste a chamada "parte mais frágil", uma vez que ambos os contratantes, em vir-

40. *Revista de Direito Bancário e do Mercado de Capitais* 2/11-40, São Paulo, Ed. RT, maio-agosto de 1998.

41. *Curso de Direito Civil*, 2ª ed., v. III, Rio de Janeiro, Freitas Bastos, 1957, n. 75, p. 116, cit. por Athos Gusmão Carneiro, *Revista de Direito Bancário e do Mercado de Capitais* 2.

42. *Direito Civil*, Rio de Janeiro, Freitas Bastos, 1956, pp. 9-10, cit. por Athos Gusmão Carneiro, *Revista de Direito Bancário e do Mercado de Capitais* 2.

43. *Istituzioni di Diritto Civile*, 17ª ed., Pádua, CEDAM, 1968, pp. 727-728, cit. por Athos Gusmão Carneiro, *Revista de Direito Bancário e do Mercado de Capitais* 2.

44. "Inexiste razão para invocar essa doutrina quando, em contrato de mútuo, tenha o mutuário dificuldade de cumprir aquilo a que se obrigou, em virtude de prejuízos que sofreu. Não há falar em desequilíbrio das prestações nem em enriquecimento injustificável do mutuante" (*DJU* 19.8.1991, p. 10.991).

45. *Da Boa-Fé no Direito Civil*, Coimbra, Almedina, 1997, p. 1.092.

tude de se vincularem através de contrato regulamentado, subordinam-se igualmente aos mandamentos da autoridade estatal; (b) não há, em contrapartida ao "empobrecimento" de um dos contratantes, o paralelo "enriquecimento" do outro, uma vez que, para efeitos contábeis e de balanço, a instituição financeira passou a ter um passivo em Dólares no valor equivalente ao contrato inadimplido, convertido em Reais pela cotação da moeda estrangeira na data em que deveria ter havido o adimplemento por parte do importador. O pagamento do valor devido pela taxa cambial vigente à data avençada irá apenas cobrir um passivo criado pelo inadimplemento do importador, restituindo ao patrimônio do credor uma importância exatamente *equivalente* àquela utilizada; e (c) não se encontra presente o necessário elemento da imprevisibilidade, conforme exaustivamente demonstrado nesta peça processual.

VII – A base objetiva do negócio jurídico

41. Mesmo que se quisesse eternizar o sistema de "bandas cambiais", não havia critérios expressos em relação aos limites em que estas poderiam vir a ser fixadas. Sem dúvida, configura-se em imprudência, imperícia e negligência imaginar que o cenário político-econômico não pudesse vir a sofrer alterações substanciais.

42. A pretensão de privatizar lucros e socializar os prejuízos derivados dos riscos naturais do negócio, motivados por decisões gerenciais equivocadas ou audaciosas dos agentes econômicos, certamente não obterá a chancela do Poder Judiciário.

43. Segundo a doutrina, a diferença entre a taxa cambial do contrato è a da data de pagamento possui a natureza de perdas e danos prefixados[46] – o que corrobora o argumento, antes utilizado de que, embora possa variar o valor da obrigação, seu objeto permanece imutável (= uma quantidade determinada de moeda estrangeira). O adimplemento, qualquer que seja a cotação (superior ou inferior à da data do contrato), nada acrescenta ou subtrai ao patrimônio do credor, uma vez que apenas repõe uma situação contábil criada à data em que deveria ocorrer a liquidação da obrigação inadimplida (= passivo contábil em valor correspondente à quantidade de dólares negociados, multiplicada à cotação da moeda fixada pelo BACEN no dia do vencimento do contrato).

44. A variação cambial, neste tipo de contrato (respeitadas as taxas fixadas pelo BACEN), jamais irá representar um "empobrecimento" ou um "enriquecimento" para a instituição financeira, uma vez que o adimplemento simplesmente restaura uma situação anterior, zerando um passivo equivalente a uma determinada quantia de moeda estrangeira, o qual surgiu em razão do adimplemento da obrigação do importador junto ao credor estrangeiro. Evidente que não há acréscimo pela entrega do equivalente.[47]

45. As instituições financeiras que trabalham com compra e venda de divisas são obrigadas a manter posição nivelada, isto é, ter cobertura cambial para cumprir com os compromissos assumidos interna e externamente, casando a compra com a venda e vice-versa. Prorrogando um contrato de câmbio, elas poderão ficar a descoberto, hipótese em que, além da diferença da taxa cambial, terão de pagar, ainda, juros.[48]

46. Assim, evidente que a única hipótese em que pode haver a quebra da base objetiva do negócio jurídico é o deferimento da pretensão dos apelantes, pela qual

46. Aramy Dornelles da Luz, *Negócios* ..., 2ª ed., p. 172.

47. "Força maior – (...) Contrato bilateral – Código Civil, art. 1.092. Tratando-se de contrato de execução diferida no tempo, o cumprimento do mesmo, por ambas as partes, há de fazer-se obedecendo-se à equivalência das prestações sucessivas" (STJ, 3ª T., REsp 5.301- RJ, rel. Min. Eduardo Ribeiro, *DJU* 19.11.1990).

48. Aramy Dornelles da Luz, *Negócios* ..., 2ª ed., p. 170.

pretendem que a instituição apelada seja compelida a quitar uma obrigação através de um critério sem base legal ou contratual, assumindo um substancial prejuízo, em agressão ao direito adquirido e ao ato jurídico perfeito, subsidiando os investimentos dos apelantes e dando-lhes uma vantagem perante a concorrência, que não dispõe destas benesses.

47. Os apelantes, ao que parece, sustentam sua pretensão em razão da *base subjetiva* do negócio,[49] que entendem injustamente alterada, e não da *base objetiva.*[50] Ainda que o sistema de bandas pudesse ser eternizado, não havia qualquer tipo de certeza em relação aos limites mínimos e máximos em que oscilariam estas bandas, nem mesmo direito dos particulares de exigir algum tipo de restrição a estes limites. A variação, portanto, era possível e previsível; os limites desta, por outro lado, como já dito e demonstrado, não se subordinavam apenas ao arbítrio da autoridade estatal, mas a toda uma gama de variáveis insuscetíveis de completo controle, riscos ordinários.

48. Raciocínio curioso é permitido, qual seja: supondo-se que o importador estivesse a adquirir máquinas existentes apenas no mercado internacional através da operação em virtude da qual firmou o contrato de câmbio em discussão, nada teria a reclamar, uma vez que, com a alteração da cotação, também teria um acréscimo patrimonial equivalente, uma vez que incorporou ao seu ativo um equipamento de custo (ou preço) idêntico ao que desembolsou; todavia, o importador queixa-se de que, embora majorado o custo do insumo pago com as divisas adquiridas, não pôde repassar este acréscimo ao seu produto, uma vez que internamente manteve-se o preço do congênere nacional. E aí sustenta a quebra da comutatividade e da base objetiva do negócio jurídico.

49. O cerne da questão foi mal-interpretado pela parte demandante. Em verdade, os recorrentes demonstram-se inconformados com o equívoco de sua decisão empresarial, eis que importaram produto cujo preço não flutua ao sabor da moeda estrangeira, por ser também produzido e ofertado no mercado nacional.

50. A decisão gerencial dos agentes econômicos relativa ao destino ou emprego das divisas que adquirem junto à instituição financeira em nada altera o tipo e a estrutura obrigacional do contrato de câmbio, dissociado do destino dado à moeda estrangeira e do sucesso ou insucesso do contrato internacional em que a apelada figura apenas como um interveniente necessário para possibilitar o adimplemento do importador.

51. Não se pode perder de vista que foram pactuados dois contratos distintos em estrutura, objeto e obrigações: um contrato de importação em que se vinculam importador e exportador, tendo por objeto uma compra e venda internacional; e um contrato de câmbio em que se vinculam o importador e a instituição financeira nacional, que passa a ser um terceiro interveniente em relação à importação, facilitando o adimplemento do devedor nacional frente ao credor estrangeiro.

52. Ser ou não a importação um bom negócio constitui-se em reflexo de decisão gerencial privada do importador, ao qual cabe avaliar seus atos. Isto em nada atinge a instituição financeira, cujo negócio jurídico entabulado com aquele possui objeto totalmente distinto do contrato firmado entre importador e exportador. Estes objetivam uma compra e venda de um determi-

49. "Representação mental das expectativas das partes no momento da conclusão do negócio" (Eros Roberto Grau, *Revista de Direito Bancário e do Mercado de Capitais* 5/299, São Paulo, Ed. RT, 1999).

50. "Hipótese em que a modificação jurídica produzida fundamenta-se no próprio contrato: as circunstâncias puramente pessoais do devedor não entram em conta, considerando-se, ao contrário, circunstâncias objetivas à vista das quais o negócio foi concluído e sua finalidade econômico-social" (Eros Grau, *Revista de Direito Bancário e do Mercado de Capitais* 5/299).

nado bem – bem, este, que não se confunde com as divisas negociadas através de contrato de câmbio. Pode-se dizer que se trata de contratos coligados,[51] com prestações absolutamente distintas e independentes entre si.

53. Sendo o objeto do contrato de câmbio – independente do contrato internacional – as divisas estrangeiras, nada mais justo e coerente do que o pagamento em moeda corrente nacional pela cotação vigente à data prevista para a liquidação do contrato.[52] Aí é que se centram a comutatividade e a equivalência, não se relacionando com o preço do bem adquirido do exportador, elemento referente a contrato distinto.

54. Não é demais repetir que, havendo recursos disponíveis aos apelantes para se resguardarem de uma variação de preços, a conseqüência nefasta de uma desvalorização da moeda nacional frente ao Dólar norte-americano poderia ser evitada[53] – ou seja: não tivessem negligenciado uma conveniente proteção no mercado futuro, aconselhável, como visto, a todos aqueles que possuem divisas em moeda diferente da qual detenham um passivo. E a inevitabilidade é requisito para a caracterização da "força maior".[54]

51. "Os contratos coligados são queridos pelas partes contratantes como um todo. Um depende do outro de tal modo que cada qual, isoladamente, seria desinteressante. Mas não se fundem. Conservam a individualidade própria. (...). A coligação necessária, também chamada genética, é imposta por lei. (...). Os contratos coligados não perdem a individualidade, aplicando-se-lhes o conjunto de regras próprias do tipo a que se ajustam" (Waldirio Bulgarelli, *Contratos Mercantis*, São Paulo, Atlas, 1997, pp. 91-92), tal como explicado pelo professor Orlando Gomes (*Contratos*, 9ª ed., Rio de Janeiro, Forense, pp. 112-113). José Abreu Filho trata do assunto referindo-se a "pluralidade de negócios, cada um perfeito em si mesmo e produzindo os seus efeitos, mas o efeito dos vários negócios é coordenado para a realização de uma função fundamental, falando-se, por isso, em negócios coligados" (*O Negócio Jurídico e sua Teoria Geral*, 4ª ed., São Paulo, Saraiva, 1997, p. 97).

52. "(...) Contrato de câmbio – Exportação – Data da liquidação da obrigação. As obrigações pactuadas em moeda estrangeira conservam a correção cambial até o dia do seu repasse junto ao Banco Central do Brasil, passando a incidir, a partir de então, a correção monetária interna, fixada no país. (...)" (TARS, 6ª C. Civil, Ap. cível 190.036.913, rel. Juiz Moacir Adiers, j. 21.6.1990).

"(...) As obrigações contraídas em moeda estrangeira, sejam de que natureza forem, conservam a correção cambial até a data da baixa do repasse junto ao Banco Central do Brasil, passando, a partir daí, a incidir a correção monetária interna. (...)" (TARS, 2ª C. Civil, Ap. cível 196.012.298, rel. Juiz Heitor Assis Remonti, j. 11.6.1996).

53. "As empresas têm inúmeros instrumentos para obter proteção contra oscilações cambiais. O mais utilizado é o *swap* (troca) de Dólar pelo Certificado de Depósito Interbancário (CDI). É uma troca, em alguma data futura, da variação do Dólar pelo juro pós-fixado apurado no mercado por um dia, o *over*, nos negócios com títulos emitidos pelos bancos. O banco faz a troca desejada com o cliente e registra a operação na Central de Custódia e de Liquidação Financeira de Títulos (CETIP). Outro tipo de instrumento muito usado é o *swap* de Dólar e juros prefixados. Se a empresa tem dívida em Dólar e quer se livrar dela, pode vendê-la ao banco com um deságio. É o chamado mercado de 'assunção de dívida'. As empresas podem também se proteger comprando títulos do governo que variam de acordo com o câmbio, as NBC-E ou NTN-D. O banco faz a compra e assume a custódia do título ou entra em um fundo cambial. Existem, ainda, as opções de Dólar – direito de compra ou venda do Dólar a um determinado preço em uma determinada data. As notas promissórias de exportação podem ser instrumentos de proteção das empresas contra oscilações do Dólar. Recentemente, o Banco Central permitiu operações no mercado a termo com entrega de moeda, possibilitando aos exportadores a utilização destas *travas cambiais*, de uso extensivo aos importadores e empresas. A exigência de depósitos como margem de garantia ocorre apenas nos contratos de Dólar futuro e *swap* entre Dólar e taxas de juros prefixadas ou pós-fixadas (CDI) junto à BM&F" (*Gazeta Mercantil* 19.8.1999, Caderno Finanças & Mercados, p. B-1).

54. "(...). II – Segundo qualificada doutrina, que encontrou eco nesta Corte, caso fortuito é 'o acidente produzido por força física ininteligente, em condições que não podiam ser previstas pelas partes', enquanto a força maior é 'o fato de terceiro, que criou, para a inexecução da obrigação, um obstáculo, que a boa vontade do devedor não pode vencer', com a observação de que o traço que os caracteriza não é a imprevisibilidade, mas a inevitabilidade" (STJ, 4ª T., REsp 140.659-RJ, rel. Min. Sálvio de Figueiredo Teixeira, *DJU* 12.4.1999, p. 157; do mesmo relator e no mesmo sentido: 4ª T., REsp 172.333-RS, *DJU* 14.9.1998; STJ, 4ª T., REsp 109.966-RS, *DJU* 18.12.1998, p. 360; 4ª T., REsp 118.123-SP, *DJU* 21.9.1998).

55. O poder liberatório do pagamento está, obviamente, condicionado à sua suficiência, e esta à equivalência, elemento essencial à própria estrutura do negócio pactuado, em observância aos comandos impostos pela autoridade estatal. Inobservada a equivalência – elemento essencial do contrato, de observância indeclinável pelas partes vinculadas através de contrato regulamentado –, dar-se-á a quebra da relação de equivalência e comutatividade, culminando na alteração da própria estrutura do negócio.

56. Menezes Cordeiro,[55] citando o art. 550 do Código Civil Português,[56] ensina que o princípio nominalista vale como preceito jurídico-normativo, movendo-se no seio de diversos "valores" atribuídos à moeda, quais sejam:

- *valor nominal* ou *valor extrínseco*, imposto por lei a cada moeda e constando, de modo publicitado, dos exemplares que, em concreto, traduzam a moeda considerada;
- *valor metálico* ou valor *intrínseco*, que corresponde ao valor da matéria – do metal – incluída nas espécies monetárias, quando se pretendesse dar-lhe uma qualquer outra aplicação;
- *valor de troca*, que traduz o poder aquisitivo da moeda, isto é, a quantidade de mercadorias que a moeda considerada possa, efetivamente, proporcionar;
- *valor corrente* ou *cambiário*, que exprime a razão existente entre a moeda considerada e outras moedas estrangeiras; ainda aqui seria possível distinguir um *valor corrente* ou *cambiário* oficial de um *valor de mercado*, consoante se atenda a câmbios oficialmente fixados pelos bancos centrais ou instituições similares competentes ou a câmbios resultantes das leis do mercado livre.

57. Ressalta Menezes Cordeiro que "o princípio nominalista diz, em primeiro lugar, que nas moedas de quantidade releva, apenas, o valor nominal ou extrínseco", e prossegue dizendo que "(...) a moeda tem um poder liberatório irrecusável pelo seu valor nominal; efetivamente, quando, pelas regras econômicas, surjam desvios entre o valor nominal da moeda e os outros valores acima referidos – valor metálico, o valor de troca ou o valor corrente ou cambiário –, apenas uma regra jurídica muito particular poderia dar uma certa consistência ao primeiro; tal regra é a do poder liberatório, isto é, a faculdade reconhecida à moeda com curso legal de provocar, pelo cumprimento, a extinção de obrigações que exprima, pelo seu valor nominal ou facial. O valor nominal relevante é o do cumprimento; pactuada certa obrigação por certo valor – ou tendo-se ela, a qualquer título, constituído – e sobrevindo, depois, alterações no valor econômico em jogo, é sempre pelo valor facial no momento do cumprimento que se afere o poder liberatório em jogo. O risco das alterações no valor da moeda corre, indiferentemente pelos devedores ou pelos credores, consoante o sentido da modificação".[57]

58. Ensina o autor que nas obrigações pecuniárias sobreleva o conceito do nominalismo, devendo-se atentar, entretanto, para as *delimitações negativas ao próprio nominalismo*, "formadas pelo conjunto de casos em que o Direito admita a atualização das prestações" e "a configuração interna da utilização da moeda no espaço jurídico considerado e, designadamente, *as regras que fixem um valor concreto para a moeda considerada*; as regras que estabeleçam as espécies principais e divisórias; *as regras que firmem o poder liberatório das espécies em causa*; *as regras relativas à convertibilidade da moeda considerada* ou ao seu curso forçado e aos termos em que tudo isso se processe".[58] No contrato

55. Menezes Cordeiro, *Manual de Direito Bancário*, Coimbra, Almedina, 1998, p. 502.

56. "Art. 550. O cumprimento das obrigações pecuniárias faz-se em moeda que tenha curso legal no país à data em que for efectuado e pelo valor nominal que a moeda nesse momento tiver, salvo estipulação em contrário."

57. *Manual* ..., pp. 503-504.

58. Menezes Cordeiro, *Manual* ..., p. 507.

de câmbio a equivalência é o elemento que mantém a estrutura e a comutatividade da obrigação; assim, afasta-se o nominalismo e sobreleva o *valor cambial*.

VIII – Requisitos para a decretação de nulidade ou anulação do ato jurídico

59. O art. 145 do Código Civil Brasileiro reputa nulo o ato jurídico quando: I – praticado por pessoa absolutamente incapaz; II – for ilícito ou impossível o seu objeto; III – não revestir a forma prescrita em lei; IV – for preterida alguma solenidade que a lei considere essencial para sua validade; V – a lei taxativamente o declarar nulo ou lhe negar efeito. O contrato regulamentado em questão foi praticado entre partes capazes, tendo objeto lícito, possível e determinado, pactuado na forma prevista em lei, atendendo a todos os requisitos legais que lhe conferem existência, validade e eficácia.

60. O art. 147 do Código Civil Brasileiro diz anulável o ato jurídico: I – por incapacidade relativa do agente; e II – por vício resultante de erro, dolo, coação, simulação ou fraude.

61. Nenhum destes elementos foi indicado ou demonstrado, lembrando-se ainda, por oportuno, que ao contrato de câmbio aplicam-se as regras da compra e venda, e a legislação que regula a compra e venda não impõe critério de preço. Pontes de Miranda[59] e Maria Helena Diniz,[60] inclusive, analisando a questão específica da pretensão anulatória com relação a "erro substancial", são categóricos em afirmar que erro em relação a preço não enseja anulação do negócio, pois *não há erro substancial em comprar caro ou barato*.

62. Norberto de Almeida Carride[61] refere que, para que o erro torne defeituoso – e, portanto, anulável – o ato jurídico é necessário que ele seja substancial. *Não é possível pretender a anulação de negócio jurídico invocando erro decorrente da própria negligência, imprudência ou imperícia*, devendo suportar as conseqüências. De maneira geral, *não se anulam os contratos só porque o comprador desidioso realizou um mau negócio – JC* 54/109 –, e, qualquer que seja a natureza do erro, *o declarante não poderá invocá-lo se foi devido a culpa sua*.

63. Não há margem a anulação e nem a revisão do negócio, lembrando-se o disposto no art. 191 do Código Comercial ("O contrato de compra e venda mercantil é perfeito e acabado logo que o comprador e o vendedor se acordam na coisa, no preço e nas condições, e desde esse momento nenhuma das partes pode arrepender-se sem o consentimento da outra, ainda que a coisa não se ache entregue nem o preço pago") e o constante no art. 1.126 do Código Civil (que dispõe: "A compra e venda, quando pura, considerar-se-á obrigatória e perfeita, desde que as partes acordem no objeto e no preço").

64. Carvalho de Mendonça[62] ensina que "nas operações a termo não ocorre a condição suspensiva; o termo não suspende o nascimento das obrigações pelos contratantes, mas somente a execução. As partes, desde o momento do ajuste, ficam definitivamente vinculadas: cabe-lhes executar a compra e venda no vencimento do termo, sem poderem se desligar do contrato ou resolvê-lo. A *mora solvendi* importa, para todos os efeitos, no inadimplemento do contrato".

65. O mesmo doutrinador refere que no contrato de câmbio de exportação ocorre uma venda firme de divisas.[63] Não há

59. *Tratado de Direito Privado*, 3ª ed., t. IV, Rio de Janeiro, Borsói, p. 297.

60. *Tratado ...*, v. 1, p. 17.

61. *Vícios do Negócio Jurídico*, São Paulo, Saraiva, 1997, pp. 84-85.

62. *Apud* Fernando G. M. Cavalcanti, *Contrato de Câmbio de Exportação em Juízo*, Rio de Janeiro, Renovar, 1989, p. 18.

63. Neste mesmo sentido conclusão do Tribunal de Alçada do Rio Grande do Sul: "(...). O contrato de câmbio é uma verdadeira compra e venda a

promessa de venda. Vende-se a termo, apenas se protelando a execução do contrato.[64] Trata-se de "um contrato puro, sem condições, realizável numa época predeterminada. Esta época chama-se *dia da liquidação*".[65] Os tribunais já proferiram varias decisões neste sentido.[66]

66. Também outros doutrinadores do tema pontificam: "O contrato de compra e venda é bilateral ou sinalagmático e, por isso, não há como falar-se em desfazimento por vontade unilateral de tal modalidade de ato jurídico. É o *pacta sunt servanda*. Do acordo das partes contratantes nascem obrigações recíprocas. É lei entre as partes contratantes. Não se pode descumprir tal modalidade de pacto, sob suposta alegação de impossibilidade de prestar".[67]

67. Há que se preservar o direito de propriedade, o direito adquirido e ao ato jurídico perfeito (CF/1988, art. 5º, XXXVI); direito adquirido em razão do começo do seu exercício ter termo prefixo inalterável a arbítrio de outrem (LICC, art. 6º, § 2º) e ato jurídico perfeito por consumado segundo a lei vigente ao tempo em que se efetuou (LICC, art. 6º, § 1º), ausentes quaisquer vícios ou irregularidades a macular o negócio jurídico.

IX – Regularidade da nota promissória

68. O contrato foi garantido por avais, duplicatas dadas em caução e pela emissão de uma nota promissória no valor equivalente a US$ 426,888.00 (quatrocentos e vinte e seis mil e oitocentos e oitenta e oito Dólares norte americanos), valor obtido com base no principal contratado (US$ 388,080.00) acrescido da multa contratual de 10% – cláusula 16 da carta de crédito documentário (US$ 38.808,00).

69. Este título foi preenchido em fiel observância aos critérios contratuais[68] e somente será utilizado pela apelada na hipótese da insuficiência dos valores havidos através dos pagamentos das cártulas caucionadas, cujos valores ficam à disposição do credor em conta corrente vinculada.

70. Como visto, a nota promissória foi emitida para utilização em hipótese de inadimplemento e de insuficiência ou frustração das demais garantias. De toda sorte, obviamente que, executada a mesma, deverão ser ressalvados todos os valores já

termo de moeda estrangeira e não uma promessa de compra e venda. (...)" (Ap. cível 194.243.580, 5ª C., rel. Juiz Márcio Borges Fortes, j. 21.12.1995).

64. Fernando G. M. Cavalcanti, *Contratos de Câmbio* ..., pp. 44-45.

65. Idem, *Tratado de Direito Comercial*, 8ª ed., v. II, Parte II, pp. 130-140.

66. "Contrato de câmbio – Operação bancária de crédito documentário – Importação e exportação – Valor pago em moeda estrangeira pela instituição financeira, conforme contrato de conhecimento do importador. Neste tipo de operação financeira, a instituição bancária responsabiliza-se pelo pagamento da compra realizada no Exterior pelo importador, devendo, em conseqüência disso, receber do mesmo, que foi quem firmou o contrato de câmbio, o *equivalente à exata quantidade de moeda estrangeira que despendeu para o pagamento da mercadoria importada, vertida em moeda nacional ao câmbio do dia do vencimento devido*" (TJRS, 16ª C. Civil, AI 599.061.694, rel. Des. Roberto Expedito da Cunha Madrid, j. 23.6.1999).

"Contrato de câmbio – Revisional – Embargos – Deságio. *O contrato de câmbio, que objetiva a compra de moeda estrangeira, deve ser atualizado de acordo com a cotação dessa, já que submetida às regras de comércio exterior*, pena de enriquecimento ilícito do exportador. (...)" (TJRS, 18ª C. Civil, Ap. cível 599.304.235, rel. Des. Ílton Carlos Dellandrea, j. 17.6.1999).

"Contrato de câmbio – Aplicabilidade da Lei n. 4.728, de 14.7.1965, que regulamenta o 'Mercado de Capitais' – Inexistência de abuso a ensejar a revisão do contrato – *Legalidade da cobrança de deságio em face de diferença entre a taxa de câmbio do contrato e a data em que se efetuar o pagamento, conforme cotação fornecida pelo Banco Central*, acrescida dos juros de mora. (...)" (TJRS, 20ª C. Civil, Ap. cível 197.242.092, rel. Des. José Aquino Flores de Camargo, j. 8.9.1998).

67. Antônio Márcio da Cunha Guimarães e Geraldo José Guimarães da Silva, *Manual de Direito do Comércio Internacional – Contratos de Câmbio*, São Paulo, Ed. RT, 1996, p. 40.

68. Acerca da validade da estipulação da multa contratual no patamar de 10%, v. jurisprudência do Superior Tribunal de Justiça citada no item 29 da presente.

pagos e estornados os eventualmente não utilizados[69] – *a necessidade de meros cálculos aritméticos não retira a liquidez aos títulos de crédito* –,[70] além de produzida a prova do adimplemento da obrigação do importador perante o credor estrangeiro, não havendo margem à prática de abusos, mesmo porque é oportunizada a mais ampla defesa em sede dos competentes embargos, caso queiram os apelantes trilhar esta via.

71. Lembre-se que a busca de garantias idôneas e suficientes não é demonstrativa de abuso, mas sim de zelo gerencial, imposto pela Lei das S/A aos gestores, e pelo BACEN, uma vez que, lidando as instituições financeiras com reservas do público em geral, devem administrá-las com diligência e cuidado, evitando, ainda, gerar problemas de liquidez e confiança no mercado financeiro, sendo-lhes defeso – como bem refere o professor Athos Gusmão Carneiro – realizar operações de crédito "que não atendam aos critérios de seletividade, garantia, higidez e diversificação dos riscos".[71]

69. "Não perde a liquidez a nota promissória executada pelo valor inferior, correspondente ao efetivo saldo devedor apurado na conta de financiamento para capital de giro, em razão da qual o título foi emitido" (STJ, 4ª T., REsp 32.176-5-MG, rel. Min. Ruy Rosado de Aguiar, j. 27.6.1994, *DJU* 15.8.1994, p. 20.337, in Theotônio Negrão, *Código de Processo Civil e Legislação Processual em Vigor*, 28ª ed., São Paulo, Saraiva, p. 462, nota 8e ao art. 585 do CPC).

70. "Não retira exeqüibilidade do título a circunstância de algum acessório dever ser fixado com base em elemento a ele estranho, como a taxa de juros" (*RSTJ* 67/359, *apud* Theotônio Negrão, *Código de Processo Civil* ..., 28ª ed., p. 468, nota 4 ao art. 586 do CPC).

"Acréscimos que podem ser apurados por simples cálculo do contador, como correção monetária e juros, não tiram a liquidez e certeza do débito" (*RT* 719/173, *Boletim da AASP* 1.152/9).

"Não perde a liquidez a dívida quando a definição depende de cálculos aritméticos, para excluir parcelas já pagas ou incluir verbas acessórias, previstas na lei ou no contrato" (STJ, 4ª T., REsp 29.661-8-MG, rel. Min. Ruy Rosado de Aguiar, j. 30.5.1994, *DJU* 27.6.1994, p. 16.984).

71. MNI/BACEN 16.7.2.2., "b", cit. por Athos Gusmão Carneiro, *Revista de Direito Bancário e do Mercado de Capitais* 5/265, São Paulo, Ed. RT, 1999.

X – Inovações ao pedido em sede de recurso

72. Em sede de recurso de apelação questiona-se ter sido ou não adimplido o contrato no Exterior pela apelada, quando não fundada a ação neste fato.[72] Um ano após a data prevista no pacto para a liquidação, já tendo recebido o produto importado e dele se utilizado, sem terem sido instados pelo exportador a efetuar qualquer pagamento, sem efetuar qualquer prova (cujo ônus era seu) de ação ou omissão culposa nas atitudes da apelada (tendo requerido expressamente o julgamento antecipado da lide), afigura-se desleal, inoportuna e preclusa, nestes autos, tal argüição efetuada pelos apelantes.

73. O fato é que, quando intentada a execução, procedimento próprio e adequado, deverão ser demonstrados o adimplemento da obrigação perante o credor estrangeiro, o valor transferido, a cotação da moeda estrangeira na data da liquidação, certificada pelo BACEN, os pagamentos parciais efetuados e o saldo devedor devidamente discriminado, possibilitando a mais ampla e eficiente defesa.

74. Não há por que se trazer tais questões para o âmbito restrito da presente ação declaratória, cujo objeto principal é definir se a obrigação representada pela carta de crédito documentário em apreço deve ser satisfeita à cotação da data da liquidação, conforme determinam as regras do contrato regulamentado pelo BACEN, ou dentro dos limites pretendidos pelos apelantes. O mais é mero reflexo, a ser oportunamente adequado.

75. Por fim, quanto à pretensão de *declaração de quitação da obrigação* pela *apropriação de valores em conta vinculada* (fls. 478), representa clara *inovação ao pedido*, o que é defeso após a citação (art.

72. "Causa de pedir – Impossibilidade de o julgamento considerar fatos outros que não os apontados na inicial como fundamento do pedido" (*RSTJ* 96/263).

294 do CPC), não merecendo análise pela superior instância, que poderá emitir julgamento *extra et ultra petita*, viciando o *decisum*, dando-se o mesmo com relação à *redução da multa* pelo *adimplemento parcial* (sempre resistido pelos apelantes, diga-se de passagem, fls. 402-403) –, o que convém seja definido em ação própria.

XI – Conclusão

76. Oliver Wendel Holmes,[73] em manifestação pertinente à consciência e responsabilidade, lembra oportunamente que "(...) todos os advogados deveriam procurar compreender a Economia. Com sua ajuda aprendemos a considerar e a pesar os fins da legislação, os meios de alcançá-los e o custo envolvido. Aprendemos que para obter algo é necessário abrir mão de outra coisa, aprendemos a comparar a vantagem obtida com a vantagem a que renunciamos e a saber o que estamos fazendo quando escolhemos".

77. Diante desta e de todas as demais considerações expendidas, concluímos ausentes os requisitos necessários à revisão judicial do examinado contrato de câmbio/importação.

Porto Alegre, 7 de julho de 2000

73. Cit. por Cento Veljanoski, *A Economia do Direito e da Lei*, trad. de Francisco J. Beralli, Rio de Janeiro, Instituto Liberal, 1994, p. 19.

VALIDADE DE DISPOSIÇÕES DE ACORDO DE ACIONISTAS DE VOTAREM EM BLOCO, ASSEGURANDO A POLÍTICA GERENCIAL ÚNICA E NECESSÁRIA

WALDIRIO BULGARELLI

A consulta

Pede o Grupo "X" parecer a respeito de questões relativas aos ajustes decorrentes de acordo de acionista, na sociedade "Y", de que fazem parte.

Junta às formulações propostas texto do acordo de acionistas firmado entre os membros, ressaltando as cláusulas que dizem respeito ao tema, mais precisamente a questão do direito de voto e o seu direcionamento.

E conclui a consulta, após apontar várias cláusulas do acordo de acionistas, as questões que gostaria de ver respondidas, as quais – sem risco de expandir este trabalho – são aqui enunciadas a seguir:

"São válidas, de acordo com a lei brasileira, as estipulações de acordo de acionistas em anexo, pelas quais as partes do acordo se obrigam a fazer com que:

"a) Os membros, por eles indicados, dos conselhos de administração das sociedades direta ou indiretamente controladas pela "Y" votem em bloco, nos termos das deliberações adotadas pelos acionistas da "Y" ou pelos conselhos de administração das suas controladoras?

"b) Os administradores, por eles indicados, das sociedades controladas direta ou indiretamente exerçam o direito de voto nas assembléias de outras controladas nos termos das deliberações adotadas pelos acionistas da "Y" ou pelos conselhos de administração de suas controladoras?"

Parecer

1. Fácil é deduzir que se trata de tarefa interpretativa, tanto da lei como dos ajustes inseridos no acordo de acionistas, aquela na esfera legal propriamente dita e estes no plano obrigacional, contrato que é já qualificado como *contrato parassocial.*[1]

A advertência sempre presente a respeito da interpretação da norma, por Tullio Ascarelli – "L'interpretazione adempie a questo compito di continuo completamento ed adattamento, e rappresenta un momento immanente e necessario della norma, giacchi *non si può applicare il Diritto senza allo stesso tempo interprertalo*"[2] –, impõe-se como o verdadeiro caminho a ser seguido pelo aplicador do Direito.

Certo é que as técnicas e métodos interpretativos foram sendo aperfeiçoados, sobretudo após os ensinamentos da Escola de *Saint-Prix*, podendo hoje a configuração da Hermenêutica ostentar um esquema notável, combinando-se várias visões perante as normas legais e as contratuais.

Vale, ainda que como preparação isogógica, ressaltar as várias correntes inter-

1. Cf. a tese inatacável de Giorgio Oppo, *Contratti Parassociali*, Milão, 1942, p. 3.
2. *Saggi Giuridicci*, Milão, 1949.

pretativas que, hoje, orientam o intérprete na sua faina nem sempre tranqüila.

Nessa linha, pode-se destacar, além das fórmulas já clássicas,[3] também a posição de Norberto Bobbio,[4] que centra sua visão pelo aspecto da estrutura e da função; a colocação da escola realista conciliadora de Alf Ross;[5] também a jurisprudência tópica de Theodor Viehweg;[6] e, afinal, *last but not least*, a teoria da razoabilidade de Ch. Perelman.[7]

Essas técnicas interpretativas que repercutiram na visão contratual, como a de E. Betti e Ferrara, além de inúmeras outras, fornecem o arsenal de construções jurídicas para entender o Direito posto.

2. Passando-se à questão do voto e do seu direcionamento, que é o ponto que está em causa, verifica-se que a Lei 6.404/1976, atual, não só não desbordou das legislações anteriores, como, aperfeiçoando-se, na visão diacrônica, consagrou a evolução que vem se verificando a respeito.

Em termos da nossa lei atual, verifica-se que proibiu, excepcionou e limitou tanto a concessão do direito de voto como o seu exercício.

3. Já, no que se refere ao acordo de Acionistas não deixou de mencionar a direção do voto, nos três termos que enuncia.

Perante o quadro que se desenha – de um lado, as regras legais sobre os votos dos acionistas e, de outro, o do acordo de acionistas (este ainda acrescido das peculiaridades do sistema grupal, vale dizer, de uma série de sociedades ajuntadas por várias formas jurídicas) – é que se deve tomar posição, conforme já se disse, entre as normas legais e os obrigacionais.

3. Cf., a respeito: o inexcedível Carlos Maximiliano, *Hermenêutica e Aplicação do Direito*, 2ª ed., 1933; Mário Franzen de Lima, *Da Interpretação Jurídica*, 2ª ed., 1955; Tércio Sampaio Ferraz Júnior, *Introdução ao Estudo do Direito*; e o meu *Normas Jurídicas Empresariais*, 2ª ed., 1999.

4. Cf. *Teoria da Norma Jurídica*.

5. *Towards a Realistic Jurisprudence*, 1946.

6. *Tópica e Jurisprudência*, 1979.

7. *Le Raisonable et Déraisonable*, Paris, 1984.

Sem pretender alongar em demasia este trabalho, insta um exame, ainda que resumido, das questões em jogo.

Acercou-se a lei de medidas que lhe pareceram suficientes para evitar abusos do direito de voto, pondo-se em evidência o voto em conflito de interesses e outros. E estabeleceu as penalidades cabíveis.

Já, em relação ao acordo de acionistas, inovação que veio modificar várias considerações, inclusive de ordem penal, não deixou de mencionar, como já assinalado, o exercício do direito de voto.

Ora, aqui, como na maioria dos acordos de acionistas, o que se pretende é exercer o poder de controle, imprimindo uma política unitária à administração das empresas ligadas, coligadas e integradas. Trata-se de todo um sistema de empresas dedicando-se a alcançar o interesse social (este reduzido a administrar a empresa, obter lucros e a dividi-los).

Destarte, fica chocante – e é o caso de invocar novamente Tullio Ascarelli – que não possa haver uma política empresarial unificada para atingir o interesse social.

Ora, nessa linha de pensamento, pode-se ver do acordo de acionistas que as decisões são tomadas democraticamente; inclusive, para certos temas requer-se a participação e adesão de 66% dos votos. São as reuniões prévias do grupo, aquela espécie que a doutrina já chamou de *assembléia prévia*, decidindo-se antes o que poderia ser matéria controversa e só postergaria a decisão final, que será sempre aquela imposta pela maioria que exerce o controle.

4. De um lado, vê-se que a *mens legis* está voltada para a efetividade e correção do exercício do voto e, de outro, que superada está a questão das vendas dos votos (como referido pelo nosso vetusto Código Penal), ao permitir o acordo de acionistas, mencionando a sua validade na questão do uso do voto.[8]

8. Cf. o meu *Questões de Direito Societário*, 1983.

5. Admitida, assim, legalmente a convenção do exercício de votos entre os membros da companhia, não há como negar sua validade. E não é, certamente, de estranhar que isto ocorra, no caso, pois se trata de agrupamento societário que se desdobra em inúmeras veredas societárias que necessitam ser alvo de um planejamento e de uma política unitária.[9]

6. Tanto assim é que o acordo de acionistas prevê prévia discussão, com quórum alternado que chega a 66%, e, ainda, a própria punição – no caso, a de promover imediatamente sua substituição, referindo-se ao caso de acionista ou acionistas que tenham designado conselheiro que desatender à decisão de votar em bloco (cláusula 3.6).

7. Portanto, o acordo de acionistas, no que tange à questão de voto, apresenta-se legalmente correto, no qual se estabelece uma política gerencial unificada em função dos projetos de levar as empresas componentes do grupo ao seu fim previsto.

8. Legalmente, já se viu que não se vislumbra qualquer proibição da lei quanto à tomada de posição do grupo em relação aos votos dos dirigentes das várias sociedades que o integram, estando o regime de votos, constante da lei, bem ajustado e rigidamente regulado.

Por todas as considerações aqui feitas, entendo que são plenamente válidos os dispositivos enumerados nos quesitos "a" e "b" da consulta formulada, dando por encerrado este parecer.

São Paulo, 12 de junho de 2001

9. Como demonstrei nos meus livros *Tratado de Direito Societário* e *Fusões, Cisões e Incorporações de Sociedades*, Atlas, 1999.

CONTRATO DE CÂMBIO – CLASSIFICAÇÃO INCORRETA

HAROLDO MALHEIROS DUCLERC VERÇOSA

1. Dos fatos. 2. Da legislação referida nas intimações feitas aos indiciados. 3. Da inépcia do indiciamento de ... ("Intimada"). 4. Da ilegitimidade de parte quanto à Intimada. 5. A infração tipificada no § 4º do art. 23 da Lei 4.131/1962 e a ilegitimidade passiva do Banco Intimado. 6. A saída de recursos do país. Ausência de ilícito no caso concreto. 7. O bem jurídico protegido e a inexistência de prejuízo. A ausência de dolo. 8. A alegada falta de pedido de autorização prévia ou de apresentação do certificado de registro na operação de transferência internacional de moeda nacional. 9. As penalidades que o Banco Central do Brasil intenta aplicar ao Banco Intimado. 10. A questão da penalidade a (não) ser aplicada: 10.1 Os princípios limitadores (e excludentes) do poder punitivo estatal – 10.2 O devido processo legal substantivo ("substantive due process") – 10.3 O § 4º do art. 23 da Lei 4.131/1962: uma norma arbitrária?. 11. Conclusões.

Consulta

Consulta-nos "Pinheiro Neto Advogados" a respeito de diversos aspectos jurídicos relacionados com o Processo Administrativo DECAM-98/115, instaurado contra ... ("Banco Intimado") e ... ("Intimada") pela alegada infração ao disposto na legislação apontada nas intimações dirigidas aos indiciados acima mencionados.

A resposta dar-se-á segundo os tópicos em seguida alinhados.

1. Dos fatos

Em apertada síntese, verifica-se que a instituição financeira em causa e um de seus administradores – aquele encarregado da área de câmbio – vieram a ser responsabilizados porque, segundo o Banco Central do Brasil, teriam efetuado *classificação incorreta da operação relativa ao Contrato de Câmbio n. ..., de 10.1.1995, tipo 03*, celebrado com a ... .

A operação vertente teve lugar no "Mercado de Câmbio de Taxas Livres", sob a rubrica "70360 – Capitais Estrangeiros a Longo Prazo/Investimento Direto no Brasil/Participação em Empresas no País", no valor de US$ 270,000,000.00 (duzentos e setenta milhões de Dólares dos Estados Unidos da América).

Segundo o Banco Central do Brasil, a finalidade indicada para os recursos em tela "mostrou-se discrepante" daquela declarada no formulário do contrato de câmbio respectivo, uma vez que o valor então convertido em moeda nacional, equivalente, na época, a R$ 226.800.000,00, teria sido creditado em conta corrente mantida pela ... junto ao Banco indiciado. A mesma importância, por sua vez, teria amparado, simultaneamente, uma "Transferência Internacional em Moeda Nacional", registrada sob n. ..., de 12.1.1995, em favor de conta corrente de cliente não-residente do ..., sob a Natureza-Fato 60.507 – "Capitais Estrangeiros a Curto Prazo/Empréstimos a Residentes no Brasil", a título de amortização de empréstimo, e tendo como beneficiária final, no Exterior, a ... .

Na visão do Banco Central do Brasil o procedimento acima descrito teria caracterizado uma "saída de recursos do país", tal como definido no inciso II do art. 1º da Circular 2.242, de 2.10.1992 e, "posteriormente", no inciso II do art. 7º da Circular n. 2.677, de 10.4.1996.

Assim sendo, ainda conforme a interpretação dada aos fatos por aquela autarquia federal, o Contrato de Câmbio ... teria sido classificado incorretamente pelo Banco interveniente, porque a finalidade nele declarada ("Capitais Estrangeiros a Longo Prazo/Investimento Direto no Brasil/Participação em Empresa no País") veio a ser desvirtuada como resultado da "Transferência Internacional em Reais" operada por meio daquela instituição financeira, tendo, portanto, sido caracterizada infração ao que dispõe o art. 23, § 4º, da Lei 4.131, de 3.9.1962.

Na visão do Banco Central do Brasil, ainda, a "Transferência Internacional em Reais" por ele reportada teria representado liquidação parcial de empréstimo contraído pela ... perante a ..., em virtude de operação firmada pelas partes em 10.1.1995. Considerando que a empresa devedora havia afirmado a existência de um "empréstimo", ao fazer a remessa acima referida, o Banco Intimado teria deixado de exigir a apresentação do respectivo "Certificado de Registro", consistente no documento necessário para amparar a transferência internacional em Reais. Dessa forma, para o Banco Central do Brasil teria sido contrariado o disposto no art. 1º, § 1º, II, da Circular 2.409, de 2.3.1994.

Em vista do exposto, aquela autarquia federal entendeu estarem os indiciados sujeitos às penalidades cominadas no art. 23, § 4º, da Lei 4.131, de 3.9.1962, e também no art. 44 da Lei 4.595, de 31.12.1964.

2. *Da legislação referida nas intimações feitas aos indiciados*

Nas intimações sob exame, o Banco Central do Brasil fez referência a diversos textos legais e regulamentares que teriam sido infringidos pelos indiciados, importando verificar o seu conteúdo e extensão, para o fim do exame de sua adequação ao caso concreto e às pessoas envolvidas.

a) *Lei 4.131, de 3.9.1962, art. 1º*: "Consideram-se capitais estrangeiros, para os efeitos desta Lei, os bens, máquinas e equipamentos entrados no Brasil sem dispêndio inicial de divisas, destinados à produção de bens ou serviços, bem como os recursos financeiros ou monetários, introduzidos no país, para aplicação em atividades econômicas, desde que, em ambas as hipóteses, pertençam a pessoas físicas ou jurídicas, residentes, domiciliadas ou com sede no Exterior".

b) *Lei 4.131 de 3.9.1962, art. 23, § 4º*: "Constitui infração, imputável ao estabelecimento bancário e ao corretor que intervierem na operação, punível com multa equivalente de 5 (cinco) a 100% (cem por cento) do respectivo valor, para cada um dos infratores, a classificação incorreta, dentro das normas fixadas pelo Conselho da Superintendência da Moeda e do Crédito, das informações prestadas pelo cliente no formulário a que se refere o § 2º deste artigo".

c) *Lei 4.131, de 3.9.1962, art. 23, § 2º*: "Constitui infração imputável ao estabelecimento bancário, ao corretor e ao cliente, punível com multa equivalente ao triplo do valor da operação para cada um dos infratores, a declaração de falsa identidade no *formulário que, em número de vias e segundo o modelo determinado pela Superintendência da Moeda e do Crédito*, será exigido em cada operação, assinado pelo cliente e visado pelo estabelecimento bancário e pelo corretor que nela intervieram" (destaques nossos).

Observe-se, por oportuno que, nos termos da Lei 4.595, de 31.12.1964, a Superintendência da Moeda e do Crédito e o Conselho desse órgão foram extintos e substituídos em suas competências, respectivamente, pelo Banco Central do Brasil e pelo Conselho Monetário Nacional.

d) *Lei 4.595, de 31.12.1964, art. 44*: "*As infrações aos dispositivos **desta Lei*** sujeitam as instituições financeiras, seus diretores, membros do conselhos administrativos, fiscais ou semelhantes, e gerentes, às seguintes penalidades, sem prejuízo de outras estabelecidas na legislação vigente: (...)" (destaques nossos).

e) *Circular 2.242, de 2.10.1992, art. 1º, II*: "Art. 1º. Para os fins e efeitos desta Circular, aplica-se aos recursos em Cruzeiros, objeto de transferências internacionais, a conceituação de residência do remetente, do correspondente e do beneficiário, disso decorrendo que: (...); II – caracterizam saídas de recursos do país os créditos efetuados pelo banco depositário em contas correntes tituladas por não-residentes, em conseqüência de pagamentos feitos por residentes no pís".

f) *Circular 2.409, de 2.3.1994, art. 1º § 1º, II*: "Art. 1º. A efetivação das transferências internacionais para o Exterior, em moeda nacional, nos termos da Resolução n. 1.946, de 29 de julho de 1992, e da Circular n. 2.242, de 7 de outubro de 1992, ficam condicionadas *[sic]* à apresentação pelo remetente do documento básico que ampararia a operação caso esta fosse realizada mediante operação de câmbio destinada a transferência para o Exterior de moeda estrangeira.

"§ 1º. Por documento básico, conforme a natureza da operação, entende-se:

"(...);

"II – nas operações de natureza financeira sujeitas a registro no Banco Central do Brasil nos termos da Lei 4.131, de 3 de setembro de 1962: Autorização Prévia ou Certificados emitidos pelo Banco Central do Brasil/Departamento de Capitais Estrangeiros – BACEN/FIRCE;

"(...)."

g) *Circular 2.677, de 10.4.1996, art. 7º, II*: "Art. 7º. Para os fins e efeitos desta Circular caracterizam:

"(...);

"II – saídas de recursos do país os créditos efetuados pelo banco depositário em contas tituladas por domiciliados no Exterior, exceto quando se tratar de movimentação direta entre duas contas da espécie;

"(...)."

3. Da inépcia do indiciamento de ... ("Intimada")

O indiciamento da Intimada apresenta-se inepto, por diversos motivos.

Cumpre lembrar, inicialmente, que o direito administrativo, nas relações do Estado com o particular, ao promover a responsabilidade deste pela infringência a dispositivos legais ou regulamentares, prende-se ao princípio da prova da culpa ou do dolo, na aplicação da chamada *responsabilidade subjetiva*. Essa responsabilidade subjetiva está claramente diferenciada da *responsabilidade objetiva*, independente da prova de culpa ou de dolo, estabelecida pelo legislador para casos específicos e muito bem delimitados.

Aplicam-se ao direito administrativo, portanto, por extensão, diversos princípios do direito penal, entre os quais a obrigação do Estado de expor os fatos irregulares porventura existentes, *ligando-os expressamente às pessoas dos indiciados*. Nesse sentido, assim se expressou o insuperável mestre Hely Lopes Meirelles,[1] falando das relações entre o direito penal e o adminis-

1. *Direito Administrativo Brasileiro*, 26ª ed., atualizada por Eurico de Andrade Azevedo, Délcio Balestero Aleixo e José Emmanuel Burle Filho, São Paulo, Malheiros Editores, 2001, p. 36.

trativo: "Com o direito penal a intimidade do direito administrativo persiste sob muitos aspectos, a despeito de atuarem em campos bem diferentes".

Aplicando-se, por analogia, o disposto no art. 41 do Código de Processo Penal, verifica-se que a denúncia (no caso, o indiciamento administrativo) "conterá a exposição do fato criminoso, com todas as suas circunstâncias".

Ora, o exame das pretensas irregularidades apuradas pelo Banco Central do Brasil no inquérito sob exame, onde se encontra tão-somente uma sucinta descrição dos fatos ali apontados, deixou de atender ao disposto no art. 41 do Código de Processo Penal *porque não individualizou qualquer conduta*, muito menos a da indiciada – ou seja, deixou de ligar aqueles fatos à sua pessoa. Veja-se como a peça em causa apenas descreve a atuação do Banco Intimado, sem relacioná-la com qualquer participação da Intimada.

Aplica-se ao caso o *princípio da pessoalidade*, a base da responsabilidade pessoal, segundo o qual, no plano administrativo, alguém somente pode ser responsabilizado por ato próprio, e não de terceiro, pois aqui se trata da aplicação da chamada *responsabilidade subjetiva*.

Supondo-se – somente para argumentar – que tivesse ocorrido algum ato ilícito praticado pela Intimada, na qualidade de administradora do Banco Intimado, e que, por conseguinte, por ela devesse responder na esfera administrativa, *não foi descrita a sua participação em qualquer daqueles ilícitos, em ponto algum do processo administrativo correspondente*, ainda que a mero título de co-autoria, se fosse o caso.

Aplicando-se, ainda, o direito penal por analogia ao caso sob exame, verifica-se que a atuação do Banco Central do Brasil descumpriu exigências reconhecidas essenciais pelas Turmas Especializadas em direito penal e processual do Superior Tribunal de Justiça para os crimes societários, conforme abaixo:

"Penal – Processual – Crime societário – Ação penal – Trancamento – Inépcia da denúncia – *Habeas corpus* – Recurso.

"1. Nos chamados *crimes societários*, imprescindível que a denúncia descreva, pelo menos, o modo como os co-autores concorreram para o crime.

"2. A invocação da condição de sócio, gerente ou administrador, sem a descrição de condutas específicas, não basta para viabilizar a peça acusatória, por impedir o pleno direito de defesa.

"Denúncia inepta.

"3. *Habeas corpus* conhecido; pedido deferido para trancar a ação penal instaurada contra os pacientes" (5ª T., HC 8.258-PR, rel. Min. José Arnaldo da Fonseca, j. 6.9.1999).

Portanto, na visão do Superior Tribunal de Justiça, o direito constitucional de ampla defesa ficou denegado no caso acima, examinado por aquela Corte, porque nele não houve a descrição da conduta específica dos indiciados. Da mesma forma, na situação objeto desta consulta, diante das irregularidades apontadas pelo Banco Central do Brasil, *não se sabe, a partir do relato do processo administrativo, qual o fulcro e qual o âmbito da acusação à Intimada: se lhe teriam sido imputadas todas as faltas indicadas, algumas ou uma apenas*. Dessa forma, não lhe teria sido possível apresentar uma defesa eficaz.

Suponha-se – somente a título de argumentação – que o Banco Intimado tivesse efetivamente praticado alguma ilicitude e que, portanto, viesse a ser responsabilizado no processo administrativo vertente; mesmo assim a intimada não poderia ser alcançada pela mesma responsabilidade, pois, não se tendo feito qualquer apontamento de conduta irregular que tivesse praticado, não poderia ser penalizada por fato de terceiro, pois, como se sabe, de acordo com o art. 5º, XLV, da Constituição Federal, *nenhuma pena passará da pessoa do condenado* ... Nota-se estar o Banco Central do Brasil fazendo *tabula rasa* dessa cláusula pétrea de nossa Magna Carta.

Tornaghi, nos seus *Comentários ao Código de Processo Penal*,[2] estabeleceu os requisitos da denúncia válida – *Quis? Ubi? Quibus? Auxilius? Cur? Quomodo? Quando?* – ou seja, respectivamente, a pessoa do agente, o acontecimento histórico, o local, os partícipes e os instrumentos, as razões do crime, a forma de execução e o tempo da infração. Nada disto foi atendido no processo administrativo sob exame, disso decorrendo também a inépcia do indiciamento, inexistente imputação em tese.

O ilustre professor de Direito Penal e ex-Ministro do Superior Tribunal de Justiça Luiz Vicente Cernicchiaro, examinando a matéria ora enfocada, assim se expressou:[3] "Também aqui há distinguir-se administrador que agiu ilicitamente do que se comportou conforme o Direito e do que sequer participou da atividade penalmente típica".

Na visão equivocada do Banco Central do Brasil, haveria responsabilidade administrativa pela simples qualidade de diretor caso alguma irregularidade pudesse ficar configurada. No entanto, inexistindo responsabilidade administrativa objetiva, impõe-se o reconhecimento da inépcia do indiciamento.

De outro lado, não podem ser esquecidos os *princípios básicos da administração pública*, expressos nas quatro conhecidas categorias de *legalidade*, *moralidade*, *impessoalidade* e *publicidade*.

Seguindo os ensinamentos de Hely Lopes Meirelles na obra supracitada, verifica-se que, como princípio de base constitucional (CF, art. 37, *caput*), a *legalidade* significa que "o administrador público está, em toda a sua atividade funcional, sujeito aos mandamentos da lei e às exigências do bem comum, e deles não se pode afastar ou desviar, sob pena de praticar ato inválido e expor-se a responsabilidade disciplinar, civil e criminal, conforme o caso". "'A ilegalidade do objeto ocorre quando o resultado do ato importa violação da lei, do regulamento ou de outro ato normativo'."[4]

Ora, a ilegalidade do ato administrativo pode dar-se quando o agente administrativo foge dos preceitos legais aplicáveis a uma determinada situação fática, atribuindo ao administrado um efeito legal inexistente, criando-lhe um constrangimento descabido, tal como ocorreu com o indiciamento indevido da Intimada. Esse ato do Banco Central do Brasil, conforme já aqui verificado, não encontra base legal condizente.

No plano da *moralidade do ato administrativo* encontramos em Maurice Hauriou a construção dos seus fundamentos, tendo o insigne jurista francês demonstrado que o ato administrativo deve diferenciar o oportuno do inoportuno, o legal do ilegal, o justo do injusto, o honesto do desonesto.[5] Assim, a conduta do agente administrativo deve valorar os elementos em jogo para que o bem comum seja alcançado. Há uma responsabilidade do Estado pela boa aplicação da lei, o que significa aplicá-la nos limites estabelecidos pelo legislador, dirigindo-a aos sujeitos passivos ali previstos.

Esses princípios foram acolhidos pelo Código de Ética Profissional do Servidor Público (Decreto 1.171, de 22.6.1994), segundo o qual – ainda é Hely Lopes Meirelles[6] quem nos lembra – o servidor jamais poderá desprezar o elemento ético de sua conduta, devendo decidir não somente "entre o legal e o ilegal, o justo e o injusto, o conveniente e o inconveniente, o oportuno e o inoportuno, mas principalmente entre o honesto e o desonesto, *consoante as regras contidas no art. 37, 'caput,' e § 4º, da Constituição Federal*".

2. V. I, t. 2º, Rio de Janeiro, Forense, 1956, p. 82.

3. *Direito Penal na Constituição*, 3ª ed., São Paulo, Ed. RT, 1995, p. 102.

4. Hely Lopes Meirelles, *Direito* ..., 26ª ed., pp. 82 e 83.

5. *Précis Élémentaires de Droit Administratif*, p. 197, *passim*.

6. *Direito* ..., 26ª ed., p. 85.

O Banco Central do Brasil, ao ultrapassar os limites legais de responsabilidade pelas alegadas condutas ilícitas ocorridas no âmbito do Banco indiciado, feriu a moralidade administrativa, em prejuízo dos legítimos interesses da Intimada.

Por último, o *princípio da finalidade* foi infringido, pois o Banco Central do Brasil, no caso concreto, praticou o ato de indiciamento da indiciada *fora do seu fim legal*, ou seja, além da previsão do legislador para os fatos que, em tese, teriam correspondido a ilícitos verificados no Banco Central do Brasil. Este ponto ficará muito mais claro quando do exame do mérito, adiante realizado.

De tudo isso resulta clara a inépcia do indiciamento em causa, para todos os efeitos legais, especialmente o afastamento da indicada do inquérito de que se trata, invalidado para todos os fins legais, pois revestiu-se de clara ilegalidade.

Desses fatos conclui-se que, segundo a maneira pela qual as alegadas irregularidades foram apresentadas no processo administrativo sob exame, dando-se por inexistente qualquer ligação entre os fatos apontados e pessoas que os teriam praticado – especialmente a indiciada –, uma vez que o Banco Central do Brasil aplicou ilegalmente a tese da responsabilidade administrativa objetiva, estaria impedida em proveito da referida Intimada, dentro dos seus legítimos direitos constitucionais, qualquer apreciação do mérito.

Foram relacionadas algumas práticas ditas ilegais, conforme recordado acima. Foi a Intimada acusada de todas elas? De algumas? De uma, exclusivamente? A leitura do teor integral da intimação não leva a qualquer conclusão a respeito, conforme já demonstrado.

Daí a impossibilidade de uma defesa capaz de preencher a finalidade de demonstrar que não teria havido qualquer conduta ilícita de sua parte e, se porventura algum ato tivesse ela praticado, não se saberia em relação a quais deles dever-se-ia fazer a prova da licitude de sua conduta.

Veja-se, a propósito, que as operações descritas nos autos do processo administrativo desdobram-se por um certo número de atos realizados em seqüência, passando por alguns departamentos do Banco Intimado e contando com a participação presumida de uma certa quantidade de pessoas ligadas àquela instituição financeira, fossem administradores, empregados ou procuradores. Mas não existe, como demonstrado, qualquer indicação da pessoa da Intimada com a sua prática.

Como se verificou, não ficou evidenciado quanto à Intimada:

a) de que negócios eventualmente irregulares tivesse participado efetivamente em algum de seus passos;

b) se, caso alguma irregularidade pudesse estar configurada, assim podendo se concluir eventualmente pela análise do resultado final da operação, a Intimada tinha conhecimento de tal circunstância, pois sua atuação poder-se-ia ter restringido exclusivamente a um "pedaço" do todo, do qual não tivesse pleno conhecimento;

c) que sua conduta tivesse se revestido de dolo ou culpa na prática de qualquer daqueles atos.

Dessa forma, as conclusões quanto à Intimada inclinam-se inexoravelmente para as situações jurídicas abaixo apontadas, qualquer delas suficiente para afastá-la do processo administrativo em pauta:

(i) o seu indiciamento apresenta-se inepto, pela atribuição de uma responsabilidade administrativa objetiva, inexistente no Direito Brasileiro;

(ii) o indiciamento também revelou-se inepto pela falta de descrição de condutas ilícitas, individualizadas ou não, tendo se dado a quebra do princípio da impessoalidade;

(iii) a inépcia também se verificou pela quebra dos princípios fundamentais do direito administrativo, como sejam, da *legalidade*, *moralidade* e *publicidade*; e

(iv) pelo prejuízo à análise do mérito, quebrando-se o princípio constitucional do devido processo legal, que inclui a plena defesa, pois tornou-se impossível à Indiciada constatar de quais acusações deveria defender-se.

4. *Da ilegitimidade de parte quanto à Intimada*

A par da questão da inépcia do indiciamento, acima examinada, impõe-se, de forma indubitável, reconhecer a ilegitimidade de parte quanto à pessoa da Intimada.

Capitulada a infração imputada à Indiciada como correspondente ao art. 23, § 4º, da Lei 4.131, de 3.9.1962, verifica-se que, tendo-se dado eventual conduta irregular a esse título, *por ela jamais poderia ser responsabilizado o administrador do Banco envolvido*.

O texto em causa é absolutamente claro em indicar como únicos sujeitos ativos da referida infração *o estabelecimento bancário e o corretor intervenientes na operação*, se fosse esse o caso. Nenhum texto legal autoriza a aplicação de uma responsabilidade objetiva, seja ela civil, penal ou administrativa, contra administrador de instituição financeira tão-somente pelo fato de ser ele o diretor responsável pelo departamento de câmbio.

Modesto Carvalhosa apresenta precioso entendimento quanto a esse importante aspecto: "(...) ainda que os aspectos institucionais das entidades integrantes do Sistema Financeiro Nacional sejam relevantes, as relações que se estabelecem na administração das sociedades que as integram não são diversas daquelas normalmente praticadas no âmbito das companhias não-financeiras. (...). Isto posto, aplicam-se aos administradores das instituições financeiras os mesmos princípios que cabem aos das companhias em geral, no capítulo da responsabilidade. *A presunção da culpa e a solidariedade portanto devem levar em conta os nexos de causalidade e a conduta dos administradores. O elemento moral da conduta é parte integrante da responsabilização desses administradores financeiros. Seria um absurdo não indagar sobre os aspectos da culpa e do dolo no comportamento desses agentes estatutários*. Deve assim ser subjetivamente perquirido o grau de envolvimento e de conhecimento de cada administrador com os ilícitos porventura praticados"[7] (grifos nossos).

Mesmo notando-se a existência de discordância na doutrina e na jurisprudência sobre parte das lições daquele ilustre doutrinador, quanto à não-aplicabilidade integral de suas observações ao campo dos administradores de instituições financeiras sob liquidação extrajudicial – na qual estaria presente uma verdadeira responsabilidade objetiva fundada no art. 40 da Lei 6.024/1974 –, este não é o caso da Intimada, administradora de uma instituição financeira em regular estado de funcionamento.

Trata-se, portanto, da parte do Banco Central, da tentativa de aplicação extensiva de uma norma jurídica autolimitada textualmente quanto ao seu alcance (fala-se do art. 23, § 4º, da Lei 4.131/1962). E a índole do direito administrativo não se coaduna, como se sabe, com a interpretação extensiva, conforme ensinamento de Hely Lopes Meirelles: "(...) *a interpretação extensiva, que negamos possa ser aplicada ao direito administrativo*, é a que estende um entendimento do direito privado, não expresso no texto administrativo, nem compreendido no seu espírito, criando *norma administrativa nova* (...)"[8] (nossos os primeiros grifos).

De outro lado, o Banco Intimado é, como se sabe, uma sociedade anônima, devidamente constituída, regida pela Lei 6.404, de 15.12.1976, cujos arts. 158 e 159 determinam o conteúdo e a extensão da responsabilidade dos administradores daquela forma societária.

A Lei das S/A estabelece, como regra, em seu art. 158, que o administrador não é

7. *Comentários à Lei de Sociedades Anônimas*, v. 3, São Paulo, Saraiva, 1997, p. 323.
8. *Direito* ..., 26ª ed., p. 45.

pessoalmente responsável pelas obrigações que vier a assumir em nome da sociedade e em virtude de ato regular de gestão.

Sua responsabilidade pessoal surge – *no plano cível, exclusivamente – pelos prejuízos que causar* quando proceder (i) dentro de suas atribuições ou poderes com culpa ou dolo e (ii) com violação da lei ou do estatuto.

Ora, a leitura do referido dispositivo impõe as seguintes conclusões:

a) A responsabilidade do administrador é de natureza civil, ou seja, responsabilidade por perdas e danos.

b) Ela surge somente diante de prejuízos efetivos que sua gestão culposa ou ilegal tiver causado para a sociedade. E:

c) Coloca-se tão-somente como *uma relação interna entre a sociedade e seu administrador.*

Essas conclusões tornam-se particularmente claras quando se verifica que, nos termos do art. 159 da Lei 6.404/1976, *a ação de responsabilidade civil compete à companhia contra os prejuízos causados **ao seu patrimônio***, ajuizada em favor da própria sociedade, por seus órgãos competentes. Seria essa a ação social *ut universi.*

Não proposta a referida ação pela sociedade, por qualquer motivo, embora devida, cabe a qualquer acionista fazê-lo, no interesse e em proveito desta – ação social *ut singuli* (art. 159, § 3º).

De acordo com o mesmo Modesto Carvalhosa, o efeito dessas ações está em restabelecer o equilíbrio interno da pessoa jurídica, colhendo esta os benefícios do processo e as respectivas reparações.[9]

Tratando-se do restabelecimento do equilíbrio interno da sociedade, é obrigatório reforçar que qualquer medida somente pode ser tomada pela sociedade ou por acionista interessado contra o administrador, em proveito desta. A norma, portanto – mais uma vez se diz –, não se presta ao interesse da Administração Pública como fundamento da responsabilização do administrador por ato que eventualmente tivesse o efeito de infringir norma externa ao âmbito da sociedade e que não tivesse a esta causado qualquer prejuízo.

Ora, mesmo que a Intimada tivesse agido de maneira a configurar-se uma das duas hipóteses de sua responsabilidade, previstas nos incisos I e II do citado art. 158, e que de tal atitude pudesse ter ficado configurado um prejuízo para a sociedade, não caberia ao Banco Central do Brasil tomar medida em tal sentido. Mesmo porque não foi esse o seu objetivo no processo administrativo instaurado, conforme claramente demonstra o teor da intimação.

À mesma conclusão se chega quanto à pretendida aplicação, contra a Intimada, das penalidades previstas no art. 44 da Lei 4.595/1964, onde se lê expressamente: "Art. 44. *As infrações aos dispositivos **desta Lei*** sujeitam as instituições financeiras, seus diretores, membros de conselhos administrativos, fiscais e semelhantes, e gerentes, às seguintes penalidades, sem prejuízo de outras estabelecidas na legislação vigente: (...)" (grifos nossos).

"Esta Lei" somente pode ser a própria Lei 4.595/1964, e não a Lei 4.131/1962, em qualquer de seus dispositivos, ou outra norma qualquer, legal ou regulamentar. Não pode o Banco Central "tomar a nuvem por Juno" e pretender alcançar conseqüências não previstas na legislação, que expressamente se autolimitou quanto ao alcance das penalidades nela previstas.

Dessa maneira, se fosse o caso, o Banco Central do Brasil deveria ter demonstrado cabalmente no processo administrativo sob exame que a Indiciada teria praticado alguma irregularidade consistente em infração à Lei 4.595/1964 – o que não ocorreu, como se verifica. A tentativa de penalizar a Intimada, na forma como foi feita, assemelha-se à atitude do lobo na conhecida fábula da alegada contaminação da água pelo cordeiro, que ambos bebiam. O cor-

9. *Comentários ...*, v. 3, p. 328.

deiro não podia estar sujando a água, pois a tomava abaixo do lobo no curso do riacho; mas este, utilizando-se de sofismas, queria mesmo era devorar a sua vítima, sob qualquer pretexto. No caso, o Banco Central quer penalizar a Intimada, mesmo utilizando-se irregularmente de ferramentas jurídicas que não lhe estão disponíveis nas circunstâncias do caso concreto.

Portanto, está impossibilitado o Banco Central do Brasil de provocar a responsabilidade pessoal da Intimada, na qualidade de administradora do Banco Intimado, em vista dos fundamentos legais impeditivos acima apontados. Mesmo porque – como se verá imediatamente em seguida – o art. 23, § 4º, da Lei 4.131/1962 somente aponta como sujeitos passivos da infração ali prevista o banco e o corretor, jamais falando de administrador do primeiro.

5. A infração tipificada no § 4º do art. 23 da Lei 4.131/1962 e a ilegitimidade passiva do Banco Intimado

Recordemos o texto em apreço: "Constitui infração, *imputável ao estabelecimento bancário e ao corretor* que intervierem na operação, punível com multa equivalente de 5 (cinco) a 100% (cem por cento) do respectivo valor, para cada um dos infratores, *a classificação incorreta*, dentro das normas fixadas pelo Conselho da Superintendência da Moeda e do Crédito, das *informações prestadas pelo cliente* no formulário a que se refere o § 2º deste artigo" (grifos nossos).

O exame dos elementos do *tipo* nos leva às considerações abaixo.

a) Os sujeitos passivos, de forma exclusiva, são, como visto acima, o banco e o corretor intervenientes na operação.

b) O cliente presta ao banco e ao corretor, intervenientes na operação, informações sobre esta.

c) De posse das informações em causa *e coerentemente com elas, passadas pelo cliente*, deve ser feita a classificação adequada.

d) A classificação incorreta corresponde à infração tipificada no texto.

Verifica-se que a autoria da informação prestada – e, portanto, a responsabilidade sobre seu conteúdo e veracidade – é do cliente. Ao banco e ao corretor incumbe classificar tais informações (consubstanciadas em uma determinada operação a ser realizada), de acordo com as instruções específicas formuladas pela autoridade administrativa competente.

Portanto, em primeiro lugar, a fim de se verificar a responsabilidade pela ocorrência do tipo, importaria ao Banco Central do Brasil ter identificado com o necessário grau de certeza e segurança qual teria sido a informação prestada pelo cliente e se o Banco Intimado a classificou inadequadamente.

Os documentos submetidos ao exame feito por ocasião desta consulta não levam, de forma alguma, à interpretação feita pelo Banco Central do Brasil quanto aos fatos ali apontados, conforme documentos abaixo indicados, entre outros acostados aos autos do processo administrativo:

a) carta de 10.1.1995, da ..., dirigida ao Departamento de Câmbio do Banco Intimado, onde a sociedade emitente expressamente solicita ao Banco Intimado que *efetue o fechamento de câmbio no valor de US$ 270,000,000.00, como favorecida de remessa realizada pela sociedade norte-americana ..., como resultado de aumento de capital feito pela remetente na beneficiária* (fls. 12);

b) o Banco Intimado, como não poderia deixar de fazer, fechou o câmbio na forma especificada, conforme contrato de 11.1.1995, de n. ..., pelo equivalente a R$ 226.800.000,00 (fls. 6).

Esse foi o contrato apontado pelo Banco Central do Brasil como incorretamente classificado, mesmo diante da indicação expressa de responsabilidade da empresa beneficiária no Brasil.

E a razão pela qual, segundo consta dos documentos do processo administrativo, o Banco Central do Brasil veio a adotar aquele errôneo entendimento referiu-se a uma "Transferência Internacional em Moeda Nacional", registrada sob n. ..., efetuada em 12.1.1995, em favor da conta corrente de não-residente ..., sob a Natureza-Fato 60.507, ou seja, "Capitais Estrangeiros a Curto Prazo/Empréstimos a Residentes no Brasil", a título de amortização de empréstimo e tendo como beneficiária final, no Exterior, a ... .

Assim diz aquela autoridade monetária: "Restou comprovado, dessa forma, que essa Instituição manteve em sua posição de câmbio o Contrato n. ..., classificado incorretamente sob a Natureza-Fato 70.360, uma vez que procedeu, simultaneamente, à "Transferência Internacional em Reais", citada no item 2, *retro*, pelos valores resultantes daquela operação sem que fossem, portanto, utilizados para a finalidade inicialmente declarada de Investimento Direto no Brasil/Participação em Empresas no País".

A análise efetuada pelo Banco Central dos fatos em jogo é inteiramente equivocada.

Em primeiro lugar, uma questão semântica, com efeito significativo: *as operações não foram simultâneas*, posto que realizadas com dois dias de diferença entre uma e outra – ou seja, em 10 e 12.1.1995.

De outra parte – e mesmo considerando que a questão não é relevante para os Intimados, pois, conforme demonstrado acima, a responsabilidade exclusiva pela prestação das informações pertinentes era do cliente –, não podia o Banco Central do Brasil ignorar que, uma vez ingressados recursos no patrimônio de uma sociedade, sua destinação é de exclusiva responsabilidade dos respectivos administradores, legitimamente reconhecida desde que lícita e vinculada ao cumprimento do objeto social.

O fato de terem sido utilizados os recursos em moeda estrangeira para a realização do pagamento de um empréstimo externo em nada descaracteriza a "finalidade inicialmente declarada de Investimento Direto no Brasil/Participação em Empresas no País", tal como considerou o Banco Central do Brasil. Essa consideração revela inaceitável desconhecimento do direito societário, concernente ao uso de recursos por uma sociedade comercial, dentro de sua atividade e, conseqüentemente, na busca da realização do seu objeto social – tarefa a cargo dos administradores, na condição de um poder/dever legal e estatutário.

A imputação de "discrepante", feita pelo Banco Central do Brasil, em sua visão retrógrada e estática da utilização dos recursos efetuada pela empresa, indica que para aquela autoridade monetária tal caracterização somente não ocorreria se o favorecido, à semelhança do que ocorre com uma exposição itinerante de Arte, após receber os recursos correspondentes (o aumento de capital em moeda estrangeira), viesse a mantê-los em exibição por prazo indeterminado na vitrina de uma prateleira (seu balanço), "imexíveis", até que, terminada a mostra pública, eles voltassem definitivamente para seu titular no Exterior.

Modesto Carvalhosa, conceituando o capital das sociedades anônimas, assim se expressa: "(...) pode-se definir o capital social como o valor das entradas de capital *que os acionistas declaram vinculado aos negócios que constituem o objeto social*"[10] (grifos nossos).

Por tudo aquilo quanto se levanta pelo exame dos autos, a sociedade beneficiária do aumento de capital realizado por sociedade sediada no Exterior buscou essa solução justamente para pagar um empréstimo da qual era devedora, regularmente constituído, *operação que não fugiu, de forma alguma, ao seu objeto social*. É possível conjecturar-se que, caso as taxas de juros no Brasil não fossem conhecidamente tão elevadas, o empréstimo teria sido obtido no país e aqui quitado sem remessa ao Exterior.

10. *Comentários* ..., v. 1, p. 49.

É possível também imaginar-se que, caso o mercado de capitais brasileiro fosse suficientemente bem desenvolvido, não haveria necessidade de se buscar recursos no Exterior para o desenvolvimento de atividade empresarial no país.

Mas nada disso importa no plano jurídico e quanto à questão em jogo, embora sejam verdades indiscutíveis.

Interessa – isto, sim – constatar a real existência das operações praticadas pelas empresas participantes do esquema negocial reportado nos autos e sua regularidade perante seu objeto social, realizadas pelos administradores efetivos.

Dessa forma, verifica-se que o aumento de capital originado do Exterior foi obtido para o levantamento de recursos destinados ao pagamento de um empréstimo externo. A única observação a se fazer a respeito é que havia fronteiras nacionais entre um lado e outro da operação, como poderia não haver.

Diante de tudo isto, porém, pergunta-se: sendo regular a operação complexa praticada pelo cliente do Banco Intimado, qual a sua responsabilidade? Nenhuma, pois, além de tudo o mais, as informações prestadas pelo cliente eram de sua exclusiva autoria e foram como tais acatadas pelo Banco Intimado.

E se viéssemos a supor – somente para argumentar – que a operação em tela apresentasse alguma irregularidade? Somente poderíamos concluir que quanto ao Banco Intimado nenhum efeito danoso esse fato traria na medida em que ele tivesse atendido às expressas instruções do cliente – como efetivamente fez – quanto à classificação das operações por este realizadas.

6. A saída de recursos do país. Ausência de ilícito no caso concreto

Conforme se verificou acima, o Banco Central do Brasil caracterizou a remessa efetuada em 12.1.1995 como "saída de recursos do país", capitulada na Circular 2.242, de 2.10.1992, art. 1º, II. *Logo em seguida, sem qualquer razão jurídica – porque se trata de norma editada posteriormente aos fatos em jogo –, foi feita referência à Circular 2.677, de 10.4.1996, art. 7º, II.*

Deve-se verificar, inicialmente, o disposto na Resolução 1.946, de 29.7.1992, que é a base legal imediata da primeira das circulares acima referidas e sob cuja égide e para cujos fins foi editada. Esse normativo estabeleceu obrigatoriedade no sentido de que as instituições financeiras e entidades autorizadas a operar em câmbio *providenciassem a identificação das pessoas responsáveis por pagamentos ou recebimentos a partir de determinados valores*, somente isso! Para nenhuma outra finalidade ela foi baixada pelo Conselho Monetário Nacional. Ao pretender utilizá-la para proteção de qualquer outro bem jurídico nela não agasalhado, extravasa o Banco Central claramente de seus poderes, desvirtuando o texto regulamentar em referência.

A resolução em causa, por sua vez, reporta-se aos arts. 17 e 20 do Decreto 42.820, de 16.12.1957, onde se lê, *verbis*:

"Art. 17. É livre o ingresso e a saída de papel-moeda nacional e estrangeiro, bem como de ações e de quaisquer outros títulos representativos de valores.

"(...).

"Art. 20. O Conselho da Superintendência da Moeda e do Crédito poderá, se julgar necessário, estabelecer restrições sobre a entrada e saída do papel-moeda brasileiro no ou do território nacional, bem como sobre as normas fixadas nos art. 18 e seus parágrafos."

O objetivo das normas em questão, por conseguinte, estava restrito à institucionalização de um controle de movimentação de recursos, embrionário da lei muitíssimo posterior no tempo, que veio a punir os chamados crimes de "ocultação" ou "lavagem de dinheiro".

Ficou registrado, pois, um fato: houve saída de moeda estrangeira do território nacional, por meio de operação contratada por terceiros com o Banco Intimado. Essa operação, em si, não configurou qualquer infração, pois *as partes estão perfeitamente identificadas*, na forma daqueles textos regulamentares.

De outro lado, o fato de haver o cliente feito utilização do Mercado de Câmbio de Taxas Flutuantes para a Remessa Internacional de Reais é operação que em si mesma também não configura irregularidade alguma, considerando-se haver sido feita nos termos da legislação vigente.

7. *O bem jurídico protegido e a inexistência de prejuízo. A ausência de dolo*

Toda a legislação brasileira respeitante à entrada e saída de moeda estrangeira ou nacional do país tem em vista a proteção dos interesses brasileiros quanto às suas balanças financeira e comercial. É sabido que o Brasil sofre há muitas décadas de um sério problema de divisas escassas, as quais são extremamente importantes para o pagamento de nossas importações de bens e de serviços, bem como dos empréstimos tomados no Exterior justamente em busca do suprimento necessário de moeda estrangeira para a cobertura das responsabilidades cambiais nacionais.

Como resultado, o legislador pátrio construiu um sistema normativo amplo e complexo, o qual, no entanto, tem a função bastante simples de, em última análise, proporcionar a defesa do montante de divisas em poder do Estado. O corpo de leis originário em questão voltou-se para o registro do capital estrangeiro, como condição para seu retorno – no esquema da Lei 4.131/1962 –, além do estabelecimento de regras sobre as operações de câmbio comerciais e financeiras, o qual durou várias décadas sem mudanças de grande escala.

A globalização da economia e a participação cada vez maior do Brasil no mercado internacional causaram, finalmente, uma mudança significativa, contando-se a criação do mercado de câmbio de taxas flutuantes como um dos efeitos mais notáveis das alterações que tiveram lugar naquela ocasião. Desde essa época o país tem liberalizado cada vez mais o mercado de câmbio, inclusive pela institucionalização das chamadas *contas CC5* – ou seja, contas bancárias de titulares não-residentes, para movimentação internacional de recursos financeiros.

A liberdade de movimentação financeira tornou-se regra nesse novo mercado, bastando, como se disse acima, que fossem devidamente atendidas as regras sobre a identificação do cliente. É por isso mesmo que a Circular 2.242/1992 – expressamente citada pelo Banco Central do Brasil na intimação – assim se expressa textualmente em seu art. 2º: "As transferências internacionais de recursos em cruzeiros *podem ser cursadas livremente e independentemente do seu valor*, observados, no entanto, os seguintes procedimentos e condições: (...)".

Preenchidas, como foram, as condições estabelecidas no texto normativo em apreço, nenhuma irregularidade ocorreu em sua infringência, notando-se que as expressões "livremente" e "independentemente" implicam a inexistência de qualquer registro no Banco Central do Brasil ou de autorização prévia a ser expedida por este órgão.

Quanto àquelas operações de CC5, cujo limite de movimentação inicial correspondia ao do valor de moeda estrangeira internado, este veio a ser depois desvinculado de tal condição, servindo para operações de interesse diversificado dos usuários, em paralelo ao sistema da Lei 4.131/1962.

Ora, verificando-se os valores movimentados nas duas operações efetuadas por meio do Banco Intimado, aferem-se as seguintes posições:

a) operação do dia 10.1.1995: entrada de US$ 270,000,000.00, equivalentes a R$ 226.800.000,00, pela taxa de conversão de R$ 0, 84 *x* US$ 1.00;

b) operação do dia 12.1.1995: saída de R$ 226.800.000,00, equivalentes a US$

264,953,271.01, pela taxa de conversão de R$ 0,856 *x* US$ 1.00.

Portanto, a empresa interessada auferiu um prejuízo de US$ 5,046,728.97 nas operações que tiveram o intervalo de dois dias entre uma e outra.

Não se pode falar, por conseguinte, que tenha havido qualquer prejuízo para os interesses nacionais, tendo em conta diferença de taxas favoráveis ao Real entre o mercado de taxa livre e o de taxas flutuantes.

O ganho cambial em tal operação favoreceu o Brasil; e, se a empresa interessada assim resolveu operar, nada tinha o Banco Intimado com as suas razões, na qualidade de um mero intermediário nos negócios daquela empresa, dos quais participou no exercício de suas atribuições regulares.

O bem jurídico protegido pela legislação referida na intimação efetuada pelo Banco Central do Brasil não veio a ser ferido; muito pelo contrário. Disso se conclui que nenhuma irregularidade poderia ter sido imputada ao Banco Intimado a tal pretexto.

Não vem ao caso na presente análise, mas mesmo que o contrário tivesse ocorrido – ou seja, na operação a empresa cliente do Banco tivesse auferido lucro –, nem assim qualquer irregularidade teria sido verificada, muito menos a ser imputada ao Banco Intimado.

Poder-se-ia dizer que a figura do § 4º do art. 23 da Lei 4.131/1962 corresponde a um "ilícito de mera conduta" – classificação mais adequadamente denominada de "ilícito formal".

Ora, sendo assim, para que o tipo em causa estivesse configurado teria sido necessário ao Banco Central do Brasil provar o dolo ou a culpa do Banco Intimado – ainda que fosse dolo preterintencional –, no sentido de praticar ato consciente de classificação indevida de operação de câmbio, *com o fim de* auferir ou de contribuir para que terceiro pudesse auferir um proveito indevido, em detrimento ao bem jurídico protegido, ou, ainda, que tivesse agido com culpa (negligência, imprudência e imperícia).

Mesmo na modalidade culposa do ilícito em causa teria sido obrigatório para o Banco Central do Brasil demonstrar a culpa do Banco Intimado e de sua diretora de câmbio (Intimada), sob uma das suas formas. Mas não é isso o que se verifica pela leitura da peça acusatória (a intimação dirigida àqueles), na qual tão-somente a autoridade monetária fez uma simples descrição de fatos, ocorridos segundo a sua visão, a qual não foi – destaque-se – efetivamente correta.

A exigência da culpa – e, portanto, de sua demonstração – foi objeto de decisão recente do Conselho de Recursos do Sistema Financeiro Nacional (Rec. 2.524, *DOU* 30.4.2001), onde se lê: "Ficou consagrado o entendimento majoritário do CRSFN de que, ao disciplinar a aplicação do capital estrangeiro e as remessas de valores para o Exterior, a Lei n. 4.131, em seu art. 23, plenamente vigente e eficaz, atribui responsabilidade a todos os participantes do comércio do câmbio, impondo-lhes o dever de diligência no atinente à defesa das reservas do país (...)".

Ora, a exaustiva demonstração dos fatos relacionados com o caso concreto indica que não houve qualquer intento do cliente do Banco Intimado nesse sentido, e muito menos deste. Ainda que o cliente tivesse buscado praticar algum ilícito na área em tela, o Banco Intimado tão-somente cumpriu as instruções específicas daquele. Tratar-se-ia – mesmo que o dolo ou a culpa estivessem presentes – de crime impossível, pois os passos sucessivos da operação em causa jamais poderiam acarretar prejuízo aos interesses cambiais do país.

A questão do "perigo de dano" não se coloca quanto aos fatos apontados, e muito menos no plano jurídico, *onde se exige probabilidade, e não mera possibilidade de dano* (ainda que assim fosse).

Nesse sentido manifestou-se lucidamente Luiz Vicente Cernicchiaro, então Ministro do Superior Tribunal de Justiça, no RHC 3.831-4-RJ (94.0024004-0), da 6ª Turma,[11] onde faz a seguinte afirmação:

"Além disso, o resultado não foi descrito na queixa.

"Felizmente, está superada a fase doutrinária de ferrenho debate a respeito do perigo concreto e perigo abstrato.

"*O perigo, lógico, há de ser concreto, no sentido de iminência, probabilidade de dano. Não basta a simples possibilidade.*

"*Se a execução não gera perigo, trata-se de crime impossível. Então, irrelevante para os fins penais*" (grifos nossos).

Nesse mesmo sentido, ensina-nos Damásio E. de Jesus: "Não basta que um fato seja típico para ser considerado crime, daí surgindo a irrelevância da chamada ilicitude formal. Como afirma José Frederico Marques, a adequação típica ficará vazia de conteúdo, como expressão formal de contradição entre a conduta humana e o Direito, se não for completada pela comprovação da antijuridicidade material dessa conduta. Dizer que um fato, apenas porque adequado ao um modelo legal, é *formalmente antijurídico* constitui erro, pois somente se tomou por base a tipicidade, não a valoração da conduta em face do direito protetor do interesse. Daí a razão estar com Asúa, ao afirmar que a antijuridicidade formal é a tipicidade e a antijuridicidade material é a própria antijuridicidade. *Portanto, não existe ilicitude formal.* Existe um comportamento típico que pode ou não ser ilícito em face do juízo de valor".[12]

Dessa forma, não tendo havido nem sequer iminência da probabilidade de dano, *nem sequer, no caso concreto, simples possibilidade*, não está configurada a alegada infração atribuída pelo Banco Central do Brasil ao Banco Intimado.

Não restaria outra alternativa, portanto, senão o arquivamento do processo quanto àquela instituição financeira, e muito menos à sua diretora de câmbio.

11. V.u., *DJU* 28.11.1994, *Lex-STJ* 69/271.

12. *Direito Penal – Parte Geral*, 14ª ed., v. 1, São Paulo, Saraiva, 1990, pp. 309-310.

8. A alegada falta de pedido de autorização prévia ou de apresentação do certificado de registro na operação de transferência internacional de moeda nacional

Baseado no art. 1º, § 1º, II, da Circular 2.409/1994, o Banco Central do Brasil entendeu ter ficado configurada irregularidade concernente à falta de apresentação do certificado de registro, na qualidade de documento que ampararia a remessa feita ao Exterior pelo cliente do Banco.

Mais uma vez nota-se, aqui, uma errônea interpretação dos fatos e seu conseqüente e inadequado enquadramento na legislação apontada.

O registro de que se fala diz respeito a *recursos estrangeiros internados no país, com relação aos quais o certificado correspondente é condição necessária para o respectivo retorno.*

No caso sob exame jamais houve entrada física da importância correspondente ao empréstimo, e, por via de conseqüência, o pedido de registro era descabido.

Os documentos constante dos autos do processo administrativo sob exame indicam as seguintes operações entre a ... e a ... (fls. 113 e ss.):

a) carta da ... colocando à disposição da ... empréstimo no valor de US$ 760,000,000.00, *no Exterior*;

b) carta da ... solicitando que o empréstimo fosse colocado à disposição de sua subsidiária ..., *no Exterior*, e subseqüentemente em favor desta desembolsado;

c) carta da ... para a ..., informando que o empréstimo concedido pela ... seria desembolsado em favor daquela;

d) carta da ... ao Banco Intimado, solicitando o fechamento de câmbio referente à remessa de US$ 270,000,000.00 a título de capital estrangeiro a ser investido no país;

e) carta da ... ao Banco Intimado solicitando o débito de R$ 226.800.000,00 em sua conta corrente, com o objetivo de efetuar a liquidação parcial do empréstimo de US$ 760,000,000.00 contraído junto à ... e desembolsado em favor da ...;

f) carta da ... ao Banco Intimado, solicitando a conversão do valor em Reais, depositado na conta de não-residente da mesma instituição financeira, em Dólares norte-americanos, e remessa do produto para crédito na conta corrente indicada.

O exame dessas operações em cadeia – *de interesse e responsabilidade exclusivos de cliente do Banco Intimado* – demonstra que *não havia certificado de registro de capital estrangeiro – a título de empréstimo – a ser providenciado.* ***Portanto, não era documento que o Banco Intimado pudesse e devesse exigir do cliente para o fim da remessa solicitada***!

Igualmente, não se tratava de pedido de autorização prévia para a remessa em causa, porque mais uma vez se afirma que a operação vertente *não correspondia a qualquer das hipóteses legais subordinadas à Lei 4.131/1962.*

A esse respeito já se fez referência quanto ao regime de liberdade presente na Circular 2.242/1992, referida pelo Banco Central do Brasil na peça acusatória.

Daí por que foi incorreta por parte do Banco Central do Brasil, também sob esse aspecto, a classificação dos fatos como irregularidade imputada ao Banco Intimado.

9. As penalidades que o Banco Central do Brasil intenta aplicar ao Banco Intimado

As questões de fundo colocadas para exame na presente consulta foram respondidas no sentido de que o Banco Intimado é parte ilegítima para figurar no pólo passivo do processo administrativo de que se trata, e – ainda que assim pudesse ser considerado – nenhuma irregularidade verificou-se praticada nas operações realizadas entre o cliente daquela instituição financeira e terceiros e entre ela mesma e seu próprio cliente.

Quanto às penalidades referidas pelo Banco Central do Brasil, são elas de duas ordens, conforme consta da intimação: as previstas no art. 44 da Lei 4.595/1964 e aquelas referentes ao art. 23, § 4º, da Lei 4.131/1962.

No tocante às primeiras valem também para o Banco Intimado as considerações efetuadas acima quanto à administradora Intimada: não houve qualquer infração apontada quanto à Lei 4.595/1964. Portanto, as penalidades ali previstas não poderiam ser aplicadas no processo administrativo vertente.

De outro lado, quanto ao dispositivo da Lei de Capitais Estrangeiros, mesmo que fosse o caso de se aplicar ao Banco Intimado a penalidade ali prevista, deveria a autoridade administrativa, considerando a já mencionada inexistência de prejuízo, atentar obrigatoriamente para diversos princípios determinadores do poder punitivo estatal, adiante examinados, que orientariam o aplicador da lei em favor da sua fixação no mínimo legalmente admitido, *se não fosse o caso de se falar de forma preferencial no equivalente tributário à "alíquota zero".*

10. A questão da penalidade a (não) ser aplicada

Acena o Banco Central do Brasil com a aplicação de penalidades previstas no art. 44 da Lei .4.595/1964 e no art. 23, § 4º, da Lei 4.131/1962.

Quanto à primeira delas já nos manifestamos acima no sentido do seu completo descabimento, pois não houve infração àquele texto legal, como a própria autoridade monetária demonstra em sua intimação.

No caso do segundo texto legal acima mencionado, nele está prevista a possibilidade da aplicação de uma pena pecuniária variável entre 5% a 100% do valor da operação. A respeito dessa pretensão injusta contra os Intimados cabe fazer, inicialmente, uma abordagem genérica sobre a principiologia das penas, para, em seguida, virem a ser atacados os pontos nevrálgicos do tema.

10.1 Os princípios limitadores (e excludentes) do poder punitivo estatal

A matéria em questão é objeto de considerações pelos tratadistas do direito criminal, cabíveis em todo o seu conteúdo e extensão ao direito administrativo, que poderia ser chamado, nesta parte, de "direito penal do Poder Público".

Os princípios para os quais deve voltar-se a atenção estão agasalhados de forma direta ou indireta pela Constituição Federal no título correspondente aos direitos e garantias individuais, segundo as palavras de Cézar Roberto Bitencourt, com "a função de orientar o legislador ordinário para a adoção de um sistema de controle penal voltado para os direitos humanos, embasado em um direito penal da culpabilidade, ou 'direito penal mínimo' e garantista".[13]

Observa o mesmo autor[14] que, embora adstrito ao *princípio da legalidade ou da reserva legal*, não fica impedido o legislador de criar tipos penais iníquos, cominando sanções cruéis e degradantes. Daí que se impõe a necessidade da limitação ou, se tal for possível, eliminar o arbítrio do legislador. Em razão disso, impõe-se o atendimento ao ***princípio da intervenção mínima***, *segundo o qual a criminalização de uma conduta somente encontra legitimidade nos casos em que constituir meio necessário para a proteção de determinado bem jurídico. Havendo outras formas possíveis de sanção ou de controle social, suficientes para a tutela de determinado bem jurídico, a criminalização de condutas que o violem é inadequada e não-recomendável.*

Por sua vez, o *princípio da culpabilidade* deve ser examinado em três vertentes: (i) como *fundamento da pena*; (ii) como *elemento da determinação ou da mediação da pena*; e (iii) como *conceito contrário à responsabilidade objetiva*.

No primeiro caso lembra Bitencourt[15] ser necessário o preenchimento cumulativo de três requisitos para se tornar possível a aplicação de determinada pena ao autor de um fato típico, na qualidade de elementos positivos específicos do conceito dogmático da culpabilidade: a) a capacidade de culpabilidade; b) a consciência da ilicitude; e c) a exigibilidade da conduta.

O outro aspecto refere-se ao fato de que a culpabilidade opera não como *fundamento da pena*, mas como seu *limite*. Dessa forma impede-se a aplicação da pena fora da medida prevista pela própria idéia de culpabilidade.

Finalmente, como *conceito contrário à responsabilidade objetiva* o princípio da culpabilidade impede tal tipo de imposição de responsabilidade no plano penal, que deve estar fundamentado no dolo ou na culpa.

Indica Bitencourt[16] três conseqüências materiais do princípio da culpabilidade, à luz das observações acima efetuadas: a) não há responsabilidade objetiva pelo simples resultado; b) a responsabilidade penal é pelo fato, e não pelo autor; e c) a culpabilidade é a medida da pena.

Outro fundamento referido pelos penalistas diz respeito ao *princípio da adequação social*: há condutas que se consideram "socialmente adequadas", não podendo caracterizar delitos – e, portanto, despidas de tipicidade. A esse respeito bem observa Bitencourt: "A 'tipicidade' de um comportamento proibido é enriquecida pelo 'desvalor da ação' e pelo 'desvalor do re-

13. *Manual de Direito Penal – Parte Geral*, v. 1, São Paulo, Saraiva, 2000, pp. 9-10.

14. Idem, v. 1, p. 11.

15. *Manual* ..., v. 1, p. 14.

16. *Manual* ..., v. 1, p. 15.

sultado', lesando efetivamente o bem juridicamente protegido, constituindo o que se chama de 'tipicidade material'".[17]

Embora, como bem nota Bitencourt,[18] caracterizando-se tal princípio pela imprecisão do que seja a chamada "adequação social" e – *acrescentaríamos nós* – pela novidade que enfrenta a resistência da tradição, o tema apresenta-se candente na esfera da atividade mercantil, diante da multifacetada atitude do legislador onipresente, que passa a penalizar práticas antes lícitas – até mesmo pela anterior inexistência de regras legais –, na busca de um objetivo de direito econômico que muitas vezes se mostra deveras fugaz, pois superado rapidamente pelas mudanças verificadas em uma sociedade globalizada.

Deve-se fazer, ainda, uma referência às *circunstâncias e elementares* do *tipo* dos pretensos ilícitos administrativos imputados pelo Banco Central do Brasil aos Intimados.

Na esteira das lições de Damásio de Jesus, além dos dois requisitos do crime (fato típico e antijuridicidade), fala-se em *elementos específicos* (*essentialia delicti*), o quais são as várias formas pelas quais os dois elementos genéricos acima citados se expressam nos diversos tipos penais, constituindo as *elementares* (*acidentalia delicti*).[19]

No mesmo sentido expressa-se Fernando de Almeida Pedroso:

"Apresenta o crime elementos que se agregam e se reúnem para outorgar-lhe a configuração jurídica.

"(...).

"Há circunstâncias, portanto, que estruturam e constroem o crime, projetando sobre o comportamento humano a sombra delituosa e emprestando-lhe conotação ilícita nos domínios penais.

"*Circunstâncias constitutivas*, também denominadas *elementares* ou *essenciais*, são aquelas que expressam os elementos necessários à existência e caracterização jurídica do crime. Vale dizer: são as circunstâncias que definem o delito e lhe possibilitam a tipicidade; são os elementos descritos no tipo.

"Denominam-se ***constitutivas***, porque constituem o crime; *elementares*, porque representam os elementos necessários do delito; *essenciais*, porque denotam a existência do tipo penal.

"(...).

"Todavia, ao contrário do que sucede com as circunstâncias elementares ou constitutivas do tipo (que são inerentes e concernentes à própria tipicidade do fato), podem ocorrer ainda *circunstâncias acidentais*, que, em nada influindo para efeito da tipicidade, alteram, unicamente, a *sanctio juris* cominada ao delito.

"(...).

"Ora, o crime, como lesão a um bem jurídico, pontifica Frederico Marques, não desenha sempre a mesma estrutura e gravidade, nem mesmo quando o interesse penalmente tutelado se apresenta idêntico.

"Mesmo cunhados os fatos em uma mesma figura delitiva, podem eles apresentar variações e matizes nas gradações de sua gravidade.

"Para se aquilatar e dessumir o nível de gravidade do delito, há mister que se recorra às chamadas *circunstâncias acidentais*, que servem de termômetro da temperatura do crime.

"É preciso formular-se, conseqüentemente, um juízo de valor sobre a conduta humana explicitada no tipo, para medida da pena a ser inflingida."[20]

A linha exposta nesta consulta tem indicado, de maneira exaustiva, não ter

17. *Manual ...*, v. 1, p. 17.
18. *Manual ...*, v. 1, p. 18.
19. *Direito Penal*, 14ª ed., v. 1, São Paulo, Saraiva, 1990, p. 479.

20. *Direito Penal*, 3ª ed., São Paulo, Universitária de Direito, 2000, pp. 227-231, *passim*.

conseguido o Banco Central do Brasil, na imputação feita aos indiciados, demonstrar estarem ali presentes os elementos dos ilícitos indicados, nem quanto a eles, nem sequer quanto ao cliente do Banco. Os "tipos", dessa forma, não estão completos. Isto porque, segundo Bitencourt: "Os tipos penais descrevem as condutas ilícitas e estabelecem assim os seus elementos essenciais. Esses fatores que integram a descrição da conduta típica são as chamadas elementares do tipo, ou elementos essenciais constitutivos do delito (...) são dados, fatos, elementos ou condições que integram determinadas figuras típicas".[21]

Mas, ainda que assim pudesse ficar caracterizado, devem ser reconhecidas as circunstâncias presentes na operação, aplicando-se a pena prevista pela graduação mínima, considerando-se que o Banco Intimado agiu de boa-fé no atendimento às instruções expressas fornecidas pelo seu cliente.

Nessa linha de raciocínio, verifica-se que, nas palavras de Bitencourt: "O tipo penal, além dos seus elementos essenciais, sem os quais a figura típica não se completa, pode ser integrado por outras circunstâncias acidentais que, embora não alterem a sua constituição ou existência, *influem na dosagem final da pena*".

A partir das considerações acima, cabe uma apropriada referência ao já conhecido *princípio da insignificância* (também conhecido como *princípio da bagatela*), cuja origem é encontrada no Direito Romano: "Minima non curat praetor".

Segundo Bitencourt[22] a tipicidade penal exige ofensa de alguma gravidade a bens ou interesses protegidos pelo Direito, tornando-se obrigatória a proporcionalidade efetiva entre a gravidade de uma conduta a ser punida e a força da intervenção estatal.

Na sua aplicação ao caso sob exame temos que, se o legislador definiu os contornos de uma conduta, tipificando-a penalmente, e determinou medida variável da pena, esta deve ser aplicada pelo mínimo legal se ínfimo foi o resultado danoso ao bem jurídico em questão.

Pode-se, em seguida, fazer o alargamento da aplicação de tal princípio para afastar a punibilidade caso não tenha havido ofensa ao aludido bem jurídico, nem sequer – como ocorreu na operação objeto desta consulta – como perigo de dano. Isto porque, conforme já se demonstrou à exaustão, não houve e nem poderia haver prejuízo para as reservas cambiais do país, considerando-se que – presumindo-se que as partes sabiam da diferença negativa entre as cotações Dólar/Real/Dólar nas operações separadas por dois dias apenas e que em tal curto espaço de tempo não surgiram mudanças significativas em tal cenário – a perda ocorrida em Reais já era antecipadamente conhecida. Mesmo porque – também como já foi devidamente demonstrado – nenhuma ilicitude se verificava na operação de fundo, ou seja, o ingresso de recursos a título de aumento de capital e saída de recursos para pagamento de empréstimo do mesmo titular.

Objetivamente considerada, a possibilidade da aplicação de uma penalidade de multa de até 100% do valor da operação representa, claramente, um confisco absolutamente ilegal. Não há qualquer proporção entre eventual prejuízo para os interesses do país – qualquer que seja o caso concreto – e o montante da multa pecuniária passível de ser imposta em sua previsão máxima, cuja fixação foge, de forma absolutamente exorbitante, da técnica de dosimetria da pena.

Certamente não teve o legislador, ao estabelecer a pena em questão, o objetivo de levar uma empresa à quebra ou seu administrador tido como responsável à insolvência civil.

Por essas razões, se fosse o caso de manutenção da pena em causa, num primeiro momento deve-se estabelecer que seu valor seja fixado no mínimo legal, à vista

21. *Manual* ..., v. 1, pp. 513-514.
22. *Manual* ..., v. 1, p. 19.

da irrelevância do prejuízo, desde que algum prejuízo tivesse ficado manifesto, em ofensa ao bem jurídico protegido do qual já se falou nesta consulta.

Mas, em uma análise mais consentânea com a aplicação de tal princípio na sua completa extensão, deve-se fazer o seguinte raciocínio:

a) A ofensa ao bem jurídico protegido deve ser punida na forma da lei.

b) Se houve prejuízo ao bem jurídico protegido em patamar mínimo, a pena deve ser aplicada em sua fixação mínima.

c) Se não houve prejuízo ao bem jurídico protegido, descabe a aplicação de qualquer pena.

No primeiro sentido tem-se orientado o Conselho de Recursos do Sistema Financeiro, em diversas decisões (*v.g.*, Rec. 1.969/98, 2.317/98, 2.384/98, 2.721/99), destacando-se, por exemplo, o mesmo critério já adotado pelo Conselho no Rec. 2.980 (190ª sessão), onde foi proferido o acórdão CRSFN 2.962/00, em cuja decisão se lê: "(...) malgrado a gravidade dos ilícitos, cometidos por pessoas organizadas e atuantes em esquema de negociação de moeda, *impõe-se o abrandamento da punição* – que subsiste independentemente da decretação do regime especial –, *porquanto apresentou-se reduzido o número de contas irregulares* ***vis-à-vis*** *o porte do estabelecimento, que havia expedido determinações superiores para observância aos dispositivos legais pertinentes à abertura, manutenção e encerramento de contas-correntes* (...)" (grifos nossos).

Se fosse o caso de se aplicar penalidade aos Indiciados, ainda assim deveria ser levada em conta a expressão do efeito danoso, tal como se fez na decisão acima referida. Naquele caso houve efetivamente a irregularidade, mas a pena foi mitigada em vista da quantidade de contas irregulares quando considerado o montante das contas regulares da instituição apenada. *E verifique-se que, naquela situação, foi determinada tão-somente a aplicação da penalidade de advertência.*

Outras decisões do CRSFN pautam-se pela mesma orientação, conforme abaixo:

Rec. 3.192 (198ª Sessão): "*Ementa*: Recurso voluntário – Câmbio – Falsa declaração em contratos – Ingresso de moeda a título de capitais estrangeiros a longo prazo – Investimentos diretos no Brasil – Participação em empresas no país – Adiantamento para futuro aumento de capital (AFAC) – Ingresso dos recursos pelo mercado de taxas livres e simultânea saída pelo mercado de taxas flutuantes – Irregularidade caracterizada – Apelo a que se dá provimento parcial".

O provimento parcial foi, justamente, para redução da pena ao mínimo legal, considerando-se o valor relativamente reduzido dos lucros indevidos.

Diferentemente do caso sob exame, verifica-se pela leitura do texto da decisão do CRSFN em foco que houve operação de empréstimo entre as partes, *mas celebrado um dia após o ingresso de recursos*.

Ainda que se pudesse contestar a validade da decisão condenatória em questão, porque (exceto a prova de simulação não demonstrada e nem referida no conteúdo decisório) não caberia à autoridade administrativa ter tirado da empresa punida o direito de resolver sobre a realização de operação no seu interesse – dando-se indevida intromissão administrativa na esfera da economia interna da empresa. Mesmo assim, não pode haver semelhança com a situação objeto desta consulta, porque: (i) o empréstimo neste último caso preexistia ao ingresso do capital estrangeiro; e (ii) não houve prejuízo para o interesse público nesta operação.

Mas o CRSFN também já aplicou o *princípio da insignificância para afastar a punibilidade, quando considerou não ter estado presente prejuízo ao bem jurídico tutelado*:

Rec. 3.331 (198ª Sessão): "*Ementa*: Recurso de ofício – Câmbio – Incorreta classificação de operação de compra (tipo 03) – Retorno de capital oriundo de empréstimo de mútuo pactuado entre empresas integrantes do mesmo grupo econômico – Princípio da insignificância – Recurso improvido"

O CRSFN confirmou a sentença administrativa de primeira instância, no sentido do *arquivamento do processo, sem aplicação de penalidade*. Embora tivesse ocorrido efetivamente erro no preenchimento do formulário de uso para aquela operação, *não houve prejuízo para as reservas cambiais do país*.

Não é possível reconhecer no processo administrativo em estudo que tenha havido qualquer infração à legislação vigente, seja no plano da regulação de capitais estrangeiros, seja no cambial. Contudo, *mesmo que tivesse havido infração, seria o caso de igualmente arquivar-se o processo, pela ausência de prejuízo*.

Afinal de contas, está em jogo a função jurídico-social da pena, considerando-se que, nas palavras de Bitencourt, transplantadas perfeitamente para o direito administrativo: "A onipotência jurídico-penal do Estado deve contar, necessariamente, com freios ou limites que resguardem os invioláveis direitos fundamentais do cidadão. Este seria o sinal que caracteriza o direito penal de um Estado Pluralista e Democrático. A pena, sob este sistema estatal, teria reconhecida, como finalidade, a prevenção geral e especial, devendo respeitar aqueles limites, além dos quais a negação de um Direito social e democrático".[23]

A pretendida "classificação incorreta", como tal imputada aos Intimados, somente poderia ser situada no plano jurídico como correspondente a erro ou a falsidade. O erro somente não seria escusável se houvesse decorrido de culpa do Banco Intimado na apuração das afirmações prestadas pelo cliente, segundo suas modalidades de negligência, imprudência e imperícia. Este não é o caso, pois a classificação da operação foi feita em fiel cumprimento das instruções passadas por aquele, documentalmente comprovadas.

Quanto à falsidade, esta não ocorreu, pois – repita-se – o Banco Intimado apenas cumpriu as instruções do cliente.

10.2 O devido processo legal substantivo ("substantive due process")

Esse importantíssimo tema vem sendo desenvolvido pelos mais importantes juristas estrangeiros e nacionais. Em última análise, sua aplicação impõe o *exame da razoabilidade da lei* e encontra guarida na Constituição Federal, art. 5º, LIV: "ninguém será privado da liberdade ou de seus bens sem o devido processo legal".

O texto constitucional não agasalha somente o instituto sob o aspecto processual, mas também seu conceito substantivo, "como garantia do processo legislativo e garantia de que a lei é razoável, justa e contida nos limites da Constituição".[24]

Nesse sentido, assim manifestou-se Nélson Nery Júnior: "A cláusula *due process of law* não indica somente a tutela processual, como à primeira vista pode parecer ao intérprete menos avisado. Tem sentido genérico, como já vimos, e sua caracterização se dá de forma bipartida, pois há o *substantive due process* e o *procedural due process*, para indicar a incidência do princípio em seu aspecto substancial, vale dizer, atuando no que respeita ao direito material, e, de outro lado, a tutela daqueles direitos por meio do processo judicial ou administrativo. (...). O devido processo le-

23. *Manual ...*, v. 1, p. 90.

24. Celso Luiz Limongi, "O devido processo legal substantivo e o direito penal", *Revista da Escola Paulista de Magistratura* 2/159, n. 1, São Paulo, Imprensa Oficial, 2001.

gal se manifesta em todos os campos do Direito, em seu aspecto substancial. No direito administrativo, por exemplo, o princípio da legalidade nada mais é do que manifestação da cláusula *substantive due process*. Os administrativistas identificam o fenômeno do *due process*, muito embora sob outra roupagem, ora denominando de garantia da legalidade e dos administrados, ora vendo nele o postulado da legalidade. (...). Decorre daí a imperatividade de o Legislativo produzir leis que satisfaçam o interesse público, traduzindo-se essa tarefa no princípio da razoabilidade das leis. Toda lei que não for razoável, isto é, que não seja a *law of the land*, é contrária ao Direito e deve ser controlada pelo Poder Judiciário".[25]

Celso Luiz Limongi esclarece que a expressão *law of the land* estava referida no art. 39 da Magna Carta, onde se lia que "nenhum homem será preso ou detido em prisão, ou privado de suas terras, ou posto fora da lei, ou banido, ou de qualquer maneira molestado; não procederemos criminalmente contra ele, nem o prenderemos senão por um julgamento legítimos de seus pares e *pela lei da terra* (*law of the land*)".

Anota o mesmo autor que em 1345, durante o reinado de Eduardo III, pela mão de um legislador desconhecido, a expressão *law of the land* veio a ser substituída por *due process of law*.[26]

Transplantado o princípio para o Direito Norte-Americano, foi sendo criado ao longo do tempo um conceito substantivo do *due process of law*, fosse como garantia do processo legislativo, fosse no sentido de que a lei era razoável, justa e contida nos limites constitucionais. Dessa forma, o gozo dos direitos de liberdade e de propriedade não mais poderia ser limitado arbitrária ou desarrazoadamente.[27]

No plano do devido processo legal substantivo ele seria violado em todas as ocasiões nas quais a própria configuração dos *substantive rights* estivesse prejudicada em sua proteção, de forma a que o resultado do processo viesse a ser condicionado de forma não-razoável.[28]

Ora, à luz do inciso LIV do art. 5º da Constituição Federal, o Judiciário teria deixado de representar um papel exclusivamente passivo, no sentido da aplicação da lei, tendo recebido a incumbência de apreciar sua razoabilidade. A esse respeito assim se manifestou Manoel Gonçalves Ferreira Filho, em referência feita à Constituição Federal de 1988, afirmando que ela outorgou ao Judiciário "um certo distanciamento em relação à lei que não admitia a doutrina clássica. Com efeito, o texto importou o *due process of law*, de há muito presente em nosso sistema por meio dos princípios de ampla defesa, do contraditório etc., mantido no art. 5º, LV, da Constituição. *Assim, pode hoje o magistrado inquietar-se sobre a razoabilidade da lei, a proporcionalidade dos encargos que acarreta etc.*, quando antes não lhe cabia senão ser a voz da lei. (...). O exame mais aprofundado da Lei Magna, todavia, confirma, em outros pontos de relevo, que esta não entende o Judiciário como mero Poder neutro, incumbido de aplicar contenciosamente a lei a casos particulares. O conceito de Pedro Lessa está superado"[29] (grifos nossos).

Na opinião de Celso Luiz Limongi, à vista das profundas alterações constitucionais ocorridas no Direito Brasileiro, o devido processo legal substantivo pode ser considerado "como a possibilidade de discutir a razoabilidade da lei e sua proporcio-

25. *Princípios do Processo Civil na Constituição Federal*, São Paulo, Ed. RT, 1999, pp. 35-37, *passim*.

26. Nélson Nery Júnior, *Princípios ...*, p. 156.

27. Celso Limongi, in *Revista da Escola Paulista de Magistratura* 2/159.

28. Cf. Ada Pellegrini Grinover, *As Garantias Constitucionais do Direito de Ação*, São Paulo, Ed. RT, 1973, p. 38.

29. "O Poder Judiciário na Constituição de 1988", *Revista Jurídica da Prefeitura do Município de São Paulo* 1/21-40.

nalidade, sempre que bens como a liberdade *e a propriedade* correrem risco de violação, porquanto merecem a proteção constitucional prevista no art. 5º, inciso LIV, da Constituição".[30]

Do ponto de vista prático, aplicandose tal princípio ao direito penal (e – ampliamos – também ao direito administrativo), afirma o mesmo autor que ele orientará o Judiciário no exame dos efeitos da aplicação da lei ao caso concreto, podendo concluir seja pela sua razoabilidade, seja por apresentar-se não-razoável. Além disso – completa –, "no momento em que o Judiciário vai aplicar a lei penal, a ele é lícito examinar a sua razoabilidade, podendo inspirar-se nos princípios da humanidade, da lesividade etc., como poderá inspirar-se em qualquer outra razão eventualmente presente no caso concreto. Os fatos se apresentam multifacetários. O legislador não pode prevê-los todos. E, não havendo como aplicar os princípios da lesividade, da humanidade, da culpabilidade, aplica-se o princípio de maior amplitude e abrangência, que é o do devido processo legal substancial".[31] E, resumindo a argumentação em favor do reconhecimento constitucional de tal princípio, o autor sob referência enumera algumas conclusões, adiante expostas de forma esquemática:[32]

1. O princípio do devido processo legal é relacionado ao Estado Democrático de Direito.

2. Aplicar a lei de forma a causar lesão à liberdade ou a bens de um indivíduo é ato que somente pode ser feito por meio do atendimento do devido processo legal, nos seus dois aspectos, processual e substancial.

3. Todos os princípios relativamente ao processo (contraditório, igualdade entre as partes, publicidade dos atos processuais, reserva legal, irretroatividade da lei) são corolários do devido processo legal processual, e este, por sua vez, do devido processo legal substancial.

4. No Estado Democrático de Direito o princípio do *due process of law* atual em benefício dos direitos e garantias individuais, na qualidade de princípio geral e de reserva. E:

5. Tratando-se de princípio constitucionalmente instituído, o Judiciário é obrigado a aplicá-lo nos limites, condições e finalidades previstos na Lei Maior.

Ora, na consulta sob exame, atentando-se para o devido processo legal substancial, apresenta-se descabida a intenção do Banco Central do Brasil de aplicar à Intimada e ao Banco Intimado penalidades exorbitantes, especialmente aquela correspondente a uma multa que pode chegar até a 100% do valor da operação. Trata-se de punição inteiramente despida de razoabilidade, seja no plano da infração em si, seja quanto ao valor da pena.

A pura e simples classificação incorreta de uma operação não pode ter o condão de caracterizar um ilícito administrativo, independentemente da análise do elemento subjetivo, ou seja, a participação efetiva, culposa ou dolosa, dos agentes: o cliente, o Banco Intimado, a administradora deste e o corretor interveniente. Tal não foi feito pelo Banco Central do Brasil.

De outro lado, os fatos apontados por aquela autoridade monetária como ilícitos nenhum prejuízo causaram aos interesses do país, não tendo estado presente qualquer risco de que isso pudesse ocorrer – resultado, então, impossível, dependente de forma exclusiva de uma inversão no curto prazo de dois dias da cotação das taxas do Dólar nos mercados livre e flutuante, cuja fixação fazia parte, então, do modelo de política monetária vigente.

Finalmente, diante da inexistência e da impossibilidade de prejuízo, não pode ser

30. In *Revista da Escola Paulista de Magistratura* 2/161.

31. In *Revista da Escola Paulista de Magistratura* 2/162 e 165.

32. In *Revista da Escola Paulista de Magistratura* 2/168.

considerada como razoável a aplicação de qualquer pena, nem pelo seu valor mínimo, e muito menos no seu valor máximo.

10.3 O § 4º do art. 23 da Lei 4.131/1962: uma norma arbitrária?

Em incomparável e pioneiro estudo publicado em 1953, San Tiago Dantas questionava a validade da *lei arbitrária*, a qual, embora reunindo formalmente todos os elementos da lei, fere a consciência jurídica, pelo tratamento absurdo ou caprichoso que impõe a certos casos. Segundo aquele ilustre jurista trata-se de um problema presente em todos os sistemas de direito constitucional, a respeito do qual nota-se a grande dificuldade teórica do seu tratamento, ao mesmo tempo em que revela relevante interesse prático.[33]

Para o autor em referência, duas questões básicas se apresentam:

1ª. Qual critério técnico-jurídico poderia ser utilizado para distinguir a *lei arbitrária* da *lei especial justificada*?

2ª. Admitindo-se que tal critério exista, seria ele passível de ser posto em funcionamento, de forma a que o Poder Judiciário tivesse condições de recusar-se a aplicar a *lei arbitrária*?[34]

O ponto de partida está no reconhecimento do poder conferido ao legislador infraconstitucional de editar leis especiais, em quebra às regras gerais previstas para determinados tipos de comportamentos condenáveis – tratando-se, portanto, de norma de exceção –, sem que disto resulte infringência a direitos individuais irredutíveis. Se todos são iguais perante a lei, como explicar-se ser possível em alguns casos, sob o manto de lei especial, adotar-se um efeito jurídico diverso daquele estabelecido para a generalidade dos casos?

33. "Igualdade perante a lei e *due process of law*", *Problemas de Direito Positivo*, Rio de Janeiro, Forense, 1953, pp. 37-64.

34. San Tiago Dantas, in *Problemas* ..., p. 37.

Tome-se o caso da responsabilidade por danos, cujo preceito fundamental corresponde ao art. 159 do Código Civil, teor que nunca é demais relembrar: "Aquele que, por ação ou omissão voluntária, negligência, ou imprudência, violar direito, ou causar prejuízo a outrem, fica obrigado a reparar o dano".

Examinando-se os elementos configuradores da responsabilidade prevista nesse texto legal, inferimos:

a) A responsabilidade é pessoal, atribuída a quem, por ação ou omissão, viola algum direito causa algum dano.

b) A amplitude da responsabilidade estabelecida – na forma de indenização – corresponde ao montante do dano. E:

c) A atribuição de responsabilidade, de natureza subjetiva, depende da prova de culpa ou dolo.

Confrontando-se esse sistema geral de responsabilidade com a regra do art. 23, § 4º, da Lei 4.131/1962, norma especial em relação ao art. 159 do Código Civil, verificamos que:

a) Constitui infração a classificação incorreta das informações prestadas pelo cliente no formulário de contrato de câmbio.

b) Respondem por tal infração o banco e o corretor intervenientes.

c) A penalidade de multa pecuniária, variável entre 5% e 100% do valor da operação, é inteiramente desvinculada do fator *prejuízo*. E:

d) Tal responsabilidade seria de natureza objetiva, ou seja, independente da prova de culpa ou dolo.

Diferentemente da regra geral, portanto, tem-se no caso sob exame uma responsabilidade objetiva, em relação à qual estabelece-se uma multa que pode chegar a montante absoluto elevadíssimo mesmo na ausência de prejuízo ou de haver ocorrido este em valor irrelevante.

A partir da preocupação colocada por San Tiago Dantas no estudo mencionado, pergunta-se: seria o § 4º do art. 24 da Lei 4.131/1962 uma norma arbitrária? Em caso positivo, mesmo sendo lei sob o aspecto formal, poderia o julgador deixar de aplicá-la se viesse a reconhecer seu caráter arbitrário? A resposta cabe ao mesmo autor, em quem vamos buscá-la, já antecipando que ela se encontra na aplicação do *princípio constitucional da igualdade*, considerado com toda razão por ele mesmo como o centro gerador do direito constitucional vigente (que não difere em substância daquele em vigor ao tempo do estudo enfocado), "o eixo em torno do qual se cristalizam as normas e instituições de direito público".[35]

Desenvolvendo seu pensamento, San Tiago Dantas procura fazer uma aproximação entre o princípio anglo-americano do *due process of law*, já referido nesta consulta, com o da igualdade do Direito Brasileiro. Procurando identificar os elementos daquele instituto jurídico, ela relembra a síntese oferecida por Daniel Webster: "The meaning is that every citizen shall not hold his life, liberty, property, and immunities under the protection of the general rules wich govern society. Everything which may pass under the form of enactement is not, therefore, to be considered the law of the land".

Desse texto San Tiago Dantas retira os seguintes elementos:

a) *A referência à proteção de "general rules", que a ninguém pode ser retirada.* Infere-se, portanto, que a juridicidade de uma lei depende de que ela não tenha o efeito de retirar de alguém as normas gerais de governo da sociedade.

b) *A tese segundo a qual nem todo ato legislativo pode ser considerado "law of the land".* A mera formalidade legal não premia um ato legislativo, portanto, com a qualidade de *due process of law*. O critério para identificar-se uma norma particular como dotada de tal efeito está na constatação, em dado caso concreto, de que ela não concorda com a norma geral em vigor para os casos da mesma espécie.[36]

Reconhecendo-se que a preocupação mais concreta de San Tiago Dantas no estudo em questão estava voltada para os efeitos da lei *ad personam*, seus argumentos aplicam-se, da mesma forma, à lei genérica, desde que ela quebre o princípio da igualdade, considerada em seu *sentido proporcional*, e não matemático ou paritário.

A partir de suas profundas considerações, aqui sucintamente examinadas, San Tiago Dantas conclui no sentido de que, diante do *princípio de igualdade perante a lei*, o Poder Judiciário pode censurar aquelas nas quais são feitas distinções arbitrárias, com a finalidade de modificar, em relação a algumas pessoas ou coisas, o tratamento jurídico comum.

Assim sendo, verifica-se que o art. 23, § 4º, da Lei 4.131/1962 incide no defeito referido no parágrafo anterior, em dupla medida, uma vez que muda o direito comum (art. 159 do CC), sem razão justificável, para o fim de atribuir a algumas pessoas (os bancos e os corretores intervenientes em operações de câmbio) uma responsabilidade formal objetiva, inteiramente despida do critério da proporcionalidade, por tomar como referência o valor da operação, e não o fator *prejuízo*, que pode não ocorrer (como aconteceu no caso concreto), ou vir a apresentar-se de valor absoluto muitíssimo inferior ao daquela.

Portanto, como regra arbitrária, deve o julgador adequá-la ao bom Direito, referenciando-a a um prejuízo efetivo, para daí aplicar a penalidade proporcional à gravidade deste, mesmo que seja nenhuma, na inexistência de prejuízo.

Evidentemente, as considerações deste tópico fizeram abstração do elemento subjetivo. Este, devendo ser considerado nas modalidades de culpa ou dolo, poderá

35. Idem, ibidem, p. 56.

36. Idem, ibidem, pp. 44-45, *passim*.

configurar, na sua ausência, a própria inexistência do ilícito.

11. Conclusões

Diante de todo o exposto, impõem-se as conclusões abaixo, afastadoras da pretensão punitiva do Banco Central do Brasil tanto à Intimada quanto ao Banco Intimado.

11.1 Deve-se considerar inepta a intimação de ..., administradora do Banco Intimado, do que decorre a obrigatoriedade do arquivamento do processo quanto a ela, negando-se a existência de responsabilidade objetiva, pela absoluta falta de amparo legal; além disso, foi ferido o princípio constitucional do devido processo legal, pela ausência da possibilidade de fazer defesa eficaz contra a gratuita imputação de ilícito a ela atribuído.

11.2 Impõe-se o reconhecimento da ilegitimidade de parte quanto à Intimada, pois a norma pretensamente infringida pelo Banco Intimado não relaciona seus diretores como sujeitos ativos do ilícito e, conseqüentemente, da punição correspondente.

11.3 É o Banco Central parte ilegítima para impor a administrador de instituição financeira sanção por ato ilícito alegadamente por aquele praticado quando se trata das ações sociais *ut universi* e *ut singuli*, ou seja, daquelas destinadas à reparação de prejuízos causados pelo administrador no exclusivo âmbito interno da empresa. Isto porque, como visto acima, o *tipo* apontado pela autoridade monetária não inclui o administrador como agente punível.

11.4 É descabida a pretensão de aplicação da penalidade prevista no art. 44 da Lei 4.595/1964, uma vez que tais sanções são expressamente destinadas às infração aos dispositivos daquela mesma lei, e não de outras.

11.5 No tocante ao Banco Intimado infere-se claramente ser parte ilegítima para responder pela alegada infração ao § 4º do art. 23 da Lei 4.131/1962, por ter ficado exaustivamente demonstrado que agiu de acordo com as precisas e expressas instruções do cliente, não tendo figurado o *tipo* indicado quanto à sua pessoa.

11.6 Está demonstrada a inexistência da infração correspondente a uma irregular "saída de recursos do país", tendo-se verificado que o Banco Central do Brasil ampliou indevidamente o sentido e o alcance das normas nas quais se baseou para buscar a responsabilidade do Banco Intimado.

11.7 O processo administrativo em causa deve ser arquivado sem julgamento do mérito, uma vez que, nas circunstâncias do caso concreto, não houve dano ao bem jurídico protegido, nem muito menos colocou-se, sequer, o "perigo de dano".

11.8 O processo administrativo deve ser arquivado sem julgamento de mérito, uma vez que, ao contrário do que o Banco Central pretendeu demonstrar, havia plena liberdade de remessa de recursos pelo mercado de câmbio de taxas flutuantes, na forma da legislação vigente, conforme expressamente demonstrado, inexistindo obrigatoriedade de registro ou de pedido de autorização prévios.

11.9 Não tendo ocorrido qualquer ilícito, não há pena a ser aplicada. Em todo caso, ainda que assim não fosse considerado, eventual penalidade deveria, conforme o caso, recorrendo-se ao *due process of law*, nos seus aspectos processual e substantivo:

a) ser relevada pela inexistência e impossibilidade de prejuízo; ou

b) ser aplicada pelo mínimo legal;

c) a pena de 100% do valor da operação representa um confisco inconstitucional.

11.10 Sendo norma arbitrária, o julgador deve fazer sua adequação proporcional quanto à penalidade aplicável, especialmente devendo afastá-la diante da inexistência de prejuízo.

É nossa opinião.

São Paulo, 2 de maio de 2001

Impressão e acabamento:
GRÁFICA PAYM
Tel. (011) 4392-3344